L'ÉTAT

ou

LA RÉPUBLIQUE.

IMPRIMERIE DE SCHNEIDER ET LANGRAND,
Rue d'Erfurth, 1.

L'ÉTAT

OU LA

RÉPUBLIQUE

DE PLATON,

TRADUCTION DE GROU;

REVUE ET CORRIGÉE

SUR LE TEXTE GREC D'EMM. BEKKER.

A PARIS,

CHEZ LEFÈVRE, ÉDITEUR,

RUE DE L'ÉPERON, N. 6.

CHEZ CHARPENTIER, ÉDITEUR,

RUE DE SEINE, N. 29.

—

1840

AVIS DE L'ÉDITEUR.

La *République* de Platon a été traduite, pour la première fois dans notre langue, par Louis Leroi, dit Regius, en 1559. Cette traduction offre quelques tours heureux, quelques expressions énergiques, mais le sens littéral y est généralement trop peu respecté. Toutefois on doit tenir compte à Regius d'avoir ouvert la route, et son travail n'a pas été inutile à ses successeurs. En 1721, Dacier, dans la préface de sa traduction de Plutarque, promettait une traduction de la *République* et des *Lois*. « A mon âge, » disait-il avec cette élévation pleine de simplicité qui caractérise tous les érudits du grand siècle, « je ne puis guère espérer de finir des « ouvrages si longs, si considérables, et qui demandent de si « profondes méditations; mais je ferai ce que je pourrai; et « j'aurai du moins la consolation de finir mes jours dans une « occupation utile et digne d'un homme de bien. Quelqu'un a « dit que c'était un beau suaire que la tyrannie : mot horrible; « et moi je dis que le plus beau et le plus honorable de tous « les suaires, c'est un travail entrepris pour le bien public. » Puis, il ajoute ces paroles qui semblent écrites d'hier : « La « moisson est si riche, et il se présente tant de choses neuves « qu'on pourrait donner, et qui seraient très utiles, que rien « ne marque davantage la disette où l'on est aujourd'hui de « gens savants et habiles, que cette infinité d'ouvrages frivoles « que l'on donne tous les jours au public, au milieu de tant « de choses excellentes qu'on néglige. »

Dacier fut arrêté par la mort dans l'exécution de son

louable projet; et il eut un successeur auquel certes il ne
s'attendait pas. Nous voulons parler de M. de La Pillonnière
qui, en 1726, fit imprimer à Londres, sous ses yeux et à ses
frais, comme il a grand soin de le déclarer lui-même, une
traduction de la *Rép blique*, qu'il dédia au roi d'An-
gleterre alors régnant. Ici l'incapacité du traducteur se
montre à chaque ligne; et la lecture de ses préfaces suffirait
au besoin pour établir qu'il n'est pas toujours maître de sa
raison. Nous ne le citons donc que pour mémoire, et sans
plus tarder nous arrivons à Grou dont nous avons adopté la
traduction. Savant helléniste, écrivain distingué, philosophe
érudit, Grou est réellement le premier qui nous ait à la
fois donné l'esprit et la lettre de Platon. Profitant de ses
travaux, et de la traduction allemande de Schleiermacher,
M. Cousin, avec cette sûreté de critique et d'analyse que
nous nous plaisons à lui reconnaître, a pu rectifier quelques erreurs de détails de son prédécesseur; mais il s'em-
presse de déclarer lui-même qu'il lui a beaucoup em-
prunté. Notre unique soin a donc été de faire disparaître
les taches qui se trouvaient dans l'œuvre de Grou, et de remettre sa traduction au niveau des progrès de la philologie
contemporaine. Ainsi, chaque fois qu'un texte mieux élaboré
nous a présenté un sens plus clair et plus naturel, nous l'avons
préféré à celui qui avait été suivi par cet excellent traducteur. Durant cette révision, nous avons eu sous les yeux
l'édition publiée à Londres en 1836, par Emmanuel Bekker,
en 11 volumes in-8°, aux frais de Ricard Priestley; avec
des annotations de Etienne, Heindorf, Heusd, Wyttenbach,
Lindavius, Boeck, Serranus, Cornarius, Thomson, Fischer,
Gottleber, Ast, Butmann, Stalbaum et autres. C'est assez
dire que nous avons recueilli toutes les améliorations qui
depuis un demi-siècle ont été introduites dans le texte de
Platon

Mais ce qui ne sera pas un des moindres ornements de notre édition, ce sont des sommaires et des tables que M. Aimé-Martin avait rédigés pour lui-même, et transcrits sur un sien exemplaire, et dont il a bien voulu se départir en notre faveur. Sans doute, la pensée de Platon est toujours rigoureusement déduite, et, sauf un très petit nombre de cas particuliers, elle n'a nul besoin de résumé préparatoire. Mais, si l'on songe que la forme dont il la revêt toujours est le dialogue, et que le caractère même de ses interlocuteurs l'entraîne souvent dans des digressions qui le détournent de son but principal, on ne sera point étonné que nous ayons fait précéder chaque livre d'un sommaire où l'idée fondamentale, l'idée culminante se trouve brièvement, mais substantiellement présentée. Le besoin d'un pareil travail se fait sentir dans l'édition de M. Cousin, et l'on regrette qu'il n'ait pas eu l'idée d'en enrichir sa traduction.

Maintenant, est-il besoin d'ajouter que si, parmi les divers dialogues traduits par Grou, nous avons choisi la *République*, c'est qu'il n'en est point où Platon se soit aussi complètement manifesté. Partout ailleurs il n'embrasse qu'un côté de la réalité immatérielle; dans la *République*, il les embrasse tous : il se montre, tour à tour, profond métaphysicien, judicieux moraliste, savant observateur et sublime écrivain. Au reste, nous ne pouvons en donner un aperçu à la fois plus exact et plus court, plus apologétique et en même temps plus sévère, qu'en faisant suivre cette notice de l'un des fragments les plus remarquables du livre le plus moralement utile qui ait encore été publié de nos jours. Nous voulons parler de l'*Éducation des mères de famille* ou *de la Civilisation du genre humain par les femmes*, ouvrage couronné par l'Académie française. Dans le chapitre 57 de ce livre vraiment évangélique, M. Aimé-Martin nous donne une appréciation entièrement neuve de

la République de Platon, en comparant les lois du législateur aux *Lois de la nature*; et il y fait la part du juste et
de l'injuste avec une sagacité et une force de persuasion au-
dessus de tous les éloges. Nous y trouvons surtout cette allé-
gation qui étonne au premier abord, et qui cependant n'est
qu'un fait, il est vrai méconnu jusqu'à ce jour :

« On a reproché à Platon de n'être point assez positif, et
moi je lui reprocherais volontiers de n'être point assez idéal,
car c'est par ses idéalités qu'il a civilisé le monde. »

C'est à ce point de vue peu vulgaire que se place M. Aimé-
Martin. Laissons-le maintenant parler lui-même avec ce
langage qui a tout le charme de la poésie et toute la rigueur
de la prose.

H. T.

La *République* se compose de deux parties distinctes,
que le génie de Platon a jetées, comme deux métaux,
dans le même moule, et qu'il faut séparer avec soin si
l'on veut faire la part de l'erreur et celle de la vérité.
L'une établit les principes éternels du beau et du bon :
c'est la partie sublime de la *République* ; l'autre est destinée à donner le mouvement à ces principes, à les mettre
en œuvre, si l'on peut s'exprimer ainsi, dans une société
imaginaire dont le philosophe règle les formes et fonde
l'éducation : là commencent les immoralités, en sorte
que, par la plus fatale contradiction, toutes les lois de la
justice, c'est-à-dire les lois de la nature, se trouvent vio-
lées dans le livre même où Platon se propose de les établir.

Un pareil fait a de quoi surprendre, mais il ne reste
pas sans explication. Platon s'égare toutes les fois qu'il
reproduit, même en les rectifiant, les idées de Lycurgue :
ses erreurs viennent des autres, ses découvertes subli-
mes viennent de lui ou de Socrate. S'il s'était plus fié à
son génie, s'il eût moins étudié les lois des hommes, jamais il ne se serait écarté de ce type éternel du beau,
lumière de ce monde invisible, de ce temple céleste dont
il lui fut donné d'entrevoir les parvis.

On lui a reproché de n'être point assez positif, et moi
je lui reprocherais volontiers de n'être point assez idéal ;
car c'est par ses idéalités qu'il a civilisé le monde.

Trouver le meilleur des gouvernements possibles ; établir une société sans luxe, sans corruption, sans ambition et sans injustice, où chaque citoyen occupe la place
de son intelligence, et où la vertu soit naturellement et

éternellement portée au pouvoir suprême; telle est la
question purement humaine qui occupait les législateurs,
et dans laquelle le génie de Platon découvrit cette question toute divine : trouver les véritables principes de la
justice. Quel trait de lumière dans les ténèbres de l'an-
tiquité ! et c'était la première fois qu'un homme embrassait dans la même pensée le bonheur des hommes et la
découverte de la vérité.

Malheureusement cette haute pensée ne lui est pas
toujours présente : il la suit dans la théorie et il l'abandonne dans l'exécution ; en sorte que la partie morale du
livre nous apprendrait, au besoin, à rejeter sa partie politique. Venons aux preuves.

Sa première loi, dont le but est admirable, puisqu'elle
appelle au culte d'un seul Dieu, suffirait cependant pour
livrer la cité à toutes les horreurs du fanatisme ; car elle
prononce le bannissement de quiconque osera, soit dans
ses écrits, soit dans ses discours, donner une idée fausse
de la Divinité.

Véritable loi de sacrilége qui sera juste ou injuste, suivant les lumières des juges. Au sein de l'aréopage, c'est
la même loi qui frappa Socrate.

Une fois sur la route de l'erreur, Platon ne s'arrête
plus. Il voulait deux choses, détruire les priviléges de la
naissance, qui placent trop souvent le pouvoir entre les
mains de la médiocrité, et prévenir les ambitions et les
aveuglements de l'amour paternel : ces deux choses, il
les obtient par la communauté des femmes. Les enfants
ne connaîtront pas leur père, les mères ne connaîtront
pas leurs enfants. Il n'y aura qu'une famille dans la république, et chaque membre de cette famille y occupera
le rang de sa vertu. Idée généreuse, qui mérite sans doute
qu'on lui fasse quelques sacrifices, mais qu'il ne fallait pas

acheter par la violation de toutes les lois de maternité, d'amour et de pudeur.

Ces premiers règlements en enfantent une multitude d'autres non moins déplorables. D'abord, un peuple libre doit avoir le temps de s'occuper de la chose publique. — Nécessité et consécration de l'esclavage. — Il doit éviter l'influence corruptrice des peuples qui l'environnent. — Nécessité de l'isolement. Les portes de la cité seront fermées; le législateur la retranche du genre humain. Enfin il faut que ce peuple se perpétue dans toute la vigueur de sa race primitive; de là cette foule de lois empruntées à Lycurgue.

Éducation des femmes semblable à celle des hommes.

Apprentissage des femmes au métier de la guerre.

Avortement des femmes qui auraient conçu après l'âge de quarante ans. La loi leur permettra l'amour sans leur permettre la maternité.

La mort des enfants mal constitués.

La mort des enfants incorrigibles.

La mort des enfants nés sans la permission de la loi.

Libertinage, esclavage, cruauté, immoralité!

Violation de la loi de l'amour, qui établit l'unité dans le mariage.

Violation de la loi du partage du globe, qui assigne à l'homme et à la femme des occupations séparées.

Violation des trois lois de notre être :

Du sentiment de la Divinité, sur lequel repose la fraternité de tous les hommes ;

De la loi de sociabilité, qui rapproche les peuples et crée le genre humain ;

De la loi de perfectibilité, qui développe sa puissance et l'appelle chaque siècle à de plus hautes destinées.

Or, voici un phénomène bien digne de l'attention des

philosophes. Cette législation , en partie exécutée a
Sparte, mais dont l'ensemble platonique apparut aux anciens comme le type d'une perfection impraticable, n'est
impraticable aujourd'hui que parcequ'elle est immorale ;
son idéalité n'atteint plus à notre réalité. Quelle route
immense le genre humain a parcourue ! et comment se
fait-il que les objets de son admiration soient devenus les
objets de son mépris ? — Entre le monde ancien et le
monde moderne, il y a l'Évangile.

Il est beau de trouver la sanction de la loi de perfectibilité jusque dans le chef-d'œuvre de la législation an-
tique.

Mais c'est assez nous occuper des fautes du philosophe ; passons à l'autre partie de l'ouvrage : nous avons
vu le disciple de Lycurgue , voyons le disciple de Socrate.
C'est là que Platon s'élève tout à coup à cette science révélée *qui fait regarder l'ame en haut*, et qui a pour objet
ce qui est et ce qu'on ne voit pas ; c'est là qu'il retrouve
les véritables lois de la nature dans la contemplation du
beau ou du bon , dont les types invisibles existent dans
le ciel, qui ne les réfléchit que sur nous ; c'est là enfin
qu'il rend témoignage à la vérité, en posant les limites
du juste et de l'injuste, et en attribuant au premier les
plus grandes joies de l'ame, et au second ses plus ef-
froyables supplices.

Car, à cette époque, c'était une doctrine fort répandue
que rien n'est plus à charge que la sagesse, et que rien
n'est plus utile que l'injustice. En voyant la vertu faible
et indigente, on la jugeait malheureuse ; en voyant le
crime riche et puissant, on le jugeait heureux ; et de ce
double spectacle, qui n'afflige pas seulement les républiques, on avait tiré ce principe , que l'injustice est plus
favorable au bonheur que la vertu.

Loin d'affaiblir ce tableau, Platon le consacre en créant
un juste et un méchant imaginaires, qu'il place dans les
plus hauts degrés du crime et de la sagesse. Son juste
ne sera pas seulement soumis à la misère; il le sera à
l'infamie et au supplice. Il sera calomnié, fouetté, mau-
dit, chargé de fers, traîné dans l'ignominie, puis livré au
bourreau et cloué sur la croix.

Il y a là comme un pressentiment, comme une révélation de la vie et de la mort du Christ.

Son méchant ne sera pas seulement un ambitieux
éhonté. Il sera un hypocrite, le type hideux où Molière
ira chercher son Tartufe; heureux par ses richesses,
puissant par ses alliances, tirant avantage de tout, parcequ'aucun crime ne l'effraie, se conciliant la bienveillance
du peuple par des apparences vertueuses, et la protection
des dieux par ses sacrifices. Scélérat consommé, que la
fortune couronne et que les hommes honorent.

Eh bien! c'est en présence de ce supplice et de ces
prospérités, c'est en contradiction avec la voix générale
des peuples, que Platon, dès le second livre de la République, proclame solennellement le juste heureux, parcequ'il est juste; le méchant malheureux, parcequ'il est
méchant. Admirable révélation de la conscience de Socrate, première lueur de la conscience du genre humain!

A présent, tournons quelques pages; arrivons droit au
huitième et au neuvième livre de la République; le disciple de Socrate va prouver ce qu'il a affirmé. Sa doctrine
est d'autant plus belle, qu'elle donne la même base au
bonheur des masses et au bonheur de l'individu : morale
politique, morale privée; c'est tout un. Et d'abord il
compte cinq espèces de gouvernements et cinq caractères
de l'ame qui leur répondent, car les gouvernements se
font avec les mœurs, ils sont toujours l'expression du

caractère d'un peuple. Il examine ensuite les causes de
leur élévation et de leur chute, et comment ils s'engendrent les uns les autres, signalant toujours le vice qui les
tue ou plutôt qui les métamorphose. Ainsi l'aristocratie
devient une timarchie par l'orgueil et la corruption ; la timarchie devient une oligarchie par la puissance donnée
aux richesses, et l'oligarchie devient une démocratie par
la misère du peuple, qui se réveille et se fait roi. C'est
alors que, dévoré de la soif ardente de la liberté, et servi
par de mauvais échansons qui la lui versent toute pure,
et le font boire jusqu'à l'ivresse, ce même peuple court de
crime en crime jusque dans les bras d'un tyran sorti de
son sein, pétri de ses vices ; enfant qui n'embrasse son
père que pour l'étouffer. Ainsi la démocratie devient une
tyrannie par ce seul fait que les excès de la licence enfantent toujours un maître : on sent dans cette partie du
livre de Platon la puissance d'un génie qui domine l'histoire d'assez haut pour lui tracer sa marche éternelle.
Et quelle joie divine remplit soudain notre âme, lorsqu'elle vient à découvrir que cette marche éternelle de
l'histoire n'est que l'accomplissement des lois morales de
la nature !

Voici le point décisif de la question.

Les cinq caractères qui répondent à chaque espèce de
gouvernement reçoivent tour à tour les empreintes de
l'ambition, de l'intrigue, de l'avarice et de la cruauté ;
toujours plus malheureux à mesure qu'ils deviennent
plus vicieux. Le caractère tyrannique est le dernier, et
c'est lui que Platon va nous présenter comme le double
modèle de la scélératesse et du malheur.

« N'allons pas, s'écrie-t-il, nous laisser éblouir par le
bonheur apparent de cet homme en ne jetant les yeux
que sur ses richesses et sur les voluptés qui l'environ-

nent. Arrachons cet appareil de théâtre, dépouillons ces grandeurs ajoutées, pénétrons partout. Que le tyran nous apparaisse tout entier, et disons ensuite simplement ce que nous aurons vu. »

Alors commence le tableau hideux de la vie du méchant. Pour le rendre plus frappant, Platon établit ce fait, que la condition de l'homme opprimé par ses passions est la même que celle d'une ville opprimée par un tyran. Or, la ville opprimée par un tyran gémit sous le poids de la plus basse servitude. Pauvre, insatiable, cruelle, rampante, toujours humble ou furieuse, déchaînée par la vengeance ou soumise par les supplices, elle n'obéit qu'au bourreau, et ne se repose que dans le sang. C'est l'agitation de la mer, c'est le flux et le reflux éternel du crime et de la terreur. Et où donc trouverez-vous plus de sanglots, plus de misère, plus de gémissements et plus de douleurs sans consolation !

Ainsi l'ame du tyran est esclave de tous les vices qui la peuplent et qui la travaillent. Ainsi elle est pauvre au milieu des richesses, parcequ'elle est insatiable; elle est couarde au milieu de ses esclaves, parcequ'elle est isolée. Tout ce qui est juste la fuit; tout ce qui est vil la sert, mais à condition de la dominer. Elle éprouve sans cesse toutes les convulsions d'une ville en tumulte, tous les délires d'une populace effrénée, tous les supplices d'un coupable qui sent la main du bourreau. Enfin, le dernier trait de tant de misère est l'obligation que ses crimes lui imposent, de devenir chaque jour plus envieuse, plus perfide, plus féroce, plus impie. Et voilà cependant la condition éternelle du méchant !

A présent, écoutons Socrate s'écrier qu'il va charger un héraut de publier dans toute la Grèce que les méchants sont les plus malheureux des hommes; et voyons

si une seule voix osera protester contre ce jugement so-
lennel de la sagesse et de la vérité.

Telle est la partie morale de la *République*; telles sont
les doctrines qui ont préparé la civilisation du monde.
C'est là, c'est dans cette source vivifiante du beau, que
les anciens et les modernes ont puisé à pleine coupe. Les
Pères de l'Église s'y sont plongés. Voyez revivre les idées
éternelles de Platon dans les écrits de saint Augustin;
voyez comme l'ame brûlante de l'Africain s'inspire dans
la contemplation de ce monde céleste, invisible au vulgaire, et qui est cependant le seul véritable. Qui connaît
Platon, le retrouve partout : dans les écrits de Plutarque,
de Fénelon, de Rousseau, de Bernardin de Saint-Pierre.
Ces grands hommes semblent n'avoir pensé que pour
témoigner de sa sagesse, de sa gloire, de son génie! Leur
ame s'est empreinte de la sienne! Il est le soleil de toutes
ces planètes, qu'il pénètre de ses feux et qu'il inonde de
sa lumière.

Oh! quelle joie pour l'humanité qu'une telle pensée se
soit manifestée au monde, qu'elle ait animé un corps
terrestre!

Ce livre, témoin toujours vivant de son passage, n'est
que l'ombre de son ame. Dira-t-on que l'ame a pu cesser
d'être lorsque l'ombre existe encore? Ne serait-ce pas
dire qu'un Dieu a moins vécu que son ouvrage!

Ame sublime! reçois ici les hommages d'une postérité
de plus de deux mille ans. Nous honorons en toi l'homme
qui a le plus fait pour l'homme, la seule créature terrestre dont la lumière soit venue se confondre avec les lumières de l'Évangile, la seule qui ait écrit dans l'unique
intérêt de la vérité et de la vertu, et dont l'ame se soit
retrouvée dans l'ame de Fénelon. Bienfaiteur du genre
humain, tu lui léguas les plus hautes pensées; précur-

seur de Jésus-Christ, tu nous ouvris dès cette vie le
monde des contemplations célestes, et il te fut donné
d'entrevoir une sagesse ignorée de toute la terre, et qui
ne pouvait être révélée que par un Dieu!

H. AIMÉ-MARTIN.

L'ÉTAT

ou

LA RÉPUBLIQUE.

ARGUMENT.

Platon réfute successivement cette maxime : *Il est juste de faire du bien à ses amis et du mal à ses ennemis*; et cette autre maxime : *La justice est ce qui est avantageux au plus fort*. Une fois débarrassé de ces sophismes, il cherche la nature de la justice; il établit qu'elle est sagesse et vertu comme l'injustice est vice et ignorance. Or le propre de la sagesse et de la vertu est de gouverner bien; le propre de l'injustice et de l'ignorance est de gouverner mal : la condition de l'homme juste sera donc meilleure que celle de l'homme méchant. En d'autres termes, l'homme juste est heureux parcequ'il est juste, l'homme méchant est malheureux parcequ'il est méchant : d'où on peut tirer cette conclusion, que la justice est en tous sens préférable à l'injustice. Tel est le principe transcendant de ce sublime ouvrage. C'est sur la justice que Platon va bâtir sa république idéale.

L'ÉTAT

ou

LA RÉPUBLIQUE[1].

INTERLOCUTEURS.

SOCRATE.
CÉPHALE.
POLÉMARQUE, fils de Céphale.
GLAUCON,
ADIMANTE, } fils d'Ariston et frères de Platon.
CLITOPHON.
THRASIMAQUE, sophiste.

La scène de ce dialogue, que Socrate raconte, est au Pirée, dans la maison de Céphale.

LIVRE PREMIER.

SOCRATE. J'allai hier au Pirée avec Glaucon, fils d'A-riston, pour faire ma prière à la déesse [2], et pour voir

---

[1] Le mot république, par lequel Grou a traduit Πολιτεία, donne une idée fausse du but et du caractère de cet ouvrage. Il n'est ici question ni d'une république ni d'une monarchie, mais de l'État en lui-même. Nous avons traduit comme Schleiermacher, *der Staat*, l'État, mais en laissant au second titre le mot république, consacré par l'usage et par le temps.

[2] On croit communément qu'il s'agit ici de Minerve, qu'on appelait à Athènes la Déesse. Je croirais plutôt, avec Origène, qu'il est question de Diane, et que c'était en son honneur que se célébrait la fête qui avait attiré au Pirée Socrate et une foule d'Athé-

de quelle manière se passerait la fête qu'on célébrait pour la première fois. La Pompe[1] des habitants du lieu me parut fort belle; mais, à mon avis, celle des Thraces ne lui cédait en rien pour l'élégance et la beauté. Après que nous eûmes fait notre prière et vu la cérémonie, nous reprîmes le chemin de la ville. Polémarque, fils de Céphale, nous ayant aperçus de loin, dit à l'esclave qui le suivait de courir après nous, et de nous prier de l'attendre. L'esclave nous joignit, et me dit, en me tirant par le manteau : « Polémarque vous prie de l'attendre. » Je me retournai, et lui demandai où était son maître : « Il me suit, me dit-il ; attendez-le un moment. —Nous l'attendrons, » reprit Glaucon. Un peu après, nous vîmes paraître Polémarque avec Adimante, frère de Glaucon, Nicérate, fils de Nicias[2], et quelques autres qui revenaient de la Pompe. Polémarque, en nous abordant, me dit : « Socrate, il me paraît que vous vous en retournez à la ville. — Tu ne te trompes pas, lui dis-je.

—Vois-tu combien nous sommes? — Oui. — Vous serez les plus forts, ou vous resterez ici. — Il y a un

niens. C'est pour cela que dans la Pompe il est fait mention des Thraces, qui étaient à la solde des Athéniens, pour faire la garde au Pirée, et qui honoraient Diane sous le nom de *Bendis*: d'où cette fête est appelée par Thrasymaque, à la fin de ce livre, *Bendidéïa*.

[1] Le mot *Pompe* signifie proprement une cérémonie païenne, où on portait en procession les statues des dieux. Comme ces cérémonies se faisaient avec beaucoup d'appareil et de magnificence, on a depuis employé ce mot dans ce dernier sens.

[2] C'est le fameux Nicias qui périt au siége de Syracuse, durant la guerre du Péloponnèse.

milieu : c'est de vous persuader de nous laisser aller. — Comment nous le persuaderez-vous, si nous ne voulons pas entendre vos raisons? — En effet, dit Glaucon, cela n'est guère possible. — Eh bien, reprit Polémarque, soyez assurés que nous ne les écouterons pas. — Ne savez-vous pas, dit Adimante, qu'on fera ce soir, à cheval, la course des flambeaux [1] en l'honneur de la déesse? — A cheval? cela est nouveau. Comment? ils feront cette course à cheval, tenant en main des flambeaux, qu'ils se donneront les uns aux autres? — Oui, dit Polémarque, et de plus, il y aura une veillée [2], qui vaudra la peine d'être vue. Nous l'irons voir après souper, et nous nous entretiendrons avec plusieurs jeunes gens qui s'y trouveront. Restez donc, et ne vous faites pas prier davantage. — Je vois bien qu'il faut demeurer, dit Glaucon. — Puisque tu le veux, lui dis-je, j'y consens.

[1] Voici un passage de Pausanias, dans les Attiques, qui donnera du jour à celui de Platon : « Il y a, dit cet auteur, dans l'Académie (ce lieu était hors des murs d'Athènes) un autel consacré à Prométhée. Les champions courent de là vers la ville, tenant en main un flambeau allumé. Celui qui le conserve allumé pendant toute la course, gagne la victoire. Si le flambeau s'éteint entre les mains de celui qui court le premier, toute espérance de vaincre est perdue pour lui. Un second prend sa place, puis un troisième ; et si le flambeau s'éteint entre les mains de tous, le prix n'est à personne. » Lucrèce, liv. II, fait allusion à cette course, lorsqu'il dit, en parlant des générations qui se succèdent les unes aux autres : *et quasi cursores vitai lampada tradunt.*

[2] La pièce intitulée *Pervigilium Veneris*, ou *Veille des Fêtes de Vénus*, a dû être faite dans une occasion à peu près semblable. On ne peut pas douter que les Latins n'en aient pris le modèle chez les Grecs.

Nous allâmes donc chez Polémarque, où nous trouvâmes ses deux frères, Lysias [1] et Euthydème, avec
Thrasymaque de Calcédoine [2], Charmantide, de la
tribu Péanée, et Clitophon, fils d'Aristonyme; Céphale, père de Polémarque, y était aussi. Je ne l'avais vu depuis long-temps, et il me parut beaucoup
vieilli. Il était assis, la tête appuyée sur un coussin;
il avait aussi une couronne, parcequ'il avait fait ce
jour-là un sacrifice domestique. Nous prîmes place
auprès de lui sur des siéges, qui étaient disposés en
cercle. Dès qu'il m'eut aperçu, il me salua, et me dit:
« Socrate, tu viens bien rarement au Pirée; cependant
tu nous ferais plaisir. Si j'avais encore assez de force
pour aller à la ville, je t'épargnerais la peine de venir
ici, et j'irais moi-même te trouver. Tu m'obligeras de
venir désormais plus souvent; car tu sauras que je
trouve tous les jours un nouveau charme dans la conversation, à proportion que les plaisirs du corps diminuent et m'abandonnent. Aie donc pour moi cette complaisance. Tu converseras aussi avec ces jeunes gens;
mais n'oublie pas un vieil ami. — Et moi, Céphale,
lui dis-je, je me plais infiniment dans la compagnie des
vieillards. Comme ils sont au bout d'une carrière,
qu'il nous faudra peut-être parcourir un jour, il me
paraît naturel de s'informer d'eux si la route est pénible ou aisée. Et puisque tu es à présent dans l'âge

---

[1] C'est le fameux orateur de ce nom. Euthydème était un sophiste. Platon se moque de lui dans le Dialogue qui porte son nom.
[2] De Sertes traduit de *Carthage*.

que les poëtes appellent le seuil de la vieillesse [1], tu
me ferais plaisir de me dire ce que tu en penses, et
si tu regardes cette saison comme la plus rude de la
vie. — Socrate, me répondit-il, je te dirai ma pensée
sans rien déguiser. Il m'arrive souvent, selon l'ancien proverbe, de me trouver avec plusieurs gens de
mon âge : tout l'entretien [2] se passe en plaintes et en
lamentations de leur part ; ils se rappellent avec regret
les plaisirs de l'amour, de la table, et autres de cette
nature qu'ils goûtaient dans leur jeunesse. Ils s'affligent
de cette perte comme de la perte des plus grands
biens. La vie qu'ils menaient alors était heureuse (disent-ils) ; à présent elle ne mérite plus même le nom
de vie. Quelques uns se plaignent des outrages auxquels la vieillesse les expose de la part de leurs proches. Ils ne parlent d'elle que pour l'accuser d'être la
cause de mille maux.

« Pour moi, Socrate, je pense qu'ils ne touchent
point du tout la véritable cause de ces maux : car si
c'était la vieillesse, elle devrait sans doute produire
les mêmes effets sur moi et sur tous les vieillards.
Or, j'en ai connu d'autres d'un caractère bien différent ; et je me souviens que, me trouvant autrefois
avec le poëte Sophocle, quelqu'un lui demanda en
ma présence si l'âge lui permettait encore de goûter
les plaisirs de l'amour, « A Dieu ne plaise, répondit-

[1] Homère, *Iliade*, 24, v. 487.
[2] Cicéron a traduit presque tout entier ce discours de Céphale
dans son *Traité de la Vieillesse*, et il l'a mis dans la bouche du
vieux Caton.

il, il y a longtemps que j'ai secoué le joug de ce
maître furieux et brutal. » Je jugeai alors qu'il avait
raison de parler de la sorte. L'âge ne m'a pas fait
changer de sentiment. La vieillesse est en effet un
état de repos et de liberté, où l'on n'éprouve rien de
la part des sens. Lorsque la violence des passions
s'est relâchée, et que leur feu s'est amorti, on se
voit, comme disait Sophocle, délivré d'une foule de
tyrans forcenés. Quant aux regrets des vieillards dont
je parle, et aux mauvais traitements qu'ils se plaignent de recevoir de leurs proches, ce n'est pas sur
la vieillesse, Socrate, mais sur leur caractère, qu'ils
doivent en rejeter la cause. Avec des mœurs douces
et commodes, on trouve la vieillesse supportable :
avec un caractère opposé, la vieillesse, et la jeunesse
même, n'ont rien d'agréable. »

Je fus charmé de sa réponse, et, pour engager de
plus en plus l'entretien, j'ajoutai : « Céphale, je suis
persuadé que, lorsque tu parles de la sorte, la plupart ne goûtent pas tes raisons, et qu'ils s'imaginent
que tu trouves moins de ressources dans ton caractère que dans tes grands biens contre les incommodités de la vieillesse ; car les riches sont, disent-ils,
portée de se procurer bien des soulagements. — Tu dis
vrai ; ils ne m'écoutent pas : ils ont, à la vérité, quelque raison en ce qu'ils disent, mais beaucoup moins
qu'ils ne pensent. Tu sais la réponse que fit Thémis-
tocle au Sériphien, qui lui reprochait qu'il devait sa
réputation à la ville où il était né, plutôt qu'à son
mérite : « Il est vrai, répondit-il, que si j'étais de Sé-

riphe, je ne serais pas connu ; mais toi, tu ne le serais pas davantage, fusses-tu d'Athènes. » On peut
faire la même repartie aux vieillards peu riches et
chagrins, et leur dire que la pauvreté rendrait la
vieillesse insupportable au sage même ; mais que,
sans la sagesse, jamais les richesses ne la rendront
plus douce. — Mais, repris-je, ces grands biens que
tu possèdes, Céphale, te sont-ils venus de tes ancêtres, ou en as-tu acquis la meilleure partie ? — J'en
ai acquis quelque peu. J'ai tenu en cela le milieu
entre mon aïeul et mon père ; car mon aïeul, dont je
porte le nom, ayant hérité d'un patrimoine à peu
près égal à ma fortune présente, fit des acquisitions
qui surpassaient de beaucoup le fonds qu'il avait
reçu. Mon père Lysanias, au contraire, m'a laissé encore moins de biens que tu ne m'en vois. Pour moi,
je serai content si mes enfants trouvent après moi un
héritage qui ne soit ni au-dessous ni beaucoup au-
dessus de celui que j'ai trouvé à la mort de mon père.
— Ce qui m'a engagé à te faire cette question, lui
dis-je, c'est que tu ne me parais guère attaché aux
richesses ; ce qui est ordinaire à ceux qui ne sont pas
les artisans de leur fortune ; au lieu que ceux qui la
doivent à leur industrie, y sont doublement attachés :
car ils l'aiment d'abord, parcequ'elle est leur ouvrage, comme les poëtes aiment leurs vers, et les
pères leurs enfants ; et ils l'aiment encore, comme les
autres hommes, pour l'utilité qu'ils en retirent. Aussi
sont-ils d'un commerce difficile, et n'ont-ils d'estime
que pour l'argent. — Tu as raison, dit Céphale. —

Fort bien, ajoutai-je. Mais, dis-moi encore, quel
est, à ton avis, le plus grand avantage que les richesses procurent?

— J'aurais peine à persuader à beaucoup de personnes ce que je vais dire. Tu sauras, Socrate, que,
quand on approche du terme de la vie, on a des
craintes et des inquiétudes sur des choses qui ne faisaient nulle peine auparavant : ce qu'on raconte des
enfers et des supplices qui y sont préparés aux méchants revient alors à l'esprit. On commence à appréhender que ces discours, qu'on avait jusque-là traités
de fables, ne soient autant de vérités : soit que cette
appréhension vienne de la faiblesse de l'âge, soit que
l'ame voie alors ces objets plus clairement, à cause
de leur proximité. On est donc plein de soupçons et
de frayeur. On repasse sur toutes les actions de sa
vie, pour voir si on n'a fait tort à personne. Celui
qui, dans l'examen de sa conduite, la trouve pleine
d'injustices, tremble, se laisse aller au désespoir ;
souvent, pendant la nuit, la frayeur le réveille en
sursaut, comme les enfants ; mais celui qui n'a rien
à se reprocher, a sans cesse auprès de lui une douce
espérance, qui lui sert de nourrice ; car, comme dit
très bien Pindare,

L'espérance, qui gouverne à son gré l'esprit flottant des hommes,
sert de nourrice à la vieillesse de ceux qui ont mené une vie pure
et exempte de crime.

Or, c'est parceque les richesses sont d'un très grand
secours, qu'elles sont à mes yeux si précieuses,

non pour tout homme, mais pour le sage seulement; car c'est à une fortune aisée qu'on est redevable en grande partie de ne point se trouver exposé à tromper personne, même involontairement,
ni à user de mensonges; on lui doit encore l'avantage de sortir de ce monde, exempt de toutes craintes,
au sujet de quelques sacrifices qu'on aurait manqué
de faire aux dieux, ou de quelques dettes dont on ne
se serait pas acquitté envers les hommes. Les richesses ont encore d'autres avantages sans doute;
mais, tout bien pesé, je crois que tout homme de
sens donnera de bien loin la préférence à celui-là sur
tous les autres.

— Rien de plus beau, repartis-je, que ce que tu
dis, Céphale. Mais est-ce bien définir la justice que de
la faire consister simplement à dire la vérité, et à rendre à chacun ce qu'on en a reçu? ou plutôt cela n'est-
il pas juste ou injuste selon les occurrences? Par exemple, si quelqu'un, après avoir confié ses armes à son
ami, les redemandait étant devenu fou, tout le monde
convient qu'il ne faudrait pas les lui rendre, et qu'il
y aurait de l'injustice à le faire. On convient encore
qu'il y aurait du mal à ne lui déguiser en rien la
vérité dans l'état où il est. — Cela est certain. —
La justice ne consiste donc pas à dire la vérité, et à
rendre à chacun ce qui lui appartient. — C'est en cela
même qu'elle consiste, reprit Polémarque, s'il en
faut croire Simonide. — Continuez l'entretien, dit
Céphale. Je vous cède la place. Aussi bien il faut que
j'aille achever mon sacrifice. — C'est donc Polémarque

qui te succédera, lui dis-je? — Oui, repartit Céphale en souriant; » et en même temps il sortit.

« Apprends-moi donc, Polémarque, puisque tu prends la place de ton père, ce que dit Simonide au sujet de la justice, et en quoi tu l'approuves. — Il dit que le propre de la justice est de rendre à chacun *ce qu'on lui doit;* et en cela je trouve qu'il a raison. — Il est bien difficile de ne pas s'en rapporter à Simonide : c'était un sage, un homme divin. Mais peut-être, Polémarque, entends-tu ce qu'il veut dire par là? Pour moi, je ne le comprends pas. Il est évident qu'il n'entend pas qu'on doive rendre, comme nous disions tout à l'heure, un dépôt quel qu'il soit, lorsqu'on le redemande n'ayant plus sa raison. Cependant ce dépôt est une dette, n'est-ce pas? — Oui. — Il se faut néanmoins bien garder de le rendre lorsqu'on le redemande n'ayant plus sa raison. — Cela est certain. — Simonide a donc voulu dire autre chose. — Sans doute, puisqu'il pense qu'on doit faire du bien à ses amis, et ne leur nuire en rien. — J'entends. Ce n'est point rendre à son ami ce qu'on lui doit que de lui remettre l'argent qu'il nous a confié, lorsqu'il ne peut le recevoir qu'à son préjudice. N'est-ce pas là le sens des paroles de Simonide? — Oui. — Mais faut-il rendre à ses ennemis *ce qu'on leur doit?* — Oui, sans doute, *ce qu'on leur doit :* et on ne doit à son ennemi que ce qu'il convient qu'on lui doive, c'est-à-dire du mal. — Simonide s'est donc expliqué en poëte et d'une manière énigmatique sur la justice, puisqu'il a cru, à ce qu'il semble, qu'elle consistait à rendre à chacun ce qui lui convient, quoiqu'il se soit servi d'une autre expression?—Il y a apparence.

—Si quelqu'un lui eût demandé : «Simonide, à qui la médecine rend-elle ce qui convient, et que lui donne-t-elle?» que penses-tu qu'il eût répondu?—Qu'elle donne au corps la nourriture et les remèdes convenables.—Et l'art du cuisinier, que donne-t-il, et à qui donne-t-il ce qui convient?—Il donne à chaque mets son assaisonnement.—Et cet art qu'on appelle justice, que donne-t-il, et à qui donne-t-il ce qui convient?—Socrate, s'il faut nous en tenir à ce que nous avons dit plus haut, la justice fait du bien aux amis, et du mal aux ennemis.—Simonide appelle donc justice faire du bien à ses amis, et du mal à ses ennemis?—Du moins il me le semble.—Qui peut faire le plus de bien à ses amis, et de mal à ses ennemis, en cas de maladie?—Le médecin.—Et sur mer, en cas de danger?—Le pilote.—Et l'homme juste, en quelle occasion et en quoi peut-il faire le plus de bien à ses amis, et de mal à ses ennemis?—A la guerre, ce me semble, en attaquant les uns et en défendant les autres.—Fort bien; mais, mon cher Polémarque, on n'a que faire de médecin quand on n'est pas malade.—Cela est vrai.—Ni de pilote lorsqu'on n'est pas sur mer.—Cela est encore vrai.—L'homme juste, par la même raison, est-il inutile lorsqu'on ne fait pas la guerre?—Je ne le crois pas.—La justice sert donc aussi en temps de paix?—Oui.—Mais l'agriculture sert aussi en ce temps-là, n'est-ce pas?—Oui.—A la récolte des biens de la terre?—Oui.—Et

2

le métier de cordonnier sert aussi. — Oui. — Tu me
diras que c'est pour avoir une chaussure. — Sans
doute. — Dis-moi de même en quoi la justice est utile
pendant la paix. — Elle est utile dans le commerce. —
Entends-tu par là des rapports pour affaires ou bien
quelque autre chose?— Non, c'est cela même que j'entends. — Lorsqu'on veut apprendre à jouer aux dés,
qui vaut-il mieux, l'homme juste ou un joueur de profession?— Un joueur de profession. — Et pour la construction d'une maison, vaut-il mieux s'en rapporter
à l'homme juste qu'à l'architecte? — Tout au contraire. — Mais, de même que pour apprendre la musique je m'adresserais au musicien préférablement à
l'homme juste, en quel cas m'adresserai-je à celui-ci
plutôt qu'à celui-là? — Dans la disposition de mon
argent. — Si ce n'est peut-être lorsqu'il faudra en
faire usage ; car, si je veux acheter ou vendre en commun un cheval, je ferai plutôt société avec le maqui-
gnon. — Je pense de même. — Et avec le pilote ou
l'architecte, s'il s'agit d'un vaisseau. — Oui. — En
quoi le juste me sera-t-il d'une utilité particulière
lorsque je voudrai faire en commun quelque emploi
de mon argent? — Lorsqu'il s'agira, Socrate, de le
mettre en dépôt et de le conserver. — C'est-à-dire
quand je ne voudrai faire aucun usage de mon argent
et le laisser oisif. Ainsi la justice me sera utile quand
mon argent ne me servira de rien. — Apparemment.
— La justice me servira donc lorsqu'il faudra conserver une serpette seul ou avec d'autres; mais, si je
veux m'en servir, je m'adresserai au vigneron. — A

la bonne heure. — Tu diras de même que, si je veux garder un bouclier et une lyre, la justice me sera bonne à cela ; mais que, si je veux m'en servir, j'aurai recours au musicien et au maître d'escrime. — Il le faut bien. — Et, en général, à l'égard de quelque chose que ce soit, la justice me sera inutile quand je me servirai de cette chose, et utile quand je ne m'en servirai pas. — Cela peut être.

— Mais, mon cher, la justice n'est donc pas d'une grande importance, si elle ne nous est utile que pour les choses dont nous ne faisons pas usage ? Prends garde encore à ce que je vais dire. Celui qui est le plus adroit à porter des coups, soit à la guerre, soit à la lutte, n'est-il pas aussi le plus adroit à *se garder* de ceux qu'on lui porte ? — Oui. — Et celui qui est le plus habile à *se garder* d'une maladie et à la prévenir, n'est-il pas en même temps le plus capable de la donner à un autre ? — Je le crois. — Quel est le plus propre à *garder* une armée ? N'est-ce pas celui qui fait *dérober* les desseins et les projets de l'ennemi ? — Sans doute. — Par conséquent le même homme qui est propre à *garder* une chose, est aussi propre à la *dérober*. — Oui. — Si donc le juste est propre à *garder* de l'argent, il sera propre aussi à le *dérober*. — Du moins, c'est une conséquence de ce que nous venons de dire. — L'homme juste est donc un fripon. Il paraît que tu as puisé cette idée dans Homère [1], qui vante beaucoup Antolycus, aïeul maternel d'Ulysse, et dit qu'*il surpassa tous les*

[1] *Odyss.*, XIX, v. 396.

hommes dans l'art de dérober et de tromper. Par conséquent, selon Homère, Simonide et toi, la justice n'est
autre chose que l'art de dérober pour le bien de ses
amis et pour le mal de ses ennemis : n'est-ce pas ainsi
que tu l'entends? — Non, par Jupiter. Je ne sais ce
que j'ai voulu dire. Il me semble cependant toujours
que la justice consiste à obliger ses amis et à nuire à
ses ennemis.

— Mais qu'entends-tu par *nos amis*? Est-ce ceux qui
nous paraissent gens de bien, ou ceux qui le sont,
quand même nous ne les jugerions pas tels? J'en dis
autant des ennemis. — Il me paraît naturel d'aimer
ceux qu'on croit gens de bien, et de haïr ceux qu'on
croit méchants. — N'est-il pas ordinaire aux hommes
de se tromper en ce point, et de juger que tel est honnête homme, qui n'en a que l'apparence, ou que tel
est un fripon, qui est honnête homme? — J'en conviens. — Ceux à qui cela arrive ont donc alors pour
ennemis des gens de bien, et des méchants pour amis?
— Oui. — Ainsi, à leur égard, la justice consiste à
faire du bien aux méchants et du mal aux bons? —
Il me paraît ainsi. — Mais les bons sont justes et incapables de nuire à personne. — Cela est vrai. — Il est
donc juste, selon ce que tu dis, de faire du mal à
ceux qui ne nous en font pas? — Point du tout, Socrate;
c'est un crime de penser de la sorte. — Il faudra donc
dire qu'il est juste de nuire aux méchants et de faire
du bien aux bons? — Cela est plus conforme à la raison
que ce que nous disions tout à l'heure. — Il arrivera
de là, Polémarque, que pour tous ceux qui se trompent

dans les jugements qu'ils font des hommes, il sera juste
de nuire à leurs amis, car ils les regarderont comme
des méchants, et de faire du bien à leurs ennemis par
la raison contraire : conclusion directement opposée à
ce que nous faisions dire à Simonide.

— La conséquence est bien tirée; mais changeons
quelque chose à la définition que nous avons donnée
de l'ami et de l'ennemi : elle ne me paraît pas exacte.
— Comment disions-nous, Polémarque? — Nous disions que notre ami était celui qui nous paraissait
homme de bien. — Quel changement veux-tu faire?
— Je voudrais dire que notre ami doit tout à la fois
nous paraître homme de bien et l'être en effet, et
que celui qui le paraît sans l'être, n'est aussi notre
ami qu'en apparence. Il faut dire la même chose de
notre ennemi. — A ce compte, le véritable ami sera
l'homme de bien, et le méchant le véritable ennemi.
— Oui. — Tu veux donc aussi que nous changions
quelque chose à ce que nous disions touchant la
justice; qu'elle consistait à faire du bien à son ami et
du mal à son ennemi; et que nous ajoutions, si l'ami
est honnête homme et si l'ennemi ne l'est pas? —
Oui ; je trouve que cela est bien dit. — Mais quoi!
est-ce le fait de l'homme juste de faire du mal à un
homme quel qu'il soit? — Sans doute; il en doit faire
à ses ennemis, qui sont les méchants. — Les chevaux
et les chiens, à qui on fait du mal, en deviennent-ils
meilleurs ou pires — Ils en deviennent pires. — En
quoi? N'est-ce pas dans la vertu qui est propre à leur
espèce? — Oui. — Ne dirons-nous pas aussi que les

2.

hommes à qui on fait du mal deviennent pires dans la vertu qui est propre à l'homme ? — Sans doute. — La justice n'est-elle pas la vertu propre à l'homme ? — Sans contredit.

— Ainsi, mon cher ami, c'est une nécessité que les hommes à qui on fait du mal, en deviennent plus injustes. — Il y a apparence. — Un musicien, en vertu de son art, peut-il rendre quelqu'un ignorant dans la musique ? — Cela est impossible. — Un écuyer peut-il par son art rendre quelqu'un maladroit à monter un cheval ? — Non. — L'homme juste peut-il par la justice rendre un autre homme injuste ? En général, les bons peuvent-ils par leur vertu rendre les autres méchants ? — Cela ne se peut. — Car, refroidir n'est pas l'effet du chaud, mais de son contraire ; humecter, n'est pas l'effet du sec, mais de son contraire. — Sans doute. — L'effet du bon n'est pas non plus de nuire ; c'est l'effet de son contraire. — Oui. — Mais l'homme juste est bon ? — Assurément. — Ce n'est donc pas le propre de l'homme juste de nuire, ni à son ami, ni à qui que ce soit ; mais de son contraire, c'est-à-dire de l'homme injuste. — Il me semble, Socrate, que tu as raison.

— Si donc quelqu'un dit que la justice consiste à rendre à chacun ce qu'on lui doit, et s'il entend par là que l'homme juste ne doit à ses ennemis que du mal, comme il doit du bien à ses amis, ce langage n'est pas celui d'un sage ; car il n'est pas conforme à la vérité, et nous venons de voir que jamais il n'est juste de nuire à personne. — J'en tombe d'accord. — Et si

quelqu'un ose avancer qu'une semblable maxime est
de Simonide, de Bias, de Pittacus, ou de quelque
autre sage, nous le démentirons tous deux. — Je suis
prêt à me joindre à toi. — Sais-tu de qui est cette
maxime, qu'*il est juste de faire du bien à ses amis, et
du mal à ses ennemis ?* — De qui? — Je crois qu'elle est
de Périandre, de Perdiccas, de Xerxès, d'Isménias le
Thébain, ou de quelque autre homme riche et puissant. — Tu dis vrai. — Puisque la justice ne consiste
point en cela, en quoi consiste-t-elle? »

Pendant notre entretien, Thrasymaque ouvrit plusieurs fois la bouche pour nous interrompre. Ceux qui
étaient assis auprès de lui l'en empêchèrent, voulant
nous entendre jusqu'au bout. Mais lorsque nous eûmes
cessé de parler, il ne put se contenir plus longtemps ;
et se retournant tout à coup, il fondit sur nous, comme
une bête féroce, pour nous dévorer. La frayeur nous
saisit, Polémarque et moi. Puis, m'adressant la parole : « Socrate, me dit-il, à quoi bon tout ce verbiage?
Pourquoi vous céder comme de concert la victoire l'un
à l'autre, ainsi que des enfants? Veux-tu sincèrement
savoir ce que c'est que la justice? Ne te borne pas à
interroger et à te faire une sotte gloire de réfuter les
réponses des autres. Tu n'ignores pas qu'il est plus
aisé d'interroger que de répondre. Réponds-moi à ton
tour. Qu'est-ce que la justice? Et ne va pas me dire que
c'est *ce qui convient, ce qui est utile, ce qui est avantageux, ce qui est lucratif, ce qui est profitable*; réponds nettement et précisément, parce que je ne suis pas homme
à prendre des sottises pour de bonnes réponses. »

A ces mots, je fus épouvanté. Je le regardai en tremblant, et je crois que j'aurais perdu la parole s'il m'avait regardé le premier [1]; mais j'avais déja jeté les yeux sur lui, au moment où sa colère éclata. Aussi je fus en état de lui répondre, et je lui dis, à demi mort de peur : «Thrasymaque, ne t'emporte pas contre nous. Si nous nous sommes trompés, Polémarque et moi, dans notre entretien, sois persuadé que ç'a été contre notre intention. Si nous cherchions de l'or, nous n'aurions garde de nous en faire accroire l'un à l'autre, et de nous en rendre par là la découverte impossible. Pourquoi veux-tu donc que dans la recherche de la justice, c'est-à-dire d'une chose mille fois plus précieuse que l'or, nous soyons assez insensés pour travailler mutuellement à nous tromper, au lieu de nous appliquer sérieusement à en découvrir la nature? Mais, je le vois bien, cette recherche est au-dessus de nos forces. Aussi vous autres, gens habiles, vous devriez concevoir pour notre faiblesse plus de pitié que d'indignation.

— Ha, ha, reprit Thrasymaque avec un rire forcé, voilà l'ironie ordinaire de Socrate. Je savais bien que tu ne répondrais pas; je les avais prévenus que tu aurais recours à tes feintes accoutumées, et que tu ferais tout plutôt que de répondre.

— Tu es fin, Thrasymaque, lui dis-je; tu savais

[1] Selon l'opinion populaire, tout homme qu'un loup venait à regarder, perdait la parole pour un temps : on évitait ce malheur en regardant le loup le premier. Voy. le *Scholiaste* de Théocrite, *Idylle* xiv, 22 ; Virg., *Eglog.*, 9, 153 ; Pline, *Hist. Nat*, viii, 34.

fort bien que si tu demandais à quelqu'un de quoi est composé le nombre douze, en ajoutant : « Ne me dis pas que c'est deux fois six, trois fois quatre, six fois deux, ou quatre fois trois, » parceque je ne me contenterai d'aucune de ces réponses ; tu savais, dis-je, qu'il ne pourrait répondre à une question proposée de cette manière. Mais s'il te disait à son tour : « Thrasymaque, comment expliques-tu la défense que tu me fais de ne donner pour réponse aucune de celles que tu viens de dire ? Mais si la vraie réponse se trouve être une de celles-là, veux-tu que je dise autre chose que la vérité ? Comment l'entends-tu ? » Qu'aurais-tu à lui répondre ?

— Vraiment, dit Thrasymaque, il s'agit bien ici de cela. — Peut-être. Mais quand la chose serait différente, si celui qu'on interroge juge qu'elle est semblable, croyez-vous qu'il en répondra moins selon sa pensée, que nous le lui défendions ou non ? — Est-ce là ce que tu prétends faire ? Me vas-tu donner pour réponse une de celles que je t'ai d'abord interdites ? — Tout bien examiné, je ne serais pas surpris, si je prenais ce parti. — Hé bien ! si je te montre qu'il y a une réponse à faire touchant la justice, meilleure que les précédentes, à quoi te condamnes-tu ? — A ce que méritent les ignorants : c'est-à-dire à apprendre de ceux qui sont plus habiles qu'eux. Je me soumets volontiers à cette peine. — Tu es plaisant, vraiment. Outre la peine d'apprendre, tu me donneras encore de l'argent. — Oui, quand j'en aurai. — Nous en avons, dit Glaucon. S'il ne tient qu'à cela, parle, Thrasy-

maque; nous paierons tous pour Socrate. — Je vois
votre dessein. Vous voulez que Socrate, selon sa coutume, au lieu de répondre, m'interroge et me fasse
tomber en contradiction.—Mais, de bonne foi, quelle
réponse veux-tu que je te donne? Premièrement, je
n'en fais aucune, et je ne m'en cache pas. En second
lieu, toi, qui sais tout, m'as interdit toutes les réponses
que je pourrais faire. C'est plutôt à toi de dire ce que
c'est que la justice, puisque tu te vantes de le savoir.
Ne te fais donc pas prier. Réponds pour l'amour de
moi, et n'envie pas à Glaucon et à tous ceux qui sont
ici l'instruction qu'ils attendent de toi.»

Aussitôt Glaucon et tous les assistants le conjurèrent de se rendre. Cependant Thrasymaque faisait des
façons, quoiqu'on vît bien qu'il brûlait d'envie de
parler, pour s'attirer des applaudissements; car il
était persuadé qu'il dirait des merveilles : à la fin il se
rendit. «Tel est, dit-il, le grand secret de Socrate : il
ne veut rien enseigner aux autres, tandis qu'il va de
tous côtés mendier la science, sans en savoir aucun
gré à personne.

— Tu as raison, Thrasymaque, de dire que j'ap-
prends volontiers des autres; mais tu as tort d'ajouter
que je ne leur en sais aucun gré. Je leur témoigne
ma reconnaissance autant qu'il est en moi; j'applaudis, c'est tout ce que je puis faire, n'ayant pas d'argent. Tu verras combien j'applaudis volontiers à ce
qui me paraît bien dit, aussitôt que tu auras répondu :
car je suis convaincu que ta réponse sera excellente.

— Écoute donc. Je dis que la justice n'est autre

chose que *ce qui est avantageux au plus fort...* Hé bien !
pourquoi n'applaudis-tu pas? Je savais bien que tu
n'en ferais rien.—Attends du moins que j'aie compris
ta pensée, car je ne l'entends pas encore. La justice
est, dis-tu, *ce qui est avantageux au plus fort.* Qu'entends-tu par là, Thrasymaque? Veux-tu dire que,
parceque l'athlète Polydamas est *plus fort* que nous,
et qu'il lui est nécessaire pour l'entretien de ses forces
de manger du bœuf, il est pareillement avantageux
pour nous d'en manger aussi? — Tu es un mauvais
plaisant, Socrate, et tu ne cherches qu'à donner un
mauvais tour à tout ce qu'on dit. — Moi ! point du
tout ; mais, de grace, explique-toi plus clairement.
— Ne sais-tu pas que les différents états sont ou monarchiques, ou aristocratiques, ou populaires? — Je
sais cela. — Dans chaque état, celui qui gouverne
n'est-il pas *le plus fort?* — Assurément. — Chacun
d'eux ne fait-il pas des lois à son avantage; le peuple,
des lois populaires; le monarque, des lois monarchiques ; et ainsi des autres? Et quand ces lois sont faites,
ne déclarent-ils pas que la justice ', pour les gouvernés, consiste dans l'observation de ces lois? Ne pu-
nissent-ils pas celui qui les transgresse, comme coupable d'une action injuste? Voici donc ma pensée.
Dans chaque état la justice est l'avantage de celui qui
a l'autorité en main, et par conséquent *du plus fort.*
D'où il suit, pour tout homme, qui sait raisonner, que
partout la justice et ce qui est avantageux au plus
fort, sont la même chose.

' On reconnaît ici la première idée du système de Hobbes.

—Je comprends à présent ce que tu veux dire. Cela
est-il vrai ou non? c'est ce que je vais tâcher d'examiner. Tu définis la justice, *ce qui est avantageux*;
cependant tu m'avais défendu de la définir ainsi. Il
est vrai que tu ajoutes, *au plus fort*. —Ce n'est rien
peut-être que cela. — Je ne sais pas encore si c'est
grand'chose : ce que je sais, c'est qu'il faut voir si ce
que tu dis est vrai. Je conviens avec toi que la justice
est quelque chose d'avantageux ; mais tu ajoutes que
c'est seulement *au plus fort*. Voilà ce que j'ignore, et
ce qu'il faut examiner.

— Examine donc.—Tout à l'heure. Réponds-moi :
ne dis-tu pas que la justice consiste à obéir à ceux qui
gouvernent?—Oui.—Mais ceux qui gouvernent dans
les différents états peuvent-ils se tromper, ou non?
— Ils peuvent se tromper. — Ainsi, lorsqu'ils insti-
tueront des lois, les unes seront bien, les autres mal
instituées. —Je le pense.— C'est-à-dire, que les unes
leur seront avantageuses, et les autres nuisibles. —
Oui. — Cependant les sujets doivent les observer, et
en cela consiste la justice, n'est-ce pas?—Sans doute.
— Il est donc juste, selon toi, non-seulement de faire ce
qui est à l'avantage, mais encore ce qui est au désavantage *du plus fort?* — Que dis-tu là?— Ce que tu
dis toi-même. Mais voyons la chose encore mieux.
N'es-tu pas convenu que ceux qui gouvernent se
trompent quelquefois sur leurs intérêts dans les lois
qu'ils imposent à leurs sujets, et qu'il est juste pour
ceux-ci de faire sans distinction tout ce qui leur est
ordonné? — J'en suis convenu. — Avoue donc aussi

qu'en disant qu'il est juste que les sujets fassent tout
ce qui leur est commandé, tu es convenu que la justice consiste à faire ce qui est désavantageux à ceux
qui gouvernent, c'est-à-dire *aux plus forts*, dans le cas
où, sans le vouloir, ils commandent quelque chose
de contraire à leurs intérêts. Et de là, très sage Thrasymaque, ne faut-il pas conclure qu'il est juste de
faire tout le contraire de ce que tu disais d'abord,
puisque alors ce qui est ordonné au plus faible est
désavantageux au plus fort?—Socrate, cela est évident.

— Sans doute, reprit Clitophon, puisque l'on a ton
témoignage. Eh! qu'est-il besoin de témoignage, con-
tinua Polémarque, puisque Thrasymaque convient
que ceux qui gouvernent commandent quelquefois
des choses contraires à leurs intérêts, et qu'il est
juste, même en ce cas, que leurs sujets obéissent.
— Thrasymaque, repartit Clitophon, a dit seulement
qu'il était juste que les sujets fissent ce qui leur était
ordonné. — Et de plus, il a ajouté que la justice est
ce qui est avantageux au plus fort. Ayant posé ces
deux principes, il est ensuite demeuré d'accord que
les plus forts font quelquefois des lois contraires à
leurs intérêts. Or, de ces aveux il suit que la justice
n'est pas plus ce qui est à l'avantage que ce qui est
au désavantage du plus fort. — Mais par l'avantage
du plus fort, Thrasymaque a entendu ce que le plus
fort croit être de son avantage; il a prétendu que c'é-
tait là ce que devait faire le plus faible, et qu'en cela
consistait la justice. — Thrasymaque ne s'est pas exprimé de la sorte. — Cela n'y fait rien, Polémarque,

repris-je : si Thrasymaque adopte cette explication,
nous la recevrons. Dis-moi donc, Thrasymaque : entends-tu ainsi la définition que tu as donnée de la
justice ? Veux-tu dire que c'est ce que le plus fort
croit être à son avantage, qu'il se trompe ou non ?

—Moi! point du tout. Crois-tu que j'appelle plus fort [1]
celui qui se trompe, en tant qu'il se trompe?—Je pensais que c'était là ce que tu disais, lorsque tu avouais
que ceux qui gouvernent ne sont pas infaillibles et
qu'ils se trompent quelquefois.—Tu es un sycophante,
qui veux donner à mes paroles un sens qu'elles n'ont
pas. Appelles-tu médecin celui qui se trompe à l'égard
des malades, en tant qu'il se trompe, ou calculateur
celui qui se trompe dans un calcul, en tant qu'il se
trompe? Il est vrai que l'on dit le médecin; Le calculateur, le grammairien s'est trompé : mais aucun
d'eux ne se trompe, en tant qu'il est ce qu'on le dit
être. Et, à parler rigoureusement, puisqu'il le faut
faire avec toi, aucun artiste ne se trompe : car il ne se
trompe qu'autant que son art l'abandonne, et en cela
il n'est point artiste. Il en est ainsi du savant et de
l'homme qui gouverne, quoique dans le langage ordinaire on dise : Le médecin s'est trompé, le gouver-
nant s'est trompé. Voici donc ma réponse précise. Celui qui gouverne, considéré comme tel, ne peut se
tromper : ce qu'il ordonne est toujours ce qu'il y a de

---

[1] Il y a ici une équivoque sur le mot κρείττων qui signifie plus
fort et meilleur. Le sophiste, pour se tirer d'embarras, l'emploie
dans le second sens, après l'avoir pris d'abord dans le premier. Il
est impossible de faire passer cette équivoque dans notre langue.

plus avantageux pour lui, et c'est là ce que doit faire celui qui lui est soumis. Ainsi il est vrai, comme je disais d'abord, que la justice consiste à faire ce qui est *avantageux au plus fort.*

— Je suis donc un sycophante, à ton avis ? — Oui, tu l'es. — Tu crois que j'ai cherché à te tendre des piéges par des interrogations captieuses?—Je l'ai bien vu, mais tu n'y gagneras rien. J'aperçois tes finesses, et partant tu ne pourras avoir le dessus dans la dispute. — Je ne veux te tendre aucun piége ; mais, afin que désormais il n'arrive rien de semblable, dis-moi s'il faut entendre, selon l'usage ordinaire, ou dans la dernière précision, ces expressions *celui qui gouverne, le plus fort,* celui dont l'avantage est, comme tu disais, la règle du juste à l'égard du plus faible? — Il faut les prendre à la dernière rigueur. Mets à présent en œuvre tous tes artifices pour me réfuter, si tu le peux ; je ne te demande point de quartier ; mais tu perdras ta peine. — Me crois-tu assez insensé pour oser *tondre un lion* [1] et calomnier Thrasymaque ? — Tu l'as essayé, et cela t'a mal réussi.

— Brisons là-dessus, et réponds-moi. Le médecin, pris à la rigueur, tel que tu viens de le définir, est-il mercenaire, ou n'a-t-il d'autre objet que de guérir les malades? — Il n'a pas d'autre objet. — Et le pilote, j'entends le vrai pilote, est-il matelot ou chef de matelots? — Il est leur chef. — Peu importe qu'il soit comme eux sur le même vaisseau, il n'en est pas plus

[1] Proverbe grec pour : entreprendre quelque chose au-dessus de ses forces.

matelot pour cela : car ce n'est point parcequ'il va
sur mer qu'il est pilote, mais à cause de son art et
de l'autorité qu'il a sur les matelots. — Cela est vrai.
— N'ont-ils pas l'un et l'autre un intérêt qui leur est
propre? — Oui. — Et le but de leur art n'est-il pas
de rechercher et de procurer à chacun d'eux cet intérêt? — Sans doute. — Mais un art quelconque a-t-il
d'autre intérêt que sa propre perfection? — Comment
dis-tu? — Si tu me demandais s'il suffit au corps
d'être corps, ou s'il lui manque encore quelque chose,
je te répondrais que oui, et que c'est pour cela qu'on
a inventé la médecine, parceque le corps est quelquefois malade, et que cet état ne lui convient pas. C'est
donc pour procurer au corps ce qui lui est avantageux
que la médecine a été inventée. Ai-je raison ou non?
— Tu as raison.

    — Je te demande de même si la médecine, ou quel-
que autre art que ce soit, est sujette en soi à quelque
imperfection, et si elle a besoin de quelque autre faculté, comme les yeux de la faculté de voir, les oreilles
de celle d'entendre? Et comme ces parties du corps
ont besoin d'un art qui pourvoie à ce qui leur est
utile, chaque art est-il aussi sujet à quelque défaut?
A-t-il besoin d'un autre art qui veille à son intérêt,
celui-ci d'un autre, et ainsi à l'infini? Ou bien chaque
art pourvoit-il lui-même à son propre intérêt? Ou
plutôt n'a-t-il besoin pour cela ni de lui-même ni
du secours d'aucun autre, étant de sa nature exempt
de tout défaut et de toute imperfection? De sorte qu'il
n'a d'autre but que l'avantage du sujet auquel il est

appliqué, tandis que lui-même demeure toujours entier, sain et parfait autant de temps qu'il conserve son
essence. Examine à la rigueur lequel de ces deux sentiments est le plus vrai. — C'est le dernier.

— La médecine ne pense donc pas à son intérêt,
mais à celui du corps : il en est de même des autres
arts, qui, n'ayant besoin de rien pour eux-mêmes,
s'occupent uniquement de l'avantage du sujet sur lequel ils s'exercent. — Cela est comme tu dis, — Mais,
Thrasymaque, les arts commandent à leurs sujets. »
Il eut de la peine à m'accorder ce point. Il n'est donc
point d'art ni de science qui se propose, ni qui ordonne ce qui est avantageux au plus fort. Tous ont
pour but l'intérêt de leur sujet, ou du plus faible. Il
voulut d'abord contester, mais enfin il fut obligé de
me passer ce point comme l'autre. « Ainsi, lui dis-je, le
médecin, en tant que médecin, ne se propose ni n'ordonne ce qui est à son avantage, mais ce qui est à l'avantage du malade : car nous sommes convenus que le
médecin, pris dans sa notion exacte, gouverne les corps
et n'est point mercenaire ; n'est-il pas vrai?» Il en convint. « Et que le vrai pilote n'est pas matelot, mais chef
des matelots. » Il l'accorda encore. «Un tel pilote n'aura
donc pas en vue et n'ordonnera pas ce qui est à son
avantage, mais ce qui est à l'avantage de ses sujets,
c'est-à-dire des matelots. « Il avoua, quoique avec
peine. » Par conséquent, Thrasymaque, tout homme
qui gouverne, considéré comme tel, et de quelque
nature que soit son autorité, ne se propose jamais,
dans ce qu'il ordonne, son intérêt personnel, mais

5.

celui de ses sujets. C'est à ce but qu'il vise, c'est pour
leur procurer ce qui leur est convenable et avantageux, qu'il dit tout ce qu'il dit et fait tout ce qu'il fait. »

Nous en étions là, et tous les assistants voyaient
clairement que la définition de la justice était directement opposée à celle de Thrasymaque, lorsqu'au lieu
de répondre, il me demanda si j'avais une nourrice.
« Ne vaut-il pas mieux répondre, lui dis-je, que de
faire de pareilles questions? — Elle a grand tort de
te laisser ainsi morveux, et de ne pas te moucher. Tu
en as besoin, car tu ne sais seulement pas ce que c'est
que des troupeaux et un berger. — Pour quelle raison,
s'il te plaît? — Parceque tu crois que les bergers pensent au bien de leurs troupeaux, qu'ils les engrais-
sent et les soignent dans une autre vue que celle de
leur intérêt et de celui de leurs maîtres. Tu t'imagines
encore que ceux qui gouvernent, j'entends toujours
ceux qui gouvernent véritablement, sont dans d'autres sentiments à l'égard de leurs sujets, que les bergers à l'égard de leurs troupeaux, et que jour et nuit
ils sont occupés d'autre chose que de leur avantage
personnel. Tu es si éloigné de connaître la nature du
juste et de l'injuste, que tu ignores même que la justice est un bien pour tout autre que pour le juste,
qu'elle est utile au plus fort qui commande, et nuisible au plus faible qui obéit; que l'injustice au contraire exerce son empire sur les personnes justes, qui,
par simplicité, cèdent en tout à l'intérêt du plus fort,
et ne s'occupent que du soin de son intérêt, sans penser au leur. Voici, simple que tu es, comment il faut

prendre la chose. L'homme juste a toujours le dessous partout où il se trouve en concurrence avec l'homme injuste. D'abord, dans les conventions mutuelles, et dans le commerce de la vie, tu trouveras toujours que l'injuste gagne au marché, et que le juste y perd. Dans les affaires publiques, si les besoins de l'état exigent quelque contribution, le juste, avec des biens égaux, fournira davantage. S'il y a, au contraire, quelque chose à gagner, le profit est tout entier pour l'injuste. Dans l'administration de l'état, le premier, parcequ'il est juste, au lieu de s'enrichir aux dépens du public, laissera même dépérir ses affaires domestiques par le peu de soin qu'il en prendra. Encore sera-ce beaucoup pour lui, s'il ne lui arrive rien de pis. De plus, il sera odieux à ses amis et à ses proches, parcequ'il ne voudra rien faire pour eux au delà de ce qui est équitable. L'injuste éprouve un sort tout contraire; car, ayant, comme j'ai dit, un grand pouvoir, il en use pour l'emporter toujours sur les autres. C'est sur un homme de ce caractère qu'il faut jeter les yeux, si tu veux comprendre combien l'injustice est plus avantageuse que la justice. Tu le comprendras encore mieux, si tu considères l'injustice parvenue à son comble, dont l'effet est de rendre très heureux celui qui la commet, et très malheureux ceux qui en sont les victimes, et qui ne veulent pas repousser l'injustice par l'injustice. Je parle de la tyrannie, qui ne met point en œuvre la fraude et la violence, à dessein de s'emparer peu à peu, et comme en détail, du bien d'autrui, mais qui, ne respectant

ni le sacré ni le profane, envahit d'un seul coup les
fortunes des particuliers et celle de l'état. Les voleurs
ordinaires, lorsqu'on les prend sur le fait, sont punis
du dernier supplice : on les accable des noms les plus
odieux. Selon la nature de l'injustice qu'ils ont com-
mise, on les traite de sacriléges, de ravisseurs, de
fripons, de brigands; mais un tyran qui s'est rendu
maître des biens et de la personne de ses concitoyens,
au lieu de ces noms détestés, est comblé d'éloges :
il est regardé comme un homme heureux par ceux
qu'il a réduits à l'esclavage, et par les autres qui ont
connaissance de son forfait ; car, si on blâme l'injustice,
ce n'est pas qu'on craigne de la commettre, c'est qu'on
craint de la souffrir. Tant il est vrai, Socrate, que
l'injustice portée à un certain point est plus forte, plus
libre, plus puissante que la justice, et que, comme
je disais d'abord, la justice travaille pour l'intérêt du
plus fort, et l'injustice pour son propre intérêt ! »

Thrasymaque, après nous avoir versé, comme un
baigneur, ce long discours dans les oreilles, se leva
comme pour s'en aller ; mais la compagnie le retint
et l'engagea à rendre raison de ce qu'il venait d'a-
vancer. Je l'en priai moi-même et je lui dis : « Eh quoi !
divin Thrasymaque, peux-tu songer à sortir d'ici,
après un pareil discours? Ne faut-il pas auparavant
que nous apprenions de toi, ou que tu voies toi-même
si la chose est en effet comme tu dis? Crois-tu donc
que le point sur lequel nous avons à prononcer soit
de si peu d'importance? Ne s'agit-il pas de décider
quelle règle de conduite chacun de nous doit suivre,

pour goûter pendant la vie le plus parfait bonheur ?
—Qui vous a dit que je pensais autrement, dit Thrasymaque?— Il me paraît que tu ne te mets guère en
peine de nous et qu'il t'importe peu que nous vivions
heureux ou non, faute d'être instruits de ce que tu
prétends savoir. Instruis-nous, de grace, et assure-
toi que tu n'obligeras pas des ingrats. Pour moi, je te
déclare que je ne pense pas comme toi, et qu'on ne me
persuadera jamais qu'il soit plus avantageux d'être
méchant qu'homme de bien, eût-on le pouvoir de
tout faire impunément. Oui, Thrasymaque, que le
méchant ait le pouvoir de faire le mal, soit par force,
soit par adresse, cependant je ne croirai jamais que son
état soit préférable à celui de l'homme juste. Je ne suis
peut-être pas le seul ici à penser de la sorte. Prouve-
nous donc d'une manière décisive que nous sommes
dans l'erreur, en préférant la justice à l'injustice.

— Et comment veux-tu que je le prouve ? Si ce que
j'ai dit ne t'a pas persuadé, que puis-je faire de plus
pour toi ? Faut-il que je fasse entrer de force mes raisons
dans ton esprit ?— Point du tout ; mais d'abord tiens-
t'en à ce que tu auras dit une fois, ou si tu y changes
quelque chose, fais-le ouvertement et ne cherche
point à nous surprendre : car, pour revenir à ce qui
a été dit plus haut, tu vois, Thrasymaque, qu'après
avoir défini le médecin avec la dernière précision, tu
n'as pas cru devoir nous donner avec la même exactitude la définition du vrai berger. Tu nous as dit
que le berger, en tant que berger, ne prend pas soin de
son troupeau pour le troupeau même, mais comme

un cuisinier qui l'engraisse pour un festin, ou comme
un mercenaire qui veut en tirer de l'argent; ce qui
est contraire à sa profession de berger, dont l'unique
but est de procurer le bien du troupeau qui lui est
confié : car, pour ce qui est de la profession même
de berger, tant qu'elle conserve son essence, elle est
parfaite en son genre, et elle a pour cela tout ce qu'il
lui faut. Par la même raison, je croyais que nous
étions forcés de convenir que toute administration,
soit publique, soit particulière, s'occupait uniquement
du bien de la chose dont elle était chargée. Penses-tu en
effet que ceux qui gouvernent les états, j'entends ceux
qui méritent ce titre et qui en remplissent les devoirs,
soient bien aises de commander? — Si je le crois, j'en suis
sûr. — N'as-tu pas remarqué, Thrasymaque, à l'égard
des charges publiques, que personne ne veut les exercer
pour elles-mêmes; mais qu'on exige un salaire, parcequ'on est persuadé qu'elles ne sont utiles par leur nature qu'à ceux pour qui on les exerce? et dis-moi,
je te prie, les arts ne sont-ils pas distingués les uns
des autres par leurs différents effets? Réponds-moi
selon ta pensée, si tu veux que nous convenions de
quelque chose. — Ils sont distingués par leurs effets.
— Chacun d'eux procure donc aux hommes un avantage qui lui est propre; la médecine, la santé; le
pilotage, la sûreté de la navigation, et ainsi des autres.
— Sans doute. — Et l'avantage de l'art du mercenaire,
n'est-ce pas le salaire? car c'est là son effet propre.
Confonds-tu ensemble la médecine et le pilotage? ou
si tu veux continuer à parler en termes précis, comme

tu as fait d'abord, diras-tu que le pilotage et la médecine sont la même chose, s'il arrive qu'un pilote recouvre la santé en exerçant son art, parcequ'il lui est salutaire d'aller sur mer ? — Non. — Tu ne diras pas non plus que l'art du mercenaire et celui du médecin sont la même chose, parceque le mercenaire se porte bien en exerçant son art ? — Non. — Ni que la profession du médecin soit la même que celle du mercenaire, parceque le médecin exigera quelque récompense pour la guérison des malades ? — Non. — N'avons-nous pas reconnu que chaque art avait son avantage particulier ? — Soit. — S'il est donc un avantage commun à tous les artistes, il est évident qu'il ne peut leur venir que d'un art qu'ils ajoutent tous à celui qu'ils exercent. — Cela peut être. — Nous disons donc que le salaire que reçoivent en commun les artistes, leur vient en qualité de mercenaires. — A la bonne heure. — Ainsi ce n'est point de leur art que leur vient ce salaire ; mais, pour parler juste, il faut dire que le but de la médecine est de rendre la santé ; celui de l'architecture, de bâtir une maison ; et que s'il en revient un salaire au médecin et à l'architecte, c'est qu'ils sont en outre mercenaires. Il en est ainsi des autres arts. Chacun d'eux produit son effet propre, toujours à l'avantage du sujet auquel il est appliqué. Quel profit en effet un artiste retirerait-il de son art, s'il l'exerçait gratuitement ? — Aucun. — Son art cesserait-il pour cela d'être utile ? — Je ne le crois pas. — Il est donc évident, encore une fois, qu'aucun art, aucune administration n'envisage son propre intérêt, mais, comme

nous avons déja dit, l'intérêt de son sujet, c'est-à-dire
du plus faible et non pas du plus fort. C'est pour cela,
Thrasymaque, que j'ai dit que personne ne s'ingère de
gouverner ni de traiter des maux d'autrui gratuitement,
mais qu'on exige une récompense : car, si quelqu'un
veut exercer son art comme il faut, il ne lui en revient
rien pour lui-même, tout l'avantage est pour son sujet.
Il a donc fallu, pour engager les hommes à commander,
leur proposer quelque récompense, comme de l'argent,
des honneurs, ou un châtiment s'ils refusent de le faire.

— Comment l'entends-tu, Socrate? dit Glaucon. Je
connais bien les deux premières espèces de récompenses ; mais je ne connais pas ce que c'est que ce
châtiment dont tu proposes l'exemption, comme une
troisième sorte de récompense. — Tu ne connais pas
la récompense des sages, celle qui les détermine à
prendre part aux affaires? Ne sais-tu pas que d'être
intéressé ou ambitieux, c'est une chose honteuse et
qui passe pour telle? — Je le sais. — Les sages ne
veulent donc pas entrer dans les affaires, dans le
dessein de s'y enrichir, parcequ'ils craindraient d'être
regardés comme mercenaires, s'ils exigeaient ouvertement quelque salaire pour commander, ou comme
voleurs, s'ils détournaient sourdement les deniers
publics à leur profit. Ils n'ont pas non plus les honneurs en vue; car ils ne sont point ambitieux. Il faut
donc qu'ils soient déterminés à prendre part au gouvernement par quelque puissant motif, comme par la
crainte de quelque punition. Et c'est apparemment
pour cela qu'on regarde comme quelque chose de

honteux de se charger de l'administration publique, de
son plein gré et sans y être contraint. Or, la plus grande
punition pour l'homme de bien, lorsqu'il refuse de
gouverner les autres, c'est d'être gouverné par un plus
méchant que soi : c'est cette crainte qui oblige les
sages à se charger du gouvernement, non pour leur
intérêt, ni pour leur plaisir, mais parcequ'ils y sont
forcés par le défaut de sujets autant ou plus dignes
de gouverner; de sorte que s'il se trouvait un état
uniquement composé de gens de bien, on y briguerait
la condition de particulier, comme on brigue aujour-
d'hui les charges publiques ; et on reconnaîtrait clairement dans un pareil état, que le vrai magistrat n'a
point en vue son propre intérêt, mais celui des sujets.
Et chaque citoyen, persuadé de cette vérité, aimerait
mieux être heureux par les soins d'autrui, que de travailler au bonheur des autres.

Je n'accorde donc pas à Thrasymaque que la justice
soit l'intérêt du plus fort ; mais nous examinerons ce
point une autre fois. Ce qu'il a ajouté touchant la
condition du méchant, qu'il dit être plus heureuse
que celle de l'homme juste, me paraît de plus grande
importance. Es-tu aussi de son sentiment, Glaucon?
et entre ces deux partis, lequel choisirais-tu ? — La
condition de l'homme juste, comme étant la plus avantageuse, dit Glaucon. — Tu as entendu l'énumération
que Thrasymaque vient de faire des biens attachés à
la condition du méchant? — Oui ; mais je n'en crois
rien. — Veux-tu que nous cherchions quelque moyen
de lui prouver qu'il se trompe?—Pourquoi ne le vou-

drais-je pas? — Si nous opposons au long discours
qu'il vient de faire un autre discours aussi long en faveur de la justice, et lui encore un autre après nous ,
il nous faudra compter et peser les avantages de part
et d'autre ; et de plus, il faudra des juges pour prononcer : au lieu qu'en convenant à l'amiable de ce
qui nous paraîtra vrai ou faux, comme nous faisions
tout à l'heure, nous serons à la fois les juges et les
avocats.— Cela est vrai. — Laquelle de ces deux mé-
thodes te plaît davantage? — La seconde.

— Réponds-moi donc, Thrasymaque. Tu prétends
que l'injustice consommée est plus avantageuse que la
justice parfaite. — Oui, dit Thrasymaque, et j'en ai
dit les raisons. — Fort bien ; mais que penses-tu de
ces deux choses ? Ne donnes-tu pas à l'une le nom de
vertu, et à l'autre celui de *vice?* — Sans doute. — Tu
donnes probablement le nom de *vertu* à la justice, celui de *vice* à l'injustice?—Cela va sans dire ; moi qui
prétends que l'injustice est utile, et que la justice ne
l'est pas.—Comment dis-tu donc ?—Tout le contraire.
— Quoi! la justice est un vice ? — Pas tout à fait ;
mais une généreuse bonhomie. — L'injustice est donc
méchanceté? — Non, c'est sagesse. — Les hommes
injustes sont donc *bons* et *sages*, à ton avis? — Oui ;
ceux qui le sont au suprême degré, et qui sont assez
puissants pour s'emparer des villes et des empires. Tu
crois peut-être que je veux parler des coupeurs de
bourses. Ce n'est pas que ce métier n'ait aussi ses avantages, tant qu'on l'exerce impunément ; mais ces avantages ne sont rien au prix de ceux que je viens de dire.

— Je conçois très bien ta pensée ; mais ce qui me surprend, c'est que tu donnes à l'injustice les noms de *vertu* et de *sagesse*, et à la justice des noms contraires.— C'est néanmoins ce que je prétends.—Cela est bien dur, et je ne sais plus comment m'y prendre pour te réfuter. Si tu disais simplement, comme d'autres, que l'injustice, quoique utile, est une chose honteuse et mauvaise en soi, on pourrait te répondre ce qu'on répond d'ordinaire. Mais puisque tu vas jusqu'à l'appeler *vertu* et *sagesse*, tu ne balanceras pas sans doute à lui attribuer la force, la beauté, et tous les autres titres qu'on donne communément à la justice. — Tu devines juste.

—Il ne faut pas que je me rebute dans cet examen, tandis que j'aurai lieu de croire que tu parles sérieusement ; car il me paraît, Thrasymaque, que ce n'est point une raillerie de ta part, et que tu penses comme tu dis. — Que je pense ou non comme je dis, que t'importe ? Réfute-moi seulement. — Peu m'importe, sans doute ; mais permets-moi de te faire encore une demande. L'homme juste voudrait-il avoir en quelque chose l'avantage sur un autre juste ? — Non, vraiment ; autrement, il ne serait ni aussi complaisant ni aussi simple que je le suppose. — Quoi ! pas même en ce qui concerne une action juste ? —Pas même en cela. — Voudrait-il du moins l'emporter sur l'injuste, et croirait-il pouvoir le faire justement ? — Il croirait pouvoir le faire, il le voudrait même ; mais il ferait d'inutiles efforts. — Ce n'est pas là ce que je veux savoir. Je ne te demande qu'une chose : si le juste n'au-

rait ni la prétention ni la volonté de l'emporter sur
un autre juste, mais seulement sur l'injuste. — Oui,
il a cette dernière prétention.—Et l'injuste voudrait-il
l'emporter sur le juste en injustice?—Oui, sans doute,
puisqu'il veut l'emporter sur tout le monde.—Il voudra donc aussi avoir l'avantage sur l'injuste en injustice, et il s'efforcera de l'emporter sur tous ? — Assurément. — Ainsi le juste, disons-nous, ne veut pas
l'emporter sur son semblable, mais sur son contraire :
au lieu que l'injuste veut l'emporter sur l'un et l'autre.
— C'est fort bien dit.—L'injuste est intelligent et habile, et le juste n'est ni l'un ni l'autre. — Cela est
encore bien. — L'injuste ressemble donc à l'homme
intelligent et habile, et le juste ne leur ressemble
point? — Sans doute, celui qui est tel ressemble à
ceux qui sont ce qu'il est ; et celui qui n'est pas tel ne
leur ressemble pas. — Fort bien ; chacun d'eux est
donc tel que ceux à qui il ressemble? — Eh oui, te
dit-on. — Thrasymaque, ne dis-tu pas d'un homme
qu'il est musicien; d'un autre, qu'il ne l'est pas? —
Oui.— Lequel des deux est intelligent, lequel ne l'est
pas?—Le musicien est intelligent, l'autre ne l'est pas.
— L'un, comme intelligent, est habile ; l'autre est
inhabile par la raison contraire.— Oui.— N'est-ce pas
la même chose à l'égard du médecin ? — Oui.

— Crois-tu qu'un musicien, qui monte sa lyre,
voulût tendre ou lâcher les cordes de son instrument
plus qu'un autre musicien? — Non.— Plus que ne le
ferait un homme ignorant dans la musique ? — Sans
contredit. — Et le médecin voudrait-il, dans la pres-

cription du boire et du manger, l'emporter sur un autre médecin, ou sur l'art même qu'il professe? — Non. — Et sur qui n'est pas médecin? — Oui. — Vois si, à l'égard de quelque science que ce soit, il te semble que le savant veuille avoir l'avantage dans ce qu'il dit et dans ce qu'il fait, sur un autre versé dans la même science, ou s'il n'aspire qu'à faire la même chose dans les mêmes rencontres? — La chose pourrait bien être telle que tu dis. — L'ignorant ne veut-il pas, au contraire, l'emporter sur le savant et sur l'ignorant? — Cela peut être. — Mais le savant est *sage*. — Oui. — Le sage est habile. — Oui. — Ainsi celui qui est habile et sage ne veut pas l'emporter sur son semblable, mais sur son contraire. — Il y a apparence. — Au lieu que celui qui est inhabile et ignorant veut l'emporter sur l'un et sur l'autre. — Soit.

— N'as-tu pas avoué, Thrasymaque, que l'injuste veut l'emporter sur son semblable et sur son contraire? — Je l'ai avoué. — Et que le juste ne veut point l'emporter sur son semblable, mais sur son contraire? — Oui. — Le juste ressemble à l'homme sage et habile, et l'injuste à celui qui est inhabile et ignorant? — Cela peut être. — Mais nous sommes convenus qu'ils étaient l'un et l'autre tels que ceux à qui ils ressemblaient. — Nous en sommes convenus. — Il est donc évident que le juste est habile et sage, et l'injuste ignorant et inhabile. »

Thrasymaque convint de tout cela, mais non pas aussi aisément que je le raconte ; je lui arrachai ces aveux avec une peine infinie. Il suait à grosses gouttes,

d'autant plus qu'il faisait grand chaud. Je le vis rou-
gir alors pour la première fois. Après que nous fûmes
tombés d'accord que la justice était habileté et vertu,
et l'injustice vice et ignorance: « Regardons, lui dis-je,
ce point comme une chose décidée. Nous avons dit de
plus que l'injustice avait la *force* en partage. Ne t'en
souvient-il pas, Thrasymaque ? — Je m'en souviens ;
mais je ne suis pas content de ce que tu viens de dire,
et j'ai de quoi y répondre. Je sais bien que si j'ouvre
seulement la bouche, tu diras que je fais une harangue.
Laisse-moi donc la liberté de parler, ou si tu veux interroger, fais-le ; je te répondrai par des signes de
tête, comme on fait aux contes de bonnes femmes.—
Ne dis rien, je te conjure, contre ta pensée.

—Puisque tu ne veux pas que je parle comme il me
plaît, je dirai tout ce qu'il te plaira : que souhaites-tu
de plus? — Rien, sinon que tu répondes comme je
viens de t'en prier, si toutefois tu le veux bien. Je vais
t'interroger.— Interroge.— Je te demande donc, pour
reprendre la suite de notre discussion, ce que c'est que
la justice comparée à l'injustice : tu as dit, ce me semble, que celle-ci était plus forte et plus puissante.—
Mais maintenant, si la justice est habileté et vertu, il
me sera facile de montrer qu'elle est plus forte que
l'injustice ; et il n'est personne qui n'en convienne,
puisque l'injustice est ignorance. Mais, sans m'arrêter
à cette preuve, en voici une autre. N'y a-t-il pas d'é-
tat qui porte l'injustice jusqu'à oser attenter à la liberté des autres états, et en tenir même plusieurs en
esclavage? — Sans doute, il y en a. Mais cela ne doit

arriver qu'à un état très bien gouverné, et qui portera l'injustice à son comble. — Je sais que c'est là ta pensée. Ce que je voudrais savoir, c'est si un état, qui se rend maître d'un autre état, peut venir à bout de cette entreprise sans mettre la justice de la partie, ou s'il sera contraint de se servir d'elle.

— Si la justice est habileté, comme tu disais tout à l'heure, il faudra que cet état y ait recours ; mais si la chose est telle que j'ai dit, il emploiera l'injustice. — Je te sais gré, Thrasymaque, de ce que tu reponds si à propos, et autrement que par des signes de tête. — C'est pour t'obliger ce que j'en fais. — J'en suis reconnaissant. Fais-moi encore la grace de me dire si un état, une armée, une troupe de brigands, de voleurs, ou toute autre société de cette nature, pourrait réussir dans ses entreprises injustes, si les membres qui la composent violaient, les uns à l'égard des autres, toutes les règles de la justice. — Elle ne le pourrait pas. — Et s'ils les observaient ? — Elle le pourrait. — N'est-ce point parceque l'injustice ferait naître entre eux des séditions, des haines et des combats ; au lieu que la justice y entretiendrait la paix et la concorde ? — Soit, pour ne point avoir de démêlé avec toi. — Tu fais bien. Mais, si c'est le propre de l'injustice d'engendrer des haines et des dissensions partout où elle se trouve, elle produira sans doute le même effet parmi les hommes, soit libres, soit esclaves, et les mettra dans l'impuissance de rien entreprendre en commun ? — Oui. — Et, si elle se trouve en deux hommes, ne seront-ils pas toujours

en dissension et en guerre? Ne se haïront-ils pas mutuellement autant qu'ils haïssent les justes?— Sans
doute. — Mais quoi ! pour ne se rencontrer que dans
un seul homme, l'injustice perdra-t-elle sa propriété,
ou bien la conservera-t-elle? — A la bonne heure,
qu'elle la conserve.

— Telle est donc la nature de l'injustice ; soit qu'elle
se rencontre dans un état, dans une armée, ou dans
quelque autre société, de la mettre en premier lieu
dans une impuissance absolue de rien entreprendre,
par les querelles et les séditions qu'elle y excite ; en
second lieu, de la rendre ennemie d'elle-même et de
tous ceux qui lui sont contraires, c'est-à-dire des
gens de bien. Cela n'est-il pas vrai?— Oui. — Ne se
trouvât-elle que dans un seul homme, elle produira
les mêmes effets : elle le mettra d'abord dans l'im-
possibilité d'agir, par les séditions qu'elle excitera
dans son ame, et par l'opposition continuelle où il
sera avec lui-même ; ensuite il sera son propre ennemi, et celui de tous les justes : n'est-ce pas?— Oui.
—Mais les dieux ne sont-ils pas justes aussi?— A la
bonne heure.—L'injuste sera donc ennemi des dieux,
et le juste en sera l'ami. — Tire bravement telle conséquence qu'il te plaira, je ne m'y opposerai pas,
pour ne point me brouiller avec ceux qui nous
écoutent.

—Pousse donc la complaisance jusqu'au bout, et
continue à me répondre. Nous venons de voir que les
gens de bien sont meilleurs, plus habiles et plus forts
que les méchants ; que ceux-ci ne peuvent rien en-

treprendre avec d'autres ; et , lorsque nous avons supposé que l'injustice ne les empêchait pas d'exécuter
en commun quelque dessein, cette supposition n'était
pas selon l'exacte vérité ; car, s'ils étaient tout à fait
injustes, ils tourneraient contre eux-mêmes leur injustice. Au contraire, il est évident qu'ils gardent
entre eux quelque forme de justice ; que c'est elle qui
les empêche de s'entre-nuire dans le temps qu'ils
nuisent aux autres, et que c'est par elle qu'ils viennent à bout de leurs desseins. A la vérité, c'est l'injustice qui leur fait former des entreprises crimi-
nelles ; mais ils ne sont méchants qu'à demi ; car ceux
qui sont méchants et injustes tout à fait sont aussi
dans une impuissance absolue d'agir. C'est ainsi que
je conçois la chose, et non comme tu l'as dite d'abord.
Il nous reste à examiner si la condition du juste est
meilleure et plus heureuse que celle de l'injuste. J'ai
lieu de le croire sur ce qui a précédé. Mais examinons
la chose plus à fond, d'autant plus qu'il n'est pas ici
question d'une bagatelle, mais de ce qui doit faire
la règle de notre vie. — Examine donc.

— C'est ce que je vais faire. Réponds-moi. Le cheval n'a-t-il pas une fonction qui lui est propre ? —
Oui. — N'appelles-tu pas fonction d'un cheval ou de
quelque autre animal, ce qu'on ne peut faire, ou du
moins bien faire que par son moyen ? — Je n'entends
pas. — Prenons-nous-y d'une autre manière. Peux-
tu voir autrement que par les yeux ? — Non. — Entendre autrement que par les oreilles ? — Non. —
Nous pouvons donc dire avec raison que c'est là leur

fonction? — Oui. — Ne pourrait-on pas tailler la vigne
avec un couteau, un tranchet ou quelque autre instrument? — Sans doute. — Mais il n'en est pas de plus
commode qu'une serpette, faite exprès pour cela.
— Sans doute. — Ne dirons-nous pas que c'est là sa
fonction? — Oui. — Tu comprends à présent que la
fonction d'une chose est ce qu'elle seule peut faire,
ou ce qu'elle fait mieux qu'aucune autre? — Je comprends, et ce que tu dis me paraît vrai. — Fort bien.
Tout ce qui a une fonction particulière n'a-t-il pas
aussi une vertu qui lui est propre? Et, pour revenir
aux exemples dont je me suis déja servi, les yeux
ont leur fonction, disons-nous. — Oui. — Ils ont
donc aussi une vertu qui leur est propre? — Oui. —
N'en est-il pas de même des oreilles et de toute autre
chose? — Oui. — Arrête un moment. Les yeux pourraient-ils s'acquitter de leur fonction, s'ils n'avaient
pas la vertu qui leur est propre, ou si, au lieu de
cette vertu, ils avaient le vice contraire? — Comment
le pourraient-ils; car tu parles sans doute de la cé-
cité substituée à la faculté de voir? — Quelle que soit
la vertu des yeux, peu importe; ce n'est pas ce que
je veux savoir. Je demande seulement, en général, si
chaque chose s'acquitte bien de sa fonction par la
vertu qui lui est propre, et mal par le vice contraire?
— Cela est comme tu dis. — Ainsi, les oreilles pri-
vées de leur vertu propre s'acquitteront mal de leur
fonction? — Oui. — Ne peut-on pas en dire autant de
toute autre chose? — Je le pense ainsi.

— Voyons ceci à présent. L'ame n'a-t-elle pas sa

fonction, qu'aucune autre chose qu'elle ne pourrait remplir, comme de *prendre soin*, de *gouverner*, de *délibérer*, et ainsi du reste? Peut-on attribuer ces fonctions à quelque autre chose qu'à l'ame, et n'avons-nous pas droit de dire qu'elles lui sont propres? — Cela est vrai. — Vivre, n'est-ce pas encore une des fonctions de l'ame? — Très certainement. — L'ame n'a-t-elle pas aussi sa vertu particulière? — Sans doute. — L'ame privée de cette vertu pourra-t-elle jamais s'acquitter bien de ses fonctions? — Cela est impossible. — C'est donc une nécessité que l'ame méchante pense et gouverne mal; au contraire, celle qui est bonne fera bien tout cela. — C'est une nécessité.

— Mais ne sommes-nous pas demeurés d'accord que la justice était une vertu, et l'injustice un vice de l'ame? — Nous en sommes demeurés d'accord. — Par conséquent l'ame juste et l'homme juste vivront bien, et l'homme injuste vivra mal. — Cela doit être selon ce que tu dis. — Mais celui qui vit bien est heureux; celui qui vit mal est malheureux. — Qui en doute? — Donc le juste est heureux, et l'injuste malheureux. — Soit. — Mais il n'est point avantageux d'être malheureux; il l'est au contraire d'être heureux. — Qui te dit le contraire? — Il est donc faux, divin Thrasymaque, que l'injustice soit plus avantageuse que la justice? — Régale-toi de ces beaux discours, Socrate, et que ce soit là ton festin des Bendidées[1].

— C'est à toi que j'en suis redevable, puisque tu

[1] Voyez la note au commencement de ce livre.

t'es adouci, et que tu as quitté la colère où tu étais
contre moi. Cependant je n'ai point été régalé comme
j'aurais voulu. C'est ma faute, et non la tienne. Il
m'est arrivé la même chose qu'aux gourmands, qui
se jettent sur tous les mets à mesure qu'on les
apporte, et qui n'en savourent aucun. Avant que
d'avoir résolu parfaitement la première question qui
a été proposée sur la nature de la justice, j'ai recherché si elle était vice ou vertu, habileté ou ignorance.
Un autre propos est ensuite venu se jeter à la tra-
verse, savoir si l'injustice est plus avantageuse que
la justice ; je n'ai pu m'empêcher de quitter le premier pour passer à celui-ci. De sorte que je n'ai rien
appris de tout cet entretien ; car, ne sachant point ce
que c'est que la justice, comment pourrais-je savoir
si c'est une vertu ou non, et si celui qui la possède
est heureux ou malheureux ?

LIVRE SECOND.

ARGUMENT.

Avant d'établir la nature de la justice, Platon examine les opinions reçues dans le monde à ce sujet. Il montre que ces opinions conduisent directement à l'hypocrisie, c'est-à-dire à tous les crimes revêtus des apparences de la vertu. On instruit la jeunesse dans cette pensée, que la vertu ne produit que des peines; on ajoute que pour jouir du sort le plus heureux, il suffit de savoir allier l'injustice aux apparences de l'honnêteté. Un pareil état de choses serait la mort de la république : beau tableau de l'homme juste et du méchant. Il ne s'agit pas de savoir si l'injustice triomphe toujours, mais si l'homme injuste est heureux : ainsi la question s'agrandit. Le résultat de ce livre sera de montrer les différences essentielles du bien et du mal, et de cette distinction bien établie sortira naturellement la définition du juste et de l'injuste.

LIVRE SECOND.

—

Je crus, après avoir parlé de la sorte, que l'entretien était fini ; mais ce n'en était encore que le prélude. Glaucon fit paraître en cette occasion son courage ordinaire ; il ne voulut pas se rendre comme Thrasymaque ; mais prenant la parole : « Socrate, me dit-il, te suffit-il de paraître nous avoir persuadés que la justice est en tous sens préférable à l'injustice ? Ou veux-tu nous le persuader en effet ? — Je le voudrais, lui dis-je, si cela était en mon pouvoir.

—Tu n'as donc pas encore fait ce que tu prétends ? Car dis-moi : n'est-il pas une espèce de biens que nous souhaitons et que nous recherchons pour eux-mêmes, sans nous mettre en peine de leurs suites ? comme la joie et les autres voluptés qui sont sans aucun mélange de mal ; ne dût-il nous en revenir d'autre avantage que le plaisir d'en jouir ?— Oui, il y a, ce me semble, des biens de cette nature. — N'en est-il pas d'autres que nous aimons pour eux-mêmes et pour leurs suites : le bon sens, par exemple, la vue, la santé ? Car ces deux motifs nous portent également à les embrasser. — Cela est vrai. — Ne vois-tu pas une troisième espèce de biens, comme se livrer aux exercices du corps, prendre soin de sa santé, exercer la médecine ou toute autre profession lucrative ? Ces biens, dirions-nous,

sont des biens pénibles, mais utiles; nous ne les recherchons pas pour eux-mêmes, mais pour les sa-
laires, et les autres avantages qui viennent à leur
suite. — Je reconnais cette troisième espèce de biens.
Mais où en veux-tu venir? — En laquelle de ces trois
classes mets-tu la justice? — Je la mets dans la première, dans celle des biens que doivent aimer pour
eux-mêmes et pour les suites ceux qui veulent être
véritablement heureux. — Ce n'est pas le sentiment
du commun des hommes, qui la mettent au rang des
biens pénibles, qui ne méritent nos soins qu'à cause
de la gloire et des récompenses qui en sont le fruit, et
qu'on doit fuir pour eux-mêmes, parcequ'ils coûtent
trop à la nature.— Je sais qu'on pense d'ordinaire de
la sorte; c'est pour cette raison que Thrasymaque la
rejette, et donne tant d'éloges à l'injustice. Je ne puis
le comprendre. Il faut que j'aie l'esprit bien obtus.

— Je veux voir si tu seras de mon avis. Écoute-
moi. Il me semble que Thrasymaque s'est rendu trop
tôt aux charmes de tes discours. Pour moi, je ne suis
pas tout à fait content de ce qui a été dit, de part et
d'autre, pour la justice et pour l'injustice. Je veux
connaître quelle est leur nature, et quels effets l'une
et l'autre produit immédiatement dans l'ame. Je ne
veux pas qu'on fasse aucune attention aux récompenses qui y sont attachées, ni à aucune de leurs
suites, bonnes ou mauvaises. Voici donc ce que je vais
faire, si tu le trouves bon. Je reprendrai l'objection
de Thrasymaque. Je dirai d'abord ce que c'est que la
justice, selon l'opinion commune, et d'où elle tire son

origine. Je ferai voir ensuite que tous ceux qui la pratiquent ne la regardent pas comme un bien, mais
qu'ils s'y soumettent comme à une nécessité. Enfin, je
montrerai qu'ils ont raison d'agir ainsi, parceque la
condition du méchant est infiniment plus avantageuse
que celle du juste, à ce qu'on dit; car pour moi, Socrate, je n'ai pas encore pris mon parti : mais j'ai les
oreilles si souvent rebattues de discours semblables à
celui de Thrasymaque, que je ne sais à quoi m'en tenir. Je n'ai encore entendu personne qui me prouvât
comme il faut que la justice est préférable à l'injustice. Je veux l'entendre louer en elle-même et pour
elle-même : et c'est de toi principalement que j'attends cet éloge. C'est pourquoi je vais m'étendre sur
les avantages de la condition du méchant. Tu verras
par là comment je souhaite que tu t'y prennes pour
louer la justice. Vois si ces conditions te plaisent. —
Assurément; et de quel autre sujet un homme sensé
pourrait-il s'entretenir plus souvent et plus volontiers?

— C'est fort bien dit. Écoute donc quelle est, selon
l'opinion commune, la nature et l'origine de la justice. C'est, dit-on, un bien en soi de commettre
l'injustice, et un mal de la souffrir. Mais il y a plus
de mal à la souffrir que de bien à la commettre. C'est
pourquoi, après que les hommes eurent essayé des
deux, et se furent nui longtemps les uns aux autres,
les plus faibles, ne pouvant éviter les attaques des plus
forts, ni les attaquer à leur tour, jugèrent qu'il était
de l'intérêt commun d'empêcher qu'on ne fît et qu'on

ne reçût aucun dommage. De là prirent naissance les
lois et les conventions. On appela juste et légitime ce
qui fut ordonné par la loi. Telle est l'origine et l'essence de la justice : elle tient le milieu entre le plus
grand bien, qui consiste à pouvoir être injuste impunément, et le plus grand mal, qui consiste à ne
pouvoir se venger de l'injure qu'on a soufferte. On
s'est attaché à la justice, non qu'elle soit un bien en
elle-même, mais parceque l'impuissance où l'on est
de nuire aux autres la fait regarder comme telle. Car
celui qui peut être injuste, et qui est vraiment homme,
n'a garde de s'assujettir à une pareille convention ; ce
serait folie de sa part. Voilà, Socrate, quelle est la
nature de la justice ; voilà la source d'où on prétend
qu'elle a pris naissance. Et pour te prouver encore
mieux qu'on n'embrasse la justice que malgré soi, et
parcequ'on est hors d'état de nuire aux autres, faisons
une supposition. Donnons à l'homme de bien et au
méchant un égal pouvoir de faire tout ce qui leur
plaira. Suivons-les ensuite, et voyons où la passion
les conduira l'un et l'autre. Nous ne tarderons pas à
surprendre l'homme de bien marchant sur la trace du
méchant, entraîné comme lui par le desir d'acquérir
sans cesse davantage; desir dont toute nature poursuit l'accomplissement, comme d'une chose bonne en
soi; mais que la loi réprime et réduit par force au
respect de l'égalité. Quant au pouvoir de tout faire,
que je leur accorde, qu'il aille aussi loin que celui
de Gygès, un des ancêtres du Lydien.

« Il était berger du roi de Lydie. Après un orage et de

violentes secousses, la terre s'entr'ouvrit à l'endroit
même où il paissait ses troupeaux : frappé d'étonne-
ment à cette vue, il descendit par cette ouverture, et
vit, entre plusieurs autres choses surprenantes, un
cheval d'airain, aux flancs duquel était une porte :
ayant passé la tête pour voir ce qu'il y avait dans les
flancs de ce cheval, il aperçut un cadavre d'une taille
plus qu'humaine. Ce cadavre était nu, il avait seulement au doigt un anneau d'or, que Gygès prit, et se
retira : ensuite les bergers s'étant assemblés à leur
ordinaire au bout du mois, pour rendre compte au
roi de l'état de leurs troupeaux, Gygès vint à cette assemblée portant au doigt son anneau, et s'assit parmi
les bergers. Ayant tourné par hasard le chaton de la
bague en dedans de la main, il devint aussitôt invisible, de sorte qu'on parla de lui, comme s'il eût été
absent. Étonné de ce prodige, il remit le chaton en
dehors, et redevint visible : ayant remarqué cette
vertu de l'anneau, il le vérifia par plusieurs expé-
riences, et il éprouva toujours qu'il devenait invisible
lorsqu'il en tournait le chaton en dedans, et visible
lorsqu'il le tournait en dehors : en conséquence, il se
fit nommer parmi les bergers qui devaient aller rendre compte au roi. Étant arrivé au palais, il corrompt
la reine, et, avec son aide, il se défait du roi et s'empare du trône.

« Or, s'il y avait deux anneaux de cette espèce, et
qu'on en donnât un à l'homme de bien et l'autre au
méchant, il ne se trouverait probablement personne
d'un caractère assez ferme pour persévérer dans la

justice, et pour s'abstenir de toucher au bien d'autrui, quoiqu'il pût impunément emporter de la place
publique tout ce qu'il voudrait, entrer dans les maisons, abuser de toutes sortes de personnes, tuer les uns,
tirer les autres des fers, et faire tout ce qu'il lui plairait avec un pouvoir égal à celui des dieux. Au reste,
il ne ferait que suivre en cela l'exemple du méchant ;
ils tendraient tous deux au même but, et rien ne
prouverait mieux qu'on n'est pas juste de plein gré,
mais par nécessité ; que ce n'est point en soi un bien
de l'être, puisqu'on devient injuste dès le moment
qu'on croit pouvoir l'être sans crainte. Car tout
homme croit, dans le fond de l'ame, et avec raison,
disent les partisans de l'injustice, qu'elle est plus avantageuse que la justice ; en sorte que si quelqu'un ayant
reçu un tel pouvoir, ne voulait faire tort à personne,
ni toucher au bien d'autrui, on le regarderait comme le
plus malheureux et le plus insensé de tous les hommes.
Cependant tous feraient en public l'éloge de sa vertu,
mais à dessein de se tromper mutuellement, et dans
la crainte d'éprouver eux-mêmes quelque injustice.

Ceci posé, je ne vois qu'un moyen de prononcer
sûrement sur la condition des deux hommes dont nous
parlons : c'est de les considérer à part l'un et l'autre
dans le plus haut degré de justice et d'injustice. Pour
cela, n'ôtons au méchant aucune partie de l'injustice, ni
aucune partie de justice à l'homme de bien, mais sup-
posons-les chacun parfait dans le genre de vie qu'il a
embrassé. Que le méchant, semblable à ces pilotes
habiles, ou à ces grands médecins, qui voient tout

d'un coup jusqu'où leur art peut aller, qui prennent sur-le-champ leur parti sur le possible et l'impossible, et qui, lorsqu'ils ont fait quelque faute, savent adroitement la reparer ; que le méchant, dis-je, conduise ses entreprises injustes avec tant d'adresse, qu'il ne soit pas découvert ; car s'il se laisse surprendre en faute, ce n'est plus un habile homme. Le chef-d'œuvre de l'injustice est de paraître juste sans l'être. Donnons-lui donc, ainsi que j'ai dit, une injustice parfaite, qu'en commettant les plus grands crimes il sache se faire la réputation d'honnête homme ; et s'il vient à broncher, qu'il puisse se relever aussitôt ; qu'il soit assez éloquent pour persuader son innocence à ceux devant qui on l'accusera ; assez hardi et assez puissant, soit par lui-même, soit par ses amis, pour emporter par la force ce qu'il ne pourra obtenir autrement.

Mettons à présent vis-à-vis de lui l'homme de bien, dont le caractère est la franchise et la simplicité, et qui, comme dit Eschyle :

Est plus jaloux d'etre bon que de le paraitre [1].

Otons-lui même la réputation d'honnête homme ; car s'il passe pour tel, il sera en conséquence comblé d'honneurs et de biens ; et nous ne pourrons plus juger s'il aime la justice pour elle-même, ou pour les honneurs et les biens qu'elle lui procure. En un mot, dépouillons-le de tout, hormis de la justice : et pour mettre entre lui et l'autre une parfaite opposition,

[1] Sept. ad Theb., v. 593.

qu'il passe pour le plus scélérat des hommes, sans
avoir jamais commis la moindre injustice ; de sorte
que sa vertu soit mise aux plus rudes épreuves, et
qu'elle ne soit ébranlée ni par l'infamie, ni par les
mauvais traitements : mais que jusqu'à la mort il
marche d'un pas inébranlable dans les sentiers de la
justice, passant toute sa vie pour un méchant, tout
juste qu'il est. C'est à la vue de ces deux modèles, l'un
de justice, l'autre d'injustice consommée, que je veux
que vous prononciez sur le bonheur du juste et du
méchant.

— Avec quelle précision et quelle rigueur, mon
cher Glaucon, tu les dépouilles de tout ce qui est
étranger au jugement que nous devons porter ! — J'y
apporte le plus d'exactitude que je puis. Après les
avoir supposés tels que je viens de dire, il n'est pas
malaisé, ce me semble, de juger du sort qui les attend
l'un et l'autre. Disons-le néanmoins, et si ce que je vais
dire te paraît trop fort, souviens-toi, Socrate, que je
ne parle pas de mon chef, mais au nom de ceux qui
préfèrent l'injustice à la justice. Le juste, tel que je l'ai
dépeint, sera fouetté, torturé, mis aux fers, on lui brû-
lera les yeux ; enfin, après lui avoir fait souffrir tous les
maux, on le mettra en croix, et par là on lui fera sentir
qu'il ne faut pas s'embarrasser d'être juste, mais de
le paraître. C'est donc bien plutôt au méchant qu'on
doit appliquer les paroles d'Eschyle ; parceque ne
réglant pas sa conduite sur l'opinion des hommes, et
s'attachant à quelque chose de réel et de solide, il
ne veut point paraître méchant, mais l'être en effet :

Son habileté féconde conçoit et enfante heureusement les plus beaux projets [1].

Avec la réputation d'honnête homme, il a toute autorité dans l'état, il s'allie lui et ses enfants aux meilleures familles, il forme toutes les liaisons qu'il lui plaît. Outre cela, il tire avantage de tout, parceque le crime ne l'effraie point. A quelque chose qu'il prétende, soit en public, soit en particulier, il l'emporte sur tous ses concurrents : il s'enrichit, fait du bien à ses amis, du mal à ses ennemis, offre aux dieux des sacrifices et des présents magnifiques, et se concilie la bienveillance des dieux et des hommes bien plus aisément et plus sûrement que le juste : d'où l'on peut conclure avec vraisemblance qu'il est aussi plus chéri des dieux. C'est ainsi, Socrate, que les partisans de l'injustice prétendent que la condition de l'homme injuste est plus heureuse que celle du juste, de quelque côté qu'on l'envisage, du côté des dieux ou des hommes. »

Lorsque Glaucon eut fini de parler, je me disposais à lui répondre ; mais son frère Adimante, prenant la parole, me dit : « Socrate, crois-tu que la thèse soit suffisamment développée?—Et pourquoi non? lui dis-je.—Mon frère a oublié l'essentiel.—Eh bien! tu sais le proverbe, qui dit que le frère vienne au secours de son frère. Ainsi, supplée à ce qu'il a omis. Il en a cependant dit assez pour me mettre hors de combat et hors d'état de défendre la justice. — Toutes

[1] Æschil., p. 100, édit. H. Steph.

tes défaites sont inutiles : il faut que tu m'écoutes à
mon tour. Je vais t'exposer un discours tout contraire
au sien : c'est celui de ceux qui prennent le parti de
la justice contre l'injustice. Cette opposition rendra
plus sensible ce que Glaucon me paraît avoir en vue.

« Les pères recommandent la justice à leurs enfants,
et les maîtres à leurs élèves. Est-ce en vue de la
justice même? Non, mais en vue des avantages qui y
sont attachés, afin que la réputation d'honnête homme
leur procure des dignités, des alliances honorables,
et tous les autres biens dont Glaucon a fait mention.
Ils vont encore bien plus loin que lui. Ils leur
parlent des faveurs que les dieux versent à pleines
mains sur les justes, et ils ne tarissent point sur ce
sujet. Ils citent le bon Hésiode et Homère : le premier,
qui dit que

Les dieux font couler le miel des chênes pour les justes, et que
leurs agneaux succombent sous le poids de leur toison[1].

Et le second qui dit que

Lorsqu'un bon roi, image des dieux, rend la justice à ses sujets,
la terre ouvre pour lui son sein fertile, ses vergers abondent en
fruits : la fécondité multiplie ses troupeaux, et la mer fournit à sa
table les mets les plus exquis[2].

Musée et son fils enchérissent sur eux, et promettent
aux justes de la part des dieux des récompenses encore
plus grandes. Ils les conduisent après la mort dans les
Champs-Élysées, les font asseoir à table couronnés de

[1] Hés. oper et dies, v. 252.
[2] Hom., Odyss., 19, v. 109.

fleurs, et passer leur vie dans les festins, comme si une ivresse éternelle était la plus belle récompense de la vertu. Selon d'autres, ces récompenses ne se bornent point à leurs personnes. L'homme saint et fidèle à ses serments revit dans sa postérité, qui se perpétue d'âge en âge. Tels sont les motifs des éloges qu'ils donnent à la justice. Pour les méchants et les impies, ils les plongent aux enfers dans la boue, et les condamnent à porter de l'eau dans un crible. Ils ajoutent que pendant leur vie il n'est point d'affronts ni de supplices auxquels leurs crimes ne les exposent, et tout ce que Glaucon a dit des justes qui passent pour méchants, ils le disent des méchants mêmes, et rien de plus. Voilà le précis de leurs discours en faveur du juste et contre l'injuste.

« Écoute à présent, Socrate, un langage bien différent touchant la justice et l'injustice; langage que le peuple et les poëtes ont sans cesse à la bouche. Ils disent tous de concert que rien n'est plus beau, ni en même temps plus difficile et plus pénible que la tempérance et la justice; qu'il n'est au contraire rien de plus doux que l'injustice et le libertinage; rien qui coûte moins à la nature; que ces choses ne sont honteuses que dans l'opinion des hommes, et parceque la loi l'a voulu ainsi; mais qu'il n'en est pas de même dans la pratique; que les actions injustes sont plus utiles que les justes; que la plupart des hommes sont portés à honorer et à regarder comme heureux le méchant qui a des richesses et du crédit; à mépriser et à fouler aux pieds le juste, s'il est faible et indigent,

6

quoiqu'ils conviennent que le juste est meilleur que le méchant.

« Mais de tous ces discours, les plus étranges sont ceux qu'ils tiennent au sujet des dieux et de la vertu. Les dieux, disent-ils, n'ont souvent pour les hommes vertueux que des maux et des disgraces, tandis qu'ils comblent les méchants de prospérités. De leur côté, les sacrificateurs et les devins, obsédant les maisons des riches, leur persuadent que s'ils ont commis quelque péché, eux ou leurs ancêtres, ce péché peut être expié par des sacrifices et des enchantements, par des fêtes et des jeux, en vertu du pouvoir que les dieux ont donné aux ministres de la religion. Que si quelqu'un a un ennemi auquel il veut nuire, homme de bien ou méchant, peu importe, il peut à peu de frais lui faire du mal; qu'ils ont certains secrets pour lier le pouvoir des dieux, et en disposer à leur gré. Ils confirment tout cela par l'autorité des poëtes. Pour prouver combien il est aisé d'être méchant, ils citent ces vers d'Hésiode :

Si grande que soit la foule, on peut marcher à l'aise dans le chemin du vice; la voie est unie, elle est près de chacun de nous ; au contraire, les dieux ont placé devant la vertu les travaux et les sueurs, et le sentier qui y conduit est long et escarpé [1].

Et pour montrer qu'il est facile d'apaiser les dieux, ils allèguent ces vers d'Homère :

Les dieux mêmes se laissent fléchir ; et quand on a transgressé leur loi, on peut les apaiser par des libations et des sacrifices [2].

[1] Hes. op. et dies., v. 287.
[2] Iliad., 9, 493.

Quant aux rites des sacrifices, ils produisent une foule de livres, composés par Musée et par Orphée, qu'ils font descendre, celui-ci d'une muse, celui-là de la lune. Ils font accroire non-seulement à des particuliers, mais à des villes entières, qu'au moyen de victimes et de jeux on peut expier les péchés des vivants et des morts; ils appellent *Télètes* les sacrifices institués pour délivrer des maux de l'autre vie, et ils prétendent que ceux qui négligent de sacrifier, doivent s'attendre aux plus grands tourments dans les enfers.

Or, quelle impression, mon cher Socrate, doivent faire de pareils discours touchant la nature du vice et de la vertu, et l'idée qu'en ont les dieux et les hommes, sur l'ame d'un jeune homme, doué d'un beau naturel, et d'un esprit capable de tirer des conséquences de tout ce qu'il entend par rapport à ce qu'il doit être, et au genre de vie qu'il doit embrasser pour être heureux? N'est-il pas vraisemblable qu'il se dira à lui-même avec Pindare :

Monterai-je avec effort vers le palais qu'habite la justice, ou marcherai-je dans le sentier de la fraude oblique? Quel guide prendrai-je pour assurer le bonheur de ma vie[1]?

Tout ce que j'entends me donne à connaître qu'il ne me servira de rien d'être juste, si je n'en ai la réputation; que la vertu n'a que des travaux et des peines à m'offrir. On m'assure, au contraire, du sort le plus heureux, si je sais allier l'injustice avec la ré-

[1] Simonidis fragmenta, cxxii, édit. de Gaisford, t. i, p. 594.

putation d'honnête homme. Je dois m'en rapporter
aux sages ; et puisqu'ils disent que l'apparence de la
vertu peut contribuer davantage à mon bonheur que
la réalité, je vais me tourner tout entier de ce côté ;
je me ferai une enveloppe et comme une enceinte de
l'ombre et des dehors de la vertu ; je traînerai après
mois le renard rusé et trompeur du sage Archiloque[1].
Si l'on me dit qu'il est difficile au méchant de se cacher longtemps, je répondrai que toutes les grandes
entreprises ont leur difficulté, et que, quoi qu'il en
puisse arriver, si je veux être heureux, je n'ai point
d'autre route à suivre que celle qui m'est tracée par
les discours que j'entends. Au reste, pour échapper
aux poursuites des hommes, j'aurai des amis et des
complices. Il est des maîtres qui m'apprendront l'art
de séduire par des discours artificieux le peuple et les
juges. J'emploierai donc l'éloquence, et quand elle me
manquera, j'échapperai par la force au châtiment de
mes crimes.

« Mais la force et l'artifice ne peuvent rien contre les
dieux ? S'il n'y en a point, ou s'ils ne se mêlent point
des choses d'ici-bas, peu m'importe qu'ils me connaissent ou non pour ce que je suis. S'il y en a, et
s'ils prennent part aux affaires des hommes, je ne le
sais que par ouï-dire, et par les poètes, qui en ont
fait la généalogie. Or, ces mêmes poètes m'apprennent

---

[1] Archiloque avait fait une ou deux pièces de vers où le renard
joue le rôle d'un personnage faux et rusé. D'où le proverbe le renard d'Archiloque. Archilochi fragm. Gaisford, 56 et 59, t. 1.
p. 507 et 508.

qu'on peut les fléchir et détourner leur colère par des sacrifices, des vœux et des offrandes. Il faut les croire en tout, ou ne les croire en rien; et, s'il faut les en croire, je serai scélérat, et du fruit de mes crimes je ferai aux dieux des sacrifices. Il est vrai qu'étant juste, je n'aurais rien à craindre de leur part, mais aussi je perdrais les avantages attachés à l'injustice; au lieu que je gagne sûrement à être injuste, et que je n'ai d'ailleurs rien à craindre de la part des dieux, si je joins à mes crimes des vœux et des prières. Mais je serai puni aux enfers, dans ma personne ou dans celle de mes descendants, pour le mal que j'aurai fait sur la terre. On répond à cela qu'il est des dieux qu'on invoque pour les morts, et des sacrifices particuliers qui ont un grand pouvoir, à ce que disent des villes entières, et les poëtes, enfants des dieux, et les prophètes inspirés. Pour quelle raison m'attacherais-je donc encore à la justice plutôt qu'à l'injustice, puisque, selon le sentiment des sages comme du peuple, tout me réussira auprès des dieux et des hommes pendant la vie et après la mort, pourvu que je couvre mes crimes des apparences de la vertu?

« Après tout ce que je viens de dire, comment se peut-il faire, Socrate, qu'un homme qui a de la naissance, des talents, de grands biens, à qui la fortune rit, embrasse le parti de la justice, et qu'il ne se moque pas plutôt des éloges qu'on lui donnera en sa présence? Je dis plus : quand quelqu'un serait persuadé que ce que j'ai dit est faux, et que la justice est le plus grand de tous les biens, loin de s'emporter contre

6.

ceux qu'il verrait engagés dans le parti contraire, il
ne pourrait s'empêcher de les excuser ; parcequ'il
sait qu'à l'exception de ceux à qui l'excellence de
leur caractère inspire une horreur naturelle pour le
vice, ou qui s'en abstiennent parcequ'ils en connaissent la laideur, personne n'aime la vertu pour elle-
même ; et que si quelqu'un blâme l'injustice, c'est
que la lâcheté, la vieillesse, ou quelque autre infir-
mité, le mettent dans l'impuissance de mal faire. En
voici la preuve : c'est qu'entre les gens qui sont dans
ce cas, le premier qui reçoit le pouvoir de faire mal
est le premier à en user, autant qu'il dépend de lui.

« La cause de tout cela est précisément celle qui nous
a engagés Glaucon et moi dans la discussion présente :
je veux dire qu'à commencer par les anciens héros,
dont les discours se sont conservés jusqu'à nous dans
la mémoire des hommes, tous ceux qui se sont portés, comme toi, pour les défenseurs de la justice,
n'ont loué la vertu qu'en vue des honneurs et des récompenses qui y sont attachés, et n'ont blâmé dans
le vice que les châtiments qui le suivent. Personne,
en considérant la justice et l'injustice telles qu'elles
sont en elles-mêmes, et dans l'ame du vertueux et
du méchant, ignorées des dieux et des hommes, n'a
encore prouvé, ni en vers ni en prose, que l'injustice
est le plus grand mal de l'ame, et la justice son plus
grand bien. Car si vous vous étiez accordés dès le
commencement à tenir ce langage, et que dès l'enfance
on nous eût inculqué cette vérité, au lieu d'être en
garde contre l'injustice d'autrui, chacun de nous se-

rait en garde contre la sienne ; on craindrait de lui donner entrée dans son ame, comme au plus grand des maux.

« Thrasymaque, ou quelque autre, en aurait sans doute pu dire autant que moi sur ce sujet, et même davantage, confondant en aveugle, ce me semble, la nature de la justice et de l'injustice. Pour moi, je ne te cacherai pas que ce qui m'a porté à te faire un peu au long ces objections, c'est le desir d'entendre ce que tu y répondras. Ne te borne donc pas à nous montrer que la justice est préférable à l'injustice ; explique-nous les effets qu'elles produisent l'une et l'autre par elles-mêmes dans l'ame, et qui font que l'une est un bien et l'autre un mal. N'aie aucun égard ni à l'apparence ni à l'opinion, comme Glaucon te l'a recommandé ; car si tu ne vas pas jusqu'à écarter absolument l'opinion vraie, et même jusqu'à admettre la fausse, nous dirons que tu ne loues point la justice, mais l'apparence de la justice ; que tu ne blâmes aussi dans le vice que les apparences ; que tu nous conseilles d'être méchants, pourvu que ce soit en secret, et que tu conviennes avec Thrasymaque que la justice n'est utile qu'au plus fort et non à celui qui la possède ; que, au contraire, l'injustice, utile et avantageuse à elle-même, n'est nuisible qu'au plus faible.

« Puis donc que tu es convenu que la justice est un de ces biens excellents qu'on doit rechercher pour leurs avantages, et encore plus pour eux-mêmes, comme la santé, l'usage des sens et de la raison, et les autres biens féconds de leur nature, indépendam-

ment de l'opinion des hommes, loue la justice par ce
qu'elle a en soi d'avantageux, et blâme l'injustice par
ce qu'elle a en soi de nuisible. Laisse à d'autres les
éloges fondés sur les récompenses et sur l'opinion. Je
pourrais peut-être souffrir dans la bouche de tout autre
cette manière de louer la vertu et de blâmer le vice
par leurs effets extérieurs ; mais je ne pourrais te la
pardonner, à moins que tu ne me l'ordonnasses, d'autant que la justice a été jusqu'à présent l'unique objet
de tes réflexions. Qu'il ne te suffise donc pas de nous
montrer qu'elle est meilleure que l'injustice. Fais-
nous voir en vertu de quoi l'une est un bien, l'autre
un mal en soi, que les hommes et les dieux en aient
connaissance ou non. »

Je fus ravi des discours de Glaucon et d'Adimante.
Je n'admirai jamais davantage la beauté de leur naturel qu'en cette rencontre, et je leur dis : « Enfants d'un
père illustre, c'est avec raison que l'ami de Glaucon a
commencé ainsi l'élégie qu'il a composée pour vous,
quand vous vous fûtes signalés à la journée de Mé-
gare : *Fils d'Ariston, issus d'une race divine* ; car il faut
qu'il y ait en vous quelque chose de divin, si, après
ce que vous venez de dire en faveur de l'injustice,
vous n'êtes pas persuadés qu'elle vaut infiniment
mieux que la justice. Or, vous n'en êtes pas persuadés : vos mœurs et votre conduite me le prouvent
assez, quoique je pusse en douter, si je m'arrêtais à
ce que vous venez de dire ; mais je n'en suis que plus
embarrassé sur le parti que je dois prendre. D'un côté,
je ne sais comment défendre les intérêts de la justice,

Cela passe mes forces. Et ce qui me le fait croire, c'est
que je pensais avoir suffisamment prouvé contre Thrasymaque qu'elle est préférable à l'injustice ; cependant mes preuves ne vous ont pas satisfaits. D'un
autre côté, trahir la cause de la justice, et souffrir
qu'on l'attaque devant moi sans la défendre, tandis
qu'il me reste un souffle de vie et assez de force
pour parler, c'est ce que je ne puis faire sans crime ;
ainsi, je ne vois rien de mieux à faire que de la défendre comme je pourrai. »

Aussitôt Glaucon et les autres me conjurèrent d'employer à sa défense tout ce que j'avais de force, et de
ne pas laisser la discussion, mais de rechercher avec
eux la nature de la justice et de l'injustice, et ce qu'il
y a de réel dans les avantages qu'on leur attribue. Je
leur dis qu'il me semblait que la recherche où ils
voulaient m'engager était très épineuse, et demandait
un esprit bien clairvoyant. Mais, ajoutai-je, puisque
nous ne nous piquons ni vous ni moi d'avoir assez de
lumières pour y réussir, voici de quelle manière je
pense qu'il nous faut procéder dans cette recherche.
Si l'on donnait à lire de loin à des personnes qui ont
la vue basse des lettres écrites en petit caractère, et
qu'elles apprissent que ces mêmes lettres se trouvent
écrites ailleurs en gros caractère, il leur serait sans
doute avantageux d'aller lire d'abord les grandes lettres, et de les confronter ensuite avec les petites,
pour voir si ce sont les mêmes. — Cela est vrai, reprit Adimante. Mais quel rapport cela a-t-il avec la
question présente ? — Je vais te le dire. La justice ne

se rencontre-t-elle pas dans un homme et dans une
société d'hommes ? — Oui. — Mais la société est plus
grande que le particulier. — Sans doute. — Par conséquent la justice pourrait bien s'y trouver en caractères plus grands et plus aisés à discerner. Ainsi, nous
chercherons d'abord, si tu le trouves bon, quelle est
la nature de la justice dans les sociétés : nous l'étu-
dierons ensuite en chaque particulier, et, comparant
ces deux espèces de justice, nous verrons la ressemblance de la petite à la grande. — C'est fort bien dit.
— Mais, si nous examinions par la pensée la manière
dont se forme un état, peut-être découvririons-nous
comment la justice et l'injustice y prennent naissance.
— Cela pourrait être. — Nous aurions alors l'espérance
de découvrir plus aisément ce que nous cherchons. —
Assurément. — Eh bien, veux-tu que nous commencions ? Ce n'est pas une petite entreprise que celle que
nous formons. Délibère. — Notre parti est pris. Fais
ce que tu viens de dire.

   — Ce qui donne naissance à la société, n'est-ce pas
l'impuissance où chaque homme se trouve de se suffire à lui-même, et le besoin qu'il éprouve de beaucoup de choses ? Est-il une autre cause de son origine ?
— Point d'autre. — Ainsi, le besoin d'une chose ayant
engagé l'homme à se joindre à un autre homme, et
un autre besoin à un autre homme encore, la multiplicité de ces besoins a réuni dans une même habi-
tation plusieurs hommes, dans la vue de s'entr'aider;
et nous avons donné à cette société le nom d'état :
n'est-ce pas ? — Oui. — Mais on ne communique à un

autre ce qu'on a, pour en recevoir ce qu'on n'a pas, que parcequ'on croit y trouver son avantage? — Sans doute. — Bâtissons donc un état par la pensée. Nos besoins en formeront les fondements. Or, le premier et le plus grand de nos besoins, n'est-ce pas la nourriture, d'où dépend la conservation de notre être et de notre vie? — Oui. — Le second besoin est celui du logement; le troisième, celui du vêtement. — Cela est vrai. — Et comment notre état pourra-t-il fournir à ces besoins? Ne faudra-t-il pas pour cela que l'un soit laboureur, un autre architecte, un autre tisserand? Ajouterons-nous encore un cordonnier, ou quelque autre artisan semblable? — A la bonne heure. — Tout état est donc essentiellement composé de quatre ou cinq personnes. — Il y a apparence. — Mais quoi! faut-il que chacun fasse pour tous les autres le métier qui lui est propre? que le laboureur, par exemple, prépare à manger pour quatre, et qu'il y mette par conséquent quatre fois plus de temps et de peine? ou ne serait-il pas mieux que, sans s'embarrasser des autres, il employât la quatrième partie du temps à préparer sa nourriture, et les trois autres parties à se bâtir une maison, à se faire des habits et des souliers? — Il me semble, Socrate, que la première manière serait plus commode pour lui. — Je n'en suis pas surpris; car, au moment que tu parles, je fais réflexion que nous ne naissons pas tous avec les mêmes talents, et que l'un a plus de disposition pour faire une chose, l'autre pour en faire une autre. Qu'en penses-tu? — Je suis de ton avis. — Les choses en iraient-elles mieux si un seul faisait plusieurs métiers, ou si chacun se bornait au sien ? — Si chacun se bornait au sien. — Il est encore évident, ce me semble, qu'une chose est manquée lorsqu'elle n'est pas faite en son temps. — Cela est évident. — Car l'ouvrage n'attend pas la commodité de l'ouvrier ; mais c'est à l'ouvrier de s'accommoder aux exigences de son ouvrage. — Sans contredit. — D'où il suit qu'il se fait plus de choses, qu'elles se font mieux et plus aisément, lorsque chacun fait celle pour laquelle il est propre dans le temps marqué, et qu'il est dégagé de tout autre soin. — Assurément.

— Ainsi, il nous faut plus de quatre citoyens pour les besoins dont nous venons de parler. Si nous voulons en effet que tout aille bien, le laboureur ne doit pas faire lui-même sa charrue, sa bêche, ni les autres instruments aratoires. Il en est de même de l'architecte, auquel il faut beaucoup d'outils, du cordonnier et du tisserand, n'est-ce pas ? — Oui. — Voilà donc les charpentiers, les forgerons, et les autres ouvriers de cette espèce, qui vont entrer dans notre petit état et l'agrandir. — Sans doute. — Ce sera fort peu l'agrandir que d'y ajouter des bergers et des pâtres de toute espèce, afin que le laboureur ait des bœufs pour le labourage, et des bêtes de somme : il en faut aussi à l'architecte pour le transport des matériaux ; il faut au cordonnier et au tisserand des peaux et des laines. — Un état où se trouvent tant de gens n'est plus petit.

— Ce n'est pas tout. Il est presque impossible à qui

veut fonder un état de lui trouver un lieu d'où il puisse tirer tout ce qui est nécessaire à sa subsistance. — Cela est impossible en effet. — Notre état aura donc encore besoin de personnes pour aller chercher dans les états voisins ce qui lui manque. — Oui. — Mais ces personnes reviendront sans avoir rien reçu, si elles ne portent en échange à ces états ce dont ils ont besoin à leur tour. — Selon toutes les apparences. — Il ne suffira donc pas à chacun de travailler pour soi et ses concitoyens : il faudra encore qu'il travaille pour les étrangers. — Cela est vrai. — Notre état aura besoin par conséquent d'un plus grand nombre de laboureurs et d'autres ouvriers. — Sans doute. — Il nous faudra de plus des gens qui se chargent de l'importation et de l'exportation des divers objets d'échange. Ce sont ceux que l'on appelle commerçants. N'est-ce pas? — Oui. — Et si le commerce se fait par mer, voilà encore un monde de personnes qu'il faut pour la navigation. — Cela est certain. — Mais, dans l'état même, comment les citoyens se feront-ils part les uns aux autres du fruit de leur travail? car c'est la première raison qui les a portés à vivre en société. — Il est évident que ce sera par vente et par achat. — Il nous faut donc encore un marché et une monnaie, signe de la valeur des objets échangés. — Sans doute.

— Mais si le laboureur, ou quelqu'autre artisan, ayant porté au marché ce qu'il a à vendre, n'a pas pris justement le temps où les autres ont besoin de sa marchandise, son travail sera donc interrompu

7

pendant ce temps-là, et il demeurera dans le marché
en les attendant. — Point du tout. Il y a des gens qui
se chargent d'eux-mêmes d'obvier à cet inconvénient;
et dans les villes bien policées, ce sont d'ordinaire les
personnes faibles de corps, et peu propres à d'autres
emplois. Leur état est de rester dans le marché, et
d'acheter des uns ce qu'ils ont à vendre, pour les re-
vendre ensuite aux autres. — C'est-à-dire que notre
ville ne peut se passer de marchands. N'est-ce pas le
nom que l'on donne à ceux qui, demeurant sur la
place, ne font d'autre métier que d'acheter et de vendre, réservant le nom de commerçants pour ceux qui
voyagent d'un état à un autre? — Oui. — Il y a, ce
me semble, encore d'autres gens qui ne rendent pas
grand service à la société par leur esprit, mais dont le
corps est robuste, et capable des plus grands travaux.
Ils trafiquent donc des forces de leur corps, et appellent salaire l'argent qui leur revient de ce trafic ; d'où
leur vient, je crois, le nom de mercenaires. N'est-ce
pas? — Oui. — Ils servent donc aussi à rendre un état
complet. — Sans doute.

—Adimante, notre état est-il désormais assez grand,
et peut-on le regarder comme parfait? — Peut-être.
— Où pourrons-nous y trouver la justice et l'injustice? Et où crois-tu qu'elles prennent naissance parmi tous ces éléments divers? — Je ne le vois point,
Socrate, à moins que ce ne soit dans les rapports
mutuels qui naissent des divers besoins des citoyens.
— Peut-être as-tu rencontré juste ; voyons, et ne
nous rebutons pas. Commençons par jeter un coup

d'œil sur la vie que mèneront les habitants de cet état.
Leur premier soin sera de se procurer des viandes,
du vin, des vêtements, une chaussure et un logement;
ils travailleront pendant l'été, à demi nus et sans
chaussure ; pendant l'hiver, bien vêtus et bien chaus-
sés. Leur nourriture sera de farine d'orge et de fro-
ment, dont ils feront des pains et des gâteaux. On leur
servira ces mets sur du chaume ou sur des feuilles
bien nettes : ils mangeront, eux et leurs enfants, couchés sur des lits de verdure ; ils boiront du vin, couronnés de fleurs, chantant les louanges des dieux, et
passeront leur vie agréablement ensemble : du reste,
ils proportionneront à leurs biens le nombre de leurs
enfants, pour éviter les incommodités de la pauvreté
ou de la guerre.

— Il me paraît, reprit Glaucon, que tu ne leur
donnes rien à manger avec leur pain. — Tu as raison,
lui dis-je : j'avais oublié qu'ils auront, outre cela, du
sel, des olives, du fromage, des oignons, et les autres légumes que produit la terre. Je ne veux pas
même les priver de dessert. Ils auront des figues, des
pois et des fèves, puis des baies de myrte et des faînes
qu'ils feront griller au feu, et qu'ils mangeront en
buvant modérément. Ils parviendront ainsi, pleins de
joie et de santé, jusqu'à l'extrême vieillesse, et lais-
seront leurs enfants héritiers de leur bonheur. — Si tu
formais une société de pourceaux, les nourrirais-tu
d'une autre manière? s'écria Glaucon. — Que faut-il
donc faire, mon cher Glaucon? — Ce qu'on fait d'ordinaire. Si tu veux qu'ils soient à leur aise, fais-les

manger à table, couchés sur des lits, et sers-leur les
mets qui sont en usage aujourd'hui. — Fort bien ; je
t'entends. Ce n'est pas simplement l'origine d'un état
que nous cherchons, mais d'un état qui regorge de
délices : peut-être ne ferons-nous pas mal de considérer aussi celle-ci : nous pourrons bien y découvrir
par où la justice et l'injustice s'introduisent dans la
société. Quoi qu'il en soit, le véritable état, l'état sain,
est celui que nous venons de décrire. Si tu veux à présent que nous jetions un coup d'œil sur l'état malade
et plein d'humeurs, rien ne nous en empêche.

— Il y a apparence que plusieurs ne seront pas contents du genre de vie simple que nous leur avons prescrit. Ils y ajouteront des lits, des tables, des meubles
de toute espèce, des ragoûts, des parfums, des odeurs,
des filles de joie, des friandises de toutes les sortes. Il
ne faudra plus mettre simplement au rang des choses
nécessaires celles dont nous parlions tout à l'heure,
une demeure, des habits, une chaussure : on va désormais mettre en œuvre la peinture et tous les arts,
enfants du luxe. Il faut avoir de l'or, de l'ivoire, des
matières précieuses de toutes les sortes : n'est-ce pas ?
— Sans doute. — L'état sain dont j'ai parlé d'abord
va devenir trop petit. Il faudra l'agrandir, et y faire
entrer une multitude de gens que le luxe, et non le
besoin, a introduits dans les états, comme les chasseurs de toute espèce, et ceux dont l'art consiste dans
l'imitation, soit pour les figures, soit pour les couleurs, soit pour les sons ; de plus les poëtes, avec
toute leur suite, les récitateurs, les acteurs, les dan-

seurs, les entrepreneurs pour les théâtres, les ouvriers en tout genre, surtout ceux qui travaillent pour
les femmes. Nous y introduirons encore des gouverneurs et des gouvernantes, des nourrices, des coif-
feuses, des baigneurs, des traiteurs, des cuisiniers, et
même des porchers. Nous n'avions que faire de tout
cela dans notre première ville ; mais, dans celle-ci,
comment s'en passer, non plus que de toutes les espèces d'animaux dont il prendra fantaisie à chacun de
manger ? — Comment s'en passer en effet ? — Mais,
en menant ce train de vie, les médecins dont nous
avions à peine besoin auparavant, nous deviennent
nécessaires ? — J'en conviens. — Et le pays qui suffi-
sait auparavant à l'entretien de ses habitants, ne sera-
t-il pas désormais trop petit ?—Cela est vrai. — Si nous
voulons donc avoir assez de pâturages et de terres à
labourer, il nous faudra empiéter sur nos voisins, et
nos voisins en feront autant par rapport à nous, si, passant les bornes du nécessaire, ils se livrent, comme
nous, au désir insatiable d'avoir. — La chose ne saurait être autrement, Socrate. — Nous ferons donc la
guerre après cela, Glaucon ? Car quel autre parti prendre ? — Nous ferons la guerre.

— Ne parlons point encore des biens ni des maux
que la guerre apporte avec elle. Disons seulement que
nous avons découvert l'origine de ce fléau, si funeste
aux états et aux particuliers. — Fort bien. — Il faut
à présent trouver place dans notre état pour une armée nombreuse qui puisse aller à la rencontre de
l'ennemi, et défendre l'état avec tout ce qu'il possède,

7.

contre les invasions de l'ennemi. — Quoi donc! nos
citoyens ne pourront-ils pas eux-mêmes attaquer et se
défendre? — Non, si les principes dont nous sommes
convenus, lorsque nous dressions le plan d'un état,
sont vrais. Or nous sommes convenus, s'il t'en souvient, qu'il était impossible qu'un seul homme fît
plusieurs métiers à la fois?   Tu dis vrai. — N'est-ce
pas un métier, à ton avis, que la guerre?—Oui certes.
— Crois-tu que l'état ait plus besoin d'un bon cordonnier que d'un bon guerrier? — Non, assurément.
— Nous n'avons pas voulu que le cordonnier fût en
même temps laboureur, tisserand ou architecte, mais
seulement cordonnier, afin qu'il en fît mieux son métier. Nous avons de même appliqué les autres chacun
à ce qui lui est propre, sans lui permettre de se mêler du métier d'autrui, ni d'avoir pendant toute sa vie
d'autre objet que la perfection du sien. Penses-tu que
le métier de la guerre ne soit pas de la plus grande
importance, ou qu'il soit si aisé à apprendre, qu'un
laboureur, un cordonnier, ou quelque autre artisan
puisse en même temps être guerrier? Quoi! on ne peut
être excellent joueur de dés ou d'osselets, si on ne
s'applique à ces jeux dès l'enfance, et si on n'y joue
que par intervalles; et ce sera assez de prendre un
bouclier, ou quelque autre arme, pour devenir tout
à coup un bon soldat; tandis qu'en vain prendrait-on
en main les instruments de quelque autre art que ce
soit, que jamais on ne deviendrait par là ni artisan,
ni athlète, et que cela ne servirait à rien, à moins qu'on
n'eût une connaissance exacte des principes de chaque

art, et qu'on ne s'y fût exercé longtemps? — Si cela était, tout le mérite d'un artisan résiderait dans les instruments de son art.

— Ainsi, plus le métier de ces gardiens de l'état est important, plus ils doivent y apporter de soins, d'étude et de loisir. — Je le pense aussi. — Ne faut-il pas encore des dispositions particulières pour s'acquitter de cet emploi? — Sans doute. — C'est donc à nous de choisir, si nous le pouvons, parmi les différents caractères, ceux qui sont les plus propres à la garde d'un état. Ce choix nous regarde. — Nous nous sommes chargés d'une chose bien difficile : cependant ne perdons pas courage, allons aussi loin que nos forces nous le permettront. — Il ne faut pas se rebuter. — Ne trouves-tu pas qu'il y a de la ressemblance entre les qualités d'un jeune guerrier et celles d'un chien courageux? — Que veux-tu dire? — Je veux dire qu'ils doivent avoir l'un et l'autre le sentiment fin pour découvrir l'ennemi, de la vitesse pour le poursuivre, de la force pour le combattre, quand ils l'auront atteint. — Cela est vrai. — Et du courage encore pour les combattre vaillamment. — Sans contredit. — Mais un cheval, un chien, ou quelque autre animal que ce soit, peut-il être courageux, s'il n'est sujet à la colère? N'as-tu pas remarqué que la colère est quelque chose d'indomptable, et qu'elle rend l'ame intrépide, et incapable de céder au danger? — Je l'ai remarqué. — Telles sont donc les qualités tant du corps que de l'ame, que doit avoir un gardien de l'état. Mais, mon cher Glaucon, s'ils sont tels que nous venons de dire,

ne seront-ils pas féroces entre eux, et à l'égard des
autres citoyens?—Il est bien difficile qu'ils ne le soient.
— Il faut cependant qu'ils soient doux envers leurs
amis, et qu'ils gardent toute leur férocité pour les ennemis ; sans cela, il ne sera pas nécessaire qu'on
vienne les attaquer. Ils ne tarderont pas à se détruire
les uns les autres.—Cela est certain.—Que faire donc?
Où trouverons-nous un caractère qui soit à la fois doux
et sujet à la colère ? Il semble qu'une de ces deux qualités détruit l'autre ; cependant il ne saurait y avoir de
bon gardien, si l'une des deux lui manque : les avoir
toutes deux, c'est chose impossible, d'où on peut
conclure qu'un bon gardien ne se trouve nulle part.
— Je le crois de même.

Après avoir douté quelque temps et réfléchi sur ce
que nous avions dit plus haut : « Mon cher ami, dis-je
à Glaucon, si nous sommes dans l'embarras, nous le
méritons bien, pour nous être écartés de l'exemple
que nous nous étions proposé. — Comment dis-tu?—
—Nous n'avons pas fait réflexion qu'il se trouve en
effet de ces caractères que nous avons jugés chimériques, et qui réunissent ces deux qualités opposées. —
Où sont-ils?—On les peut remarquer en différents
animaux, et surtout dans celui que nous avons pris
pour exemple. Tu sais que le caractère des chiens de
bonne race est d'être doux envers ceux qu'ils connaissent, et méchants à l'égard de ceux qu'ils ne connaissent pas. — Je le sais. —La chose est donc possible ;
et quand nous voulons un gardien de ce caractère,
nous ne demandons rien qui soit contre nature. —

— Non. — Ne te semble-t-il pas qu'il manque encore
quelque chose à notre gardien, et qu'outre le courage, il faut qu'il soit naturellement philosophe? —
Comment cela? je ne t'entends pas. — Il est aisé de remarquer cet instinct dans le chien, et il est bien digne
de notre admiration. — Quel instinct? — D'aboyer
contre ceux qu'il ne connaît pas, quoiqu'il n'en ait
reçu aucun mal, et de flatter ceux qu'il connaît, quoiqu'ils ne lui aient fait aucun bien : n'as-tu pas admiré
cet instinct dans le chien? — Je n'y ai pas fait beaucoup d'attention jusqu'ici ; mais la chose est comme tu
dis. — Cependant il montre par là un naturel heureux,
vraiment philosophique. — En quoi, s'il te plaît? —
En ce qu'il ne distingue l'ami de l'ennemi que parcequ'il connaît l'un, et ne connaît pas l'autre. Comment
pourrait-il n'être pas avide d'apprendre, puisque la
règle par où il discerne l'ami de l'étranger est qu'il
connaît l'un, et ne connaît pas l'autre? — La chose
n'est pas possible autrement. — Le naturel avide d'apprendre n'est-il pas le même que le naturel philosophique? — Oui. — Disons donc avec confiance de
l'homme, que, pour être doux envers ceux qu'il connaît et qui sont ses amis, il faut qu'il soit d'un caractère philosophe et avide de connaissances, et que, par
conséquent, un excellent gardien de l'état doit, avec
le courage, la force et la vitesse, avoir encore la philosophie en partage. — J'y consens.

— Tel sera donc le caractère de nos guerriers. Mais
de quelle manière leur formerons-nous l'esprit et le
corps? Examinons auparavant si cette recherche peut

nous conduire au but de cet entretien, qui est de connaître comment la justice et l'injustice prennent naissance dans la société, afin de ne la point négliger, si
elle peut y servir, ou de l'omettre, si elle est inutile.
Je pense, reprit le frère de Glaucon, que cette recherche contribuera beaucoup à la découverte de ce que
nous cherchons. — Entrons donc dans cet examen,
mon cher Adimante, quelque long qu'il puisse être.
Formons nos guerriers à notre aise et par manière de
conversation. — Je le veux bien. — Quelle éducation
convient-il de leur donner? Il est difficile, je crois, d'en
trouver une meilleure que celle qui depuis longtemps
est en usage chez nous, et qui consiste à former le
corps par la gymnastique et l'âme par la musique. —
Cela est difficile en effet. — Ne commencerons-nous
pas leur éducation par la musique plutôt que par la
gymnastique? — Sans doute. — Les discours sont apparemment une partie de la musique? — Oui. — Il y
en a de deux sortes, les uns vrais, les autres faux. Ils
entreront également dans notre plan d'éducation, en
commençant par les discours faux. — Je ne comprends
pas ta pensée. — Quoi! tu ne sais pas que la première
chose qu'on fait à l'égard des enfants, c'est de leur
conter des fables? or, quoiqu'il se trouve quelquefois
du vrai dans ces fables, ce n'est pour l'ordinaire qu'un
tissu de mensonges. On en amuse les enfants jusqu'au
temps où on les envoie au gymnase. — Cela est vrai.
— C'est pour cela que j'ai dit qu'il fallait commencer
leur éducation par la musique. — Tu as eu raison. —
Tu n'ignores pas non plus que tout dépend des com-

mencements, surtout à l'égard des enfants; parcequ'à
cet âge, l'ame encore tendre reçoit aisément toutes
les impressions qu'on veut lui donner. — Rien de plus
vrai. — Souffrirons-nous que les premiers venus
content indifféremment toutes sortes de fables aux enfants, et que leur ame en reçoive des impressions la plupart contraires aux idées que nous voulons qu'ils aient
dans un âge plus avancé? — Il ne faut pas souffrir cela.

— Commençons donc d'abord par veiller sur les
faiseurs de fables. Choisissons celles qui seront convenables, et rejetons les autres. Nous engagerons ensuite les nourrices et les mères à en amuser les enfants,
et à former par là leurs ames avec plus de soin qu'elles
n'en mettent à former leurs corps. Quant aux fables
qu'on leur conte aujourd'hui, il faut les rejeter pour
la plupart. — Quelles fables? — Nous jugerons des
petites par les grandes, puisqu'elles doivent être faites
toutes sur le même modèle et aller au même but
N'est-il pas vrai? — Oui, mais je ne vois pas quelles
sont ces grandes fables dont tu parles.

— Ce sont celles qu'Hésiode, Homère et les autres
poëtes nous ont débitées; car les poëtes, tant
ceux d'à présent que ceux du temps passé, ne
font d'autre métier que d'amuser le genre humain
par des fables. — Quelles fables encore? et qu'y
blâmes-tu? — J'y blâme ce qui mérite en effet et par-
dessus tout d'être blâmé dans ces sortes de mensonges
corrupteurs. — Que veut dire cela? — C'est-à-dire,
lorsqu'on nous représente les dieux et les héros autrement qu'ils ne sont : comme lorsqu'un peintre fait

des portraits qui ne sont pas ressemblants. — Je conviens que cela est digne de blâme : mais en quoi ce
reproche convient-il aux poëtes? — N'est-ce pas d'abord
un mensonge des plus énormes et des plus graves
que celui d'Hésiode [1] sur les actions qu'il rapporte
d'Uranus, sur la vengeance que Saturne en tira, et sur
les mauvais traitements que celui-ci fit à Jupiter et
qu'il en reçut à son tour? Quand tout cela serait vrai,
ce ne sont pas des choses à dire devant des enfants
dépourvus de raison; il faut les ensevelir sous le silence; ou s'il est nécessaire d'en parler, ce ne doit
être qu'en secret et devant un très petit nombre d'auditeurs, avec défense expresse d'en rien révéler, et
après leur avoir fait immoler, non un porc, mais une
victime [2] précieuse et rare, afin de restreindre encore
le nombre des initiés. — Sans doute; car de pareils
discours sont dangereux. — On ne doit jamais les entendre dans notre état. Je ne veux pas qu'on dise en
présence d'un enfant, qu'en commettant les plus grands
crimes, même en se vengeant cruellement sur son père
des injures qu'il en aurait reçues, il ne ferait rien
d'extraordinaire, et dont les premiers et les plus grands
des dieux ne lui eussent donné l'exemple. — Il ne me
paraît pas non plus que de pareilles choses soient
bonnes à dire. — Et si nous voulons que les défenseurs
de notre république aient en horreur les dissensions
et les discordes, nous ne leur parlerons pas des com-

---

[1] Hésiode, *Théogonie*, v. 154 et suiv., v. 178 et suiv.
[2] Allusion aux mystères d'Eleusis. Il fallait immoler un porc
avant d'y être initié.

bats des dieux, ni des pièges qu'ils se dressaient les
uns aux autres; aussi bien n'est-ce pas vrai. Encore
moins leur ferons-nous connaître, soit par des récits,
soit par des peintures ou des tapisseries, les guerres
des géants, et tant de sortes de querelles qu'ont eues
les dieux et les héros avec leurs proches et leurs amis.
Si notre dessein est de leur persuader que jamais la
discorde n'a régné entre les citoyens d'une même république, et qu'elle ne peut y régner sans crime, contraignons les poëtes de ne rien composer, et les vieillards
de l'un et de l'autre sexe de ne rien raconter aux enfants qui ne tende à cette fin. Qu'on n'entende jamais
dire parmi nous que Junon a été mise aux fers par
son fils, et Vulcain précipité du ciel par son père, pour
avoir voulu secourir sa mère, dans le temps qu'il la
frappait [1]; ni raconter tous ces combats des dieux,
inventés par Homère, soit qu'il y ait, ou non, des
allégories cachées sous ces récits; car un enfant n'est
pas en état de discerner ce qui est allégorique de ce
qui ne l'est pas; et tout ce qui s'imprime dans l'esprit
à cet âge, y laisse des traces que le temps ne peut
effacer: c'est pour cela qu'il est de la dernière importance que les premiers discours qu'il entendra soient
propres à le porter à la vertu.

— Ce que tu dis est très sensé; mais si quelqu'un
nous demandait quelles sont ces fables qu'il est à propos de faire, que répondrions-nous? — Adimante,
nous ne sommes poëtes, ni vous ni moi; nous fondons une république, et en cette qualité il nous ap-

[1] *Iliad*, i, v. 588.

partient de connaître sur quel modèle les poëtes doivent composer leurs fables, et d'y joindre une défense
de jamais s'en écarter, mais ce n'est point à nous d'en
composer. — Tu as raison ; mais encore, que doivent
nous apprendre ces fables touchant la divinité? — Il
faut que les poëtes nous représentent partout Dieu
tel qu'il est, soit dans l'épopée, soit dans l'ode, soit
dans la tragédie. — Sans doute. — Mais Dieu est essentiellement bon, et on ne doit jamais en parler
d'autre sorte. — Qui en doute? — Rien de ce qui est
bon n'est porté à nuire.—Non.—Ce qui n'est pas porté
à nuire ne saurait nuire en effet, ni faire du mal, ni
être la cause d'aucun mal. — Non. — Ce qui est bon
n'est-il pas bienfaisant? — Oui. — Il est donc cause
de ce qui se fait de bien? — Oui. — Ce qui est bon
n'est donc pas cause de toutes choses? Il est cause du
bien, mais il n'est pas cause du mal. — Cela est certain. — Ainsi Dieu, étant essentiellement bon, n'est
pas cause de toutes choses, comme on le dit communément. Et parceque les biens et les maux sont tellement partagés entre les hommes, que le mal y domine,
Dieu n'est cause que d'une petite partie de ce qui
arrive aux hommes, et il ne l'est point de tout le
reste. On doit n'attribuer les biens qu'à lui : quant
aux maux, il en faut chercher une autre cause que
Dieu. — Rien de plus vrai que ce que tu dis.

— Il ne faut donc pas ajouter foi à Homère ni à
aucun autre poëte, assez insensé pour blasphémer
contre les dieux, et pour dire que

Dans le palais de Jupiter il y a deux tonneaux pleins, l'un

de destinées heureuses, l'autre de destinées malheureuses [1];
que

Lorsqu'il les verse ensemble sur un mortel, sa vie est mêlée de
bons et de mauvais événements [2];

mais que lorsqu'il ne verse sur quelqu'un que le
second,

Le malheur le poursuit partout.

Il ne faut pas croire non plus que

Jupiter soit le distributeur des biens et des maux [3].

Si quelqu'un dit aussi que ce fut à l'instigation de
Jupiter et de Minerve que Pandare [4] viola les serments
et rompit la trêve, nous nous garderons bien de l'approuver. Il en sera de même de la querelle des dieux
apaisée par Thémis et par Jupiter [5], et de ces vers
d'Eschyle que nous ne souffrirons pas qu'on dise devant notre jeunesse :

Que Dieu, lorsqu'il veut détruire une famille de fond en comble, fait naître l'occasion de la punir [6].

Mais si quelqu'un fait une tragédie sur les malheurs
de Niobé, des Pélopides ou de Troie, nous le con-
traindrons de dire que ces malheurs ne sont pas l'ouvrage de Dieu, ou que, s'il en est l'auteur, il n'a rien
fait en cela que de juste et de bon, et que ce châtiment a tourné à l'avantage de ceux qui l'ont reçu. Ce

[1] Iliad., 24, v. 527.
[2] Ibid., 24, v. 550.
[3] Ibid., v. 532.
[4] Ibid., 4, v. 84.
[5] Ibid., 55.
[6] Ibid., 20, v. 1-50.
[7] Voyez Wyttenbach sur Plutarque, t. i, p. 154 et suiv.

qu'il ne faut pas laisser dire à aucun poëte, c'est que
ceux que Dieu punit sont malheureux : qu'ils disent,
à la bonne heure, que les méchants sont à plaindre,
en ce qu'ils ont besoin de châtiment, et que les peines
que Dieu leur envoie sont un bien pour eux. Mais
lorsqu'on dira devant nous que Dieu, qui est bon,
a causé du mal à quelqu'un, nous nous y opposerons
de toutes nos forces, si nous voulons que notre république soit bien réglée ; et nous ne permettrons ni
aux vieux ni aux jeunes de dire ou d'entendre de
pareils discours, soit en vers, soit en prose, parcequ'ils sont injurieux à Dieu, nuisibles à l'état, et qu'ils
se détruisent d'eux-mêmes. — Cette loi me plaît beaucoup, et je souscris volontiers à son établissement. —
Ainsi notre première loi touchant les dieux sera d'o-
bliger nos citoyens à reconnaître, soit de vive voix, soit
dans leurs écrits, que Dieu n'est pas l'auteur de toutes
choses, mais seulement des bonnes. — Cela suffit.

— Que dis-tu de cette autre loi ? Doit-on regarder
Dieu comme un enchanteur qui se plaît à prendre
mille formes différentes, et qui tantôt paraît sous une
figure étrangère, tantôt nous fait illusion, en affectant
nos sens, comme s'il était réellement présent ? N'est-
ce pas plutôt un être simple, et de tous les êtres le
moins capable de changer de figure ? — Je ne sais
que te répondre pour le présent. — Tu répondras du
moins à ceci. Lorsque quelqu'un quitte sa forme naturelle, n'est-ce pas une nécessité que ce changement
vienne de lui-même ou d'un autre ? — Oui. — Mais
les choses les mieux constituées sont aussi les moins

sujettes au changement de la part des causes étran-
gères. Par exemple, les corps les plus sains et les
plus robustes sont les moins affectés par la nourriture
et le travail. Il en est ainsi des plantes par rapport aux
vents, à l'ardeur du soleil et aux autres outrages des
saisons. — Cela est certain. — L'ame n'est-elle pas
aussi d'autant moins troublée et altérée par les accidents extérieurs, qu'elle est plus courageuse et plus
sage? — Oui. — Par la même raison, les ouvrages de
main d'homme, les édifices, les vêtements résistent
au temps, et à tout ce qui peut les détruire, à proportion qu'ils sont bien travaillés et formés de bons
matériaux. — Sans doute. — En général, tout ce qui
est parfait, soit qu'il tienne sa perfection de la nature ou de l'art, ou de l'un et de l'autre, est très peu
sujet au changement de la part d'une cause étrangère. — Cela doit être. — Mais Dieu, et tout ce qui
appartient à sa nature, est parfait. — Oui. — Ainsi
donc, à le considérer de ce côté, il n'est nullement
susceptible de recevoir plusieurs formes. — Non. —
Se changerait-il donc de lui-même? — Il est évident
que s'il se faisait quelque changement en Dieu, il ne
pourrait venir d'ailleurs. — Ce changement se ferait-
il en mieux ou en pis? — Ce serait une nécessité
qu'il se fît en pis; car nous n'avons garde de dire de
Dieu, qu'il lui manque aucun degré de beauté ou de
vertu. — Tu dis bien. Cela posé, crois-tu, Adimante,
que, qui que ce soit, homme ou dieu, prenne de lui-
même une forme moins belle que la sienne? — Cela
est impossible. — Il est donc impossible que Dieu

8.

veuille se changer. Et chacun des dieux, très beau et
très bon de sa nature, conserve toujours la forme qui
lui est propre. — Il me semble que la chose ne saurait être autrement.

— Qu'aucun poëte ne s'avise donc de nous dire :

Les dieux vont de ville en ville, déguisés sous des formes étran-
gères [1];

ni de nous débiter des mensonges au sujet des mé-
tamorphoses de Protée [2] et de Thétis [3]. Que dans la tragédie, ou dans tout autre poëme, on ne nous représente pas Junon sous la figure d'une prêtresse,
mendiant pour les enfants du fleuve Inachus [4], et qu'on
ne nous dise aucune fausseté de cette nature. Que les
mères, remplies de ces fictions poétiques, n'épou-
vantent pas leurs enfants, en leur faisant accroire
mal à propos que les dieux vont de tous côtés pendant la nuit, déguisés en voyageurs et en passagers ;
car c'est blasphémer contre les dieux et rendre les
enfants lâches et timides. — Qu'elles se gardent bien
de rien faire de semblable.

— Mais peut-être que les dieux, ne pouvant changer de figure, peuvent du moins en imposer à nos
sens par des prestiges et des enchantements ? — Cela
pourrait être. — Un dieu peut-il se résoudre à mentir
de parole ou d'action, en nous présentant un fantôme

[1] *Odyss.*, 17, v. 485.
[2] *Ibid.*, 4, v. 564.
[3] Pindare, *Nem.* 3, 60.
[4] *Inachus*, drame satirique, attribué à Sophocle, Eschyle ou Euripide.

au lieu de lui-même? — Je n'en sais rien. — Quoi! tu ne sais pas que le vrai mensonge, si je puis parler ainsi, est également détesté des hommes et des dieux? — Qu'entends-tu par là? — J'entends que personne ne veut loger le mensonge dans la partie la plus noble de lui-même, par rapport aux choses de la plus grande importance; qu'au contraire, il n'est rien que l'on craigne davantage. — Je ne te comprends pas encore. — Tu crois que je dis quelque chose de bien relevé. Je dis que personne ne veut être trompé, ni avoir été trompé dans son ame touchant la nature des choses, et qu'il n'est rien que nous craignions et que nous détestions davantage que de loger le mensonge en nous-mêmes à cet égard. — Je te crois. — Le mensonge est donc, à proprement parler, l'ignorance qui affecte l'ame de celui qui est trompé; car le mensonge dans les paroles n'est qu'une expression du sentiment que l'ame éprouve: ce n'est point un mensonge pur, mais un fantôme né à la suite de l'erreur. N'est-il pas vrai? — Oui. — Le véritable mensonge est donc également détesté des hommes et des dieux. — Je le pense.

—Mais quoi! n'est-il pas des circonstances où le mensonge dans les paroles perd ce qu'il a d'odieux, parcequ'il devient utile? N'a-t-il pas son utilité lorsqu'on s'en sert, par exemple, pour tromper un ennemi, ou même un ami, que la fureur ou la démence porte à quelque action mauvaise en soi: le mensonge devenant alors un remède qu'on emploie pour le détourner de son dessein? Et encore dans la poé-

sie, l'ignorance où nous sommes au sujet des faits
anciens ne nous autorise-t-elle pas à recourir au mensonge, que nous rendons utile en lui donnant les
couleurs les plus approchantes de la vérité? — Cela
est vrai. — Mais pour laquelle de ces raisons le mensonge serait-il utile à Dieu? L'ignorance de ce qui
s'est passé en des temps reculés le réduirait-elle à déguiser le mensonge sous les couleurs de la vraisemblance? — Il serait ridicule de le dire. — Dieu n'est
donc pas un poëte menteur. — Non. — Mentirait-il par
la crainte de ses ennemis? — Qu'en a-t-il à craindre?
— Ou à cause de ses amis furieux ou insensés? —
Mais les furieux et les insensés ne sont pas aimés des
dieux. — Aucune raison n'oblige donc Dieu à mentir?
— Non. — Dieu est donc ennemi du mensonge. Essentiellement droit et vrai dans ses paroles et dans ses
actions, il ne change point sa forme naturelle; il ne
peut tromper les autres ni par des fantômes ni par
des discours, ni en leur envoyant des signes, soit
pendant le jour, soit pendant la nuit. — Il me paraît
que tu as raison. — Tu approuves donc notre seconde
loi, qui défend qu'on parle ou qu'on écrive touchant
les dieux de manière à nous les faire regarder comme
des enchanteurs qui prennent différentes formes, et
qui cherchent à nous séduire par leurs discours ou
par leurs actions? — Je l'approuve. — Ainsi, quoiqu'il y ait bien des choses à louer dans Homère,
nous n'approuverons pas l'endroit où il raconte
que Jupiter envoya un songe à Agamemnon[1], ni

---

[1] *Iliad.*, 2, v. 6.

l'endroit d'Eschyle, où il fait ainsi parler Thétis :

Apollon, assistant à mes noces, avait chanté pendant le festin que je serais une mère fortunée et chérie des dieux, que mes enfants, exempts de maladies, parviendraient à une heureuse vieillesse. Ces prédictions me comblaient de joie : je ne croyais pas que le mensonge pût sortir de cette bouche divine, d'où sortent tant d'oracles. Cependant ce Dieu qui a chanté mon bonheur, ce Dieu qui, témoin de mon hyménée, m'a annoncé un sort si digne d'envie, ce même Dieu est le meurtrier de mon fils [1].

Quand quelqu'un parlera ainsi des dieux, nous le repousserons avec indignation ; nous ne souffrirons pas davantage de semblables discours dans la bouche des maîtres chargés de l'éducation d'une jeunesse que nous voulons pénétrer de respect pour les dieux, et rendre même semblable aux dieux, autant que la faiblesse humaine le peut permettre. — Je trouve ces règlements fort sages, et je consens qu'on en fasse autant de lois.

[1] *Psychostasie*, pièce perdue d'Eschyle. Voyez Wyttenbach, *Select. princip. histor.*, p. 588.

LIVRE TROISIÈME.

ARGUMENT.

On ne doit offrir à la jeunesse que les images du beau et
du bon, afin de la porter naturellement à aimer ce qui est
beau et bon. Dans ce but, Platon se hâte d'effacer des poëtes
les fictions qui peuvent amollir le courage et tromper la
conscience, tout ce qui tend à dégrader le caractère des
héros, et à donner de fausses idées de la bonté des dieux.
Critique d'Homère. Le législateur bannit le poëte de la république pour avoir mal parlé de la divinité ; mais en le
bannissant il chante ses louanges et lui met une couronne
sur la tête. Il définit ensuite la médecine et la jurisprudence, et veut qu'elles se bornent à maintenir ceux qui ont
reçu de la nature un corps sain et une belle ame. La tempérance bannira les médecins, et la justice bannira les juges.
Ces choses une fois établies, Platon aborde une question difficile et que jusqu'à ce jour toutes les législations ont vaine-
ment essayé de résoudre : il s'agit de donner le commandement à ceux qui sont dignes de commander. Le législateur
veut fonder une inégalité juste et reporter incessamment à
leur place tous les genres de mérite. Il divise la nation en
trois classes, les guerriers, les magistrats et les mercenaires,
auxquelles classes répondent trois races d'hommes, les races
d'or, d'argent et d'airain. Ces races, il les prend des mains
de la nature, comme la nature les lui donne, et il les soumet
à une éducation dont le but est de tirer les races d'or de la
foule pour les porter au sommet de la société.

LIVRE TROISIÈME.

—

Tels sont, touchant la nature des dieux, les discours qu'il convient ou qu'il ne convient pas de tenir devant des enfants, dont le principal objet doit être d'honorer les dieux et leurs parents, et de regarder la concorde entre les citoyens comme un des plus grands biens de la société. — Ce que nous avons réglé sur ce point, dit Adimante, me paraît très raisonnable. — A présent, si nous voulons qu'ils soient courageux, ne faut-il pas que ce qu'on leur dira tende à leur faire mépriser la mort? Penses-tu qu'on puisse craindre la mort et avoir du courage? — Je ne le pense pas. — Comment un homme persuadé que l'autre monde est un lieu plein d'horreur pourrait-il ne pas craindre la mort? Comment pourrait-il la préférer dans les combats à une défaite et à l'esclavage? — Cela est impossible. — Notre devoir est donc encore de prendre garde aux discours qu'on tiendra à ce sujet, et de recommander aux poètes de changer en éloges tout le mal qu'ils disent ordinairement des enfers; d'autant plus que ce qu'ils en racontent n'est ni vrai ni propre à inspirer de la confiance à des guerriers. — Sans doute. — Rayons donc des ouvrages d'Homère tous les vers qui suivent, à commencer par ceux-ci :

Je préférerais à l'empire des morts la condition d'esclave chez un homme pauvre et vivant du travail de ses mains [1].

[1] *Odyss.*, 11, v. 488

9

Et :

Pluton craignit que ce séjour de ténèbres et d'horreur, redouté des dieux mêmes, ne se découvrît aux regards des mortels et des immortels [1].

Et :

Hélas ! il ne reste donc plus de nous après la mort qu'une ombre, une vaine image, privée de sentiment et de raison [2] ?

Et encore :

Le seul Tirésias pense ; les autres ne sont que des ombres errantes à l'aventure [3].

Et ceux-ci :

Son âme, s'envolant de son corps, s'enfuit dans les enfers, déplorant sa destinée, regrettant sa force et sa jeunesse ...., Son âme, telle qu'une vapeur légère, s'enfuit sous terre en gémissant [4]...., Ces âmes allaient de compagnie, poussant des gémissements entrecoupés, telles que les chauves-souris, quand l'une d'elles est tombée du rocher, s'envolent en remplissant l'air de cris, et s'attachent l'une à l'autre [5].

Nous conjurerons Homère et les autres poëtes de ne pas trouver mauvais que nous effacions de leurs écrits ces endroits et les autres de cette nature. Ce n'est pas qu'ils ne soient très poétiques, et qu'ils ne flattent agréablement l'oreille du peuple. Mais, plus ils sont beaux, plus il est dangereux qu'ils soient entendus, à quelque âge que ce soit, de ceux qui, destinés à vivre libres, doivent préférer la mort à la servitude. — Tu as raison.

[1] Iliad., 20, v. 64.
[2] Ibid., 23, v. 107.
[3] Odyss., 10, v. 495.
[4] Iliad., 16, v. 856.
[5] Ibid., 25, v. 100.
[6] Odyss., 24, v. 6.

— Effaçons encore ces noms odieux et formidables
de *Cocyte*, de *Styx*, de *Mânes*, d'*Enfers*, et autres semblables, qui font frissonner ceux qui les entendent
prononcer. Peut-être ont-ils leur utilité pour une
autre fin; mais nous craignons que la frayeur qu'ils
inspirent ne refroidisse et n'amollisse le courage de
nos guerriers. — Cette crainte est bien fondée. — Il
faut donc les retrancher. — Oui. — Et nous servir,
soit en parlant, soit en écrivant, d'expressions toutes
contraires. — Sans contredit. — Retranchons aussi ces
lamentations et ces regrets qu'on met quelquefois
dans la bouche des grands hommes. — C'est une
suite nécessaire de ce que nous venons de dire. —
Voyons auparavant si la raison autorise ou non ce re-
tranchement. N'est-il pas vrai que le sage ne regardera pas la mort comme un mal à l'égard d'un autre
sage son ami? — Cela est vrai. — Il ne pleurera donc
pas sur lui, comme s'il lui était arrivé quelque chose
de funeste? — Non. — Nous disons aussi que, s'il est
un homme qui puisse se suffire à lui-même et se passer des autres hommes pour être heureux, c'est le
sage. — Rien n'est plus certain. — Ce ne sera donc pas
un malheur pour lui de perdre un fils, un frère, des
richesses ou quelque autre bien de cette nature? —
Non. — Lorsqu'un pareil accident lui arrivera, il ne
s'en affligera pas, et le supportera avec toute la
patience possible. — Sans doute. — Nous avons donc
raison d'ôter aux hommes illustres les pleurs et les
gémissements, de les renvoyer aux femmes, et encore aux plus faibles d'entre elles, aussi bien qu'aux

hommes d'un caractère efféminé. Nous voulons que
ceux que nous destinons à la garde de notre ville
rougissent de pareilles faiblesses. — Nous faisons
bien.

— Conjurons donc encore une fois Homère et les
autres poëtes de ne pas nous représenter Achille, le
fils d'une déesse,

Tantôt couché sur le côté, ou la face contre terre, ou le visage
tourné vers le ciel ; tantôt errant sur le rivage de la mer, en proie
à la douleur[1];

ni

Prenant la poussière à deux mains et s'en couvrant la tête[2];

ou pleurant et sanglotant ; ni Priam , ce roi presque
égal aux dieux,

Se roulant sur la terre, s'abaissant aux plus humbles prières, et
conjurant chacun par son nom de prendre part à son malheur[3].

Encore plus les conjurerons-nous de ne pas représenter les dieux en pleurs, s'écriant :

Hélas ! que mon sort est à plaindre! que je suis une mère malheureuse !

Et, si c'est une chose messéante à l'égard des autres
dieux, ce l'est bien plus encore d'avoir fait dire au
plus grand des dieux :

Hélas! je vois à regret Hector, ce mortel qui m'est si cher,
fuyant autour des murailles de Troie ; mon cœur est alarmé du
danger qui le menace ;

[1] *Iliad.*, 24, v. 10 et suiv.
[2] *Ibid.*, 18, v. 23, 24.
[3] *Ibid.*, 22, v. 414.
[4] *Ibid.*, 18, v. 54.
[5] *Ibid.*, 22, v. 168.

et dans un autre endroit :

Malheureux que je suis ! voici le moment où, par la volonté du destin, Sarpedon, le mortel que je chéris le plus, va périr sous la main de Patrocle [1].

Tu vois, en effet, mon cher Adimante, que si nos jeunes gens écoutent sérieusement ces sortes de récits, et s'ils ne se moquent de toutes ces faiblesses, comme étant indignes des dieux, il leur sera difficile de les croire indignes d'eux-mêmes, puisque après tout ils ne sont que des hommes ; et de se faire des reproches de lâcheté, lorsqu'ils se surprendront faisant ou disant de pareilles choses ; mais, aux moindres disgraces, ils perdront cœur, et s'abandonneront sans honte aux gémissements et aux larmes. — Rien n'est plus vrai que ce que tu dis. — Or, nous venons de voir que cela ne doit pas être, et nous en croirons nos raisons, jusqu'à ce qu'on nous en oppose de meilleures. — Sans doute.

— Mais est-il plus convenable qu'ils soient portés à rire ? Un rire excessif n'est-il pas la marque d'une grande altération dans l'ame ? — Je le crois ainsi. — Nous ne devons donc pas souffrir qu'on nous représente des hommes graves, encore moins des dieux dominés par un rire qu'ils ne peuvent modérer. — Non assurément. — Et, s'il faut t'en croire, nous reprendrons Homère d'avoir dit :

Un rire inextinguible éclata parmi les dieux, lorsqu'ils virent Vulcain s'agiter en boitant dans la salle du festin [2].

[1] *Iliade*, 16, v. 433.
[2] *Ibid.*, 1, v. 599.

9

— Nous aurons raison de le reprendre, si tu veux m'en
croire. — Cependant la vérité a des droits qu'il faut
respecter. Car, si nous ne nous sommes pas trompés,
lorsque nous avons dit que le mensonge n'est jamais
utile aux dieux, mais qu'il l'est quelquefois aux hommes, quand on s'en sert comme d'un remède, il est
évident que c'est aux médecins qu'il en faut confier
l'usage et non pas à tout le monde indifféremment.
— Cela est évident. — C'est donc aux magistrats exclusivement qu'il appartient de mentir pour tromper
l'ennemi ou le citoyen pour le bien de la république.
Le mensonge ne doit jamais être permis à d'autres :
et nous dirons qu'un particulier qui trompe le magistrat est plus coupable qu'un malade qui trompe
son médecin, qu'un élève qui cache à celui qui le
forme les dispositions de son corps, qu'un matelot
qui dissimule au pilote l'état du vaisseau et de l'équipage. — Cela est très vrai. — Par conséquent, si le
magistrat surprend en mensonge quelque citoyen que
ce soit de condition privée,

Soit devin, soit médecin, soit charpentier [1],

il le punira sévèrement, comme introduisant dans
l'état, ainsi que dans un vaisseau, un mal capable de
le renverser et de le perdre. — Ce mal perdrait l'état
sans doute, si les actions répondaient aux paroles.

— Ne faut-il pas aussi élever nos jeunes guerriers
dans la tempérance ? — Assurément. — Les principaux
effets de la tempérance ne sont-ils pas de nous rendre

[1] *Odyssée*, 17, v. 385.

soumis à ceux qui gouvernent, et maîtres de nous-
mêmes en tout ce qui concerne le boire, le manger
et les plaisirs des sens? — Oui, ce me semble. —
Ainsi, nous approuverons l'endroit d'Homère, où
Diomède dit à Sthénélus :

Ami, écoute en silence, et suis mes conseils [1];

et cet autre :

Les Grecs marchaient pleins d'ardeur et de courage, écoutant
avec respect les ordres de leurs chefs [2],

et tous les endroits de cette nature. — Nous les approuverons. — Dirons-nous la même chose de ces
paroles :

Ivrogne aux yeux de chien, au cœur de cerf [3],

et ce qui suit ; aussi bien que de toutes les injures
que les poètes et les autres écrivains font dire à des
inférieurs à leurs supérieurs? — Non sans doute. —
De pareils discours ne sont guère propres à inspirer
de la modération à nos jeunes gens, et s'ils lui inspirent de tout autres sentiments, il n'en faut pas être
surpris. Qu'en penses-tu? — Je pense comme toi. —
Hé quoi ! lorsque Homère fait dire au sage Ulysse que
rien ne lui paraît plus beau,

Que de voir des tables couvertes de mets délicieux, et un échan-
son verser à la ronde le vin dans les coupes [4],

[1] *Iliade*, I, v. 412.
[2] *Ibid.*, v. 431.
[3] *Ibid.*, I, v. 225.
[4] *Odyssée*, 9, v. 8.

et ailleurs,

Que le genre de mort le plus triste est de périr par la faim [1];

ou lorsqu'il nous représente Jupiter oubliant, par
l'excès de sa passion, tous les desseins qu'il a formés,
quand seul il veillait pendant le sommeil des dieux
et des hommes, et tellement transporté à la vue de
Junon, qu'il ne veut pas se retirer dans son palais
pour contenter ses desirs, mais qu'il les assouvit sur
le mont Ida même, en lui protestant qu'il ne s'est
jamais senti tant d'amour pour elle, non pas même
lorsqu'ils se virent pour la première fois *à l'insu de
leurs parents* [2] : ou lorsqu'il raconte l'aventure de Mars
et de Vénus surpris dans les filets de Vulcain [3] ; crois-
tu que tout cela soit bien propre à porter nos jeunes
gens à la tempérance? — Il s'en faut de beaucoup.
— Mais lorsqu'il nous peint ses héros dans l'adversité,
parlant et agissant avec beaucoup de grandeur d'ame,
c'est alors qu'il faut l'admirer et l'écouter. Quand,
par exemple, il dit

Qu'Ulysse se frappa la poitrine, et ranima son courage en ces
mots : Mon ame, tiens encore ferme contre ce malheur ; tu en as
déjà essuyé de plus grands [4].

— Oui, certes.
— Il ne faut pas souffrir non plus que nos jeunes
gens soient avides d'argent, ni qu'ils se laissent cor-

[1] *Odyssée*, 11, v. 342.
[2] *Iliade*, 14, v. 291.
[3] *Odyssée*, 8, v. 266.
[4] *Ibid.*, 20, v. 17.

rompre par des présents. — Non, sans doute. — Qu'on
ne chante donc pas devant eux que

Les présents gagnent les rois et les dieux [1].

Qu'on n'approuve pas comme sage et modéré le conseil
que Phénix, gouverneur d'Achille, lui donne de secourir les Grecs si on lui fait des présents, et de garder
son ressentiment si on ne lui en fait point [2]. Nous re-
fuserons aussi de croire et d'avouer qu'Achille ait été
avare au point de recevoir des présents d'Agamemnon [3],
et de ne rendre le corps d'Hector à son père qu'après
qu'il en eut payé la rançon [4]. — Ces traits ne sont ni
beaux ni dignes de louange. — Ce n'est qu'avec peine
que je me détermine à dire qu'Homère a eu tort de
mettre de pareilles actions sur le compte d'Achille,
ou d'ajouter foi en cela à ce que d'autres avant lui
en avaient publié. J'en dis autant des menaces que ce
héros fait à Apollon :

Tu m'as trompé, dieu cruel ; je t'en punirais, si j'en avais le pouvoir [5] ;

et de sa résistance à un dieu, le fleuve Xanthe, contre
lequel il était prêt à se battre [6], et de ce qu'il dit au
sujet de sa chevelure, qui était consacrée au fleuve
Sperchius,

Qu'il l'offrira sur le tombeau de son cher Patrocle [7]

Il n'est pas croyable qu'il ait jamais dit ou fait rien de

[1] Euripide, Médée, v. 954.
[2] Iliade., 9, v. 455 et suiv.
[3] Ibid., 19, v. 278 et suiv.
[4] Ibid., 24, v. 175 et suiv.
[5] Ibid., 22, v. 15 et suiv.
[6] Ibid., 21
[7] Ibid., 23, v. 151.

semblable, ni qu'il ait traîné le cadavre d'Hector autour du bûcher de Patrocle [1], ni qu'il ait immolé, sur ce même bûcher, des captifs troyens [2]. Nous soutiendrons que tout cela n'est pas vrai, et nous ne souffrirons pas qu'on fasse croire à nos guerriers qu'Achille, le fils de Thétis et du sage Pelée, l'arrière-petit-fils de Jupiter [3], l'élève du vertueux Chiron, ait eu l'ame assez mal réglée pour se laisser dominer par deux passions aussi contraires que le sont une basse avarice et un orgueil qui insultait aux hommes et aux dieux. — Tu as raison.

—Gardons-nous bien aussi de croire et de laisser dire que Thésée, fils de Neptune, et Pirithoüs, fils de Jupiter, aient tenté l'enlèvement qu'on leur attribue [4], ni qu'aucun autre enfant des dieux, aucun héros, se soit rendu coupable des cruautés et des impiétés dont les poëtes les accusent faussement. Contraignons les poëtes de reconnaître que les héros n'ont jamais commis de pareilles actions, ou, s'ils les ont commises, qu'ils ne sont pas issus du sang des dieux. Mais ne leur permettons jamais de dire qu'ils sont tout ensemble enfants des dieux et coupables de semblables crimes ; ni d'entreprendre de persuader à nos jeunes gens que les dieux ont produit quelque chose de mauvais, et que les héros ne valent pas mieux que de simples hommes. Car, comme nous disions plus haut,

---

[1] *Iliade*, 22, v. 394 et suiv.
[2] *Ibid.*, 23, v. 175 et suiv.
[3] *Ibid.*, 21, v. 188.
L'enlèvement de Proserpine. Voy. Ovide, *Tristes*, 1, 5, v. 19.

ces sortes de discours ne sont ni vrais ni religieux, et
nous avons montré qu'il répugne que les dieux soient
auteurs d'aucun mal. — Cela est certain. — Ajoutons
que de tels discours sont très dangereux pour ceux
qui les entendent. En effet, quel homme ne justifiera
pas à ses yeux sa méchanceté, lorsqu'il sera persuadé
qu'il ne fait que ce que faisaient les enfants des dieux,
les descendants du grand Jupiter, qui ont au sommet
de l'Ida un autel où ils sacrifient à leur père, et qui
portent encore dans leurs veines le sang des immortels [1]? Par toutes ces raisons, bannissons de notre
ville ces sortes de fictions, de peur qu'elles n'engendrent dans notre jeunesse une malheureuse facilité à
commettre les plus grands crimes. — Bannissons-les.

— Puisque nous avons commencé de déterminer
quels discours on doit tenir ou ne pas tenir devant nos
jeunes gens, en est-il encore quelque espèce dont
nous ayons à parler? Nous avons déjà traité de ce
qu'il fallait dire au sujet des dieux, des génies, des
héros et des enfers. — Oui. — Ce serait à présent le
lieu de régler la matière des discours qui regardent
les hommes. — Sans doute. — Mais, mon cher ami,
cela nous est impossible pour le moment. — Pourquoi? — Parceque nous dirions, je pense, que les
poëtes et les conteurs de fables se trompent très
gravement, au sujet des hommes, lorsqu'ils disent
que les méchants sont heureux, pour la plupart, et
les gens de bien malheureux; que l'injustice est

---

[1] Lucien attribue ces vers à un poëte tragique qu'il ne nomme
pas. Voy. l'*Éloge de Démosthène*, t. III, c. 15.

utile, tant qu'elle demeure cachée ; qu'au contraire
la justice est nuisible à celui qui la pratique, et utile
aux autres. Nous leur interdirions de pareils discours,
et nous leur prescririons à l'avenir de dire le contraire, soit en vers, soit en prose : n'est-il pas vrai ?
— J'en suis persuadé. — Mais si tu avoues que j'ai
raison en cela, j'en conclurai que tu conviens de ce
qui est en question depuis le commencement de cet
entretien. — Ta réflexion est juste. — Ainsi, remettons à déterminer quels sont les discours qu'il faut
tenir touchant les hommes, lorsque nous aurons découvert ce que c'est que la justice, et s'il est avantageux en soi d'être juste, soit qu'on passe ou non
pour tel. — Nous ferons bien.

— C'en est assez touchant le discours ; passons à
ce qui regarde la *diction*, et nous aurons traité à fond
de ce qui doit être la matière du discours, et de la
forme qu'il convient de lui donner. — Je ne t'entends
pas. — C'est contre mon intention. Voyons si tu m'entendras mieux d'une autre façon. Tout ce que disent
les poëtes et les mythologistes est-il autre chose qu'un
récit des choses passées, présentes ou à venir ? —
Non. — Pour cela n'emploient-ils pas, ou le récit
simple, ou le récit imitatif, ou le récit composé ? — Je
te prie de m'expliquer encore ceci plus clairement.
— Je suis un plaisant maître, à ce qu'il paraît : je ne
saurais me faire entendre. Je vais donc tâcher, à
l'exemple de ceux qui n'ont pas la facilité de s'expliquer, de te faire comprendre ma pensée, non plus
en te la présentant tout entière, mais en te la détail-

lant. Réponds-moi. Tu sais les premiers vers de l'I-
liade, où Homère raconte que Chrysès vint trouver
Agamemnon pour le prier de lui rendre sa fille ;
qu'Agamemnon l'ayant refusé durement, il se retira,
et conjura Apollon de le venger de ce refus sur l'armée
grecque ? — Je sais cela. — Tu sais encore que jusqu'à
ces vers,

Il conjura tous les Grecs, et surtout les deux fils d'Atrée, chef
de l'armée ;

le poëte parle en son nom, et ne cherche point à nous
faire croire que c'est un autre que lui qui parle. Au
lieu qu'après ces vers, il parle en la personne de
Chrysès, et il emploie tout son art pour nous persuader que ce n'est plus Homère qui parle, mais ce
vieillard, prêtre d'Apollon. La plupart des récits de
l'Iliade et de l'Odyssée sont de ce genre. — Il est vrai.
— N'est-ce pas toujours un récit, soit que le poëte
parle lui-même, soit qu'il fasse parler les autres ? —
Sans doute. — Mais lorsqu'il met quelque discours
dans la bouche d'un autre, ne tâche-t-il pas de se
conformer le plus qu'il lui est possible au caractère
de celui qu'il fait parler ? — Oui. — Se conformer à
quelqu'un, soit pour le geste, soit pour la voix, n'est-
ce pas l'imiter ? — Sans contredit. — Ainsi, en ces
occasions, les récits, tant d'Homère que des autres
poëtes, sont des récits imitatifs. — Fort bien.

— Au contraire, si le poëte ne se déguisait jamais
sous la personne d'un autre, tout son poëme et sa
narration seraient simples et sans imitation ; et, afin
que tu ne dises pas que tu ne comprends point

10

comment cela se peut faire, je vais te l'expliquer. Si
Homère, après avoir dit que Chrysès vint au camp
avec la rançon de sa fille, et supplia les Grecs, surtout
les deux rois, avait continué son récit en son nom, et
non pas au nom de Chrysès, ce ne serait plus alors
une imitation, mais un récit simple. Voici, par exemple, comment il s'y serait pris ; je me servirai de la
prose, car je ne suis pas poëte.

Le prêtre d'Apollon, étant venu au camp, pria les dieux de rendre
les Grecs maîtres de Troie, et de leur accorder un retour heureux
dans leur pays. En même temps il conjura les Grecs, au nom d'A-
pollon, de lui remettre sa fille et d'accepter sa rançon. Tous les
Grecs, touchés de respect pour ce vieillard, consentirent à sa demande. Mais Agamemnon s'emporta contre lui, lui ordonna de se
retirer, et de ne plus paraître en sa présence, ajoutant que s'il re-
venait, le sceptre et les bandelettes du dieu ne le garantiraient pas
de sa colère. Qu'avant que sa fille lui fût rendue, elle vieillirait
avec lui à Argos ; qu'il s'en allât et qu'il ne l'aigrît pas davantage,
s'il voulait retourner sain et sauf chez lui. Le vieillard se retira
tremblant et sans rien dire. Dès qu'il fut éloigné du camp, il adressa
une prière à Apollon, l'invoquant par tous ses noms, lui rappelant
le souvenir de tout ce qu'il avait fait pour lui plaire, soit en lui
bâtissant un temple, soit en lui immolant des victimes choisies ;
en récompense de sa piété, il le pria de lancer ses traits sur les
Grecs, et de venger ainsi les pleurs qu'ils lui faisaient répandre.

Voilà ce que j'appelle un récit simple et sans imitation. — J'entends. — Comprends donc aussi qu'il est
une espèce de récit opposé à celui-là. C'est lorsque
le poëte, supprimant tout ce qu'il entremêle en son
nom aux discours de ceux qu'il fait parler, ne laisse
que le dialogue. — Je comprends. Ce récit est propre
à la tragédie. — Justement. Je crois à présent l'avoir
fait entendre ce que tu ne pouvais saisir d'abord, sa-

voir : que dans la poésie et dans toute fiction, il y a
des récits de trois sortes. Le premier est tout à fait
imitatif, et comme tu viens de dire, il appartient à la
tragédie et à la comédie. Le second se fait au nom du
poëte. Tu le trouveras employé d'ordinaire dans les
dithyrambes. Le troisième est mêlé de l'un et de
l'autre. On s'en sert dans l'épopée et ailleurs. Tu
m'entends? — Oui, j'entends ce que tu voulais dire.
— Rappelle-toi encore ce que nous disions plus haut,
qu'après avoir réglé ce qui concernait le fond du discours, il nous restait à en examiner la forme. — Je me
le rappelle.

— Je voulais te dire qu'il nous fallait discuter ensemble si nous laisserions aux poëtes la liberté d'user
de récits imitatifs en entier ou en partie seulement;
et quelles règles nous leur prescririons pour ces sortes
de récits, ou si nous leur interdirions toute imitation.
— Je soupçonne quel est ton dessein : tu veux voir si
nous recevrons la tragédie et la comédie dans notre
État ou non. — Peut-être, et quelque chose de plus ;
car je n'en sais rien pour le présent. Mais j'irai où le
souffle de la raison me poussera. — C'est bien dit. —
Examine maintenant, mon cher Adimante, s'il est à
propos que nos guerriers soient imitateurs ou non. Ne
suit-il pas de ce que nous avons dit plus haut, que
chacun ne peut bien faire qu'une seule chose, et que
s'il s'applique à plusieurs, il ne réussira dans aucune,
de manière à s'y montrer supérieur? — Cela doit être.
— C'est la même chose par rapport à l'imitation. Le
même homme ne peut pas imiter aussi bien plusieurs

choses qu'une seule. — Non. — Encore moins pourra-
t-il s'appliquer à quelque art sérieux, important, et
en même temps imiter plusieurs choses, et exceller
dans l'imitation, d'autant plus que le même homme
ne peut bien réussir dans deux imitations qui paraissent tenir beaucoup l'une de l'autre, comme la
tragédie et la comédie. Ne les appelais-tu pas tout
à l'heure des imitations? — Oui, et tu as raison de
dire qu'on ne peut exceller à la fois dans ces deux
genres. — On ne trouve même personne qui soit tout
ensemble bon rapsode et bon acteur. — Cela est vrai.
— Les mêmes acteurs ne sont plus également bons
pour le tragique et pour le comique. Or, tout cela
qu'est-ce autre chose que des imitations? — Rien
autre chose. — Il me semble que les facultés de l'homme
se divisent en applications encore plus bornées; de
sorte qu'il est impossible de bien imiter plusieurs
choses, ou de faire sérieusement les choses que l'on
imite. — Rien de plus vrai.

— Si donc nous nous en tenons au premier règlement, par lequel nos guerriers, libres de tout autre
occupation, doivent s'appliquer uniquement à conserver et à défendre la liberté de l'état par tous les
moyens propres à cet effet, il ne leur convient pas de
faire ni d'imiter quelque autre chose que ce soit : ou
s'ils imitent quelque chose, qu'ils imitent de bonne
heure ce qui peut les conduire à leur fin, c'est-à-dire
le courage, la tempérance, la sainteté, la grandeur
d'ame et les autres vertus ; mais qu'ils n'imitent rien
de bas et de honteux, de peur qu'ils ne deviennent

tels que ce qu'ils imitent. N'as-tu pas remarqué que l'imitation, lorsqu'on en contracte l'habitude dès la jeunesse, passe dans les mœurs, qu'elle se change en nature, et qu'on prend peu à peu le ton, les gestes et le caractère de ceux que l'on contrefait? — Rien n'est plus ordinaire. — Ne souffrons donc pas que ceux dont nous prenons soin, à qui nous faisons un devoir de la vertu, s'amusent à contrefaire une femme, soit jeune, soit vieille, querellant son mari, ou pleine d'orgueil, et s'égalant aux dieux, ou s'abandonnant dans ses malheurs aux plaintes et aux lamentations. Encore moins la contreferont-ils malade, amoureuse ou en mal d'enfant. — Sans doute. — Qu'ils n'imitent pas non plus les esclaves de l'un et de l'autre sexe, dans les actions propres à leur condition. — Non. — Ni les hommes méchants et lâches, qui se querellent, s'insultent et se disent des obscénités les uns aux autres, soit dans l'ivresse ou de sang-froid; ni les autres discours et les autres actions où ces sortes de personnes manquent à ce qu'ils se doivent à eux-mêmes et aux autres. Je ne crois pas non plus qu'ils doivent s'accoutumer à contrefaire ce que disent et font les fous. Il faut connaître les fous et les méchants; mais il ne faut ni leur ressembler, ni les imiter. — Cela est certain. — Doivent-ils contrefaire les forgerons, ou quelque ouvrier que ce soit, les rameurs et les patrons de galère, ou enfin rien de semblable? — — Comment le devraient-ils, puisqu'il ne leur est pas même permis de faire attention à aucune de ces choses? — Et le hennissement des chevaux, le mugis-

10.

sement des taureaux, le bruit des fleuves, de la mer,
du tonnerre, et ainsi du reste : leur convient-il de
contrefaire tout cela? — Non, puisque nous ne voulons pas qu'ils soient insensés, ni qu'ils imitent ceux
qui le sont.

— Si je comprends bien ta pensée, il est une manière de parler et de raconter, dont l'honnête homme
se sert lorsqu'il a quelque chose à dire; et il en est
une autre toute différente, dont se servent ceux qui
sont mal nés ou mal élevés. — Quelles sont-elles? —
L'honnête homme, lorsque son discours le conduira
au récit de ce qu'a dit ou fait un homme semblable
à lui, s'efforcera de le représenter dans sa personne, et il ne rougira pas d'une pareille imitation,
surtout lorsqu'elle aura pour objet de le peindre dans
une situation où il montre de la sagesse et de la fermeté ; et non pas lorsqu'il est abattu par la maladie,
vaincu par l'amour, dans l'ivresse, ou dans quelque
autre fâcheuse conjoncture ; mais quand l'occasion
s'offrira de contrefaire quelque personne au-dessous
de lui, jamais il ne s'abaissera jusqu'à l'imiter sérieusement, si ce n'est en passant, et lorsqu'il aura fait
quelque bonne action ; et encore il en aura honte,
parcequ'il n'est point exercé à imiter ces sortes de
personnes, et qu'il se voudrait du mal, s'il se mou-
lait et se formait sur un modèle au-dessous de lui ; et
si ce n'était pour rire, un moment, il repousserait
cette imitation avec mépris. — Cela doit être. — Son
récit sera donc tel que celui d'Homère dont nous parlions tout à l'heure, en partie simple, en partie imi-

tatif, de manière cependant que l'imitation revienne rarement dans toute la suite du discours : ai-je raison? — Oui ; c'est ainsi que doit parler un homme de ce caractère. — Pour celui qui est d'un caractère opposé, plus il sera malhonnête homme, plus il sera porté à tout imiter : il ne croira rien au-dessous de lui ; ainsi il se fera une étude de contrefaire en public toutes les choses dont nous avons fait l'énumération, le bruit du tonnerre, des vents, de la grêle, des essieux, des roues ; le son des trompettes, des flûtes, des chalumeaux, et de tous les instruments ; le cri des chiens, des moutons, des oiseaux. Tout son discours se passera à imiter le ton et les expressions d'autrui ; à peine y entrera-t-il quelque chose du récit simple. — Cela ne saurait être autrement.

— Telles sont les deux sortes de récits dont je voulais parler. — Fort bien. — La première, comme tu vois, n'admet que très peu de changements ; et dès qu'on a trouvé l'harmonie et le nombre qui lui conviennent, il n'est presque plus besoin d'en employer d'autres, parceque le même ton et le même nombre suffisent pour l'ordinaire. — Cela est comme tu dis. — La seconde, au contraire, n'a-t-elle pas besoin de toutes les harmonies et de tous les rhythmes, pour bien exprimer ce qu'elle veut dire, parcequ'elle embrasse tous les changements imaginables ? — Cela est vrai. — Mais tous les poëtes, et en général ceux qui racontent quelque chose, emploient l'un ou l'autre de ces récits, ou les mêlent ensemble. — Il le faut bien. — Que ferons-nous donc ? recevrons-nous dans notre

état ces trois genres de récit, ou nous en tiendrons-
nous à l'un des trois? — Si j'en suis cru, nous nous
arrêterons au récit simple fait pour représenter
l'homme de bien. — Oui; mais, mon cher Adimante,
le récit mélangé a bien de la grace; et le récit opposé
à celui que tu choisis plaît infiniment aux enfants, à
ceux même qui gouvernent la jeunesse, et surtout au
peuple. — J'en conviens. — Peut-être allégueras-tu
qu'il ne s'accorde pas avec notre plan de gouvernement, parcequ'il n'y a point chez nous d'homme qui
réunisse en soi les talents de deux ou de plusieurs
hommes, et que chacun n'y fait qu'une chose. — C'est
justement ma raison.

— Aussi est-ce pour cela que dans notre état seul
le cordonnier est simplement cordonnier, et non pas
pilote avec cela; le laboureur, laboureur, et non pas
juge; le guerrier, guerrier, et non pas commerçant
outre cela, et ainsi des autres. — Cela est vrai. —
Si donc un de ces hommes habiles dans l'art de
tout imiter, et de prendre mille formes différentes,
venait chez nous pour y faire admirer son art et ses
ouvrages, nous lui rendrions hommage comme à un
homme divin, ravissant et merveilleux; mais nous
lui dirions que notre état n'est pas fait pour posséder
un homme comme lui, et qu'il ne nous est pas permis d'en avoir de semblables. Nous le congédierions,
après lui avoir versé des parfums sur la tête et l'avoir
orné de bandelettes; et nous nous contenterions du
poëte et du conteur, plus austère et moins agréable,
mais aussi plus utile, qui imiterait le ton du discours

qui convient à l'honnête homme, et suivrait scrupu-
leusement les formules que nous venons de prescrire,
en donnant le plan de l'éducation de nos guerriers.
— Nous préférerions le dernier sans balancer, si on
nous en laissait le choix.

— Il me paraît, mon cher ami, que nous avons
traité à fond cette partie de la musique qui concerne
les discours et les fables ; car nous avons parlé de la
matière et de la forme du discours. — Je suis de ton
avis. — Il nous reste à parler de cette autre partie de
la musique qui regarde le chant et la mélodie. — Oui.
— Il n'est personne qui ne voie tout d'abord ce que
nous avons à dire à ce sujet, et quelles règles nous
prescrirons si nous suivons nos principes. — Pour
moi, reprit Glaucon en souriant, je ne suis pas de ce
nombre. Je ne pourrais dire au juste à quoi nous devons nous en tenir sur ce point, quoique je m'en
doute à peu près. — Tu es du moins en état de nous
dire que la mélodie est composée de trois choses, des
paroles, de l'harmonie et du nombre. — Oh! pour
cela, oui. — Quant aux paroles chantées, ne doi-
vent-elles pas, comme les autres, être composées selon les lois que nous avons déjà prescrites? — Sans
doute. — Il faut aussi que l'harmonie et le nombre
répondent aux paroles. — Oui. — Nous avons déjà dit
qu'il fallait bannir du discours les plaintes et les lamentations. — Cela est vrai. — Quelles sont donc les
harmonies plaintives, dis-moi? car tu es musicien.
— C'est la Lydienne mixte et l'aiguë, et quelques
autres semblables. — Il faut par conséquent les re-

trancher comme étant mauvaises, non-seulement aux
hommes, mais à celles d'entre les femmes qui se piquent d'être sages et modérées. — Oui. — Rien n'est
plus indigne à des guerriers que l'ivresse, la mollesse
et l'indolence. — Sans contredit. — Quelles sont donc
les harmonies molles et usitées dans les festins? —
L'Ionienne et la Lydienne, qu'on nomme *harmonies
lâches.* — Peuvent-elles être de quelque usage à des
gens de guerre? — D'aucun usage; ainsi il ne te reste
plus que la Dorienne et la Phrygienne.

— Je ne connais pas toutes les espèces d'harmonies : mets-en seulement deux de côté; l'une forte,
et qui rende le ton et les expressions d'un homme de
cœur, soit dans la mêlée, ou dans quelque autre action violente, comme lorsqu'il vole au-devant des
blessures et de la mort, ou qu'il est tombé dans quelque disgrace, et que, dans toutes ces occasions, il reçoit en bon ordre, et sans plier, les assauts de la fortune; l'autre plus tranquille, propre aux actions
paisibles et volontaires, et convenant à l'état d'un
homme qui invoque les dieux, prie, instruit, con-
seille les autres, et se rend à leurs prières, écoute
leurs leçons et leurs avis, et en conséquence n'éprou-
vant jamais de mécompte; qui, enfin, loin de s'enor-
gueillir de ses succès, se comporte avec sagesse et modération, et paraît toujours content de ce qui lui
arrive. Réserve-nous ces deux harmonies, qui expri-
meront le caractère d'un homme sage et courageux
dans les actions volontaires ou involontaires, dans la
bonne ou mauvaise fortune. — Celles que tu demandes

sont précisément les deux dernières que j'ai nommées. — Nous n'aurons donc que faire, dans nos chants et dans notre mélodie, d'instruments à cordes nombreuses et à plusieurs harmonies. — Non, sans doute. — Et nous n'entretiendrons pas des fabricants de triangles, de pectis, et autres instruments à cordes nombreuses et à plusieurs harmonies? — Je ne le crois pas. — Recevras-tu dans notre république les faiseurs et les joueurs de flûte? Cet instrument n'équivaut-il pas aux instruments qui ont le plus grand nombre de cordes? et ceux qui rendent tous les tons, que sont-ils autre chose que des imitations de la flûte? — Rien autre chose. — Ainsi il nous reste la lyre et le luth pour la ville, et le pipeau pour les champs, à l'usage des bergers. — Cela est évident, d'après ce que nous venons de dire. — Au reste, mon cher ami, nous n'avons pas tort de préférer Apollon à Marsyas, et les instruments dont ce dieu est l'inventeur, à ceux du satyre. — Non, certes.

— Par le chien [1], nous avons bien réformé, sans nous en apercevoir, cet état que nous disions, il y a quelque temps, regorger de délices. — Nous avons fait sagement. — Achevons de le purger entièrement ; et disons du rhythme la même chose que de l'harmonie, qu'il en faut bannir la variété et la multiplicité des

---

[1] Serment ordinaire à Socrate. Les uns prétendent que c'est un serment égyptien, et que Socrate entendait par là le dieu Anubis ; d'autres, qu'il n'entendait qu'un chien ordinaire, et que c'était en dérision du serment par Jupiter, et des autres serments si familiers aux Grecs.

mesures, rechercher quels rhythmes expriment le caractère de l'homme sage et courageux, et, après les
avoir trouvés, assujettir le nombre et l'harmonie aux
paroles, et non les paroles au nombre et à l'harmonie;
c'est à toi de nous dire quels sont ces rhythmes, comme
tu as fait pour les harmonies. — Il ne m'est pas aisé
de te satisfaire. Je te dirai bien que toutes les mesures se réduisent à trois temps, comme toutes les
harmonies résultent de quatre tons principaux; mais
je ne saurais te dire quelles mesures conviennent aux
différents caractères qu'on veut exprimer. — Nous
examinerons dans la suite avec Damon [1] quelles mesures expriment la bassesse, l'insolence, la fureur et
les autres vices, ainsi que celles qui conviennent aux
vertus opposées. Je crois lui avoir entendu parler
assez confusément de certains mètres qu'il appelait
enople, *dactyle*, *héroïque*, et qu'il composait, je ne
sais comment, au moyen de longues et de brèves;
d'un autre qui était formé d'une brève et d'une longue, et qu'il appelait *iambe*, à ce que je crois, et de
je ne sais quel autre qu'il nommait *trochée*, et qu'il
composait d'une longue et d'une brève. J'ai remarqué
aussi qu'en quelques occasions il approuvait ou con-
damnait autant chaque mètre que le rhythme lui-
même, ou je ne sais quoi qui résulte de l'un ou de
l'autre, car je ne puis bien te dire ce que c'est; mais
remettons, comme j'ai dit, à conférer là-dessus avec
Damon. Il me paraît que cette discussion demande

[1] Célèbre musicien, qui fut le maître de Périclès et de Socrate.

beaucoup de temps ; qu'en penses-tu? — Je le crois aussi.

— Au moins tu pourras me dire que l'agrément se trouve partout où est la beauté du rhythme et le contraire de l'agrément partout où cette beauté n'est pas. — Sans doute. — Mais la beauté du nombre, ainsi que de l'harmonie, suit d'ordinaire la beauté des paroles ; parceque, comme nous disions tout à l'heure, le nombre et l'harmonie sont faits pour les paroles, et non les paroles pour le nombre et l'harmonie. — Il est certain que l'un et l'autre doivent se conformer au discours. Mais le genre de la diction et le discours lui-même, ne suit-il pas le caractère de l'ame? — Oui. — Et tout le reste accompagne le discours? — Oui. — Ainsi la beauté, l'harmonie, la grace et le nombre du discours, sont l'expression *de la bonté de l'ame*. Et je n'entends pas par ce mot la stupidité, qu'on appelle, par une espèce d'adoucissement, *bonhomie*. J'entends le caractère d'une ame dont les mœurs sont vraiment belles et bonnes. — Cela est vrai. — Nos jeunes guerriers ne doivent-ils pas s'appliquer à acquérir toutes ces qualités, s'ils veulent remplir leurs devoirs? — Sans contredit. — C'est du moins le but de tous les arts, de la peinture, de la sculpture, de la broderie, de l'architecture et de la nature elle-même dans la production des plantes et des corps. La grace ou le défaut de grace se rencontre dans leurs ouvrages, et comme le défaut de grace, de nombre, d'harmonie, est la marque ordinaire d'un mauvais esprit et d'un mauvais cœur, ainsi les qualités opposées sont l'image et l'ex-

pression d'un esprit et d'un cœur bien faits. — La
chose est telle que tu dis.

—Sera-ce donc assez pour nous de veiller sur les
poëtes, et de les contraindre à nous offrir dans leurs
vers un modèle de bonnes mœurs, ou à n'en point
faire du tout? Ne faudra-t-il pas encore avoir l'œil
sur tous les autres artistes et les empêcher de nous
donner, soit en peinture, soit en architecture, soit
en quelque autre genre, des ouvrages qui n'aient
ni grace, ni correction, ni noblesse, ni propor-
tions? Quant à ceux qui ne pourront faire autrement, ne leur défendrons-nous pas de travailler chez nous, dans la crainte que les gardiens
de notre république, élevés au milieu de ces images
vicieuses, comme dans de mauvais pâturages et se
nourrissant, pour ainsi dire, chaque jour de cette
vue, n'en contractent à la fin quelque grand vice
dans l'ame sans s'en apercevoir? Il nous faut au
contraire chercher des artistes habiles, capables de
suivre à la trace la nature du beau et du gra-
cieux, afin que nos jeunes gens, élevés parmi leurs
ouvrages, comme dans un air pur et sain, en reçoivent
sans cesse de salutaires impressions par les yeux et les
oreilles, que dès l'enfance tout les porte insensiblement à imiter, à aimer le beau, et à établir entre elle
et eux un parfait accord.—Rien ne serait préférable
à une pareille éducation. — N'est-ce pas aussi pour
cette raison, mon cher Glaucon, que la musique est
la partie principale de l'éducation, parceque le nombre
et l'harmonie, s'insinuant de bonne heure dans l'ame,

s'en emparent, et y font entrer à leur suite la grace et
le beau, lorsqu'on donne cette partie de l'éducation
comme il convient de la donner, au lieu que le contraire arrive lorsqu'on la néglige? Et encore parcequ'un jeune homme, élevé comme il faut dans la
musique, saisira avec la dernière justesse ce qu'il y
a d'imparfait et de défectueux dans les ouvrages de la
nature et de l'art, et en éprouvera une impression
juste et pénible; et que, par cela même, il louera avec
transport ce qu'il remarquera de beau, lui donnera
entrée dans son ame, en fera sa nourriture, et se formera par là à la vertu; tandis que d'un autre côté
il aura un mépris et une aversion naturelles pour ce
qu'il y trouvera de vicieux, et cela dès l'âge le plus
tendre, avant que d'être éclairé des lumières de la
raison, qui ne sera pas plutôt venue, qu'il s'attachera
à elle par le rapport secret que la musique aura mis
par avance entre la raison et lui? — Voilà, à mon avis,
les avantages qu'on se propose en élevant les enfants
dans la musique.

— De même donc que nous ne sommes suffisamment instruits en ce qui concerne la lecture, qu'autant
qu'aucune des lettres élémentaires ne nous échappe
dans toutes leurs combinaisons, dans tous les mots
longs ou courts, sans en négliger aucun, mais au contraire nous appliquant à reconnaître partout ces lettres;
parcequ'à moins de cela, jamais nous ne deviendrons
grammairiens. — Cela est vrai. — De même encore que
si nous ne connaissons les lettres en elles-mêmes,
jamais nous n'en reconnaîtrons l'image représentée

dans les eaux ou dans les miroirs, l'un et l'autre étant
l'objet de la même science et de la même étude. —
Sans contredit. — N'en est-il pas de même, au nom des
dieux immortels, à l'égard de ce que je vais dire;
c'est-à-dire que nous ne serons jamais excellents musiciens, ni nous, ni les guerriers que nous nous proposons de former, si nous ne nous familiarisons avec
les idées de la tempérance, de la force, de la générosité, de la grandeur d'ame et des autres vertus,
sœurs de celles-ci, idées qui s'offrent à nous en mille
objets différents; si nous ne les distinguons du premier
coup d'œil, elles et leurs images, partout où elles se
trouvent, soit en grand, soit en petit, sans jamais en
mépriser aucune, et persuadés, sous quelque forme
qu'elles se présentent, qu'elles sont l'objet de la même
science et de la même étude? — La chose ne peut être
autrement. — Par conséquent, le plus beau des spectacles pour quiconque pourrait le contempler, serait
celui d'une ame et d'un corps également beaux, unis
entre eux, en qui se trouveraient toutes les vertus
dans un parfait accord. — Oui certes. — Mais ce qui est
très beau est aussi très aimable. — Sans doute. — Celui
qui est vraiment musicien ne saurait donc s'empêcher
d'aimer ceux en qui il rencontrera ce bel accord; mais
il n'aimera pas ceux en qui il ne l'apercevra pas. — Si ce
défaut d'accord est dans l'ame, j'en conviens; mais
s'il ne se trouve que dans le corps, le musicien ne dé-
daignera pas pour cela d'aimer. — Je vois que tu as
aimé, ou que tu aimes à présent quelque personne
de cette sorte; mais dis-moi, la tempérance et le

plaisir excessif peuvent-ils se rencontrer ensemble?
— Comment cela pourrait-il être, puisque l'excès du
plaisir ne trouble pas moins l'ame que l'excès de la
douleur? — Se rencontre-t-il du moins avec les autres
vertus? — Pas davantage. — Ne s'accorde-t-il pas
plutôt avec l'emportement et la licence? — Oui. —
Connais-tu un plaisir plus grand et plus vif que celui
de l'amour sensuel? — Non : je n'en connais pas même
de plus forcené. — Au contraire, l'amour qui est selon
la raison, est un amour sage et réglé du beau et de
l'honnête. — Cela est vrai. — Il ne faut donc laisser
approcher de cet amour raisonnable rien de forcené,
rien de dissolu. — Non. — La volupté sensuelle ne
doit donc point y être admise ; et les personnes, qui
s'aiment d'un amour raisonnable, doivent la bannir
absolument de leur commerce. — Oui, Socrate, elles
doivent l'exclure entièrement. — Ainsi, dans l'état
dont nous formons ici le plan, tu ordonneras par une
loi expresse que les marques d'attachement que
l'amant donnera à l'objet aimé soient de même nature que celles d'un père à son fils, et pour une fin
honnête ; de sorte que dans le commerce que l'amant
aura avec celui pour qui il s'intéresse, il ne donne jamais
lieu de soupçonner qu'il va plus loin ; autrement, il
sera dénoté d'indélicatesse et de manque d'éducation.
— J'y consens. — Te paraît-il qu'il nous reste encore
quelque chose à dire touchant la musique? Notre
discours a du moins fini par où il devait finir ; car tout
entretien sur la musique doit aboutir à l'amour du
beau : n'est-ce pas? — Oui.

11.

— Après la musique, nous élèverons nos jeunes gens dans la gymnastique. — Sans doute. — Il faut qu'ils s'y appliquent sérieusement de bonne heure, et pour toute la vie : voici ma pensée à ce sujet ; vois si c'est aussi la tienne. Ce n'est pas, à mon avis, le corps, quelque bien constitué qu'il soit, qui par sa vertu rend l'ame bonne ; c'est au contraire l'ame qui, lorsqu'elle est bonne, donne au corps par sa vertu propre toute la perfection dont il est capable : que t'en semble ? — Je suis de ton sentiment. — Si donc, après avoir cultivé l'ame avec le plus grand soin, nous lui laissions celui de former le corps, nous contentant de lui en indiquer la manière, pour ne pas trop nous étendre, ne ferions-nous pas bien ? — Oui. — Nous avons déja interdit l'ivresse à nos guerriers, parcequ'il ne convient à nul autre, moins qu'à un gardien, de s'enivrer et de ne pas savoir où il en est. — Il serait ridicule en effet qu'un gardien eût lui-même besoin d'être gardé. — Quant à la nourriture, nos guerriers ne sont-ils pas des athlètes destinés au plus grand de tous les combats ? — Oui. — Le régime des athlètes ordinaires leur conviendrait-il ? — Peut-être. — Ce régime accorde trop au sommeil, et fait dépendre la santé des moindres accidents. Ne vois-tu pas que les athlètes passent la vie à dormir, et que, pour peu qu'ils s'écartent du régime qu'on leur a prescrit, ils tombent dans de grandes et dangereuses maladies ? — Cela se voit tous les jours. — Il nous faut un régime moins scrupuleux pour des athlètes guerriers, qui doivent être, comme les chiens, toujours alertes, tout voir et tout entendre, changer souvent à l'armée de nourriture et de boisson, souffrir le froid et le chaud, et par conséquent avoir un corps à l'épreuve de toutes les fatigues. — Je pense comme toi. — La meilleure gymnastique n'est-elle pas sœur de cette musique simple dont nous parlions il n'y a qu'un moment ? — Comment dis-tu ? — J'entends une gymnastique simple, modérée, telle qu'elle doit être, surtout pour des guerriers. — En quoi consiste-t-elle ? — On peut l'apprendre d'Homère. Tu sais qu'à la table de ses héros devant Troie, il ne sert point de poisson, quoiqu'ils fussent campés près de l'Hellespont, ni de viandes bouillies, mais seulement rôties; apprêt commode pour des gens de guerre, à qui il est bien plus aisé de faire cuire immédiatement leurs viandes au feu, que de traîner après eux des ustensiles de cuisine. — J'en conviens. — Je ne crois pas non plus qu'Homère fasse mention de ragoûts : les athlètes eux-mêmes ne savent-ils pas qu'il faut s'en abstenir, quand on veut se bien porter? Ils le savent et s'en abstiennent.

— Si ce genre de vie te plaît, tu n'approuves donc pas les festins de Syracuse, ni cette variété de ragoûts si fort de mode en Sicile ? — Non. — Tu ne crois pas non plus qu'une jeune Corinthienne doive plaire à des gens qui veulent jouir d'une santé robuste ? — Non. — Tu blâmeras aussi les friandises si recherchées de l'Attique? — Oui. — On peut dire avec raison que cette multiplicité et cette délicatesse de mets, est à l'égard de la gymnastique ce qu'est pour la musique une mélodie où entrent tous les tons et tous les rhythmes.

—Cette comparaison est juste. — Ici la variété produit
le désordre ; là elle engendre la maladie. Dans la musique, la simplicité rend l'âge sage ; dans la gymnastique, elle rend le corps sain. — Cela est très vrai.—
Mais dans un état où règnent le désordre et les maladies, des tribunaux et des hospices tarderont-ils à
devenir nécessaires ? et la chicane et la médecine ne
seront-elles pas bientôt en honneur, lorsqu'un grand
nombre de citoyens bien nés les cultiveront avec ardeur ? — Sans doute. — Est-il dans un état une marque plus sûre d'une mauvaise éducation, que le besoin
de médecins et de juges habiles, non seulement pour
les artisans et le bas peuple, mais encore pour ceux
qui se piquent d'avoir été élevés en personnes libres ?
N'est-ce pas une chose honteuse, et une preuve insi-
gne d'ignorance, d'être forcé d'avoir recours à une
justice d'emprunt, faute d'être juste soi-même, et
d'établir les autres maîtres et juges de son droit ?—
Rien n'est plus honteux. — N'est-il pas encore plus
honteux, non-seulement de passer toute sa vie devant
les tribunaux à poursuivre et à soutenir des procès,
mais même de se connaître assez peu en vrai mérite,
pour s'en faire un de son talent pour la chicane,
comme si c'était quelque chose de bien estimable d'en
savoir tous les détours et toutes les ruses, et d'avoir
recours à toutes sortes de subterfuges pour échapper
à des poursuites légitimes, en des occasions où il ne
s'agit souvent que du plus vil intérêt, et cela parcequ'on ne voit pas qu'il est infiniment plus beau et
plus avantageux de se comporter de manière qu'on

n'ait pas besoin d'un juge qui s'endort sans cesse? —
Oui, cela est encore plus honteux.

— Est-il moins honteux de recourir sans cesse au
médecin, hors du cas des blessures et de quelque
maladie produite par la saison, de se remplir le corps
d'humeurs et de vapeurs par cette vie molle que nous
avons décrite, et d'obliger les disciples d'Esculape
d'inventer pour ces maladies les mots nouveaux de
fluxions et de *catarrhes?* — Il est vrai que ces mots
sont nouveaux et extraordinaires. —Et inconnus, autant que je puis croire, du temps d'Esculape. Ce qui
me fait juger ainsi, c'est que ses deux fils [1] qui se trou-
vèrent au siége de Troie, et qui étaient présents lorsqu'on donna à Euripyle blessé [2] une potion faite de
vin de Pramne, de farine et de fromage, toutes choses
propres à engendrer la pituite, ne blâmèrent point la
femme qui la lui présenta, ni Patrocle qui pansa la
plaie. — C'était cependant une étrange potion pour
un homme en cet état. — Tu en jugeras autrement,
si tu fais réflexion qu'avant Hérodicus, les disciples
d'Esculape ne se servaient point de cette manière, si
fort à la mode aujourd'hui, de conduire comme par
la main les maladies. Hérodicus avait été maître de
gymnase : devenu valétudinaire, il fit un mélange de
la médecine et de la gymnastique, dont il se servit
d'abord pour se tourmenter, et ensuite pour en tourmenter beaucoup d'autres. — Comment cela? — En

[1] *Iliade*, 2, v. 729.
[2] *Ibid.*, 11, v. 623 et 829.

se procurant une mort lente ; car, comme sa maladie
était mortelle, et qu'il ne pouvait la guérir entièrement, il s'obstina à la suivre pas à pas, négligeant
tout le reste pour y donner tous ses soins, et toujours
dévoré d'inquiétudes, pour peu qu'il s'écartât de son
régime ; de sorte qu'à force d'industrie et d'attentions,
il parvint jusqu'à la vieillesse, traînant une vie mou-
rante. — Son art lui rendit là un beau service.

— Il le méritait bien pour n'avoir pas su que ce
ne fut ni par ignorance ni par défaut d'expérience
qu'Esculape ne transmit pas à ses descendants cette
méthode de traiter les maladies, mais parcequ'il savait que dans tout état bien policé chacun a son emploi, dont il faut qu'il s'acquitte, et que personne
n'a le temps de passer sa vie dans les remèdes. Nous
sentons nous-mêmes le ridicule de cet abus dans les
gens de métier ; mais dans les riches et les prétendus
heureux, nous ne nous en apercevons pas. — Comment, s'il te plaît ? — Qu'un charpentier soit malade,
il demandera au médecin un vomitif ou un purgatif,
ou, s'il le faut, l'emploi du fer ou du feu. Mais, si
on lui prescrit un long régime, et qu'on lui mette
autour de la tête de molles enveloppes et tout ce qui
s'ensuit, il dira bientôt qu'il n'a pas le temps d'être
malade, et qu'il lui est plus avantageux de mourir
que de renoncer à son travail, pour ne s'occuper que
de son mal : après cela, il congédiera le médecin ; et
reprenant son train de vie ordinaire, ou bien il re-
couvrera la santé, et vaquera à son métier ; ou, si
son corps ne peut résister à l'effort de la maladie, la

mort viendra à son secours, et le tirera d'embarras. — Cette façon de traiter les maladies paraît convenir à ces sortes de gens. — Pourquoi cela? n'est-ce pas parcequ'ils ont un métier, sans l'exercice duquel ils ne peuvent vivre? — Sans doute. — Au lieu que le riche n'a pas, dit-on, d'emploi auquel il ne puisse renoncer sans renoncer à la vie. — On le dit ainsi. — Hé quoi! n'admets-tu pas ce que dit Phocylide :

Qu'il faut cultiver la vertu quand on a de quoi vivre.

— Je pense qu'il le faut, même avant d'avoir de quoi vivre. — Ne contestons pas à Phocylide la vérité de cette maxime; mais voyons par nous-mêmes si le riche doit pratiquer la vertu, et s'il lui est impossible de vivre lorsqu'il ne la pratique plus, ou si la manie de nourrir chez soi la maladie, qui empêche le charpentier et les autres artisans de vaquer à leur métier, n'empêche pas aussi le riche d'accomplir le précepte de Phocylide. — Oui, par Jupiter, elle l'empêche. Rien du moins n'y apporte plus d'obstacle que ce soin immodéré du corps, qui va au delà des règles de la gymnastique. Car ce soin est en effet très gênant, soit dans l'administration des affaires domestiques, soit dans celle des affaires publiques, tant en guerre qu'en paix; mais ce qu'il y a de plus fâcheux, c'est qu'il est incompatible avec l'étude de quelque science que ce soit, avec la méditation et la réflexion. On appréhende sans cesse des maux de tête et des éblouissements, que l'on ne manque pas d'attribuer à la philosophie, de sorte que partout où ce soin se trouve,

il empêche de s'exercer à la vertu, et de s'y distinguer, parcequ'il fait qu'on croit toujours être malade,
et qu'on ne cesse de se plaindre de sa mauvaise santé.
— Cela doit être.

— Disons donc que ce sont ces raisons qui ont déterminé Esculape à ne prescrire de traitement que pour
ceux qui, étant d'une bonne complexion, et menant
une vie frugale, sont surpris de quelque maladie pas-
sagère, et qu'il s'est borné à des potions ou à des
incisions, sans rien changer à leur train de vie ordinaire, afin que la république n'en souffrît aucun
dommage : à l'égard des corps radicalement malsains,
il n'a pas jugé à propos d'entreprendre de prolonger
leur vie et leurs souffrances, par un régime suivi,
par des injections et des éjections ménagées à propos,
ni de les mettre dans le cas de donner à l'état des
sujets qui leur ressemblassent ; il a cru enfin qu'il ne
faut pas traiter ceux qui par leur mauvaise constitution ne peuvent atteindre au terme ordinaire de la
vie, marqué par la nature, parceque cela n'est avantageux ni pour eux ni pour l'état. — Tu fais d'Esculape un politique. — Il est évident qu'il l'était, et
ses enfants en sont la preuve. Ne vois-tu pas que tout
en se comportant avec bravoure au siége de Troie,
ils ont suivi dans l'exercice de leur art les règles que
je viens de dire ? Ne te rappelles-tu pas que, lorsque
Ménélas fut blessé d'une flèche par Pandare, ils se
contentèrent

D'exprimer le sang de la plaie et d'y mettre un appareil [1],

[1] *Iliade*, 4, v. 218.

sans lui prescrire, non plus qu'à Euripyle, ce qu'il fallait boire ou manger ? Ils savaient que des remèdes simples suffisaient pour guérir des guerriers, qui avant leurs blessures étaient sobres et d'un bon tempérament, quand bien même ils auraient dans le moment même pris le breuvage dont nous avons parlé. Quant à ceux qui sont sujets aux maladies et à l'intempérance, ils n'ont pas cru qu'il fût de leur intérêt, ni de l'intérêt public, qu'on leur prolongeât la vie, ni que la médecine fût faite pour eux, ni que l'on dût en prendre soin, fussent-ils plus riches que n'était Midas. — Tu dis là des choses merveilleuses des fils d'Esculape.

— Je n'en dis rien qui n'ait dû être ; cependant les poëtes tragiques et Pindare ne sont pas de notre avis. Ils disent d'Esculape qu'il était fils d'Apollon, et en même temps qu'il se laissa engager par argent à guérir un homme riche attaqué d'une maladie mortelle ; que c'est pour cette raison qu'il fut frappé de la foudre [1]. Pour nous, suivant ce que nous avons dit plus haut, nous n'ajouterons point foi aux deux parties de ce récit. Si Esculape était fils d'un dieu, dirons-nous, il n'était point avide d'un gain sordide ; ou bien, s'il en était avide, il n'est pas fils d'un dieu. — Tu as raison, Socrate ; mais réponds-moi : ne faut-il pas que notre état soit pourvu de bons médecins ? et peuvent-ils devenir tels, autrement qu'en traitant toutes sortes de tempéraments bons et mauvais ? De même

---

[1] Pindare, *Pyth.*, 3, v. 96, édit. de Heyne.

12

peut-on être bon juge, si on n'a eu affaire à toutes
sortes de caractères?—Sans doute, je veux que nous
ayons de bons médecins et de bons juges : mais sais-
tu qui j'entends par là?—Non, si tu ne le dis.—C'est
ce que je vais faire : tu as compris dans la même question deux choses bien différentes. — Comment? —
Celui-là deviendrait habile médecin, qui, après avoir
appris à fond les principes de son art, aurait traité
dès sa jeunesse le plus grand nombre de corps très
mal constitués, et qui lui-même d'une complexion
malsaine, aurait été sujet à toutes sortes de maladies ;
car ce n'est point par le corps que les médecins gué-
rissent le corps, autrement ils ne devraient jamais
être naturellement ou accidentellement malades ; c'est
par l'ame, qui ne peut guérir comme il faut quelque
mal que ce soit, si elle est malade elle-même. — Cela
est juste.

— Au lieu que le juge ayant à gouverner l'ame
d'autrui par la sienne, il ne faut pas qu'il ait fré-
quenté de bonne heure des hommes corrompus et pervers, ni qu'il ait lui-même commis toutes sortes de
crimes, afin de pouvoir connaître tout d'un coup l'injustice des autres par la sienne propre, comme le médecin jugerait par ses maladies de celles d'autrui. Il
faut au contraire que son ame soit pure, exempte de
vice, afin que sa bonté lui fasse discerner plus sûrement ce qui est juste. C'est pour cela que les gens de
bien dans la jeunesse sont simples, et sujets à être
séduits par les artifices des méchants, parcequ'ils n'é-
prouvent dans eux-mêmes rien de ce qui se passe dans

le cœur des méchants. — Il est vrai qu'il leur arrive souvent d'être trompés. — Aussi un jeune homme ne saurait-il être bon juge. Il faut que l'âge l'ait mûri, qu'il ait appris tard ce que c'est que l'injustice, qu'il l'ait étudiée longtemps non dans lui-même, mais dans les autres, et qu'il distingue le mal du bien, plutôt par la connaissance et la réflexion que par sa propre expérience. — Oui, c'est bien là le vrai juge. — Sans doute : et de plus, ce serait un *bon* juge ; ce que tu me demandais. Car celui qui a l'âme bonne est bon. Pour ces gens rusés et soupçonneux, consommés dans la pratique de l'injustice, et qui se croient habiles et prudents, ils ne paraissent tels que lorsqu'ils sont avec leurs semblables, parceque leur propre conscience les avertit d'être en garde contre eux. Mais quand ils se trouvent avec des gens de bien déjà avancés en âge, alors leur incapacité paraît dans leurs défiances et leurs soupçons hors de saison ; on voit qu'ils ignorent ce que c'est que la droiture et la franchise, faute d'avoir en eux-mêmes un modèle de ces vertus, et que s'ils passent plutôt pour habiles que pour ignorants, à leurs yeux et à ceux du vulgaire, c'est qu'ils ont plus de commerce avec les méchants qu'avec les gens de bien. — Cela est exactement vrai.

— Ce n'est donc pas un juge de ce caractère qu'il nous faut, mais un juge tel que je l'ai dépeint d'abord : car la méchanceté ne peut se connaître à fond elle-même, ni connaître la vertu ; mais la vertu, aidée de la réflexion et d'un long usage des hommes, se connaîtra elle-même et connaîtra le vice. Ainsi, la

vraie habileté est le partage de l'homme vertueux, et
non du méchant. — Je le pense comme toi. — Tu éta-
bliras par conséquent dans notre république une médecine et une jurisprudence telles que nous venons de
dire, se bornant au soin de ceux qui ont reçu de la
nature un corps sain et une belle ame. Quant à ceux
dont le corps est mal constitué, on les laissera mourir,
et on punira de mort ceux dont l'ame est naturellement méchante et incorrigible. — C'est ce qu'on peut
faire de plus avantageux pour ces personnes et pour
l'état. — Il est évident que nos jeunes gens élevés dans
les principes de cette musique simple qui fait naître dans l'ame la tempérance, feront en sorte de n'a-
voir aucun besoin des juges. — Sans doute. — Et que
s'ils suivent les mêmes règles pour la gymnastique,
ils pourront se passer de médecins, hors les cas de
nécessité. — Je le pense. — Dans les exercices du corps
ils se proposeront surtout d'augmenter et de réveiller
leur force morale, plutôt que d'accroître leur vigueur,
à l'exemple des autres athlètes qui ne visent qu'à cela,
et n'observent de régime que pour devenir plus robustes. — Fort bien.

—Crois-tu, mon cher Glaucon, comme bien d'autres se l'imaginent, que la musique et la gymnastique
aient été établies, l'une pour former l'ame, l'autre
pour former le corps? — Pourquoi me fais-tu cette
question? — C'est qu'il me semble que l'une et l'autre ont été établies principalement pour l'ame. —
Comment cela? — As-tu pris garde à la disposition du
caractère de ceux qui se sont exclusivement appliqués

toute leur vie à la gymnastique ou à la musique ?
Combien les uns sont durs et intraitables, les autres
mous et efféminés ? – J'ai remarqué que ceux qui s'a-
donnent purement à la gymnastique en contractent
pour l'ordinaire beaucoup de rudesse, et que ceux qui
n'ont cultivé que la musique sont d'une mollesse qui
ne leur fait point honneur. — Cependant cette rudesse
ne peut venir que d'un naturel ardent et plein de feu,
qui produirait le courage, s'il était bien cultivé, mais
qui, lorsqu'on le roidit trop, dégénère en dureté et en
brutalité. — Je le pense. — Et la douceur n'est-elle
pas la marque d'un caractère philosophe ? Si on la relâche trop, elle se change en mollesse ; mais si on la
cultive comme il faut, elle devient politesse et dignité.
— Cela est vrai. — Or, nous voulons que nos guerriers réunissent en eux ces deux caractères. — Oui.
— Il faut donc trouver le moyen de les accorder ensemble. — Sans doute. — Leur accord rend l'âme
tout à la fois courageuse et modérée. — Oui. — Leur
mésintelligence la rend lâche ou farouche. — Sans
doute. — Lors donc qu'un homme, se livrant tout entier à la musique, surtout à ces harmonies douces,
molles et plaintives, la laisse s'insinuer et couler doucement dans son âme par le canal de l'ouïe, et qu'il
passe toute sa vie chatouillé, pour ainsi dire, et charmé par la beauté du chant, n'est-il pas vrai que le
premier effet de la musique est d'adoucir son courage,
à peu près comme on amollit le fer, et de fléchir cette
roideur qui le rendait auparavant inutile, ou d'un
commerce difficile ? Mais s'il continue de s'y livrer avec

12.

transport, ce même courage se dissout et se fond peu
à peu, son ame s'énerve, ce n'est plus qu'un guerrier lâche et sans cœur. — Tu as raison. — Cet effet
ne tardera point à arriver, s'il a reçu de la nature une
ame faible et molle. S'il est naturellement courageux,
bientôt son courage venant à s'affaiblir, il devient emporté, le moindre sujet l'irrite et l'apaise ; au lieu
d'être courageux, il est bourru, fantasque et colère.
— Cela est vrai.

— Que le même homme s'applique à la gymnastique, qu'il s'exerce, qu'il mange beaucoup, et qu'il
néglige entièrement la musique et la philosophie, son
corps n'en prendra-t-il pas d'abord des forces ? Ne
deviendra-t-il pas plus hardi, plus courageux et plus
intrépide qu'auparavant ? — Sans doute. — Mais s'il
ne sait rien autre chose, et s'il n'a aucun commerce
avec les muses, son ame, eût-elle quelque desir d'apprendre, n'étant cultivée par aucune science, par aucune recherche, par aucune conversation, ni par aucune autre partie de la musique, ne deviendra-t-elle
pas insensiblement faible, sourde et aveugle, à cause
du peu de soin qu'elle prend de réveiller, d'entretenir et de purifier les organes de ses connaissances?—
La chose doit être ainsi.— Le voilà donc revenu ennemi des lettres et des muses. Il ne se sert plus de la
voie de la persuasion pour venir à ses fins ; mais, tel
qu'une bête féroce, il emploie en toute occasion la
force et la violence. Il vit dans l'ignorance et la gros-
sièreté, sans grace et sans politesse.—Cela est comme
tu dis. — Ainsi, ce n'est pas pour cultiver l'ame et le

corps (car si ce dernier en tire quelque avantage, ce n'est qu'indirectement), mais pour cultiver l'ame seule, et perfectionner en elle le courage et l'esprit philosophique, que les dieux ont fait présent aux hommes de la musique et de la gymnastique : c'est pour les accorder ensemble, en les tendant et les relâchant à propos, et dans un juste degré. — Il y a apparence que telle a été l'intention des dieux.—Celui donc qui a trouvé le juste tempérament de ces deux arts, et qui les applique, comme il convient, à son ame, mérite bien plus le nom de musicien, et possède mieux la science des accords, que celui dont l'art se borne à monter un instrument. — Sans doute, cher Socrate.

— Notre république, mon cher Glaucon, pourra-t-elle subsister, si elle n'a à sa tête un homme de ce caractère pour gouverner? — Non; il en faut absolument un. — Voilà à peu près l'éducation de notre jeunesse achevée; car il serait inutile de nous étendre ici sur ce qui regarde la danse, la chasse, les combats gymniques et les combats à cheval. Il est évident qu'en tout cela il faut suivre les principes que nous avons établis, et qu'il ne sera pas difficile d'en prescrire les règles. — Je ne crois pas que cela soit malaisé. — Qu'avons-nous à régler à présent? N'est-ce pas le choix de ceux qui doivent commander ou obéir? — Oui. — Il est clair que les vieux doivent commander, et les jeunes obéir. — Sans contredit. — Et parmi les vieillards, il faut choisir les meilleurs. —Oui. —Quels sont les meilleurs laboureurs? Ceux sans doute qui

entendent le mieux l'agriculture. — Oui. — Or, puisqu'il faut choisir aussi pour chefs les meilleurs gardiens de l'état, nous choisirons ceux qui portent au
plus haut degré les qualités d'excellents gardiens. —
Oui. — Il faut pour cela qu'avec la prudence et l'é-
nergie nécessaire, ils aient beaucoup de zèle pour le
bien public. — Sans doute. — Mais on se dévoue
d'ordinaire pour ce qu'on aime. — Oui. — Et on aime
les choses dont les intérêts sont inséparables des nôtres, du bonheur ou du malheur desquelles on est
persuadé que dépend notre bonheur ou notre malheur. — Cela est vrai. — Choisissons donc entre tous
les gardiens ceux qui, après un mûr examen, nous
auront paru toute leur vie empressés à faire ce qu'ils
ont cru être du bien public, et que rien n'a jamais
pu engager à agir contre les intérêts de l'état. — Voilà
ceux qui nous conviennent. — Je crois qu'il sera à
propos de les suivre dans les différents âges, d'observer s'ils sont constamment fidèles à cette maxime, et
si la séduction ou la contrainte ne leur a jamais fait
perdre de vue l'obligation de travailler pour le bien
public. — Comment la perdraient-ils de vue?

— Je vais te l'expliquer. Les opinions nous sortent
de l'esprit de deux manières, de plein gré ou malgré
nous. Nous renonçons de plein gré aux opinions fausses, lorsqu'on nous détrompe. Nous abandonnons
malgré nous celles qui sont vraies. — Je conçois aisément la première manière : mais je ne comprends
pas la seconde. — Quoi! tu ne conçois pas que les
hommes renoncent au bien malgré eux et au mal avec

plaisir? N'est-ce pas un mal de s'écarter de la vérité, et un bien de la rencontrer? Or, n'est-ce pas la rencontrer que d'avoir une opinion juste de chaque chose? — Tu as raison. Je conçois que les hommes renoncent malgré eux aux opinions vraies. — Ce malheur ne peut donc leur arriver que par surprise, enchantement ou violence. — Je ne t'entends pas. — Je me sers apparemment d'expressions extraordinaires. Par *surprise*, j'entends la dissuasion et l'oubli. Celui-ci est l'ouvrage du temps, celle-là des raisons d'autrui qui prennent la place des nôtres. Tu m'entends à présent? — Oui. — Par *violence*, j'entends le chagrin et la douleur qui obligent quelques uns à changer de sentiment. — Je conçois cela, et tu as raison. — Tu vois, je crois, sans peine, que *l'enchantement* agit sur ceux qui changent d'opinion, séduits par l'attrait du plaisir ou par la crainte de quelque mal. — Sans doute, et l'on peut regarder comme un enchantement tout ce qui nous fait illusion.

— C'est donc à nous d'observer, comme je disais tout à l'heure, ceux qui se montreront les plus fidèles à la maxime qu'on doit faire tout ce qu'on juge être du bien public : de les éprouver dès l'enfance, en les mettant dans les circonstances où ils pourraient plus aisément oublier cette maxime et se laisser tromper ; de choisir, à l'imitation des autres, celui qui la conservera plus fidèlement dans sa mémoire, qu'il sera plus difficile à séduire. N'est-ce pas? — Oui. — De les mettre ensuite à l'épreuve des travaux et de la douleur, et de voir comment ils la soutiendront. — Fort

bien. — Enfin, d'essayer le prestige et la séduction ;
de faire à leur égard ce qu'on fait à l'égard des jeunes
chevaux, qu'on expose au bruit et au tumulte pour
voir s'ils sont craintifs ; de les transporter, lorsqu'ils
sont encore jeunes, au milieu des objets terribles
ou séduisants, et d'éprouver avec plus de soin qu'on
n'éprouve l'or par le feu, si dans toutes ces rencontres le charme ne peut rien sur eux ; si, toujours at-
tentifs à veiller sur eux-mêmes et à retenir les leçons
de musique qu'ils ont reçues, ils font voir dans toute
leur conduite que leur ame est réglée selon les lois
du nombre et de l'harmonie, qu'ils sont tels, en un
mot, qu'on doit être pour servir utilement sa patrie,
et pour être utile à soi-même. Nous établirons chef
et gardien de la république celui qui dans l'enfance,
dans la jeunesse, dans l'âge viril, aura passé par toutes
ces épreuves et en sera sorti pur ; nous le comble-
rons d'honneurs pendant sa vie, et nous lui érigerons,
après sa mort, un magnifique tombeau avec tous les
autres monuments qui peuvent illustrer sa mémoire ;
pour ceux qui ne seront pas de ce caractère nous
les rejetterons. Voilà, ce me semble, mon cher
Glaucon, en somme et confusément, de quelle manière nous devons nous comporter dans le choix de
nos chefs et de nos gardiens. — Je suis de ton avis.
— Ne sont-ce pas là ceux qu'on doit regarder comme
les vrais et les premiers gardiens de l'état, tant à l'é-
gard des ennemis que des citoyens, pour ôter à ceux-
ci la volonté, à ceux-là le pouvoir de lui nuire ; les
jeunes gens, à qui nous donnions le titre de gar-

diens, n'étant que les ministres et les exécuteurs des
volontés des magistrats? — Je le pense.

— De quelle manière nous y prendrons-nous à présent pour persuader aux magistrats, ou du moins aux
autres citoyens, un mensonge du genre de ceux que
nous avons dit être d'une grande utilité? — Quel est
ce mensonge? — Il n'est pas nouveau, il a pris naissance en Phénicie; et, à ce que disent les poëtes, qui
en paraissent persuadés, c'est un fait réel déja arrivé
en plusieurs endroits. Mais il n'est point arrivé de
nos jours; je ne sais même s'il arrivera désormais. Ce
n'est pas peu de chose que de le faire croire. — Que
tu as de peine à nous dire ce que c'est! — Quand tu
l'auras entendu, tu verras que ce n'est pas sans raison. — Dis et ne crains rien. — Je vais le dire : mais,
en vérité, je ne sais où prendre la hardiesse et les
expressions dont j'ai besoin pour tâcher de persuader
aux magistrats et aux guerriers, ensuite au reste des
citoyens, qu'ils n'ont reçu qu'en songe l'éducation
que nous leur avons donnée; qu'en effet, ils ont été
elevés et formés dans le sein de la terre, eux, leurs
armes et tout ce qui leur appartient; qu'après les avoir
formés, la terre, leur mère, les a mis au jour;
qu'ainsi ils doivent regarder la terre qu'ils habitent
comme leur mère et leur nourrice, la défendre contre
quiconque oserait l'attaquer, et traiter les autres citoyens comme leurs frères, sortis comme eux du même
sein. — Ce n'était pas sans sujet que tu hésitais d'abord
à nous conter cette fable.

— J'en conviens. Mais puisque j'ai commencé,

écoute le reste. Vous êtes tous frères, leur dirais-je : mais le dieu qui vous a formés a fait entrer l'or dans la composition de ceux d'entre vous qui sont propres à gouverner les autres. Aussi sont-ils les plus précieux. Il a mêlé l'argent dans la formation des guerriers, le fer et l'airain dans celle des laboureurs et des autres artisans. Puis donc que vous avez tous une origine commune, vous aurez pour l'ordinaire des enfants qui vous ressembleront. Mais il pourra se faire qu'un citoyen de la race d'or ait un fils de la race d'argent, qu'un autre de la race d'argent mette au monde un fils de la race d'or, et que la même chose arrive à l'égard des autres races. Or, ce dieu ordonne principalement aux magistrats de prendre garde, sur toutes choses, au métal dont l'ame de chaque enfant est composée. Et si leurs propres enfants ont quelque mélange de fer ou d'airain, il ne veut pas qu'ils leur fassent grace, mais qu'ils les relèguent dans l'état qui leur convient, soit d'artisan, soit de laboureur. Il veut aussi que si ces derniers ont des enfants qui tiennent de l'or ou de l'argent, on les élève, ceux-ci à la condition des guerriers, ceux-là à la dignité de magistrats : parcequ'il y a un oracle qui dit que la république périra lorsqu'elle sera gouvernée par le fer ou par l'airain. Sais-tu quelque moyen de leur insinuer que cette fable est une vérité ? — Je ne vois aucun moyen d'en convaincre ceux dont nous parlons ; mais je crois qu'on peut le persuader à leurs enfants et à ceux qui naîtront dans la suite. — Je comprends ce que tu veux dire : cela serait excellent pour leur inspirer encore plus l'amour

de la patrie et de leurs concitoyens. Que cette inven-
tion ait donc tout le succès qu'il plaira à la Renommée de lui donner. Pour nous, armons à présent ces
fils de la terre, et faisons-les avancer sous la conduite
de leurs chefs. Qu'ils s'approchent et qu'ils choisissent dans notre état un lieu pour camper, d'où ils
soient plus à portée de réprimer les séditions du dedans et de repousser les attaques du dehors, si l'ennemi vient, comme un loup, fondre sur le troupeau.
Qu'après avoir placé leur camp, et fait des sacrifices
à qui il convient d'en faire, ils dressent pour eux des
tentes. N'est-ce pas? — Sans doute. — Telles qu'elles
puissent les garantir du froid et du chaud. — Sans
contredit; car tu parles apparemment de leurs habitations. — Oui, d'habitations de guerriers, et non de
banquiers. — Quelle différence y mets-tu? — Je vais
te l'expliquer. Rien ne serait plus triste et plus honteux pour des bergers que de nourrir, pour la garde
de leurs troupeaux, des chiens, que l'intempérance,
la faim, ou quelque autre appétit désordonné porterait à nuire aux troupeaux qu'on leur aurait confiés,
et à devenir loups, de chiens qu'ils devraient être. —
Cela serait triste en effet. — Prenons donc garde en
toute manière que nos guerriers ne fassent de même
à l'égard des autres citoyens, d'autant plus qu'ils ont
la force en main, et qu'au lieu d'être leurs défenseurs
et leurs protecteurs, ils ne deviennent leurs maîtres et
leurs tyrans. — Il faut prévenir ce désordre. — Mais
la plus sûre manière de le prévenir n'est-ce pas de leur
donner une excellente éducation? — Ils l'ont déjà

reçue. — Je ne voudrais pas encore l'assurer, mon
cher Glaucon. Ce qu'il y a de certain, c'est, comme
nous disions tout à l'heure, qu'une bonne éducation,
quelle qu'elle soit, leur est nécessaire pour le point
le plus important, qui est d'avoir de la douceur, soit
entre eux, soit envers ceux qu'ils sont chargés de
défendre. — Cela est vrai. — Outre cette éducation,
tout homme sensé conviendra que les habitations et la
fortune qu'on leur assignera doivent être telles que
rien de tout cela n'empêche qu'ils ne soient d'excellents gardiens, et ne les porte à nuire à leurs concitoyens. — Il aura raison d'en convenir.

— Vois si le genre de vie et l'espèce de logement
que je leur propose sont propres à cette fin ; je veux
premièrement qu'aucun d'eux n'ait rien qui soit à lui
seul, à moins que cela ne soit absolument nécessaire.
Qu'ils n'aient ensuite ni maison, ni magasin, où tout
le monde ne puisse entrer. Quant à la nourriture convenable à des guerriers sobres et courageux, les autres citoyens seront chargés de la leur fournir, comme
la juste récompense de leurs services ; de sorte cependant qu'ils n'en aient ni trop, ni trop peu pour l'année. Qu'ils mangent à des tables communes, et qu'ils
vivent ensemble comme doivent vivre des guerriers
au camp. Qu'on leur fasse entendre que les dieux ont
mis dans leur ame de l'or et de l'argent divin ; qu'ils
n'ont, par conséquent, aucun besoin de l'or et de l'argent des hommes ; qu'il ne leur est pas permis de
souiller la possession de cet or immortel par l'alliage
de l'or terrestre : que l'or qu'ils ont est pur, au lieu

que celui des hommes a été en tout temps la source
de bien des crimes ; qu'ainsi ils sont les seuls entre les
citoyens à qui il soit défendu de manier, de toucher
même ni or ni argent, d'habiter sous le même toit
avec ces métaux, d'en mettre sur leurs vêtements, de
boire dans des coupes d'or ou d'argent. Que c'est
l'unique moyen de se conserver, eux et l'état. Mais
que, dès qu'ils auront en propre des terres, des maisons, de l'argent, de gardiens qu'ils sont, ils deviendront économes et laboureurs ; de défenseurs de
l'état, ses ennemis et ses tyrans : ils passeront leur
vie à se haïr mutuellement, à se dresser des embûches
les uns aux autres, et auront plus à craindre des ennemis du dedans que de ceux du dehors. Qu'alors eux
et la république courront à grands pas vers leur ruine.
Voilà les raisons qui m'ont engagé à faire ce règlement touchant le logement et les possessions de nos
guerriers. En ferons-nous une loi ou non ? — J'y
consens.

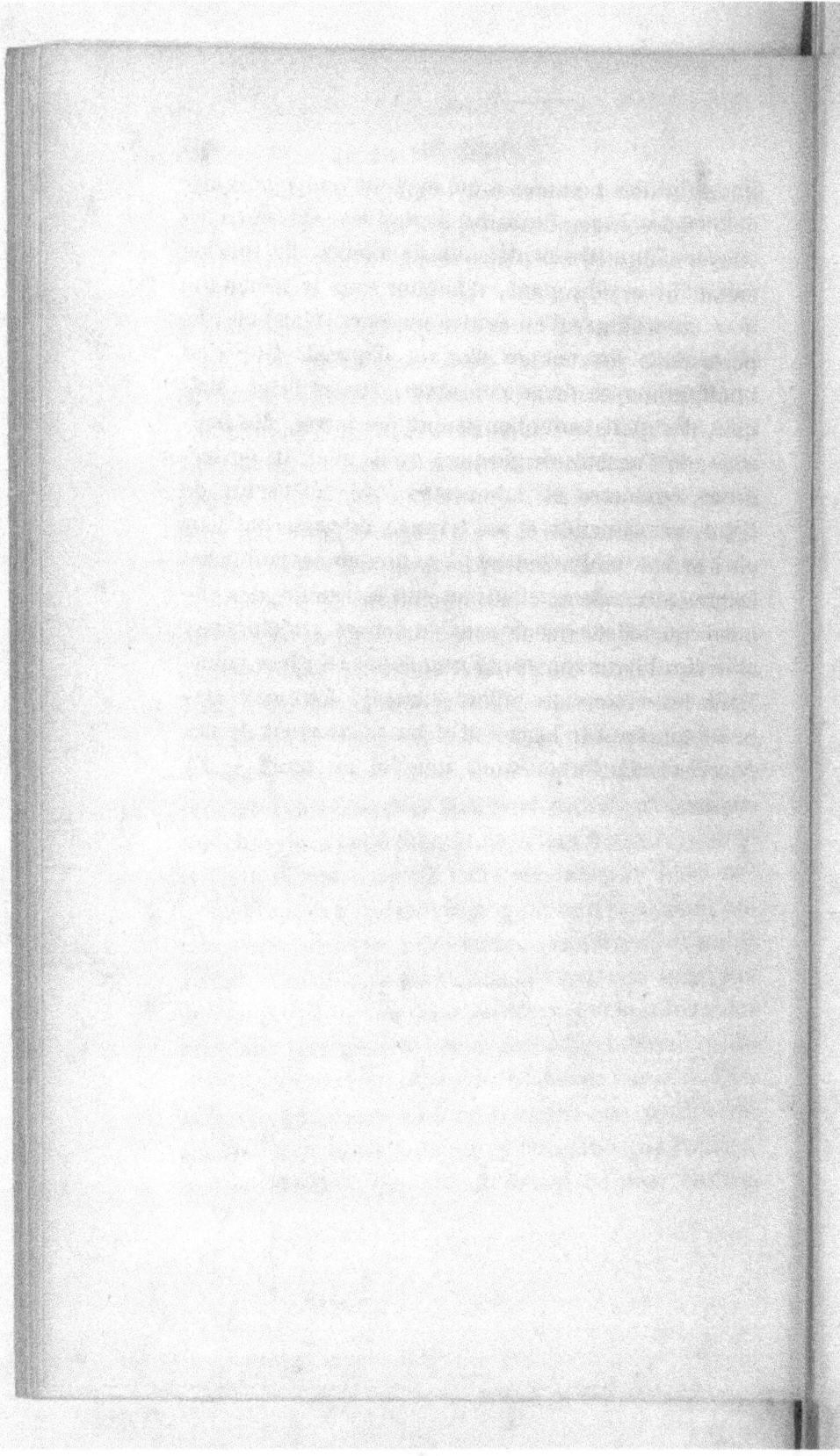

LIVRE QUATRIÈME.

L'éducation de la jeunesse étant complète, la république est constituée. L'opulence et la pauvreté en seront également bannies. Elle sera prudente, car elle est gouvernée par un petit nombre d'hommes d'élites et de bons conseils. Elle sera forte, car l'éducation a empreint la justice dans le cœur des guerriers : ils savent ce qu'il faut craindre et ce qu'il faut aimer. Elle sera tempérante, car elle se commande à elle-même, à ses plaisirs et à ses passions : la partie la plus estimable de l'homme gouverne celle qui l'est le moins. Enfin elle sera juste, car c'est être juste que d'agir par ces trois principes, la force, la tempérance et la vertu. La fin de ce livre est donc de nous faire connaître la nature du bien et du mal, et Platon peut dire en le terminant cette parole profonde, que la justice n'est que l'ordre établi dans les actions de l'homme maître de lui-même.

LIVRE QUATRIÈME.

—

— Mais, interrompit Adimante, que répondrais-tu,
Socrate, si l'on t'objectait que tes guerriers ne sont
pas fort heureux, et cela par leur propre faute, l'état
leur appartenant réellement ; qu'ils sont privés de tous
les avantages de la société ; qu'ils n'ont pas, comme
les autres, des terres, des maisons grandes, belles
et bien meublées ; qu'ils ne peuvent ni sacrifier aux
dieux dans leur domestique, ni loger chez eux des
hôtes, ni posséder de l'or et de l'argent, ni rien de ce
qui, dans l'opinion des hommes, sert à rendre la vie
commode et agréable ? En vérité, tu les traites,
dira-t-on, comme des étrangers à la solde de la république, qui n'y ont d'autre emploi que celui de la
garder. — Ajoute que leur solde ne consiste que dans
la nourriture, et qu'ils n'ont pas, outre cela, une
paye comme les troupes ordinaires ; ce qui ne leur
permet pas de sortir des limites de l'état, ni de voyager, ni de rien donner à des courtisanes, ni de disposer de rien à leur gré, comme font les riches et les
prétendus heureux. Pourquoi passes-tu sous silence
ces chefs d'accusation et beaucoup d'autres semblables ? — Ajoute-les, si tu veux, à ce que j'ai dit. —
Tu me demandes ce que j'ai à répondre à cela. — Oui.
— Sans nous écarter de la route que nous avons sui-
vie jusqu'ici, nous trouverons, je pense, dans notre

plan même, de quoi nous justifier. Nous dirons qu'il
ne serait pas surprenant que la condition de nos guerriers fût très heureuse, malgré tous ces inconvénients ;
qu'au reste, en formant une république, nous ne
nous sommes pas proposé pour but la félicité d'un
certain ordre de citoyens, mais celle de la république entière ; parceque nous avons cru devoir trouver
la justice dans une république ainsi gouvernée, et
l'injustice dans une république mal constituée, et
nous mettre par cette découverte à portée de décider
la question qui fait la matière de notre entretien. Or,
à présent, nous sommes occupés à fonder un gouvernement heureux, du moins à ce qu'il nous paraît, et
où le bonheur ne soit point partagé entre un petit
nombre de particuliers, mais commun à toute la société. Nous examinerons bientôt la forme du gouvernement opposé à celui-ci.

Si nous étions à peindre des statues, et que quelqu'un vînt nous objecter que nous n'employons pas
les plus belles couleurs pour peindre les plus belles
parties du corps ; que nous peignons les yeux, par
exemple, non avec du vermillon, mais avec du noir ;
nous croirions avoir bien répondu à ce censeur, en lui
disant : Ne t'imagine pas que nous devions peindre
les yeux si beaux, que ce ne soient plus des yeux ; et
ce que je dis de cette partie du corps doit s'entendre
des autres. Examine plutôt si nous donnons à chaque
partie la couleur qui lui convient, de sorte qu'il en
résulte un tout parfait. Adimante, je t'en dis autant.
Ne nous force pas d'attacher à la condition de nos

guerriers un bonheur qui les fera cesser d'être ce
qu'ils sont. Nous pourrions, si nous voulions, revêtir
nos laboureurs de robes traînantes, charger d'or leur
parure, et leur enjoindre de ne travailler à la terre
que pour leur plaisir. Nous pourrions coucher le potier à côté de son fourneau, le faire boire et manger
à son aise, et mettre auprès de lui sa roue, lui laissant la liberté de travailler quand il lui plairait. Nous
pourrions rendre heureuses de la même manière
toutes les autres conditions, afin que tout l'état jouît
d'une félicité parfaite; mais ne nous donne point de
pareil conseil; car, si nous le suivions, le laboureur
cesserait d'être laboureur, le potier d'être potier;
chacun sortirait de sa condition : il n'y aurait plus de
société. Au reste, que les autres se tiennent ou non
dans leur état, cela n'est pas d'une si grande importance. Que le cordonnier fasse mal son métier, qu'il
se laisse corrompre, ou que quelqu'un se donne pour
cordonnier sans l'être, le public n'en souffrira pas un
grand dommage. Mais si ceux qui sont préposés à la
garde des lois et de la république n'en sont les gardiens que de nom, tu vois qu'ils entraînent l'état à sa
ruine; car c'est d'eux que dépendent sa bonne administration et son bonheur. Si donc nous voulons former de vrais gardiens de l'état, mettons-les dans l'im-
possibilité de nuire en rien au bien public. Pour celui
qui est d'un autre avis, et qui voudrait en faire des
laboureurs, ou de joyeux convives dans une fête publique, il a en vue tout autre chose que l'idée d'une
république. Ainsi, voyons si notre dessein, en éta-

blissant des guerriers, est de rassembler sur eux le plus de bonheur possible, ou si ce n'est pas plutôt de pourvoir à la félicité de tout l'état, et de contraindre ou de persuader les gardiens et les défenseurs de la patrie, et tous les autres citoyens, d'accomplir de leur mieux la tâche qui leur est assignée : de sorte que, quand l'état aura pris son accroissement et qu'il sera bien administré, alors chacun d'eux participe à la félicité publique, l'un plus, l'autre moins, suivant la nature de son emploi. — Ce que tu dis me paraît fort sensé.

— Je ne sais si ce raisonnement, du même genre, te le paraîtra moins. — De quoi s'agit-il? — Examine si ce n'est pas là ce qui perd et ce qui corrompt d'ordinaire les artisans. — Qu'est-ce qui les perd? — L'opulence et la pauvreté. — Comment cela? — Le voici : le potier devenu riche s'embarrassera-t-il beaucoup de son métier? — Non. — Il deviendra donc de jour en jour plus fainéant et plus négligent? — Sans doute. — Et par conséquent plus mauvais potier? — Oui. — D'un autre côté, si la pauvreté lui ôte le moyen de se fournir d'outils et de tout ce qui est nécessaire à son art, son travail en souffrira ; ses enfants et les autres ouvriers qu'il forme en seront moins habiles. — Cela est vrai. — Ainsi, les richesses et la pauvreté nuisent également aux arts et à ceux qui les exercent. — Il y a apparence. — Voilà donc encore deux choses auxquelles nos magistrats prendront bien garde de donner entrée dans notre état. — Quelles sont elles? — L'opulence et la pauvreté ;

parceque l'une engendre la mollesse, la fainéantise et l'amour des nouveautés; l'autre, ce même amour des nouveautés, la bassesse et l'envie de mal faire. — J'en conviens; mais, Socrate, fais, je te prie, réflexion à une chose.

Comment notre république pourra-t-elle soutenir la guerre, si elle n'a pas de fonds, surtout si elle est obligée de tenir tête à une république riche et puissante? — Il est vrai qu'elle aura de la peine à se défendre contre une seule; mais elle se défendra plus aisément contre deux. — Que dis-tu là? — D'abord, s'il en faut venir aux mains, nos gens exercés à la guerre n'auront-ils pas en tête des ennemis riches? — Oui. — Mais, Adimante, un bon lutteur ne viendra-t-il pas aisément à bout de deux adversaires riches, chargés d'embonpoint et peu exercés à la lutte? — Non, s'il avait affaire aux deux à la fois. — Quoi! s'il avait la liberté de fuir, et de frapper en se retournant celui qui le suivrait de plus près, et s'il employait souvent cette ruse au soleil et dans la plus grande chaleur, lui serait-il difficile d'en battre plusieurs l'un après l'autre? — Vraiment, il n'y aurait en cela rien de surprenant. — Crois-tu que les riches dont nous parlons ne soient pas plus habiles et plus exercés à la lutte qu'à la guerre? — Je n'en doute pas. — Ainsi, selon les apparences, nos athlètes se battront sans peine contre une armée de riches deux ou trois fois plus nombreuse. — D'accord; car tu me parais avoir raison. — Et s'ils envoyaient demander du secours aux habitants d'un état voisin, en leur di-

sant, ce qui après tout serait vrai : Nous n'avons besoin ni d'or ni d'argent ; il nous est même défendu
d'en avoir. Cela vous est permis : venez donc à notre
aide , et nous vous abandonnons les dépouilles de nos
ennemis. Crois-tu que ceux à qui on ferait de telles
offres aimassent mieux faire la guerre à des chiens
maigres et robustes , que de se joindre à eux contre
un troupeau gras et délicat ? — Je ne le pense pas.
Mais si quelque état voisin rassemble ainsi chez lui
toutes les richesses des autres , prends garde qu'il ne
devienne redoutable au nôtre. — Que tu es bon de
penser qu'aucun autre état que le nôtre mérite de
porter ce nom ? — Pourquoi non ? — Il faut donner
aux autres un nom d'une signification plus étendue ;
car chacun d'eux n'est pas un , mais plusieurs ,
comme on dit au jeu [1]. Il en renferme toujours pour
le moins deux qui se font la guerre , l'un composé de
riches , l'autre de pauvres : chacun d'eux se subdivise
encore en plusieurs autres. Si tu les attaques tous ,
comme ne faisant qu'un seul état, tu ne réussiras pas.
Mais si tu regardes chacun de ces états comme étant
composé de plusieurs , et que tu abandonnes aux uns
les richesses , le pouvoir et la vie des autres , tu auras
toujours beaucoup d'alliés et peu d'ennemis. Tout
état gouverné par de sages lois , telles que les nôtres ,
sera très grand , je ne dis pas en apparence , mais en
réalité , quand il ne pourrait mettre sur pied que mille

---

[1] Il y avait alors au jeu de dés une partie où l'on jouait des villes.
Le Scholiaste.

combattants. Tu n'en trouveras que très difficilement un aussi grand chez les Grecs et les Barbares, quoi-qu'il y en ait beaucoup qui le paraissent davantage. Penses-tu le contraire? — Non, assurément.

— Voici donc les plus justes bornes que nos ma-gistrats puissent donner à l'accroissement de leur état et de son territoire, après lesquelles ils ne doivent plus chercher à s'étendre davantage. — Quelles sont ces bornes? — C'est, à ce que je crois, de le laisser s'a-grandir autant qu'il le pourra, sans cesser d'être un, et nullement au delà. — Fort bien. — Ainsi, nous prescrirons encore à nos magistrats de faire en sorte que l'état ne paraisse ni grand ni petit, mais tienne un juste milieu, et soit toujours un. — Ceci n'est pas de grande importance. — Ce que nous leur avons re-commandé plus haut l'est encore moins, lorsque nous leur disions qu'il fallait faire passer aux conditions plus basses l'enfant dégénéré du guerrier, et élever au rang des guerriers les enfants des autres qu'ils en jugeront dignes; nous voulions leur faire entendre par là que chaque citoyen ne doit être appliqué qu'à une seule chose, à celle pour laquelle il est né, afin que chaque particulier, s'acquittant de l'emploi qui lui convient, soit un; que par là l'état entier soit un aussi, et qu'il n'y ait ni plusieurs citoyens dans un seul citoyen, ni plusieurs états dans un seul état. — Il est vrai que ce point est moins important que le précédent. — Tout ce que nous leur prescrivons ici, mon cher Adimante, n'est pas aussi important qu'on pourrait se l'imaginer : ce n'est rien ; il ne s'agit que

11

d'observer un point, le seul important ou plutôt le
seul suffisant. — Quel est ce point? — L'éducation de
la jeunesse et de l'enfance : si nos citoyens sont bien
élevés, et qu'ils deviennent des hommes accomplis, ils
verront aisément par eux-mêmes l'importance de tous
ces points et de bien d'autres que nous omettons ici,
comme de ce qui regarde les femmes, le mariage et la
procréation des enfants ; ils verront, dis-je, que, selon
le proverbe, toutes ces choses doivent être communes
entre les amis. — Ce sera parfaitement bien.

— Dans une république, tout dépend du commencement. Si elle a bien commencé, elle va toujours en
s'agrandissant, comme le cercle. Une bonne éducation
forme d'heureux naturels : les enfants, marchant
d'abord sur les traces de leurs pères, deviennent bientôt
meilleurs que ceux qui les ont précédés ; et entre
autres avantages, ils ont celui de mettre au jour des
enfants qui les surpassent eux-mêmes en mérite,
comme il arrive à l'égard des animaux. — Cela doit
être. — Ainsi, pour tout dire en deux mots, ceux qui
sont à la tête de notre république veilleront spécialement à ce que l'éducation se maintienne pure, et
surtout à ce que l'on n'innove rien touchant la gymnastique et la musique, de sorte que si un poëte
dit :

Les chants les plus nouveaux sont ceux qui plaisent davantage[1].

on ne s'imagine que le poëte parle, non de chansons

[1] *Odyssée*, 1, v. 351.

nouvelles, mais d'une nouvelle méthode de chanter, et qu'on approuve de pareilles innovations. Il ne faut ni approuver, ni introduire aucune innovation pareille. Que l'on prenne garde de rien adopter de nouveau en fait de musique, parceque c'est risquer de tout perdre; car, comme dit Damon, et je suis en cela de son avis, on ne peut toucher aux règles de la musique sans ébranler les lois fondamentales du gouvernement. — Compte-moi aussi parmi ceux qui pensent de même.

— Nos magistrats feront donc de la musique la citadelle et la sauvegarde de l'état. — Oui, mais le mépris des lois s'y glisse facilement sans qu'on s'en aperçoive. — Cela est vrai. Il semble d'abord que ce n'est qu'un jeu, et qu'il n'y a aucun mal à craindre. — En effet, il n'a fait d'autre mal au commencement que de s'insinuer peu à peu, et se couler doucement dans les mœurs et dans les usages. Il va ensuite toujours en s'augmentant, et se glisse dans les rapports qu'ont entre eux les membres de la société : de là il s'avance jusqu'aux lois et aux principes du gouvernement, qu'il attaque, mon cher Socrate, avec la dernière insolence; il finit par la ruine de l'état et des particuliers. — Cela est donc ainsi ? — Du moins il me le semble. — Ce sera par conséquent une raison de plus pour nous d'assujettir de bonne heure les jeux des enfants à la plus exacte et la plus rigide discipline; parceque, pour peu qu'elle vienne à se relâcher, et que nos enfants s'en écartent, il est impossible que dans l'âge mûr ils soient vertueux et soumis aux lois. — Comment le seraient-ils? — Au lieu que si les jeux des enfants sont réglés dès le commencement; si l'amour de l'ordre entre dans leur cœur avec la musique, il arrivera par un effet contraire que tout ira de mieux en mieux; en sorte que si la discipline était tombée en quelque point, eux-mêmes la redresseront un jour. — Cela est vrai. — Ils rétabliront ces observances qui passent pour des minuties, et que leurs prédécesseurs avaient laissé tomber entièrement en désuétude. — Quelles sont ces observances? — Par exemple, celle de se taire devant les vieillards, de se lever lorsqu'ils paraissent, de leur céder partout la place d'honneur; celles qui concernent le respect dû aux parents, la manière de s'habiller, de se couper les cheveux, de se chausser, tout ce qui regarde le soin du corps, et mille autres choses semblables. Ne retrouveront-ils pas d'eux-mêmes tout cela? — Oui. — Ce serait une folie de faire à ce sujet des lois, qui, pour être imposées par écrit ou de vive voix, n'en seraient pas mieux observées : d'ailleurs, aucun législateur n'est encore descendu dans ces détails. — Il est vrai. — Il paraît, mon cher Adimante, que toutes ces pratiques sont une suite naturelle de l'éducation; en effet, le semblable n'attiré-t-il pas toujours à lui son semblable? — Sans doute. — Par conséquent, notre conduite finit par être très bonne ou très mauvaise, selon le point de départ. — Cela doit être. — C'est pour cela que je ne voudrais jamais rien statuer sur ces sortes de choses. — Tu as raison.

— Mais, au nom des dieux, entreprendrons-nous

de régler quelque chose touchant les contrats de vente
ou d'achat, les conventions pour la main-d'œuvre,
les insultes, les violences, les procès, l'établissement
des juges, la levée ou l'imposition des deniers pour
l'entrée ou la sortie des marchandises, soit par terre,
soit par mer ; en un mot, pour tout ce qui concerne
le marché, la ville ou le port ? — Il n'est pas nécessaire
de rien prescrire là-dessus à d'honnêtes gens. Ils trouveront sans peine eux-mêmes tous les règlements
qu'il sera à propos de faire. — Oui, mon cher ami, si
Dieu leur donne de conserver dans toute leur pureté
les lois que nous avons d'abord établies. — Sinon ils
passeront leur vie à dresser chaque jour de nouveaux
règlements sur tous ces articles, à y ajouter corrections
sur corrections, s'imaginant sans cesse qu'ils arri-
veront à ce qu'il y a de plus parfait. — C'est-à-dire
que leur conduite ressemblera à celle de ces malades
qui ne veulent point, par intempérance, renoncer à
un train de vie qui altère leur santé. — Justement.—
La conduite de ces malades a quelque chose de plaisant. Ils sont toujours dans les remèdes, et, au lieu
d'avancer leur guérison, ils augmentent et multiplient
leurs maladies, espérant néanmoins toujours, à chaque
remède qu'on leur propose, qu'il leur rendra la santé.
— Voilà précisément leur état. — Ce qu'il y a de plus
plaisant en eux, n'est-ce pas de regarder comme leur
plus mortel ennemi celui qui leur déclare que s'ils ne
cessent de manger et de boire avec excès, de vivre
dans le libertinage et la fainéantise, ni les potions, ni
le fer, ni le feu, ni les enchantements, ni les amulettes,

11.

ne leur serviront à rien ? — Je ne vois pas qu'il y ait
rien de plaisant à s'emporter ainsi contre ceux qui
nous donnent de bons conseils. — Il me paraît que
vous n'êtes pas trop partisan de ces sortes de gens. —
Non assurément.

— Tu n'approuveras donc pas davantage une république qui tiendrait une pareille conduite. Or, que
t'en semble? N'est-ce pas là ce que font toutes les
républiques mal gouvernées, lorsqu'elles défendent
sous peine de mort aux citoyens de toucher à la constitution, tandis que, d'autre part, celui qui sait
flatter plus doucement les vices de l'état, qui va au-
devant de ses desirs, qui prévoit de loin ses inten-
tions, et qui est assez habile pour les remplir, passe
pour un citoyen vertueux, pour un bon politique, et
se voit comblé d'honneurs ? — Elles font précisément
la même chose, et je suis bien éloigné de les approuver. — N'admires-tu pas le courage et la complaisance
de ceux qui consentent, qui s'empressent même à
donner des soins à de pareils états ! — Oui, je les admire, excepté ceux qui, se laissant tromper par la
multitude, s'imaginent être de grands politiques, à
cause des applaudissements qu'on leur donne. —
Quoi ! tu ne veux pas les excuser? Crois-tu qu'un
homme qui ne sait pas mesurer puisse s'empêcher de
croire qu'il est haut de quatre coudées, lorsqu'il l'entend dire à beaucoup de personnes? — Je ne le crois
pas. — Ne t'emporte donc pas contre nos politiques.
Ce sont les gens les plus divertissants du monde, avec
leurs règlements qu'ils modifient sans cesse, persua-

dés qu'ils remédieront par là aux abus qui se glissent
dans les rapports de la vie sur tous les points dont
j'ai parlé, et qui ne pensent pas qu'en effet ils coupent
les têtes d'une hydre. — Ils ne font rien autre chose.
— Ainsi, je ne crois pas que, dans quelque état que
ce soit, bien ou mal gouverné, un sage législateur
doive entrer dans ce détail de lois et de règlements.
Dans l'un, cela est inutile, et l'on n'y gagne rien.
Dans l'autre, le premier venu les trouvera aisément,
ou ils découlent d'eux-mêmes des autres lois déjà établies.

— Quelle loi nous reste-t-il donc à faire? — Aucune.
— Mais nous laissons à Apollon Delphien le soin de
faire les plus grandes, les plus belles et les plus importantes. — Quelles sont-elles? — Ce sont celles qui
regardent la construction des temples, les sacrifices,
le culte des dieux, des génies et des héros, les funérailles et les cérémonies qui servent à apaiser les
mânes des morts. Nous ne savons point ce qu'il faut
régler là-dessus; et, puisque nous fondons une république, il ne serait pas sage de nous en rapporter
à d'autres hommes, ni de consulter d'autre interprète
que celui du pays. Or, le dieu de Delphes est, en matière de religion, l'interprète naturel du pays, ayant
exprès choisi le milieu et comme le nombril de la
terre pour rendre de là ses oracles[1]. — Tu dis bien.
C'est à lui seul qu'il faut s'en rapporter.

---

[1] Les anciens croyaient Delphes situé au centre de la terre, Voy.
Eschyle, Œdipe roi, Euménides.

— Fils d'Ariston, notre république est enfin formée. Appelle ton frère Polémarque, et tous ceux qui sont ici. Tâchez ensemble, à l'aide de quelque flambeau, de découvrir en quel endroit résident la justice et l'injustice, en quoi elles diffèrent l'une de l'autre, et à laquelle des deux on doit s'attacher pour être solidement heureux, qu'on échappe ou non aux regards des dieux et des hommes. — En vain nous engages-tu à cette recherche, car tu nous as toi-même promis de la faire, en te déclarant impie si tu ne défendais la justice de tout ton pouvoir. — Ce sont mes propres paroles que tu me rappelles. Je vais le faire, comme j'ai dit; mais il faut que vous m'aidiez. — Nous t'aiderons. — J'espère que nous trouverons de cette manière ce que nous cherchons. Si les lois que nous avons établies sont bonnes, notre république doit être parfaite. — Sans doute. — Il est donc évident qu'elle est prudente, forte, tempérante et juste. — Cela est évident. — Quelle que soit celle de ces quatre qualités que nous découvrions en elle, ce qui restera sera ce que n'aurons pas découvert. — Sans contredit. — Si de quatre choses nous en cherchions une, et qu'elle se présentât d'abord à nous, nous bornerions là nos recherches; et, si nous connaissions d'abord les trois premières, nous connaîtrions par là même la quatrième, puisqu'il est évident que ce serait celle qui reste à trouver. — Tu as raison. — Appliquons donc cette méthode à notre recherche, puisque les vertus dont il s'agit sont au nombre de quatre. — Je le veux bien. — Il n'est pas difficile en premier lieu d'y découvrir la prudence ; mais je trouve qu'il y a par rapport à elle quelque chose de singulier. — Quoi ? — La prudence règne dans notre république, car le bon conseil y règne : n'est-ce pas ? — Oui. — Il n'est pas moins clair que la science préside à ce bon conseil, puisque ce n'est point l'ignorance, mais la science, qui fait prendre de justes mesures. — Cela est clair. — Mais il y a dans notre république des sciences de toute espèce. — Sans doute. — Est-ce à cause de la science des architectes qu'on doit dire qu'elle est prudente et sage dans ses conseils ? — Ce n'est point à cause de cette science, car l'éloge tomberait sur l'art de l'architecte. — On ne doit pas non plus l'appeler prudente lorsqu'elle délibérera sur la manière de faire d'excellents ouvrages de menuiserie selon les règles de ce métier. — Non. — Ni lorsqu'elle délibérera sur les ouvrages en airain ou en quelque autre métal. — En aucune façon. Ni lorsqu'il s'agira de la production des biens de la terre ; car cela regarde l'agriculture. — Sans doute. — Est-il dans la république que nous venons de former une science qui réside dans quelques-uns de ses membres, et dont l'objet soit de délibérer, non sur quelque partie de l'état, mais sur l'état entier et sur son gouvernement tant intérieur qu'extérieur ? — Sans doute, il en est une. — Quelle est cette science, et en qui réside-t-elle ? — C'est celle qui a pour but la conservation de l'état. Elle réside dans ceux des magistrats qui en sont les vrais gardiens. — Par rapport à cette science, comment appelles-tu notre république ? — Vraiment prudente et

sage dans ses conseils. — Crois-tu qu'il y ait chez nous
plus d'excellents forgerons que d'excellents magistrats ? — Beaucoup plus de forgerons. — En général,
de tous les corps qui tirent leur nom de la profession
qu'ils exercent, le corps des magistrats ne sera-t-il
pas le moins nombreux ? — Oui. — Par conséquent,
toute république organisée naturellement doit sa
prudence à la science qui réside dans la plus petite
partie d'elle-même, c'est-à-dire dans ceux qui sont à
sa tête et qui commandent. Et il paraît que la nature
produit en plus petit nombre les hommes à qui il appartient de se mêler de cette science, qui seule entre
toutes les sciences mérite le nom de *prudence*. — Cela
est très vrai. — Je ne sais par quel bonheur nous avons
trouvé cette première chose des quatre que nous
cherchions, et la partie de la société en qui elle réside. — Elle me paraît suffisamment prouvée.

— Quant au courage, il n'est pas difficile de le découvrir, ni le corps en qui il réside, et qui fait donner à l'état le nom de courageux. — Comment cela?
— Est-il un autre moyen de s'assurer si une république est lâche ou courageuse que d'examiner le caractère de ceux qui sont chargés de la défendre ? — Non.
Que les autres citoyens soient lâches ou courageux,
on n'en peut rien conclure par rapport à l'état. —
Non. — L'état est donc courageux par une partie de
lui-même en qui réside une certaine vertu qui conserve en tout temps, sur les choses qui sont à craindre,
l'idée qu'elle a reçue du législateur dans son éducation. N'est-ce pas là, en effet, la définition du cou-

rage? — Je n'ai pas bien compris ce que tu viens de dire. Explique-toi davantage. — Je dis que le courage est une espèce de *conservation*. — De quoi? — De l'idée que les lois nous ont donnée, par le moyen de l'éducation, touchant les choses qui sont à craindre. Je dis *en tout temps*, parceque, en effet, le courage conserve toujours cette idée, et ne la perd jamais de vue, ni dans la douleur, ni dans le plaisir, ni dans les désirs, ni dans la crainte. Je vais, si tu veux, t'expliquer ceci par une comparaison. — Je le veux bien.

— Tu sais la manière dont s'y prennent les teinturiers, lorsqu'ils veulent teindre la laine en pourpre. Parmi des laines de toutes sortes de couleurs, ils choisissent la blanche, ils la préparent ensuite avec beaucoup de soin, afin qu'elle prenne mieux la couleur dont il s'agit; après quoi, ils la teignent. Cette sorte de teinture ne s'efface pas, et l'étoffe, soit qu'on la lave simplement, soit qu'on la savonne, ne perd jamais son éclat. Au lieu que si la laine que l'on teint a déjà une autre couleur, ou si on se sert de la blanche, mais sans la préparer, tu sais ce qui arrive. — Je sais que la couleur ne tient point et n'a aucun éclat. — Imagine-toi donc que nous nous sommes efforcés de faire la même chose, en choisissant nos guerriers avec tant de précautions, et en les préparant par la musique et la gymnastique. Notre intention en cela a été qu'ils prissent une teinture profonde des lois, que leur ame bien née et bien élevée fût tellement pénétrée de l'idée des choses qui sont à craindre, ainsi que de toutes les

autres, qu'aucune lotion ne pût l'effacer, ni celle du
plaisir, qui a pour cet effet une tout autre vertu que
la chaux et le savon ; ni la douleur, ni la crainte, ni
le desir. C'est cette idée juste et légitime de ce qui
est à craindre et de ce qui ne l'est pas, idée que rien
ne peut effacer, que j'appelle courage. Vois si tu es de
mon sentiment. — Oui ; car il me paraît que tu donneras tout autre nom que celui de courage, à cette
idée, si elle n'est pas un fruit de l'éducation, et si
elle a un caractère brutal et servile, et que tu ne la
regardes pas comme dirigée par les lois. — Tu dis vrai.
— J'admets donc la définition du courage telle que tu
l'as donnée. — Admets aussi que c'est une vertu politique, et tu ne te trompes pas. Nous en parlerons
plus au long une autre fois, si tu le juges à propos.
Pour le présent, nous en avons dit assez ; car ce n'est
pas le courage que nous cherchons, mais la justice.
— Tu as raison.

— Il nous reste encore deux choses à trouver dans
notre république, la tempérance et la justice, qui est
le principal objet de nos recherches. — Fort bien. —
Comment ferons-nous pour trouver directement la
justice, sans nous mettre en peine de chercher la tempérance ? — Je n'en sais rien : mais je serais fâché qu'elle
se découvrît à nous la première, puisqu'après cela
nous nous mettrions peu en peine d'examiner ce que
c'est que la tempérance. Ainsi, tu m'obligeras de
commencer par celle-ci. — J'aurais tort de n'y pas con-
sentir. — Examine donc. — C'est ce que je vais faire.
Autant que je puis voir d'ici, cette vertu consiste plus

dans un certain accord et une certaine harmonie, que les précédentes. — Comment cela? — La tempérance n'est autre chose qu'un certain ordre, qu'un frein qu'on met à ses plaisirs et à ses passions. De là vient probablement cette expression que je n'entends pas trop : *être maître de soi-même*, et quelques autres semblables, qui sont, pour ainsi dire, autant de traces de cette vertu. N'est-ce pas? — Oui assurément. — Cette expression, *maître de soi-même*, prise à la lettre, n'est-elle pas ridicule? Car le même homme ne serait-il pas alors maître et esclave de lui-même, puisque cette expression se rapporte à la même personne? — Sans doute. — Voici donc en quel sens on doit la prendre. Il y a dans l'ame de l'homme deux parties : l'une supérieure, l'autre inférieure. Quand la partie supérieure commande à l'autre, on dit de l'homme qu'il est maître de lui-même, et c'est un éloge. Mais quand par le défaut d'éducation, ou par quelque mauvaise habitude, la partie inférieure prend l'empire sur la supérieure, on dit de l'homme qu'il est déréglé dans ses desirs et esclave de lui-même ; ce qui est un terme de blâme. — Cette explication me paraît juste.

— Jette maintenant les yeux sur notre nouvelle république, et tu verras qu'on peut dire d'elle, à juste titre, qu'elle est maîtresse d'elle-même, s'il est vrai qu'on doive appeler tempérant et maître de lui-même, tout homme, tout état où la partie la plus estimable commande à celle qui l'est moins. — J'y regarde et je trouve que tu dis vrai. — Ce n'est pas cependant qu'on n'y trouve des passions sans nombre et de toutes

15

les sortes, des plaisirs et des peines dans les femmes,
dans les esclaves, et même dans la plupart de ceux
qu'on dit être de condition libre, et qui ne valent pas
grand'chose. — On en trouve sans doute. — Tu y
trouveras au contraire peu de desirs simples et modérés, fondés sur des opinions justes et gouvernés par
la raison; et ce ne sera que dans ceux qui joignent à
un beau naturel une excellente éducation. — Cela est
vrai. — Mais ne vois-tu pas en même temps que dans
notre république les desirs et les passions de la multitude, qui est la partie inférieure de l'état, sont réglés
et modérés par la prudence et les volontés du petit
nombre, qui est celui des sages? — Je le vois. — Si
donc on peut dire de quelque société qu'elle est maîtresse d'elle-même, de ses plaisirs et de ses passions,
on doit le dire de celle-ci. — Sans doute. — Et que
par cette raison elle est tempérante, n'est-ce pas? —
Oui. — Et s'il est quelques sociétés où magistrats et
sujets aient la même opinion sur ceux qui doivent
commander, c'est assurément la nôtre. Que t'en semble? — Je n'en doute pas. — Lorsque les membres de
la société sont ainsi d'accord, en qui diras-tu que réside
la tempérance, dans ceux qui commandent ou dans
ceux qui obéissent? — Dans les uns et dans les autres.
— Tu vois que notre conjecture était bien fondée,
lorsque nous comparions la tempérance à une certaine
harmonie. — Pour quelle raison? — Parcequ'il n'en
est pas d'elle comme de la prudence et du courage,
qui ne se trouvent chacun que dans une partie de l'état,
et le rendent néanmoins prudent et courageux, au lieu

que la tempérance est répandue dans tous les membres de l'état, depuis la plus basse condition jusqu'à la plus haute, entre lesquelles elle établit un accord parfait, soit en prudence, soit en courage, soit qu'il s'agisse du nombre ou des richesses des citoyens, ou de quelque autre chose que ce puisse être. De sorte qu'on peut dire avec raison que la tempérance consiste dans cette concorde; que c'est une harmonie établie par la nature entre la partie supérieure et la partie inférieure d'une société ou d'un particulier, pour décider quelle est la partie qui doit commander à l'autre. — Je suis tout à fait de ton avis.

— Nous avons trouvé, à ce qu'il semble, ce qui rend notre république prudente, courageuse, tempérante. Il nous reste à découvrir ce qui pour elle complète sa vertu; il est évident que c'est la justice. — Cela est évident. — Faisons comme les chasseurs, mon cher Glaucon. Investissons le fort où la justice doit se trouver; prenons toutes nos mesures pour l'empêcher de s'échapper et de disparaître à nos yeux. Il est certain qu'elle doit être quelque part ici. Regarde donc, et avertis-moi si tu l'aperçois le premier. — Plût aux dieux que je l'aperçusse. Mais non: ce sera encore beaucoup pour moi, si je puis te suivre et apercevoir les choses, à mesure que tu me les montreras. — Suis-moi, après que nous aurons ensemble invoqué les dieux. — C'est ce que je vais faire. Marche devant. — L'endroit me paraît obscur, embarrassé et de difficile accès: avançons cependant. — Avançons.

— Après avoir regardé quelque temps: Bonne nou-

velle, m'écriai-je, mon cher Glaucon! Il me semble
que je suis sur la trace, et je ne crois pas que la justice
nous échappe. — L'heureuse nouvelle ! — En vérité,
nous sommes bien peu clairvoyants l'un et l'autre. —
Pourquoi donc? — Il y a un temps infini, mon cher
ami, qu'elle était à nos pieds, et nous ne l'apercevions
point. Aussi dignes de risée que ceux qui cherchent
ce qu'ils ont entre les mains, nous portions la vue au
loin, au lieu de regarder près de nous où elle était.
Aussi est-ce pour cela sans doute qu'elle nous a
échappé si longtemps. — Comment dis-tu? — Je dis
que nous parlons ici depuis longtemps de la justice,
sans faire attention que c'est d'elle que nous parlons.
— Tu me fais souffrir avec ce long préambule. — Eh
bien, écoute si j'ai raison. Ce que nous avons établi au
commencement, lorsque nous fondions notre république, comme un devoir universel et indispensable,
c'est la justice même; ou du moins quelque chose qui
lui ressemble. Or, nous disions et nous avons répété
plusieurs fois, s'il t'en souvient, que chaque citoyen
ne doit faire qu'un emploi; savoir, celui pour lequel
il a apporté en naissant le plus de dispositions.—C'est
ce que nous disions.—Mais nous avons entendu dire
à d'autres, et nous avons souvent dit nous-mêmes,
que la justice consistait à se mêler uniquement de ses
affaires, sans entrer pour rien dans celles d'autrui.—
Nous l'avons dit.—Encore un coup, mon cher ami,
il me semble que la justice consiste en ce que chacun
fasse ce qu'il a à faire. Sais-tu ce qui me porte à le
croire? — ? on, dis. — Il me semble qu'après avoir

vu ce que c'est que la tempérance, le courage et la
prudence, ce qui nous reste à examiner dans notre
république, doit être le principe même de ces trois
vertus, ce qui les produit et ce qui les conserve autant
de temps qu'il reste en elles. Or, nous avons dit que,
si nous trouvions ces trois vertus, ce qui resterait
après les avoir mises à part, serait la justice. — Il faut
bien que ce soit elle.

— S'il nous fallait décider quelle est la chose qui
contribuera le plus à rendre parfaite notre république,
si c'est la concorde entre les magistrats et les citoyens;
ou, dans nos guerriers, l'idée légitime et inébranlable
de ce qui est à craindre et de ce qui ne l'est pas; ou
la prudence et la vigilance de ceux qui gouvernent;
ou enfin cette vertu, par laquelle tous les citoyens,
femmes, enfants, hommes libres, esclaves, artisans,
magistrats et sujets, se bornent chacun à leur emploi,
sans se mêler de celui d'autrui, il nous serait difficile
de prononcer. — Très difficile. — Ainsi, cette vertu,
qui contient chacun dans les limites de sa propre
tâche, ne contribue pas moins à la perfection de la
société civile, que la prudence, le courage et la tempérance. — Non. — Quelle autre chose que la justice
pourrait balancer en ce point les avantages des trois
autres vertus? — Aucune autre chose.

— Convainquons-nous de cette vérité d'une autre
manière. Les magistrats dans notre république ne seront-ils pas chargés de prononcer sur les différends
des particuliers? — Sans doute. — Quelle autre fin se
proposeront-ils dans leurs jugements, sinon d'em-

15.

pêcher que personne ne s'empare du bien d'autrui,
ou ne soit privé du sien? — Point d'autre. — N'est-ce
point parceque cela est juste? — Oui. — C'est donc
encore une preuve que la justice assure à chacun la
possession de ce qui lui appartient, et l'exercice libre
de l'emploi qui lui convient? — Cela est certain. —
Vois si tu es du même avis que moi. Que le charpentier s'ingère dans le métier du cordonnier, ou le cordonnier dans celui de charpentier; qu'ils fassent un
échange de leurs outils et du salaire qu'ils reçoivent,
ou que le même homme fasse les deux métiers à la
fois : crois-tu que ce désordre causât un grand mal à
la société? — Non. — Mais si celui que la nature a
destiné à être artisan ou mercenaire, enflé de ses richesses, de son crédit, de sa force, ou de quelque
autre avantage semblable, s'ingérait dans le métier
de guerrier, ou le guerrier dans les fonctions du magistrat, sans en avoir la capacité; s'ils faisaient un
échange des instruments propres à leur emploi, et
des avantages qui y sont attachés; ou si le même
homme voulait s'acquitter à la fois de ces emplois différents; alors je crois, et tu croiras sans doute avec
moi, qu'un tel changement et qu'une telle confusion
entraîneraient infailliblement la ruine de la société.
— Infailliblement. — La confusion et le mélange de
ces trois ordres de fonctions est donc ce qui peut arriver de plus funeste à la société. On peut dire que
c'est un véritable crime. — Cela est vrai. — Or, le plus
grand, le véritable crime envers la société, n'est-ce
pas l'injustice? — Oui.

— C'est donc en cela que consiste l'injustice : d'où il suit, par la règle des contraires, que, quand chaque ordre de l'état, celui des mercenaires, celui des guerriers, et celui des magistrats, se tient dans les bornes de son emploi, et ne passe point au delà, ce doit être la justice, et ce qui fait qu'une république est juste. — Il me semble que la chose ne saurait être autrement. — Ne l'assurons point encore. Voyons auparavant si ce que nous venons de dire de la justice considérée dans la société, peut s'appliquer à chaque homme en particulier; et si l'application est juste, alors nous l'assurerons sans crainte, sinon, nous tournerons nos recherches d'un autre côté. Mettons fin à présent à la recherche où nous nous sommes engagés, dans la persuasion qu'il nous serait plus aisé de connaître quelle est la nature de la justice dans l'homme, si nous essayions auparavant de la contempler dans quelque modèle plus grand où elle se rencontrerait. Nous avons cru qu'une république nous offrait un modèle tel que nous souhaitions; et sur ce fondement, nous en avons formé une la plus parfaite qu'il nous a été possible, parceque nous savions bien que la justice se trouverait nécessairement dans une république bien constituée. Transportons donc à notre petit modèle, c'est-à-dire à l'homme, ce que nous avons découvert dans le grand; et si tout se rapporte de part et d'autre, la chose ira bien. S'il se trouve dans l'homme quelque chose qui ne convienne point à notre grand modèle, nous y retournerons, et en le comparant de nouveau avec l'homme, en les frottant, pour ainsi dire, l'un contre l'autre, nous en ferons sortir la justice, comme l'étincelle du caillou, et à l'éclat qu'elle jettera, nous la connaîtrons sans craindre de nous tromper. — C'est procéder avec méthode. Je crois que nous ne pouvons mieux faire.

— Lorsqu'on dit de deux choses, l'une plus grande, l'autre plus petite, qu'elles sont la même chose, sont-elles semblables ou non par ce qui fait dire d'elles qu'elles sont une même chose? — Elles sont semblables. — Ainsi, l'homme juste, en tant que juste, ne différera en rien d'une république juste; mais il lui sera parfaitement semblable. — Oui. — Or, nous avons conclu que notre république est juste, de ce que les trois ordres qui la composent agissent chacun conformément à sa nature et à sa destination; nous avons vu aussi qu'elle tenait de certaines qualités et dispositions de ces trois ordres, sa prudence, son courage et sa tempérance. — Cela est vrai. — Si donc nous trouvons dans l'ame de l'homme trois parties qui répondent aux trois ordres de la république, et entre lesquelles il y ait la même subordination, nous donnerons à ces trois parties les mêmes noms que nous avons donnés aux trois ordres de l'état. — Nous ne pourrons les leur refuser.

— Nous voilà tombés, mon cher ami, dans une question bien embarrassante à l'égard de l'ame. Il s'agit de savoir si elle a, ou non, en soi les trois parties dont nous venons de parler. — Cette question n'est pas si fâcheuse, à mon avis; car peut-être, Socrate, le proverbe a-t-il raison: le beau est difficile.

— Je le pense comme toi ; mais sache qu'en conti-
nuant d'employer la même méthode, il nous sera impossible de découvrir ce que nous cherchons. Le chemin qui doit nous conduire au terme est beaucoup
plus long et beaucoup plus compliqué. Cependant,
peut-être que la méthode dont nous nous servons
peut nous donner encore une solution qui convienne
à notre discussion, et à ce que nous avons dit jusqu'à
présent. — Il me paraît pour le présent que cela doit
nous suffire. — Soit. Je m'en contenterai ainsi que
toi. — Entre donc en matière, et que la longueur ne
te rebute point.

— N'est-ce pas une nécessité pour nous de convenir
que le caractère et les mœurs d'une société se trouvent
dans chacun des individus qui la composent, puisque
ce ne peut être que de là qu'elles ont passé dans la
société ? En effet, il serait ridicule de croire que ce caractère bouillant et farouche attribué à certaines nations, comme aux Thraces, aux Scythes, et en général aux peuples du nord ; ou cet esprit curieux et
avide de science, qu'on peut attribuer avec raison à
notre nation ; ou enfin cet esprit d'intérêt, qui caractérise les Phéniciens et les Égyptiens, prennent leur
source autre part que dans les particuliers qui composent chacune de ces nations. — Sans doute. — Cela
est donc certain ; ce n'est pas non plus en ce point que
consiste la difficulté. — Non. — Ce qui est véritablement difficile, c'est de décider si ce sont dans l'homme
trois principes différents, ou si c'est le même principe, qui connaît, qui s'irrite, qui se porte vers le

plaisir attaché à la nourriture, à la conservation de
l'espèce, et vers les autres plaisirs de cette nature.
Est-ce l'ame tout entière, ou n'est-ce qu'une partie
de l'ame, qui produit en nous chacun de ces effets?
Voilà ce qu'il est malaisé de définir d'une manière satisfaisante. — J'en conviens.

— Essayons de décider par cette voie s'il y a dans
l'ame trois principes distingués, ou un seul et même
principe. — Par quelle voie? — Il est certain que le
même sujet n'est pas capable en même temps et par
rapport au même objet, d'actions ou de passions contraires. Si donc nous trouvons qu'il arrive quelque
chose de semblable à l'égard de l'ame, nous en conclurons avec certitude qu'il y a en elle trois principes
distincts. — Fort bien. — Fais attention à ce que je
dis. — Parle. — La même chose, considérée sous le
même rapport, peut-elle être en même temps en repos et en mouvement? — Point du tout. — Assurons-
nous-en encore davantage, afin de ne pas nous trouver embarrassés dans la suite. Si quelqu'un nous
objectait qu'un homme qui se tient debout, et qui remue seulement les mains et la tête, est tout ensemble
en repos et en mouvement, nous dirions que ce n'est
pas parler juste, et qu'il faut dire qu'une partie de
son corps se meut, tandis que l'autre est en repos :
n'est-ce pas? — Oui. — Si, pour faire montre d'esprit
et de subtilité, il soutenait que la toupie, ou quelque
autre de ces corps qui tournent sur leur axe sans
changer de place, est à la fois tout entier en repos et
en mouvement, nous ne reconnaîtrions pas que ces

corps soient à la fois en repos et en mouvement sous le même rapport. Nous dirions qu'il faut distinguer en eux deux choses, l'axe et la circonférence ; que selon leur axe ils sont en repos, puisque cet axe n'incline d'aucun côté ; mais que selon leur circonférence ils se meuvent d'un mouvement circulaire ; et que, si l'axe venait à pencher à droite ou à gauche, en avant ou en arrière, alors il serait absolument faux de dire que ces corps sont en repos. — Cette réponse est solide.

— Ne nous effrayons donc pas de ces sortes de difficultés. Jamais elles ne nous persuaderont que la même chose, envisagée sous le même rapport, soit en même temps susceptible d'actions ou de passions contraires. — Jamais on ne me le persuadera. — Cependant, pour ne pas nous arrêter trop longtemps à parcourir toutes ces objections, et à en montrer la fausseté, allons en avant, après avoir posé pour vrai le principe dont nous parlons. Convenons seulement que, si dans la suite il est démontré faux, dès ce moment toutes les conclusions que nous en aurons tirées seront nulles. — Nous n'avons pas de meilleur parti à prendre. — Dis-moi maintenant : faire signe que l'on veut une chose, et faire signe qu'on ne la veut pas, y tendre et s'en éloigner, l'attirer à soi et la repousser, sont-ce des choses opposées, actions ou passions, peu importe ? — Ce sont des choses opposées. — La faim, la soif, et en général les appétits naturels, le désir, la volonté, tout cela n'est-il pas compris sous le genre des choses dont nous venons de

parler? Par exemple, ne dira-t-on pas d'un homme
qui a quelque desir, que son ame attend ce qu'elle
desire, qu'elle attire à soi la chose qu'elle voudrait
avoir, et qu'en tant qu'elle souhaite qu'une chose lui
soit donnée, elle fait signe qu'elle la veut, comme si
on l'interrogeait là-dessus, en se portant elle-même
en quelque sorte au-devant de l'accomplissement de
son desir? — Oui. — Ne vouloir pas, ne souhaiter pas,
ne desirer pas, n'est-ce pas la même chose que repousser et éloigner de soi? Et ces opérations de l'ame
ne sont-elles pas contraires aux précédentes? — Sans
contredit.

— Cela posé, n'avons-nous pas des appétits naturels, et deux surtout plus apparents que les autres,
que nous appelons la faim et la soif? — Oui. — L'une
n'a-t-elle pas pour objet le boire, l'autre le manger?
— Sans doute. — La soif, en tant que soif, est-elle
autre chose dans l'ame que le seul desir de boire? En
d'autres termes, la soif en soi a-t-elle pour objet une
boisson chaude ou froide, en grande ou en petite
quantité, et en général telle et telle boisson? ou plutôt n'est-il pas vrai que, s'il se joint à la soif quelque
qualité chaude, cette qualité ajoute au desir de boire,
celui de boire froid; si c'est quelque qualité froide,
elle ajoute au desir de boire, celui de boire chaud:
que si la soif est grande, on veut boire beaucoup; si
elle est petite, on veut boire peu? Mais que la soif
prise en soi n'est autre chose que le desir de la boisson, qui est son objet propre; comme le manger est
l'objet de la faim? — Cela est vrai. Chaque désir pris

en lui-même se porte vers son objet pris aussi en lui-
même : ce sont les qualités accidentelles qui , se joignant à chaque desir , font qu'il se porte vers telle ou
telle modification de son objet.

— Ne nous laissons pas troubler par cette objection ; personne ne desire simplement la boisson, mais
une bonne boisson ; ni le manger , mais un bon manger ; car tous desirent les bonnes choses. Si donc la
soif est un desir , c'est le desir de quelque chose de
bon , quel que soit son objet , soit la boisson , soit autre chose. Il en est ainsi des autres desirs. — Cette objection paraît être cependant de quelque importance.
— Prends garde que les choses qui ont avec d'autres
un rapport de quantité ou de qualité sont telles, parce
qu'elles considèrent leurs objets sous ce rapport ;
qu'au contraire , les choses prises en soi envisagent
leurs objets pris en eux-mêmes et dépouillés de toutes
leurs qualités accidentelles. — Je n'entends pas. —
Quoi! tu n'entends pas que ce qui est *plus grand* n'est
tel qu'à cause du rapport qu'il a à une chose plus
petite? — J'entends cela. — Et que s'il est beaucoup
plus grand, c'est par rapport à une chose beaucoup
plus petite. N'est-il pas vrai? — Oui. — Et que s'il a
été , ou s'il doit être un jour plus grand, c'est par rapport à une chose qui a été, ou qui sera plus petite ?
— Sans doute. — De même, le plus a rapport au
moins, le double à la moitié, le plus pesant au plus
léger, le plus vite au plus lent , le chaud au froid, et
ainsi du reste. Cela n'est-il pas comme je dis ? — Oui.
— N'est-ce pas la même chose à l'égard des sciences ?

La science, en général, a pour objet tout ce qui peut ou doit être connu, quel qu'il soit. Mais une science en particulier a pour objet telle ou telle connaissance. Par exemple, lorsqu'on eut inventé la science de construire les maisons, ne lui donna-t-on pas le nom d'architecture, parcequ'elle était distincte des autres sciences? — Cela est vrai. — Et par où s'en distinguait-elle, sinon parcequ'elle était telle, qu'elle ne ressemblait à nulle autre science? — J'en conviens. — Par où encore était-elle cela, sinon parcequ'elle avait tel objet particulier? J'en dis autant des autres arts et des autres sciences. — La chose est ainsi. — Tu comprends sans doute à présent quelle était ma pensée, quand je disais que les choses prises en elles-mêmes considèrent en lui-même l'objet auquel elles se rapportent; et que les choses telles ont rapport à un objet tel. Au reste, je ne veux pas dire par là qu'une chose soit telle que son objet; que, par exemple, la science des choses qui servent ou nuisent à la santé soit saine ou malsaine, ni que la science du bien ou du mal soit bonne ou mauvaise; je prétends seulement que, puisque la science du médecin n'a pas le même objet que la science en général, mais un objet déterminé, c'est-à-dire ce qui est utile ou nuisible à la santé, cette science est aussi déterminée: ce qui fait qu'on ne lui donne pas simplement le nom de science, mais celui de médecine, en la caractérisant par son objet. — Je comprends ta pensée, et je la crois vraie. — Ne mets-tu pas la soif au nombre des choses qui ont rapport à une autre? — Oui, et c'est à la boisson. — Ainsi, telle soif a rapport à telle boisson : au lieu que la soif en soi n'est pas la soif d'une telle boisson, bonne ou mauvaise, en grande ou en petite quantité, mais de la boisson simplement. — Sans doute. — Par conséquent l'ame d'un homme qui a simplement soif ne desire autre chose que de boire; c'est là ce qu'elle veut, c'est là uniquement qu'elle se porte. — La chose est évidente.

— Si donc, lorsqu'elle se porte vers le boire, quelque chose l'en détourne, ce ne peut être le même principe que celui qui excite en elle la soif, et qui l'entraine comme une brute vers le boire. Car, disonsnous, le même principe ne peut produire deux effets opposés par rapport au même objet. — Cela ne peut être. — De même qu'on aurait tort de dire d'un archer que de ses mains il tire l'arc à soi et l'éloigne en même temps; mais on dit très bien qu'il tire l'arc à soi d'une main, et qu'il le repousse de l'autre. — Fort bien. — Ne se trouve t-il pas des gens qui ont soif et ne veulent pas boire? — On en trouve souvent et en grand nombre. — Que penser de ces gens-là, sinon qu'il y a dans leur ame un principe qui leur ordonne de boire, et un autre qui le leur défend, et qui l'emporte sur le premier? — Pour moi, je le pense. — Ce principe qui leur défend de boire, n'est-ce pas la raison? Celui qui les y porte et les y pousse n'est il pas une suite de la maladie ou d'une certaine disposition du corps? — Oui. — C'est donc avec justice que nous disons que ce sont deux principes distingués l'un de l'autre, et que nous appelons raison cette partie de notre ame qui

est le principe du raisonnement; et appétit sensitif,
privé de raison , ami de la jouissance et des plaisirs,
cette autre partie de l'ame, qui est le principe de
l'amour, de la faim, de la soif, et des autres desirs.—
Nous avons raison de les regarder comme différents.

— Posons donc pour certain que ces deux principes
se trouvent dans notre ame. Mais ce que causent en nous
la colère et le courage, est ce un troisième principe?
Ou serait-il de même nature que l'un des deux autres?
—Peut-être appartient il à l'appétit sensitif.—On m'a
dit une chose que je crois vraie. La voici : Léonce,
fils d'Aglaïon , revenant un jour du Pyrée, le long de
la muraille opposée au nord , aperçut de loin des cadavres étendus sur le lieu des supplices; il sentit à la
fois un desir violent de s'approcher pour les voir, et
une répugnance mêlée d'aversion pour un pareil objet. Il résista d'abord, et se cacha le visage ; mais enfin
cédant à la violence de son desir , il courut vers ces
cadavres, ouvrit les yeux le plus qu'il put, et s'écria :
« Hé bien ! malheureux, jouissez à loisir d'un si doux
« spectacle. » — J'ai ouï raconter la même chose. —
Elle nous fait voir que la colère s'oppose parfois en
nous aux desirs, et par conséquent qu'elle en est distincte. — Cela est vrai. — Ne remarquons nous pas
aussi en plusieurs occasions que lorsqu'on se sent entraîné par ses desirs malgré la raison , on se fait des
reproches à soi-même, on s'emporte contre ce qui
nous fait violence intérieurement, et que, dans cette
espèce de sédition , le courage se range du côté de la
raison? Mais tu n'as jamais éprouvé dans toi-même

ni remarqué dans les autres que la colère se soit mise du côté du desir, quand la raison décide qu'il ne faut pas faire quelque chose. — Non, assurément. — N'est-il pas vrai que, quand on croit avoir tort, plus on a de générosité dans les sentiments, moins on peut se fâcher, quelque chose que l'on souffre de la part d'un autre, comme la faim, le froid, ou tout autre mauvais traitement, lorsqu'on croit qu'il a raison de nous traiter de la sorte; en un mot, que la colère en nous ne saurait s'élever contre lui? — Rien de plus vrai. — Mais si nous sommes persuadés qu'on nous fait injustice, notre colère alors ne s'enflamme-t-elle point, ne prend-elle pas le parti de ce qui nous paraît juste? Au lieu de se laisser dompter par la faim, par le froid, par tout autre mauvais traitement, ne les surmonte-t-elle pas? Cesse-t-elle un moment de faire de généreux efforts, jusqu'à ce qu'elle ait obtenu satisfaction, ou que la mort lui en ait ôté le pouvoir, ou que la raison, toujours présente en nous, l'ait apaisée et adoucie, comme un berger apaise son chien? — Cette comparaison est d'autant plus naturelle que, selon ce que nous avons dit, dans notre république les guerriers doivent être soumis aux magistrats, comme des chiens à leurs bergers.

— Tu comprends fort bien ce que je veux dire. Mais voici une réflexion que je te prie encore de faire. — Quelle réflexion? — C'est que la colère nous paraît à présent tout autre chose que ce que nous l'avons cru d'abord. Nous pensions qu'elle faisait partie de l'appétit sensitif; maintenant nous sommes bien éloi-

16.

gnés de le penser, et nous voyons que lorsqu'il s'élève
quelque sédition dans l'ame, la colère prend toujours
les armes en faveur de la raison. — Cela est vrai. —
Est-elle différente de la raison, ou a-t-elle quelque
chose de commun avec celle-ci, de sorte qu'il n'y ait
dans l'ame que deux parties, la raisonnable et la concupiscible? Ou plutôt, comme notre république est
composée de trois ordres, des mercenaires, des guerriers et des magistrats, l'appétit irascible est-il aussi
dans l'ame un troisième principe, dont la destination
soit de seconder la raison, à moins qu'il n'ait été cor-
rompu par une mauvaise éducation? —C'est nécessairement un troisième principe. — Fort bien. Mais il
nous faut montrer qu'il est distinct de la raison,
comme nous avons montré qu'il l'était de l'appétit sensitif. — Cela n'est pas difficile. Nous voyons que les
enfants, aussitôt qu'ils sont nés, sont déja très sujets à la colère; que la raison ne vient jamais à quelques-uns, et qu'elle ne vient que fort tard à la plupart. — Tu dis très bien. On peut aussi alléguer en
preuve ce qui se passe à l'égard des animaux. Nous
pouvons outre cela apporter en témoignage le vers
d'Homère cité plus haut :

Ulysse se frappa la poitrine, et releva par ces mots son courage
abattu[1].

Car il est évident qu'Homère représente ici comme
deux choses distinctes, d'une part, la raison qui gour-
mande le courage, après avoir réfléchi sur ce qu'il faut

[1] *Odyssée*, 20, v. 17.

faire et ne pas faire ; de l'autre, le courage déraisonnable qui essuie des reproches. — Cela est parfaitement bien dit.

— Enfin, nous sommes venus à bout, quoique avec
bien de la peine, de montrer clairement qu'il y a dans
l'âme de l'homme trois principes qui répondent à chacun des trois ordres de l'état. — Cela est vrai. — N'est-
ce pas maintenant une nécessité que la république et
le particulier soient prudents de la même manière
et par le même endroit. — Oui. — Que le particulier
soit courageux de la même façon, et par le même endroit que la république. En un mot, que tout ce qui
contribue à la vertu se rencontre dans l'un comme
dans l'autre? — Sans doute. — Ainsi, nous dirons,
mon cher Glaucon, que ce qui rend la république juste
rend également le particulier juste. — C'est une conséquence nécessaire. — Nous n'avons pas oublié que
la république est juste lorsque chacun des trois ordres qui la composent fait uniquement ce qui est de
son devoir. — Je ne crois pas que nous l'ayons oublié.
— Souvenons-nous donc que chacun de nous sera juste
et remplira son devoir, lorsque chacune des parties
de lui-même accomplira sa tâche.—Oui certes, il faudra
s'en souvenir. — N'appartient-il pas à la raison de
commander, puisque c'est en elle que réside la prudence, et qu'elle a inspection sur toute l'âme? Et
n'est-ce pas à la colère d'obéir et de la seconder? —
Oui. — Par quelle autre voie pourra-t-on entretenir
un parfait accord entre ces deux parties, sinon par ce
mélange de la musique et de la gymnastique dont nous

parlions plus haut, et dont l'effet sera, d'une part,
de nourrir et de fortifier la raison par de beaux préceptes et par l'étude des sciences; d'autre part, d'a-
doucir et d'apaiser le courage par le charme du nombre
et de l'harmonie? — Je ne vois pas d'autre moyen. —
Ces deux parties de l'ame, ainsi élevées et instruites
de leur devoir, gouverneront l'appétit sensitif qui
occupe la plus grande partie de notre ame, et qui est
insatiable de sa nature. Elles prendront garde qu'a-
près s'être accru et fortifié par la jouissance des plaisirs du corps, il ne sorte des bornes de son devoir, et
ne prétende se donner sur elles une autorité qui ne lui
appartient pas, et qui apporterait dans l'ensemble un
étrange désordre. — Sans doute.

— En cas d'attaque extérieure, elles prendront les
meilleures mesures pour la sûreté de l'ame et du corps.
La raison délibérera, la colère combattra, et, secondée
du courage, exécutera les ordres de la raison. — Fort
bien. — L'homme mérite donc le nom de courageux
lorsque cette partie de son ame, où réside la colère,
suit constamment, à travers les plaisirs et les peines,
les ordres de la raison sur ce qui est ou n'est pas à
craindre. — Oui. — Il est prudent par cette petite
partie de son ame qui commande et donne des ordres, qui seule sait ce qui est utile à chacune des trois
autres parties et à toutes ensemble. — Cela est vrai.
— N'est il pas tempérant par l'amitié et l'harmonie
qui règnent entre la partie qui commande et celles qui
obéissent, lorsque ces deux dernières demeurent d'accord que c'est à la raison de commander, et ne lui

disputent point l'autorité ? — La tempérance ne peut avoir d'autre principe, soit dans l'état, soit dans le particulier. — Mais c'est aussi par tout cela qu'il est juste, comme nous avons dit souvent.—Sans contredit.

— Est-il à présent quelque chose qui nous empêche de reconnaître que la justice dans l'individu est la même que dans la république ? — Je ne le crois pas. — S'il nous restait encore quelque doute là-dessus, nous le ferons disparaître en examinant les suites de la doctrine contraire. — Quelles sont ces suites? — Par exemple, s'il s'agissait, à l'égard de notre république et du particulier formé sur son modèle par la nature et par l'éducation, d'examiner entre nous si cet homme pourrait détourner à son profit un dépôt d'or ou d'argent, penses-tu que personne le crût plus capable d'une telle action que ceux qui ne lui ressemblent pas ? — Je ne le pense point. — Ne sera-t-il pas également incapable de piller les temples, de dérober, de trahir l'état ou ses amis? — Oui. — De manquer en aucune façon à ses serments et à ses promesses? — Sans doute. — L'adultère, le manque de respect envers ses parents, et de piété envers les dieux, sont encore des fautes dont il se rendra coupable moins que personne. — Oui. — La cause de tout cela n'est-ce pas la subordination établie entre les parties de son ame, et l'application de chacune d'elles à remplir ses devoirs? — Il ne saurait y en avoir d'autre. — Mais connais-tu quelque autre vertu que la justice qui puisse former des hommes de ce caractère? — Non assurément.

— Nous voyons donc maintenant clairement ce que
nous ne faisions d'abord qu'entrevoir ; à peine met-
tions-nous la main au plan de notre république, que
quelque divinité nous a fait rencontrer comme un
modèle de la justice. — Il est vrai. — Ainsi, mon cher
Glaucon, lorsque nous exigions que celui qui était
né pour être cordonnier, charpentier, ou tout autre
artisan fît bien son métier et ne se mêlât point d'autre chose, nous tracions l'image de la justice. Aussi
sommes-nous arrivés par ce moyen à découvrir la justice elle-même. — Évidemment. — La justice, en effet,
est quelque chose de semblable à ce que nous pres-
crivions ; à cela près qu'elle ne s'arrête point aux actions extérieures de l'homme ; mais qu'elle règle son
intérieur, ne permettant pas qu'aucune des parties de
son ame fasse autre chose que ce qui lui est propre,
et leur défendant d'empiéter sur leurs fonctions réciproques. Elle veut que l'homme, après avoir bien
déterminé à chacune les fonctions qui lui sont propres,
après s'être rendu maître de lui-même, avoir établi
l'ordre et la correspondance entre ces trois parties,
mis entre elles un accord parfait, comme entre les
trois tons extrêmes de l'harmonie, l'octave, la basse
et la quinte, et les autres tons intermédiaires, s'il en
existe, avoir lié ensemble tous les éléments qui le
composent, de sorte que de leur assemblage il résulte
un tout bien réglé et bien concerté ; elle veut, dis-je,
qu'alors l'homme commence à agir, soit qu'il se propose d'amasser des richesses, ou de prendre soin de
son corps, ou de mener une vie privée, ou de se mêler

des affaires publiques : que dans toutes ces circonstances, il donne le nom d'action juste et belle à toute
action qui fait naître et qui entretient en lui ce bel
ordre, et le nom de prudence à la science qui préside
aux actions de cette nature : qu'au contraire, il appelle action injuste celle qui détruit en lui cet ordre,
et ignorance l'opinion qui préside à de semblables
actions. — Mon cher Socrate, rien de plus vrai que ce
que tu dis.

— Ainsi, nous ne craindrons guère de nous tromper en assurant que nous avons trouvé ce que c'est
qu'un homme juste, une société juste, et en quoi
consiste la justice. — Nous n'aurons rien à craindre.
— L'assurerons-nous? — Oui. — Soit. Il nous reste
à présent, je pense, à examiner l'injustice. — Sans
doute. — Peut-elle être autre chose qu'une sédition
entre les trois parties de l'ame, qui se portent à ce
qui n'est point de leur destination, en usurpant l'emploi d'autrui? qu'un soulèvement d'une partie contre
le tout pour se donner une autorité qui ne lui appartient point, parceque, de sa nature, elle est faite pour
obéir à ce qui est fait pour commander? C'est de là,
dirons-nous, c'est de ce désordre et de ce trouble que
naissent l'injustice et l'intempérance, la lâcheté et
l'ignorance, en un mot, tous les vices. — Cela est
certain. — Puisque nous connaissons la nature de
la justice et de l'injustice, nous connaissons aussi la
nature des actions justes et injustes. — Comment
cela? — C'est qu'elles sont, à l'égard de l'ame, ce que
les choses saines et malsaines sont par rapport au

corps. — En quoi? — Les choses saines donnent la
santé, les choses malsaines engendrent la maladie.
— Oui. — De même les actions justes produisent la
justice, les actions injustes, l'injustice. — Sans contredit. — Donner la santé, c'est établir entre les divers éléments de la constitution humaine l'équilibre
naturel qui les soumet les uns aux autres ; engendrer
la maladie, c'est faire qu'un de ces éléments domine
sur les autres, ou soit dominé par eux, contre les lois
de la nature. — Cela est vrai. — Par la même raison,
produire la justice c'est établir entre les parties de
l'ame la subordination que la nature a voulu y mettre ;
produire l'injustice c'est donner à une partie sur les
autres un empire qui est contre nature. — Fort bien.

— La vertu est donc, si je puis parler ainsi, la
santé, la beauté, la bonne disposition de l'ame. Le
vice, au contraire, en est la maladie, la difformité et
la faiblesse. — Cela est ainsi. — Les actions honnêtes
ne contribuent-elles pas à faire naître en nous la vertu,
et les actions déshonnêtes à y produire le vice? —
Sans doute. — Nous n'avons plus par conséquent
qu'à examiner s'il est utile de faire des actions justes,
de s'appliquer à ce qui est honnête, et d'être juste,
qu'on soit ou non connu pour tel, ou de commettre
des injustices et d'être injuste, quand même on n'aurait point à craindre d'en être puni, et d'être forcé de
devenir meilleur par la correction. — Mais, Socrate,
il me paraît ridicule de s'arrêter désormais à un pareil
examen. Car si, lorsque le tempérament est entièrement ruiné, la vie devient insupportable, la passât-

on dans la bonne chère ; dans le sein de l'opulence et des honneurs, à plus forte raison doit-elle nous être à charge lorsque l'ame, qui en est le principe, est altérée et corrompue ; eût-on d'ailleurs le pouvoir de tout faire, excepté ce qui pourrait retirer l'ame de son injustice et de ses vices, et lui procurer l'acquisition de la justice et des vertus. Cela me paraît évident, surtout après le jugement que nous venons de porter sur la nature de l'injustice et la justice. — Il serait en effet ridicule de s'arrêter à cet examen : mais puisque nous en sommes venus au point de pouvoir nous convaincre de cette vérité avec la dernière évidence, il n'en faut pas rester là. — Gardons-nous bien de perdre cœur. — Approche donc et vois sous combien de formes, j'entends de formes dignes d'être observées, le vice se présente. — Je te suis : montre-les-moi. — Autant que je puis découvrir de la hauteur où cet entretien nous a conduits, il me semble que la forme de la vertu est une, et que celles du vice sont sans nombre : on peut cependant les réduire à quatre dignes de nous occuper. — Que veux-tu dire ? — Je veux dire que l'ame a autant de différents caractères qu'il y a de différentes formes de gouvernements. — Combien en comptes-tu ? — Cinq, de part et d'autre. — Nomme-les-moi. — Je dis d'abord que la forme de gouvernement que nous venons d'exposer est une, mais qu'on peut lui donner deux noms. Si un seul gouverne, on appellera le gouvernement monarchie, et si l'autorité est partagée entre plusieurs, on l'appellera aristocratie. — Fort bien. — Je dis qu'il n'y a

17

ici qu'une seule forme de gouvernement ; car, que le commandement soit entre les mains d'un seul ou entre les mains de plusieurs, on ne changera rien aux lois fondamentales de l'état tant que les principes d'éducation que nous avons donnés seront en usage. — Il n'y a pas d'apparence.

LIVRE CINQUIÈME.

Après avoir réglé l'éducation des hommes, Platon s'occupe de l'éducation des femmes : il veut que ces deux éducations soient identiques : les femmes apprendront le maniement des armes, elles iront à la guerre, bien plus, elles seront communes, elles appartiendront à tous, en sorte que les enfants ne connaîtront pas leurs pères, et que les pères ne connaîtront pas leurs enfants. En voulant détruire les priviléges de la naissance, le législateur détruit la famille : la tendresse conjugale et l'amour maternel sont bannis de sa république. Deux graves questions l'occupent ensuite, la question de l'esclavage et celle de la guerre ; il s'agit de les établir selon la justice. Les républiques grecques sont toutes alliées et amies, elles appartiennent pour ainsi dire à la même nation. Or l'homme parfaitement juste ne réduira point à la servitude son allié ou son ami, donc les Grecs ne prendront point leurs esclaves chez les Grecs, ils ne les prendront que chez les barbares. Le droit et l'humanité apparaissent ici pour la première fois, et il est beau d'assister à leur naissance. De la question de l'esclavage, Platon passe à la question de la guerre, et, encore ici, il trouve le moyen d'introduire l'humanité au moins entre les Grecs. Il n'ose dire qu'une lutte des peuples libres et amis serait un crime, mais il ne veut pas que cette lutte s'appelle guerre. Il change son nom pour en adoucir les horreurs. Ce sera une discorde ; et dans la discorde, les Grecs se battront, mais ils ne ravageront pas, ils ne brûleront pas, ils n'écraseront pas comme des ennemis tous les habitants d'un état ; enfin ils ne frapperont que le petit nombre de ceux qui auront suscité la discorde, le plus grand nombre se composant d'amis. Ici encore le droit et l'humanité apparaissent pour la première fois ; ici encore le cercle est étroit, mais l'idée est produite, le flambeau est allumé, il ne peut plus s'éteindre, il doit comme le soleil éclairer le genre humain.

LIVRE CINQUIÈME.

— Je donne donc au gouvernement dont je viens de parler, quelque part qu'il se trouve, soit dans un état, soit dans un individu, le nom d'un gouvernement bien réglé et parfait : j'ajoute que, si cette forme de gouvernement est bonne, toutes les autres sont mauvaises et défectueuses. On peut les réduire à quatre. — Quelles sont-elles? » dit Glaucon.

J'allais faire le dénombrement de ces gouvernements, dans l'ordre où ils paraissent se former les uns des autres, lorsque Polémarque, qui était assis à quelque distance d'Adimante, étendant le bras, le tira par le manteau à l'endroit de l'épaule, et, se penchant vers lui, lui dit à l'oreille quelques mots, dont nous n'entendîmes que ceux-ci : « Le laisserons-nous passer outre? — Point du tout, répondit Adimante d'une voix plus haute. — Quel est donc, repris-je, celui que vous ne voulez point laisser passer? — Toi-même. — Pourquoi? — Il nous paraît, dit Adimante, que tu perds courage, et que tu veux nous dérober une partie de cet entretien qui n'est pas la moins intéressante. Tu as cru peut-être nous échapper en disant simplement qu'à l'égard des femmes et des enfants, il était évident que tout cela devait être commun entre les amis. — N'ai-je pas eu raison de le dire, mon cher Adimante? — Je n'en disconviens pas. Mais ce point, ainsi que

17.

les autres, a besoin d'explication. Cette communauté
peut se pratiquer de plusieurs manières. Dis-nous donc
quelle est celle dont tu veux parler. Il y a longtemps
que nous attendons, espérant toujours que tu feras
mention de la procréation des enfants, de la manière
de les élever; en un mot, de tout ce qui appartient à
la communauté des femmes et des enfants, dont tu
n'as jeté qu'un mot en passant. Nous sommes persuadés
que le parti qu'on prendra à ce sujet est d'une grande
importance, ou plutôt décide de tout pour la société.
Maintenant donc que tu passes à une autre forme de
gouvernement, avant que d'avoir suffisamment développé ce point, nous avons résolu, comme tu viens de
l'entendre, de ne pas te laisser aller plus loin, que
tu n'aies expliqué cet article, comme tu as fait pour
les autres. — Je me joins à Polémarque et à Adimante,
dit Glaucon. — Socrate, c'est un parti pris par tous
ceux qui sont ici, dit à son tour Thrasymaque.

— Qu'avez-vous fait, repris-je, en m'obligeant à revenir sur mes pas? Dans quelle discussion m'allez-vous
jeter de nouveau! Je me félicitais d'être sorti d'un
mauvais pas, trop heureux qu'on voulût bien s'en
tenir à ce que j'ai dit alors. Quand vous me forcez de
reprendre ce sujet, vous ne savez pas quel essaim de
nouvelles disputes vous allez réveiller. J'ai prévu les
troubles qu'elles nous causeraient, et c'était pour les
éviter que je n'en ai pas dit davantage. — Crois-tu que
nous soyons venus ici pour fondre l'or [1] et non pour

___

[1] Expression proverbiale, pour dire : concevoir de grandes espérances et être forcé de les abandonner. Voyez l'origine de ce

entendre des raisonnements ? — A la bonne heure :
mais encore faut-il garder quelque mesure. — Pour des
hommes sages, ce n'est pas trop de toute la vie pour
s'entretenir de matières si importantes. Ainsi, crois-
moi ; laisse-nous le soin de ce qui nous regarde, et
songe à nous dire ta pensée sur la manière dont se
fera cette communauté des femmes et des enfants entre
nos guerriers ; et sur la manière dont on élèvera les
enfants du moment où ils verront le jour, jusqu'à celui
où ils seront capables d'une éducation sérieuse et
raisonnée, époque où ils exigent les soins les plus
pénibles. Explique-nous donc de grace comment il
faudra s'y prendre.

— C'est ce qu'il ne m'est point aisé de faire, mon
cher Glaucon, et ce qui trouvera encore moins de
croyance dans les esprits que tout ce qui a précédé.
On ne croira jamais que la chose soit possible ; et
quand même on en verrait la possibilité, on ne pourra
se persuader qu'il n'y a rien de mieux à faire. Voilà
ce qui m'empêche de dire librement ma pensée. Je
crains, mon cher ami, qu'on ne la prenne pour un
vain souhait. — Ne crains rien. Tu parles à des gens
qui ne sont ni déraisonnables, ni obstinés, ni mal disposés à ton égard. — N'est-ce pas dans le dessein de
me rassurer que tu me parles de la sorte ? — Oui. —
Hé bien, tes paroles produisent sur moi un effet tout
contraire. Si j'étais bien persuadé moi-même de la
vérité de ce que je vais dire, tes exhortations seraient

proverbe dans Suidas, t. III, p. 694, et dans Erasme, *Adag-Chil.*
III ; Centur. IV, 56, p. 588.

de saison ; car on peut parler en sûreté et avec confiance devant des auditeurs pleins de discernement et de bienveillance, lorsqu'on croit qu'on leur dira la vérité sur des sujets importants et qui les intéressent. Mais lorsqu'on parle comme je fais, en cherchant et en tâtonnant, il est dangereux, et on doit craindre, non de faire rire (cette crainte serait puérile), mais de s'écarter du vrai, et d'entraîner avec soi ses amis dans l'erreur sur des choses où il est funeste de se tromper. Je conjure donc Adrastée [1] de me pardonner ce que je vais dire ; car je regarde comme un moindre crime de tuer quelqu'un sans le vouloir, que de le tromper sur le beau, le bon, le juste et les lois. Encore vaudrait-il mieux en courir le danger à l'égard de ses amis. Voilà pourquoi, mon cher Glaucon, tu as tort de me presser ainsi. — Socrate, reprit Glaucon en souriant, si tes discours nous jettent dans quelque erreur, nous nous désisterons de toute poursuite à ton égard, comme dans le cas d'homicide ; nous ne te regarderons pas comme un trompeur. Explique-toi donc sans crainte. — A la bonne heure : puisque dans le premier cas la loi vous déclare innocent, lorsqu'il y a désistement, il est assez probable qu'il en est de même dans le second cas. — C'est une raison de plus pour toi de ne rien appréhender.

— Je vais donc reprendre un sujet que j'aurais peut-être mieux fait de traiter de suite quand l'occasion s'en est présentée. Aussi bien ne sera-t-il pas hors de

---

[1] Adrastée ou Némésis, fille de Jupiter, punissait les meurtres même involontaires.

propos de mettre les femmes en scène, après y avoir
mis les hommes, d'autant plus que tu m'invites à le
faire. Pour donner à des hommes nés et élevés de la
façon que nous avons dit, des règles sûres touchant
la possession et l'usage des femmes et des enfants,
nous n'avons, selon moi, rien de mieux à faire que
leur prescrire de suivre la route que nous avons tracée
en commençant. Or, nous avons représenté les hommes
comme les gardiens d'un troupeau. — Cela est vrai. —
Suivons donc cette idée en donnant aux enfants une
naissance et une éducation qui y répondent, et voyons
si cela nous réussira ou non. — Comment nous y prendrons-nous? — Le voici. Croyons-nous que les femelles des chiens doivent veiller comme eux à la garde
des troupeaux, aller à la chasse avec eux et faire tout
en commun, ou qu'elles doivent rester au logis:
comme si, occupées à faire des petits et à les nourrir,
elles étaient incapables d'autre chose, tandis que le
travail et le soin des troupeaux seront le partage ex-
clusif des mâles? — Nous voulons que tout soit commun. Seulement dans les services qu'on réclame, on
a égard à la faiblesse des femelles et à la force des
mâles. — Peut-on tirer d'un animal les services qu'on
tire d'un autre, s'il n'a été nourri et dressé de la
même manière? — Non. — Par conséquent, si nous
réclamons des femmes les mêmes services que des
hommes, il faut leur donner la même éducation. —
Sans doute. — N'avons-nous pas élevé les hommes
dans la musique et la gymnastique? — Oui. — Il
faudra donc appliquer aussi les femmes à l'étude de

ces deux arts, les former au métier de la guerre, et les traiter en tout de même que les hommes. — C'est une suite de ce que tu dis.

— Si l'on en venait à l'exécution, cela paraîtrait peut-être ridicule, parceque l'usage y est contraire. — Très ridicule. — Mais que trouves-tu dans tout cela de plus ridicule ? Ce serait sans doute de voir des femmes nues s'exercer au gymnase avec des hommes ; je ne dis pas seulement les jeunes femmes, mais les vieilles ; à l'exemple de ces vieillards qui se plaisent encore à ces exercices, quoique ridés et désagréables à voir. — Il est vrai que, dans nos mœurs, cela paraîtrait du dernier ridicule. — Mais, puisque nous avons une fois commencé, moquons-nous des railleurs qu'une innovation de cette nature mettra sans doute en belle humeur et qui ne manqueront pas de rire en voyant des femmes s'appliquer à la musique, à la gymnastique, apprendre à manier les armes et à monter à cheval. — Tu as raison. — Suivons notre route, et allons tout d'abord à ce que cette institution paraît avoir de plus révoltant. Conjurons donc ces railleurs de quitter pour un moment leur caractère badin, et d'examiner sérieusement la chose. Rappelons-leur qu'il n'y a pas longtemps que les Grecs croyaient encore, comme le croient aujourd'hui la plupart des nations barbares, que la vue d'un homme nu est un spectacle honteux et ridicule ; et que, lorsque les gymnases furent ouverts pour la première fois en Crète, puis à Lacédémone, les plaisants de ce temps-là avaient quelque droit d'en faire des raille-

ries. Qu'en penses-tu? — Je le crois. — Mais depuis
que l'usage a fait voir qu'il était mieux de s'exercer
à nu que de cacher certaines parties du corps, la
raison, en découvrant ce qui était plus convenable, a
dissipé le ridicule que les yeux attachaient à la nudité;
elle a montré qu'il n'y a qu'un esprit superficiel qui
puisse trouver du ridicule autre part que dans ce qui
est mauvais en soi; qui cherche à faire rire, en prenant
pour objet de ses railleries autre chose que ce qui est
déraisonnable et vicieux, et qui poursuit sérieusement
un tout autre but que le bien. — Cela est vrai.

— Ne faut-il pas décider d'abord entre nous si ce
que nous proposons est possible ou non, et donner
à qui voudra, homme sérieux ou plaisant, la liberté
d'examiner si les femmes sont capables des mêmes
exercices que les hommes, ou si elles ne sont propres à aucun, ou enfin si elles sont capables des uns
et incapables des autres? Après quoi, nous verrons
dans laquelle de ces classes il faut ranger les exercices de la guerre. Si nous procédons ainsi dans cet
examen, ne pouvons-nous pas nous flatter que cette
matière sera parfaitement bien discutée? — Oui. —
Veux-tu que nous nous chargions de faire valoir les
raisons de nos adversaires, afin que leur cause ne soit
pas sans défense? — Rien n'empêche. — Voici donc
ce qu'ils pourraient nous dire : « *Socrate et Glaucon,
nous n'avons pas besoin, pour vous attaquer, d'autres
armes que celles que vous nous fournissez vous-mêmes.
N'êtes-vous pas convenus, lorsque vous jetiez les fondements de votre république, que chacun devait se borner*

à l'emploi le mieux assorti à sa nature ? — Nous en sommes convenus, il est vrai. — *Mais se peut-il qu'il n'y ait une extrême différence entre la nature de l'homme et celle de la femme ?* — Comment ne seraient-elles pas différentes ? — *Il faut donc les appliquer l'un et l'autre à des emplois différents selon leur nature ?* — Sans contredit. — *Ainsi, c'est une absurdité et une contradiction manifeste de votre part de dire qu'il faut appliquer indifféremment aux mêmes emplois les hommes et les femmes, malgré la grande différence de leur nature.* » Mon cher Glaucon, as-tu quelque chose à répondre à cela ? — Il n'est pas aisé d'y répondre sur-le-champ ; mais je te prie de le faire pour nous, et de nous défendre comme bon te semblera.

— Il y a longtemps, mon cher ami, que j'avais prévu cette difficulté et beaucoup d'autres semblables. Voilà ce qui me faisait appréhender d'entrer dans quelque détail sur la matière que nous traitons. — Ta crainte était bien fondée. Cette objection ne paraît point aisée à résoudre. — Vraiment non ; mais nous sommes dans le même cas qu'un homme qui est tombé dans l'eau. Que ce soit dans un étang ou dans la pleine mer, peu importe, il y périra s'il ne se met à nager. — Sans doute. — Faisons comme lui. Mettons-nous à la nage pour nous tirer de cette difficulté. Peut-être quelque dauphin viendra-t-il nous prêter son dos, ou recevrons-nous quelque autre secours imprévu. — Cela pourrait être. — Voyons donc si nous trouverons quelque moyen de salut. Nous sommes convenus qu'il faut appliquer les natures différentes à des emplois diffé-

rents. Nous reconnaissons d'ailleurs que l'homme et
la femme sont d'une nature différente, et néanmoins
nous prétendons les appliquer l'un et l'autre aux
mêmes emplois. N'est-ce pas là ce qu'on nous objecte?
— Oui.

— En vérité, mon cher Glaucon, l'art de la dispute
a un merveilleux pouvoir! — A quel propos dis-tu
cela? Il me semble qu'on tombe souvent dans la dispute sans le vouloir, et que l'on croit discuter lorsqu'on ne fait que disputer; cela vient de ce que, faute
de distinguer les différents sens d'une proposition,
on en tire des contradictions apparentes en les prenant au pied de la lettre, et de ce que l'on chicane,
au lieu de s'éclairer en s'interrogeant mutuellement.
— C'est un travers auquel bien des gens sont sujets.
Mais cela nous regarderait-il dans la question présente? Oui, et nous nous voyons entraînés dans la
dispute malgré nous. — Comment cela? En vrais dis-
puteurs, nous nous attachons à la lettre de cette proposition, *que les emplois doivent être différents selon la
diversité des natures*, tandis que nous n'avons pas encore examiné en quoi consiste cette diversité, ni ce
que nous avions en vue, quand nous avons décidé
que les mêmes natures devaient avoir les mêmes emplois, et les natures différentes des emplois différents.
— Il est vrai que nous n'avons pas encore examiné
ce point. — Il est donc encore temps de nous demander si les chauves et les chevelus sont de même nature, ou de nature différente, et après avoir répondu
qu'ils sont de nature différente, si les chauves font

le métier de cordonnier, nous l'interdirons aux chevelus, et réciproquement. — Mais une pareille défense
serait ridicule. — Pourquoi? N'est-ce point parceque
dans l'assignation des divers emplois, nous ne con-
sidérions la différence ou l'identité des natures que
sous le rapport qu'elles ont avec ces emplois? Par
exemple, n'est-ce pas ainsi que nous disions de même
nature le médecin et l'homme propre à la médecine?
— Oui. — Et de nature différente l'homme propre à
la médecine et le charpentier? — Sans doute. — Si
donc nous trouvons que la nature de l'homme diffère
de celle de la femme par rapport à certains arts et à
certains emplois, nous conclurons que ces emplois
ne doivent pas être communs aux deux sexes; mais
s'il n'y a entre eux d'autre différence, sinon que le
mâle engendre, et la femelle enfante, nous ne regarderons pas pour cela comme une chose démontrée
que la femme diffère de l'homme, dans le point dont
il s'agit ici; et nous n'en persisterons pas moins à
croire qu'il ne faut mettre aucune distinction pour
les emplois entre nos guerriers et leurs femmes. —
Nous aurons raison.

— Que notre contradicteur nous dise à présent quel
est dans la société l'art ou l'emploi pour lequel les
femmes n'aient pas reçu de la nature les mêmes dispositions que les hommes. — Cette demande est juste.
— Peut-être nous répondra-t-il ce que tu disais tout
à l'heure, qu'il n'est pas aisé de nous satisfaire sur-
le-champ; mais qu'après quelques moments de réflexion, rien ne serait plus facile. — Il pourrait bien

nous faire cette réponse. — Prions-le, si tu veux, de
nous écouter, tandis que nous tâcherons de lui montrer qu'il n'est dans la république aucun emploi
propre uniquement aux femmes? — J'y consens. —
Réponds, lui dirons-nous : la différence qu'il y a entre celui qui a du talent pour une chose et celui qui
n'en a point ne consiste-t-elle pas, selon toi, en ce
que le premier apprend aisément, le second avec peine;
que l'un avec une légère étude porte ses découvertes
bien au delà de ce qu'on lui a enseigné, tandis que
l'autre, avec beaucoup d'application et de soin, ne
peut pas même retenir ce qu'il a appris; enfin, en ce
que dans l'un les dispositions du corps secondent
les opérations de l'esprit, et dans l'autre, elles les
traversent? Distingues-tu par quelque autre endroit
le naturel heureux pour certaines choses de celui qui
ne l'est pas? — Tout le monde te dira que non. —
Parmi les différents arts où les deux sexes s'appliquent en commun, en est-il un seul où les hommes
n'aient une supériorité marquée sur les femmes?
Sera-t-il besoin que nous nous arrêtions à quelques
exceptions, telles que les ouvrages de laine, la manière de faire des gâteaux et d'apprêter les viandes,
travaux où les femmes l'emportent sur nous, et où
l'infériorité serait une honte pour elles? Tu as raison
de dire qu'en général les femmes nous sont très in-
férieures en tout. Ce n'est pas que beaucoup de femmes ne l'emportent sur bien des hommes en plusieurs points; mais en général la chose est comme
tu dis.

— Tu vois donc, mon cher ami, qu'il n'est point proprement dans un état de profession affectée à l'homme ou à la femme, à raison de leur sexe; mais que la nature ayant partagé les mêmes facultés entre les deux sexes, tous les emplois appartiennent en commun à tous les deux; seulement dans tous ces emplois, la femme est inférieure à l'homme. — Cela est certain. — Les laisserons-nous donc tous aux hommes et n'en réserverons-nous aucun pour les femmes? — Quelle raison y aurait-il à cela? — N'est-il pas, dirons-nous plutôt, des femmes qui ont de l'aptitude pour la médecine et pour la musique, et d'autres qui n'en ont point? — Sans doute. — N'en voit-on point parmi elles qui ont des dispositions pour les exercices gymnastiques et militaires, et d'autres qui n'en ont aucune? — Je le pense. — N'en est-il pas enfin de philosophes et de courageuses, et d'autres qui ne le sont point? — Cela est vrai. — Il y a donc des femmes propres à veiller à la garde de l'état, et d'autres qui ne le sont point; car la philosophie et le courage ne sont-ils pas les deux qualités que nous exigions dans nos guerriers? — Oui. — La nature de la femme est donc aussi propre à la garde d'un état que celle de l'homme; il n'y a de différence en cela que du plus au moins. — Je le crois. — Voilà les femmes que nos guerriers doivent choisir pour compagnes, et pour partager avec elles le soin de veiller sur l'état parcequ'elles en sont capables, et qu'elles ont reçu de la nature les mêmes dispositions. — Sans contredit. — Et par conséquent, ne faut-il pas appliquer les mêmes aptitudes aux mêmes emplois ? — Cela est évident.

— Nous voici donc revenus au point d'où nous sommes partis, et nous avouons de nouveau qu'il n'est pas contre la nature d'appliquer les femmes de nos guerriers à la musique et à la gymnastique. — Oui vraiment. — La loi que nous établissons étant conforme à la nature, n'est donc ni une chimère ni un vain souhait. C'est bien plutôt l'usage opposé qu'on suit aujourd'hui qui choque la nature. — Il y a apparence. — Ne nous étions-nous pas proposé d'examiner si cette nouvelle institution était possible et en même temps avantageuse ? — Oui. — Or, nous venons de voir qu'elle est possible. — Oui. — Ainsi il nous reste à nous convaincre qu'elle est avantageuse. — Sans doute. — N'est-il pas vrai que la même éducation, qui a servi à former nos guerriers, devra servir aussi à former leurs femmes, puisqu'elle travaillera sur le même fond ? — Cela n'est pas douteux. — Quel est ton sentiment sur ceci ? — Sur quoi ? — Crois-tu que les hommes soient inégaux en mérite, ou qu'il n'y ait entre eux aucune différence sur ce point ? — Je les crois inégaux en mérite. — Dans l'état dont nous traçons le plan, le guerrier, qui aura reçu l'éducation dont nous avons parlé, vaudra-t-il mieux, à ton avis, que le cordonnier élevé d'une manière convenable à sa profession ? — Est-ce là une question à faire ? — J'entends. Les guerriers ne sont-ils pas la meilleure classe de l'état ? — Sans comparaison. — Leurs femmes n'auront-elles pas la même supériorité sur les autres femmes ? — Sans

18.

doute. — Mais est-il rien de plus avantageux à un
état que d'avoir beaucoup d'excellents citoyens de
l'un et de l'autre sexe? — Non. — Ne parviendront-
ils pas à ce degré d'excellence en cultivant la musique
et la gymnastique, ainsi que nous avons dit? — Oui.
— Notre système n'est donc pas seulement possible,
il est de plus avantageux à l'état? — Oui.

— Ainsi les femmes de nos guerriers devront quitter
leurs vêtements, puisque la vertu leur en tiendra
lieu. Elles partageront avec leurs maris les travaux
de la guerre, et tous les soins qui se rapportent à la
garde de l'état, sans s'occuper d'autre chose. Seulement on aura égard à la faiblesse de leur sexe dans
les fardeaux qu'on leur imposera. Quant à celui qui
plaisante à la vue de femmes nues, qui exercent leur
corps pour une bonne fin, *il cueille hors de saison les
fruits de sa sagesse*[1], il ne sait ni ce qu'il fait ni de
quoi il rit; car on a, et on aura toujours raison de
dire que l'utile est honnête, et qu'il n'y a de honteux
que ce qui est nuisible. — Tu as raison. — Disons
donc que le règlement que nous venons de faire au
sujet des femmes peut être comparé à une vague à
laquelle nous venons d'échapper à la nage, et que,
loin d'avoir été submergés, en établissant que tous
les emplois doivent être communs entre nos guerriers
et leurs femmes, nous croyons avoir prouvé que ce
règlement est à la fois possible et avantageux. — Je
t'avoue que cette vague me faisait trembler. — Elle

[1] Paroles de Pindare. Voy. Stobée, *Sermones*, ccxi.

n'est rien en comparaison de celle qui s'approche. —
Voyons, parle.

— La loi que je vais proposer a, ce me semble,
une liaison essentielle avec la précédente et avec les
autres. — Quelle est-elle ? — C'est que les femmes de
nos guerriers soient communes toutes à tous ; aucune
d'elles n'habitera en particulier avec aucun d'eux ;
les enfants seront communs, et les parents ne connaîtront pas leurs enfants, ni ceux-ci leurs parents.—
Tu auras beaucoup plus de peine à faire passer cette
loi que celle qui précède, et à montrer qu'elle ne
prescrit rien que de possible et d'utile. — Je ne crois
pas qu'on me conteste les avantages que la société
retirerait de la communauté des femmes et des enfants, si l'exécution de ce système était possible. Mais
je pense qu'on m'en contestera la possibilité. — On
pourra très bien contester l'un et l'autre. — C'est-à-
dire que voilà deux difficultés qui se réunissent contre
moi. J'espérais me sauver d'une des deux, que tu
conviendrais de l'utilité de ce système, et qu'il ne me
resterait qu'à en discuter la possibilité. — Tu ne
m'échapperas pas par cette défaite ; tu répondras, s'il
te plaît, à ces deux difficultés.

— Je vois bien qu'il en faudra passer par là ; ac-
corde-moi seulement une grace. Souffre que je me
donne carrière, comme ces esprits oisifs qui ont coutume de se repaître de leurs rêveries lorsqu'on les
abandonne à eux-mêmes. Tu sais que toutes ces sortes
de personnes, quand elles ont en tête quelque projet,
avant d'examiner par quels moyens elles pourront en

venir à bout, et dans la crainte de se fatiguer en
discutant si la chose est possible ou impossible, la
supposant faite au gré de leurs desirs, élèvent sur ce
fondement le reste de l'édifice, se réjouissent par
avance des avantages qui leur reviendront de l'exécution, et augmentent par là l'indolence naturelle à
leur ame. Effrayé comme eux des difficultés qui
s'offrent à mon esprit, je desire remettre à un autre
temps l'examen de la possibilité de ce que je propose.
Je la suppose démontrée, et je vais voir quels arran-
gements prendront nos magistrats pour l'exécution.
Je tâcherai de te faire convenir que rien ne serait plus
utile à l'état et aux guerriers. Après quoi nous en
montrerons la possibilité, si tu le juges à propos. —
Fais ce qu'il te plaira ; je te le permets.

— Tu m'accorderas d'abord sans peine que nos
magistrats et nos guerriers, s'ils sont dignes du nom
qu'ils portent, seront dans la disposition, ceux-ci de
faire ce qu'on leur commandera, ceux-là de ne rien
ordonner que ce qui est prescrit par la loi, et d'en
suivre l'esprit dans les règlements que nous abandonnons à leur prudence. — Cela doit être. — Toi
donc, en qualité de législateur, après avoir choisi
parmi les femmes comme tu as fait parmi les hommes,
tu les assortiras le plus possible selon leurs humeurs
et leurs caractères. Pour eux, comme ils ne possèdent
rien en propre, que tout est commun entre eux, maisons et salles à manger, ils seront toujours ensemble.
Or, se trouvant ainsi ensemble au gymnase et partout
ailleurs, l'inclination naturelle d'un sexe vers l'autre

les portera sans doute à former des unions : n'est-ce pas une nécessité que cela arrive? — Oui vraiment, ce n'est pas une nécessité géométrique, mais une nécessité fondée sur l'amour, dont les raisons ont bien plus de force pour persuader et entraîner la plupart des hommes, que les démonstrations des géomètres. — Tu dis vrai. Mais, quoi! mon cher Glaucon, nos magistrats souffriront-ils qu'il n'y ait dans ces unions ni ordre ni bienséance? Ce désordre peut-il être permis dans une république dont tous les citoyens doivent être heureux? — Rien ne serait plus contraire à la justice. — Il est donc évident qu'après cela nous ferons des mariages aussi saints qu'il nous sera possible, et les plus avantageux à l'état seront les plus saints. — Cela est évident. Mais comment seront-ils les plus avantageux? C'est à toi, Glaucon, de me le dire. Je vois que tu élèves chez toi des chiens de chasse et des oiseaux de proie en grand nombre. As-tu pris garde à ce qu'on fait quand on veut les accoupler et en avoir des petits? — Que fait-on? — Parmi ces animaux, quoique tous de bonne race, n'en est-il pas toujours quelques-uns qui l'emportent sur les autres? — Oui. — T'est-il indifférent d'avoir des petits de tous également, ou aimes-tu mieux en avoir de ceux qui l'emportent sur les autres? — J'aime mieux en avoir de ceux-ci. — Des plus jeunes, des plus vieux, ou de ceux qui sont dans la force de l'âge? — De ces derniers. — Si on n'apportait toutes ces précautions, n'es-tu pas persuadé que la race de tes chiens et de tes oiseaux dégénérerait bientôt? — Oui. —

Crois-tu qu'il n'en soit pas de même à l'égard des chevaux, et des autres animaux? — Ce serait une absurdité de ne pas le croire.

— S'il en est de même à l'égard de l'espèce humaine, grands dieux, mon cher Glaucon, de quelle habileté n'auront pas besoin nos magistrats? — Il en est de même à l'égard de notre espèce; mais pourquoi demandes-tu tant d'habileté à nos magistrats? — A cause du grand nombre de remèdes qu'ils seront obligés d'employer. Un médecin ordinaire, même le plus mauvais, suffit pour guérir un corps qui n'a besoin que d'un régime pour se rétablir; mais quand il en faut venir aux remèdes, le plus habile médecin ne l'est jamais trop. — J'en conviens; mais à quel propos dis-tu cela? — Le voici. Il me semble que nos magistrats seront souvent obligés de recourir au mensonge et à la tromperie pour le bien des citoyens; et nous avons dit quelque part que le mensonge était utile lorsqu'on s'en sert comme d'un remède. — Avec raison. — S'il y a une occasion où le mensonge puisse être utile à la société, c'est surtout en ce qui regarde les mariages et la propagation de l'espèce. — Comment cela? — Il faut, selon nos principes, que les rapports des sujets d'élite de l'un et de l'autre sexe soient très fréquents, et ceux des sujets inférieurs très rares. De plus, il faut élever les enfants des premiers, et non ceux des seconds, si on veut que le troupeau ne dégénère point. D'un autre côté, toutes ces mesures ne doivent être connues que des seuls magistrats ; autrement, ce serait exposer le troupeau à des discordes. — Fort bien.

— Il sera donc à propos d'instituer des fêtes, où nous rassemblerons les époux futurs. Ces fêtes seront accompagnées de sacrifices et d'hymnes convenables. Nous laisserons aux magistrats le soin de régler le nombre des mariages, afin qu'ils maintiennent le même nombre de citoyens, en remplaçant ceux que la guerre, les maladies et les autres accidents peuvent enlever, et que notre état, autant que possible, ne soit ni trop grand ni trop petit. — Bien. — On fera ensuite tirer les époux au sort, en ménageant les choses si adroitement, que les sujets inférieurs se prennent à la fortune, et non aux magistrats, de ce qui leur est échu. — J'entends. — Quant aux jeunes gens qui se seront signalés à la guerre ou ailleurs, entre autres récompenses, on leur accordera la permission de voir plus souvent les femmes : ce sera un prétexte légitime pour que l'état soit en grande partie peuplé par eux. — Tout cela est fort bien imaginé. — Les enfants, à mesure qu'ils naîtront, seront réunis entre les mains d'hommes ou de femmes, ou d'hommes et de femmes réunis, et qui auront été chargés du soin de les élever ; car les fonctions publiques doivent être communes à l'un et à l'autre sexe. — Oui. — Ils porteront au bercail commun les enfants des sujets d'élite, et les confieront à des gouvernantes, qui habiteront dans un quartier séparé du reste de la ville. Pour les enfants des sujets inférieurs,

et même pour ceux des autres qui auraient quelque
difformité, on les cachera, comme il convient, dans
quelque endroit secret qu'il sera interdit de révéler
et qu'il sera défendu de découvrir. — C'est le moyen
de conserver dans toute sa pureté la race de nos guerriers. — Ces mêmes personnes se chargeront de la
nourriture des enfants, conduiront les mères au bercail, à l'époque de l'éruption du lait, et feront en
sorte qu'aucune d'elles ne puisse reconnaître son enfant. Si les mères ne suffisent point à les allaiter, ils
les feront aider par d'autres : pour celles qui ont
suffisamment de lait, ils auront soin qu'elles n'allai-
tent pas trop longtemps. Quant aux veilles et aux
autres menus soins, ils en chargeront les nourrices
mercenaires et les gouvernantes. — Tu fais une condition bien douce aux femmes de nos guerriers : tu
ne leur laisses d'autre peine que celle de l'enfantement. — Rien de plus juste ; mais poursuivons ce que
nous avons commencé.

Nous avons dit que l'état n'avouerait que les enfants nés de parents dans la force de l'âge. — Oui. —
La durée de la vertu prolifique n'est-elle pas de vingt
ans pour les filles, et de trente pour les garçons ? —
Mais quel point de départ fixes-tu ? — Les femmes
donneront des enfants à l'état depuis vingt jusqu'à
quarante, et les hommes, depuis que le grand feu de
la jeunesse sera passé jusqu'à cinquante-cinq. —
C'est, en effet, le temps de la vie où les corps et l'esprit sont dans la plus grande vigueur. — S'il arrive
donc à quelqu'un, soit au-dessus, soit au-dessous

de cet âge, d'engendrer des sujets à la république,
nous le déclarerons coupable d'injustice et de sacrilége, pour avoir engendré un enfant dont la naissance
est un ouvrage de ténèbres et de libertinage, et qui
n'aura été précédée, ni des sacrifices ni des prières
que les prêtres et les prêtresses, et toute la ville,
adresseront aux dieux pour la prospérité des mariages, en leur demandant que des citoyens vertueux
et utiles à la patrie, il naisse une postérité plus vertueuse et plus utile encore. — Bien. — Cette loi regarde aussi ceux qui, ayant encore l'âge d'engendrer, fréquenteraient des femmes qui l'auraient aussi,
sans l'aveu des magistrats. Le fruit de ce commerce
sera réputé illégitime, né d'un concubinage et sans
les auspices religieux. — Fort bien. — Mais lorsque
l'un et l'autre sexe aura passé l'âge fixé par les lois
pour donner des enfants à la patrie, nous laisserons
aux hommes la liberté d'avoir commerce avec telles
femmes qu'ils jugeront à propos, hormis leurs aïeu-
les, leurs mères, leurs filles et leurs petites-filles.
Les femmes auront la même liberté par rapport aux
hommes, hormis leurs aïeux, leurs pères, leurs fils et
leurs petits-fils. Mais on ne le leur permettra qu'après
leur avoir enjoint expressément de ne mettre au jour
aucun fruit conçu dans un tel commerce; et de l'exposer si, malgré leurs précautions, il en naissait un,
parceque l'état ne se charge point de le nourrir. —
Rien de plus raisonnable que cette défense. — Mais
comment distingueront-ils leurs pères, leurs filles et
les autres parents dont tu viens de parler? — Ils ne

les distingueront pas. Mais, du moment que quelqu'un
sera marié, à compter depuis ce jour jusqu'au septième et au dixième mois, il regardera tous ceux qui
naîtront dans l'un ou l'autre de ces termes, les mâles
comme ses fils, les femelles comme ses filles, et ces
enfants l'appelleront du nom de père. Les enfants de
ceux-ci seront ses petits-enfants, et le regarderont
comme leur aïeul; et tous ceux qui seront nés dans
l'intervalle où leurs pères et mères donnaient des enfants à l'état se traiteront de frères et de sœurs, et
pourront s'unir, selon que le sort et l'oracle d'Apollon en décideront. Entre les autres degrés, toute al-
liance est défendue. — Fort bien.

— Telle est, mon cher Glaucon, la communauté
des femmes et des enfants qu'il faut établir entre les
gardiens de notre état. Il reste à faire voir que cette
institution serait très avantageuse, et qu'elle s'accorde
parfaitement avec les autres lois que nous avons po-
sées. N'est-ce pas là ce que j'ai à montrer? — Oui. —
Pour nous en convaincre, demandons-nous à nous-
mêmes quel est le plus grand bien d'un état, celui
que le législateur doit se proposer comme la fin de
ses lois, et quel en est le plus grand mal? Examinons
ensuite si cette communauté, que je viens d'expliquer, nous conduit à ce grand bien, et nous éloigne
de ce grand mal. — Tu t'y prends très bien. — Le plus
grand mal d'un état, n'est-ce pas ce qui le divise, et
d'un seul en fait plusieurs? Et son plus grand bien,
au contraire, n'est-ce pas ce qui en lie toutes les parties, et le rend un? — Sans contredit. — Or, quoi de

plus propre à former cette union que la communauté
des plaisirs et des peines entre tous les citoyens? —
Assurément. — Et ce qui divise un état, n'est-ce pas,
au contraire, lorsque la joie et la douleur y sont per-
sonnelles, et que ce qui arrive, tant à l'état qu'aux
particuliers, fait du plaisir à l'un et de la peine à
l'autre? — Cela est certain. — D'où vient cette opposition de sentiment, sinon de ce que tous les citoyens
ne disent pas en même temps des mêmes choses, *ceci
m'intéresse, ceci ne m'intéresse pas, ceci m'est étranger?*
— Sans doute. — Otez cette distinction, et supposez-
les tous également touchés des mêmes choses, l'état
ne jouira-t-il point alors d'une parfaite harmonie? —
On n'en peut douter. — Pourquoi? Parceque tous
ses membres ne feront, si je puis parler ainsi, qu'un
seul homme. Lorsque nous avons reçu quelque blessure au doigt, aussitôt l'ame, en vertu de l'union
intime établie entre elle et le corps, en est avertie,
et tout l'homme est affligé du mal d'une de ses parties :
aussi dit-on d'un homme, qu'il a mal au doigt. On dit
la même chose à l'égard des autres sentiments de joie
et de douleur que nous éprouvons à l'occasion du
bien ou du mal qui arrive à une des parties de nous-
mêmes. — Tu as raison, et, comme tu disais, voilà
l'image d'un état bien gouverné. — Qu'il arrive à un
particulier du bien ou du mal, tout l'état y prendra
part comme s'il le ressentait lui-même; il s'en réjouira
ou s'en affligera avec lui. — Cela doit être dans tout
état bien gouverné.

— Il est temps à présent de revenir au nôtre, et de

voir si tout ce que nous venons de dire lui convient
mieux qu'à tout autre. — Voyons donc. — Dans les autres états, comme dans le nôtre, n'y a-t-il pas des magistrats et des sujets? — Oui. — Qui se donnent tous
entre eux le nom de citoyens? — Sans doute. — Mais,
outre ce nom commun, quel titre particulier le peuple
donne-t-il dans les autres états à ceux qui le gouvernent? — Dans la plupart, il les appelle *maîtres*, et
dans les gouvernements démocratiques, *archontes*. —
Chez nous, quel nom le peuple ajoutera-t-il à la qualité de citoyens qu'il donne à ses magistrats? — Celui
de sauveurs et de défenseurs. — Ceux-ci, à leur tour,
comment appelleront-ils le peuple? — L'auteur de leur
salaire et de leur nourriture. — Dans les autres états,
comment les chefs traitent-ils les peuples? — D'esclaves. — Entre eux, comment se traitent-ils? — De col-
lègues dans l'autorité. — Et chez nous? — De gardiens
du même troupeau. — Pourrais-tu me dire si dans les
autres états les magistrats en usent les uns avec les
autres, en partie comme avec des amis, en partie
comme avec des étrangers? — Rien n'est plus ordinaire. — Ainsi, ils pensent et disent que les intérêts
des uns les touchent, et que ceux des autres ne les
touchent pas. — Oui. — Parmi les gardiens de notre
état, en est-il un seul qui puisse dire ou penser que
quelqu'un de ceux qui veillent comme lui à la sûreté
de la patrie lui soit étranger? — Point du tout, puisque chacun d'eux croira voir dans les autres un frère
ou une sœur, un père ou une mère, un fils ou une
fille, ou quelque parent dans le degré ascendant ou

descendant. – Très bien. Mais, dis-moi de plus, té borneras-tu à leur prescrire de se traiter comme parents de bouche seulement? N'exigeras-tu pas en outre que les actions répondent aux paroles, et que les citoyens aient pour ceux à qui ils donnent le nom de père tout le respect, toutes les attentions, toute la soumission que la loi prescrit aux enfants envers leurs parents? Ne déclareras-tu pas que manquer à ces devoirs, c'est se rendre coupable d'injustice et d'impiété, et, par conséquent, mériter la haine des hommes et des dieux? Tous les citoyens feront-ils retentir aux oreilles de leurs enfants d'autres maximes touchant la conduite qu'ils doivent tenir envers ceux qu'on leur désignera comme leurs pères ou leurs proches? — Non, sans doute : et il serait ridicule qu'ils eussent sans cesse à la bouche les noms qui expriment la parenté, sans en remplir les devoirs

— Il régnera par conséquent entre nos citoyens un accord inconnu à ceux des autres états. Et comme nous disions tout à l'heure, lorsqu'il arrivera du bien ou du mal à quelqu'un, tous diront ensemble : Mes affaires vont bien, ou mes affaires vont mal. — Cela est très vrai. — N'avons-nous pas ajouté qu'en conséquence de cette persuasion et de cette manière de parler, il y aurait entre eux communauté de plaisirs et de peines? — Nous avons eu raison. — Nos citoyens participeront donc tous en commun aux intérêts de chaque particulier, qu'ils regarderont comme leur étant personnels ; et en vertu de cette union, ils se réjouiront et s'affligeront tous des mêmes choses.

— Oui. — A quoi attribuer tant d'admirables effets,
si ce n'est à la constitution de notre état, et particulièrement à la communauté des femmes et des enfants
entre les guerriers? — On ne peut les attribuer à aucune autre cause. — Mais nous sommes convenus de
ce que c'était que le plus grand bien de la société, et
nous avons comparé en ce point une république bien
gouvernée, au corps, dont tous les membres ressentent
en commun le plaisir et la douleur d'un seul membre.
— C'est avec raison que nous en sommes convenus.
— Donc la communauté des femmes et des enfants
entre les guerriers est la cause du plus grand bien
pour notre état. — Cette conclusion est juste.

— Ajoute que cela s'accorde avec ce que nous
avons établi plus haut. Car nous avons dit que nos
guerriers ne devaient avoir en propre ni maisons, ni
terres, ni possessions ; mais qu'il fallait qu'ils reçus-
sent des autres leur nourriture, comme la juste récompense de leurs services, et qu'ils vécussent en
commun, s'ils voulaient être de véritables gardiens.
— Fort bien. — Or, peut-on douter que ce que nous
avons déjà réglé et ce que nous venons de régler à
leur égard ne soit très propre à les rendre de plus en
plus de vrais gardiens, et ne les empêche de diviser
l'état, ce qui arriverait, si chacun ne disait pas des
mêmes choses, qu'elles sont à lui ; mais que celui-ci
le dît d'une chose, celui-là d'une autre : si l'un tirait
à soi tout ce qu'il pourrait acquérir, sans en partager
la possession avec personne ; si l'autre en faisait autant de son côté, et qu'ils eussent chacun à part leurs

femmes et leurs enfants, qui seraient par conséquent pour eux une source de plaisirs et de peines que personne ne ressentirait avec eux? Au lieu que chacun ayant pour maxime que l'intérêt d'autrui n'est pas différent du sien, ils tendront tous au même but de tout leur pouvoir, et éprouveront une joie et une douleur communes. — Cela est incontestable. — Quelle entrée après cela la chicane et les procès trouveront-ils dans un état où personne n'aura rien à soi que son corps, et où tout le reste sera commun? Les citoyens y seront donc inaccessibles aux dissensions qui naissent parmi les hommes à l'occasion de leurs biens, de leurs femmes et de leurs enfants? — Ils seront exempts de tous ces maux. — Ils ne connaîtront pas non plus les actions intentées pour sévices et violences. Car nous leur dirons qu'il est juste et honnête que les personnes du même âge se défendent les unes les autres, et nous leur ferons un devoir de pourvoir à leur sûreté mutuelle. — Fort bien. — Cette loi aura cela de bon, que si quelqu'un dans un premier mouvement de colère en maltraite un autre, ce différend n'aura pas de grandes suites. — Sans doute. — Parceque nous donnerons au plus âgé autorité sur le plus jeune, avec le droit de le punir. — Cela est évident.

— Il n'est pas moins évident, je pense, que les jeunes gens n'oseront, sans un ordre exprès des magistrats, ni porter la main sur les vieillards, ni leur faire aucune sorte de violence, ni les outrager en aucune rencontre. Deux puissantes barrières, le respect et la crainte, les arrêteront : le respect, en leur mon-

trant un père dans celui qu'ils veulent frapper ; la
crainte, en leur faisant appréhender que les autres
ne prennent la défense de l'offensé ; ceux-ci, en qualité de fils ; ceux-là, en qualité de frères ou de pères.
— Il n'est pas possible que la chose arrive autrement.
— Nos guerriers jouiront donc entre eux d'une paix
inaltérable en vertu des lois. — Oui. — Mais si la
concorde règne entre eux, il n'est point à craindre
que la discorde se mette entre eux et les autres classes
de citoyens, ou qu'elle divise ces dernières. — Non.
— J'ai peine à me résoudre d'entrer dans le détail des
moindres maux dont ils seront exempts. Les pauvres
n'y seront pas forcés de faire leur cour aux riches.
On n'y éprouvera ni les embarras ni les chagrins
qu'entraînent l'éducation des enfants et le soin d'amasser du bien, en nous forçant d'entretenir un grand
nombre d'esclaves ; et pour cela, tantôt de faire de
gros emprunts, quelquefois de nier la dette, presque
toujours d'acquérir de l'argent par toutes sortes de
voies, pour en laisser ensuite la disposition à des
femmes et à des esclaves. Que de bassesses en tout
cela, mon cher ami ! que d'indignités n'aura-t-on pas
à essuyer ! — Il faudrait être aveugle pour ne le pas
voir. — A l'abri de toutes ces misères, ils mèneront
une vie mille fois plus heureuse que celle des athlètes
couronnés aux jeux olympiques. — En quoi donc ?
— En ce que ceux-ci n'ont qu'une petite partie des
avantages dont jouissent nos guerriers. La victoire
que remportent ces derniers est infiniment plus glo-
rieuse, puisque le salut de la république y est atta-

ché. En retour, la patrie fournit à leur entretien et à celui de leurs enfants pendant leur vie, et après leur mort leur fait des funérailles dignes de leur mérite et de sa reconnaissance. — Ces distinctions sont en effet très flatteuses.

— Te rappelles-tu le reproche qu'on nous faisait plus haut [1], de ne pas penser assez au bonheur de nos guerriers, qui, pouvant avoir tout ce que possédaient les autres citoyens, n'avaient rien en propre. Nous avons répondu, ce me semble, que nous examinerions la vérité de ce reproche, si l'occasion s'en présentait ; que notre but, pour le présent, était de former de vrais gardiens, de rendre la république entière la plus heureuse qu'il nous serait possible, et non de travailler uniquement pour le bonheur de l'un des ordres qui la composent. — Je m'en souviens. — Te semble-t-il à présent que la condition du cordonnier, du laboureur, ou de tout autre artisan, doive entrer en comparaison avec celle de nos guerriers, qui vient de nous paraître plus honorable et plus heureuse que celle des athlètes qui ont remporté le prix? — Je suis bien éloigné de le penser. — Au reste, il est à propos que je répète ici ce que je disais alors : si le guerrier cherche son bonheur aux dépens du caractère de son emploi ; si, mécontent des avantages modestes, mais certains, que son état lui procure, il se laisse séduire par des idées puériles et chimériques de félicité, au point de faire servir le pouvoir dont nous l'avons

[1] Liv. iv, au commencement.

armé à se rendre maître de tout dans la république, il
connaîtra avec combien de raison Hésiode a dit que
la moitié est plus que le tout[1]. — S'il veut me croire, il
s'en tiendra à sa condition. — Tu approuves donc que
tout soit commun entre les hommes et les femmes, de
la manière que je viens de l'expliquer, en ce qui concerne l'éducation, les enfants et la garde de l'état; de
sorte qu'elles restent avec eux dans la ville, qu'elles
aillent à la guerre avec eux, qu'elles partagent, comme
font les femelles des chiens, les fatigues des veilles et
de la chasse; en un mot, qu'elles soient de moitié,
autant qu'il sera possible, dans tout ce que feront les
guerriers? Conviens-tu en outre qu'une telle institution est très avantageuse au public, et qu'elle n'est
point contraire à la nature de l'homme et de la femme,
puisqu'ils sont faits pour vivre en commun? — J'en
conviens.

— Ainsi, il ne reste plus qu'à examiner s'il est possible d'établir entre les hommes cette communauté
que la nature a établie entre les autres animaux, et
par quels moyens on peut en venir à bout. — Tu m'as
prévenu. J'allais t'en parler. — Car pour ce qui est de
la guerre, il n'est pas besoin que je m'y arrête : on
voit assez comment ils la feront. — Comment, s'il te
plaît? — Il est évident qu'ils la feront en commun,
et qu'ils y conduiront ceux de leurs enfants qui seront
assez forts pour en supporter les fatigues; afin que ces
enfants, à l'exemple de ceux des artisans, voient de

---

[1] *Oper. et Dies*, v. 40.

bonne heure ce qu'il leur faudra faire un jour, et que
de plus ils puissent aider leurs pères et leurs mères,
et leur rendre, en tout ce qui regarde la guerre, les
services qui seront à leur portée. As-tu remarqué ce
qui se pratique à l'égard des autres métiers? Combien
de temps, par exemple, le fils du potier aide à son
père et le regarde travailler, avant de toucher lui-
même à la roue? — Je l'ai remarqué. — Nos guerriers
doivent-ils donner moins de soins et de temps à former leurs enfants au métier de la guerre? — Ce serait une extravagance de le dire. — N'est-il pas vrai
aussi que tout animal combat avec plus de courage,
lorsque ses petits sont présents? — Oui. Mais il est à
craindre, Socrate, que, s'ils viennent à être vaincus,
comme il peut fort bien arriver, ils ne périssent dans
le combat, eux et leurs enfants, et que l'état ne puisse
se relever d'une telle perte. — J'en conviens; mais
crois-tu d'abord que notre premier soin doive être
de ne les exposer jamais à aucun risque? — Non. —
Et s'il est quelquefois à propos de le faire, n'est-ce pas
lorsqu'ils deviendront meilleurs en réussissant? —
Cela est évident. — Or, penses-tu que ce soit un
avantage médiocre, et qui ne mérite pas qu'on coure
aucun risque, que des enfants qui doivent un jour
porter les armes, assistent à un combat et soient témoins de ce qui s'y passe? — Je pense, au contraire,
que c'est un grand avantage sous ce point de vue. —
On rendra donc les enfants spectateurs des combats,
en pourvoyant d'ailleurs à leur sûreté par des moyens
convenables, et tout ira bien, n'est-ce pas? — Oui.

— D'abord leurs pères sauront prévoir, autant qu'il
est possible à l'homme, quelles sont les occasions
périlleuses et celles qui ne le sont pas. — Sans doute.
— Ils conduiront leurs enfants aux unes, et ne les
exposeront point aux autres. — Fort bien. — Ils leur
donneront pour chefs et pour conducteurs, non des
hommes indignes, mais des hommes d'un âge mûr
et d'une expérience consommée. — Cela doit être.
— Mais, dira-t-on, il arrive tous les jours mille accidents auxquels on ne s'attend point. — Oui. — Eh
bien! mon ami, pour préserver les enfants de tout
malheur, il faut de bonne heure leur donner des ailes,
afin qu'ils puissent échapper au danger en s'envolant.
— Qu'entends-tu par là? — Je veux dire que, dès leurs
premiers ans, il faut leur apprendre à monter à cheval; et après cela les conduire à la mêlée comme spectateurs, non sur des chevaux ardents et belliqueux,
mais sur des chevaux très dociles et très légers à la
course. De cette manière, ils verront très bien ce
qu'ils ont à voir ; et si le danger presse, ils se sauve-
ront plus aisément, avec leurs vieux gouverneurs. —
Cet expédient me semble bien trouvé.

— Maintenant, quelle discipline établirons-nous
entre nos guerriers, et comment en useront-ils avec
l'ennemi? Vois si je pense juste ou non sur ces deux
points. — Explique-toi. — Ne convient-il pas que
celui qui, par lâcheté, aura quitté son rang, jeté ses
armes, ou fait quelque autre action indigne d'un
homme de cœur, soit dégradé, et relégué parmi les
artisans ou les laboureurs? — Oui. — Et qu'on aban-

donne à l'ennemi, pour en faire ce qu'il voudra, celui qui sera tombé vif entre ses mains? — Sans doute. — Quant à celui qui se sera signalé par sa bravoure, ne juges-tu point à propos que, sur le champ de bataille, les jeunes guerriers et les enfants lui mettent tour à tour une couronne sur la tête? — Oui. — Qu'ils lui donnent la main? — Encore. — Tu ne consentiras pas, je pense, à ce que je vais ajouter. — Quoi? — Que chacun d'eux l'embrasse et en soit embrassé. — J'y consens de tout mon cœur. J'ajoute même à ce règlement que, tant que la campagne durera, il ne soit permis à personne de se refuser à ses embrassements. Ce sera pour tous ceux qui aimeront quelqu'un de l'un ou de l'autre sexe, un motif pour s'efforcer plus ardemment de mériter le prix de la valeur. — Fort bien; cela s'accorde avec ce que nous avons déja dit ailleurs, qu'il fallait laisser aux citoyens d'élite la liberté de s'approcher des femmes plus souvent que les autres, et de choisir celles qui leur ressemblent, afin que leur race devienne aussi nombreuse qu'il se pourra. — Je m'en souviens. — Homère veut encore qu'on honore d'une autre manière les jeunes guerriers qui se distinguent par leur bravoure. Ce poëte dit qu'après un combat où Ajax s'était signalé, on lui servit par honneur [1] une récompense convenable, à l'égard d'un jeune et vaillant guerrier, puisque c'était tout à la fois une distinction et un moyen d'augmenter ses forces. — Fort bien. — Nous suivrons

[1] *Iliade*, 7, v. 321.

20

donc en ce point l'autorité d'Homère. Dans les sacrifices et dans les fêtes, on célébrera par des chants les
exploits des guerriers, on leur donnera la place d'honneur, on leur servira des viandes et du vin en plus
grande quantité qu'aux autres[1], ces distinctions étant
également propres à les flatter et à les rendre plus
robustes. Ce que j'ai dit des hommes doit s'entendre
aussi des femmes. — J'approuve tous ces règlements.
— A l'égard de ceux qui seront morts généreusement
les armes à la main, ne dirons-nous pas d'abord qu'ils
sont de la race d'or? — Sans doute. — Et n'entre-
rons-nous pas dans les sentiments d'Hésiode, qui assure qu'à leur mort ceux de cette race deviennent

Des génies purs, dont le séjour est sur la terre, génies bienfai-
sants, qui détournent les maux de dessus les hommes, et veillent à
leur conservation ?

— Oui. — Ainsi, nous consulterons l'oracle sur le
culte qu'il faut rendre à ces hommes supérieurs et
divins, et nous en réglerons les cérémonies sur ce
qu'il aura répondu. — Sans contredit. — Nous les
honorerons dès lors comme des génies tutélaires, et
nous leur adresserons des vœux sur leur tombe. On
décernera les mêmes honneurs à ceux qui seront
morts de vieillesse ou de maladie, après avoir passé
leur vie dans l'exercice de la plus pure vertu. —
C'est moins un honneur qu'une justice que nous leur
rendrons.
— Mais comment nos guerriers en useront-ils à

[1] Iliade, 8, v. 162.

l'égard des ennemis? —En quoi?—Premièrement, en
ce qui regarde l'esclavage, te semble-t-il juste que
des Grecs réduisent en servitude des villes grecques?
Ne devraient-ils pas plutôt le défendre aux autres
autant que possible, et poser en principe d'épargner
la nation grecque, de peur qu'elle ne tombât dans
l'esclavage de la part des Barbares?—Il est certes
du plus grand intérêt de l'épargner. — Et par conséquent de n'avoir aucun esclave grec, et de conseiller
à tous les autres Grecs de suivre cet exemple?—
Sans doute. Par là, au lieu de s'entre-détruire, ils
tourneraient toutes leurs forces contre les Barbares.
—Trouves-tu bon qu'ils dépouillent les morts, et
qu'ils ôtent à leurs ennemis vaincus autre chose que
leurs armes? N'est-ce pas pour les lâches un prétexte
de ne point attaquer ceux qui se défendent encore,
comme s'ils faisaient leur devoir en restant penchés
sur des cadavres? D'ailleurs, cette avidité pour le
butin a déjà été funeste à plus d'une armée. — Cela
est vrai. — N'est-ce pas une bassesse et une ignoble
cupidité que de dépouiller un mort? N'est-ce pas une
petitesse d'esprit, qui se pardonnerait à peine à une
femme, de traiter en ennemi le cadavre de son ad-
versaire, après que l'ennemi s'est envolé, et qu'il ne
reste plus que l'instrument dont il se servait pour
combattre? Agir de la sorte, n'est-ce pas imiter les
chiens qui mordent la pierre qui les a frappés, sans
faire aucun mal à la main qui l'a jetée. — C'est faire
la même chose. — Que nos guerriers s'abstiennent
donc de dépouiller les morts, et qu'ils ne refusent

pas à l'ennemi la permission de les enlever. — J'y
consens. — Nous ne porterons pas non plus dans les
temples des dieux les armes des vaincus, surtout des
Grecs, comme pour en faire une offrande, pour peu
que nous soyons jaloux de la bienveillance des autres
Grecs. Nous craindrons plutôt de souiller les temples,
en les ornant ainsi des dépouilles de nos proches : à
moins toutefois que l'oracle n'ordonne le contraire.
— Fort bien.

— Que penses-tu de la dévastation du territoire grec
et de l'incendie des maisons ? — Je serais bien aise de
savoir ton sentiment là-dessus. — Mon avis est qu'on
ne doit ni dévaster ni brûler, mais se contenter d'enlever tous les grains et les fruits de l'année. Veux-tu
en savoir la raison ? — Très volontiers. — Il me semble
que comme la guerre et la discorde ont deux noms
différents, ce sont aussi deux choses différentes, qui
ont rapport à deux objets différents. L'un de ces objets est ce qui nous est uni par les liens du sang ou
de l'amitié ; l'autre, ce qui nous est étranger. L'inimitié entre alliés s'appelle discorde, entre étrangers,
guerre. — Ce que tu dis est très raisonnable. — Vois
si ce que j'ajoute l'est moins. Je dis que les Grecs
sont amis et alliés entre eux, et étrangers à l'égard
des Barbares. — Cela est vrai. — Ainsi, lorsque les
Grecs et les Barbares auront ensemble quelque différend, et qu'ils en viendront aux armes, ce différend
sera, selon nous, une véritable guerre ; mais lorsqu'il
surviendra quelque chose de semblable entre les Grecs,
nous dirons qu'ils sont amis par nature ; que c'est

une maladie, une division intestine qui trouble la
Grèce, et nous donnerons à cette inimitié le nom de
discorde. — Je suis tout à fait de ton sentiment. —
Dès lors, si, toutes les fois que la discorde s'élève dans
un état, les citoyens ravageaient les terres et brûlaient
les maisons les uns des autres, vois, je te prie, combien elle serait funeste, et combien chaque parti se
montrerait peu sensible aux intérêts de la patrie.
S'ils la regardaient comme leur mère et leur nourrice,
se porteraient-ils contre elle à de tels excès? Les vainqueurs ne croiraient-ils pas faire assez de mal aux
vaincus, en leur enlevant la récolte de l'année? Ne
les traiteraient-ils pas comme des amis à qui ils ne
feront pas toujours la guerre, et avec qui ils doivent
se réconcilier un jour? — Cette façon d'agir est beaucoup plus conforme à l'humanité que la première.

— Mais quoi? N'est-ce pas un état grec que tu prétends fonder? — Sans doute. — Les citoyens n'en seront-ils pas humains et vertueux? — Oui. — Ne seront-
ils pas aussi amis des Grecs? ne regarderont-ils pas la
Grèce comme leur commune patrie? n'auront-ils pas
la même religion? — Sans contredit. — Ils traiteront
donc de discorde leurs différends avec les autres Grecs,
et ne leur donneront pas le nom de guerre. — Non.
— Et dans ces différends, ils se comporteront comme
devant un jour se raccommoder avec leurs adversaires.
— Oui. — Ils les réduiront doucement à la raison,
sans vouloir, pour les châtier, ni les rendre esclaves,
ni les ruiner. Ils les corrigeront en amis pour les rendre sages, et non en ennemis. — Tu as raison. — Puis-

20.

qu'ils sont Grecs, ils ne porteront le ravage dans aucun endroit de la Grèce, ne brûleront pas les maisons,
ne regarderont pas comme des adversaires tous les
habitants d'un état, hommes, femmes et enfants,
sans exception, mais seulement les auteurs du différend : en conséquence, épargnant les terres et les
maisons des habitants parceque le plus grand nombre se compose d'amis, ils n'useront de violence qu'autant qu'elle sera nécessaire pour contraindre les innocents à tirer eux-mêmes vengeance des coupables.
— Je reconnais avec toi que les citoyens de notre état
doivent garder ces ménagements dans leurs querelles
avec les autres Grecs, et en user avec les Barbares
comme les Grecs font à présent entre eux. — Ainsi,
défendons à nos guerriers, par une loi expresse, les
ravages et les incendies. —Je le veux bien ; j'approuve
fort cette loi et celles qui précèdent. Mais, Socrate,
il me semble que si on te laisse poursuivre, tu ne
viendras jamais au point essentiel dont tu as différé
plus haut l'explication pour entrer dans tous ces dé-
veloppements : ce point est de voir si un pareil état
est possible, et comment il l'est. Je conviens que tous
les biens dont tu as fait mention se trouveraient dans
notre état s'il pouvait exister. J'ajoute même d'autres
avantages que tu omets, par exemple, que ses guerriers seraient d'autant plus courageux que, se connaissant tous, et se donnant dans la mêlée les noms
de frères, de pères, de fils, ils voleraient au secours
les uns des autres. Je sais aussi que la présence des
femmes les rendrait invincibles, soit qu'elles com-

battissent avec eux dans les mêmes rangs, soit qu'on les mît derrière le corps de bataille, pour faire peur à l'ennemi, et pour s'en servir dans une extrémité. Je vois aussi qu'ils goûteraient pendant la paix mille autres biens dont tu n'as rien dit. Je t'accorde tout cela, et mille autres choses encore, si l'exécution répond au projet. Ainsi, laisse ce détail qui est superflu; montre-nous plutôt que ton projet n'est point une chimère, et comment on peut l'exécuter; je te tiens quitte du reste.

— Quelle irruption tu fais tout à coup sur mon discours, sans me laisser respirer après tant d'attaques! peut-être ne sais-tu pas qu'après avoir échappé, non sans peine, à deux vagues furieuses, tu m'exposes à une troisième vague beaucoup plus grosse et plus terrible : quand tu l'auras vue, et que tu en auras entendu le bruit, tu excuseras ma frayeur, et tous les détours que j'ai pris avant de hasarder une proposition aussi étrange. — Plus tu apporteras de prétextes, plus nous te presserons de nous expliquer comment il est possible de réaliser ta cité : parle donc, et ne nous tiens pas plus longtemps en suspens. — Soit. Il est bon d'abord de vous rappeler que ce qui nous a conduits jusqu'ici, c'est la recherche de la nature de la justice et de l'injustice. — Sans doute; mais que fait cela? — Rien; mais quand nous aurons découvert la nature de la justice, exigerons-nous de l'homme juste qu'il ne s'écarte en rien de la justice, et qu'il ait une parfaite conformité avec elle? ou bien, nous suffira-t-il qu'il lui ressemble autant qu'il est possi-

ble, et qu'il en reproduise plus de traits que le reste
des hommes? — Cela nous suffira. — Qu'avons-nous
donc prétendu, en cherchant quelle est l'essence de
la justice; et quel serait l'homme juste, supposé qu'il
existât? J'en dis autant de l'injustice et de l'homme
injuste. Rien de plus, je pense, que de trouver deux
modèles accomplis, de porter ensuite nos regards sur
l'un et sur l'autre, pour juger du bonheur ou du
malheur attaché à chacun d'eux, et de nous obliger
à conclure, par rapport à nous-mêmes, que nous
serons plus ou moins heureux, selon que nous res-
semblerons davantage à l'un ou à l'autre; mais notre
dessein n'a jamais été de prouver que ces modèles
pussent exister. — Tu dis vrai. — Crois-tu qu'un peintre en fût moins habile, si, après avoir peint le plus
beau modèle d'homme qui se puisse voir, et donné
à chaque trait la dernière perfection, il était incapable de prouver que la nature peut produire un
homme semblable? — Non. — Mais nous-mêmes,
qu'avons-nous fait dans cet entretien, sinon de tracer
le modèle d'un état parfait? — Rien autre chose. —
Ce que nous en avons dit sera-t-il moins bien dit,
quand nous serions hors d'état de montrer qu'on peut
former un état sur ce modèle? — Point du tout.

— La vérité est donc telle que je viens de dire;
mais si tu veux que je te fasse voir comment et jusqu'à quel point un semblable état peut se réaliser,
je le ferai pour t'obliger, pourvu que tu m'accordes
une chose qui m'est nécessaire. — Laquelle? — Est-
il possible d'exécuter une chose précisément comme

on la décrit? N'est-il pas, au contraire, dans la nature
des choses que l'exécution approche moins du vrai
que le discours? D'autres ne pensent peut-être pas
de même; mais toi qu'en penses-tu? — Je suis de ton
sentiment. — N'exige donc pas de moi que je réalise
avec la dernière précision le plan que j'ai tracé; mais,
si je puis trouver comment un état peut être gouverné
d'une manière très approchante de celle que j'ai dite,
reconnais alors que j'aurai prouvé, comme tu l'exiges
de moi, que notre état n'est point une chimère : ne
seras-tu pas content, si j'en viens à bout? Pour moi,
je le serais. — Et moi aussi. — Tâchons à présent de
découvrir pourquoi les états actuels sont mal gouvernés, et quel changement il serait possible d'y introduire pour que leur gouvernement devînt semblable au nôtre; n'y changeons, s'il se peut, qu'un point,
sinon deux; ou autrement un très petit nombre, et
des moins considérables par leurs effets. — Fort bien.
— Or, je trouve qu'en y changeant un seul point,
je suis en état de montrer que les républiques chan-
geraient tout à fait de face. Il est vrai que ce point
n'est ni de peu d'importance, ni aisé à changer :
mais enfin le changement est possible. — Quel est ce
point?

— Me voici arrivé à ce que j'ai comparé à la troisième vague; mais, dussé-je être accablé et comme
submergé sous le ridicule, je vais parler : écoute-moi.
— Dis. — A moins que les philosophes ne gouvernent
les états, ou que ceux qu'on appelle aujourd'hui rois
et souverains ne soient véritablement et sérieusement

philosophes, de sorte que l'autorité politique et la philosophie se rencontrent ensemble dans le même sujet,
et qu'on exclue absolument du gouvernement tant de
personnes qui aspirent aujourd'hui à l'un de ces deux
termes, à l'exclusion de l'autre ; à moins de cela, mon
cher Glaucon, il n'est point de remède aux maux qui
désolent les états, ni même à ceux du genre humain :
et jamais cet état parfait, dont nous avons fait le plan,
ne paraîtra sur la terre, et ne verra la lumière du
jour. Voilà ce que, depuis si longtemps, j'hésitais à
dire ; je prévoyais combien un tel discours révolterait
l'opinion commune ; en effet, il est difficile de conce
voir que le bonheur public et particulier soit attaché
à cette condition. — Tu as dû t'attendre, mon cher Socrate, en proférant un semblable discours, à voir beaucoup de gens, même d'un grand mérite, se dépouiller, pour ainsi dire, de leurs habits ; et, après s'être
armés de tout ce qui se trouverait sous leur main,
venir fondre sur toi de toutes leurs forces, et dans la
disposition de faire des merveilles. Si tu ne les re-
pousses avec les armes de la raison, tu vas être accablé
de railleries, et tu porteras la peine de ta témérité.
— C'est aussi toi qui en es la cause. — Je ne m'en
repens pas ; mais je te promets de ne pas t'abandonner, et de te seconder de tout mon pouvoir, c'est-à-dire
en t'encourageant et en m'intéressant à tes succès.
Peut-être encore répondrai-je à tes questions plus à
propos que tout autre ; avec un tel secours, essaie
de combattre tes adversaires, et de les convaincre que
la raison est de ton côté.

— Je l'essaierai avec confiance, puisque tu m'offres un secours sur lequel je compte beaucoup. Si nous voulons nous sauver des mains de ceux qui nous attaquent, il semble nécessaire de leur expliquer quels sont les philosophes à qui nous osons dire qu'il faut déférer le gouvernement des états. Après avoir développé ce point, nous pourrons plus aisément nous défendre, et montrer qu'il n'appartient qu'à de tels hommes d'être philosophes et magistrats; et que tous les autres ne doivent ni philosopher, ni se mêler du gouvernement. — Il est temps d'expliquer ta pensée à ce sujet. — C'est ce que je vais faire. Suis-moi, et vois si je te conduis bien. — Je te suis. — Est-il besoin que je te rappelle à l'esprit que, lorsqu'on dit de quelqu'un qu'il aime une chose, si l'on parle juste, on n'entend point par là qu'il en aime une partie et non l'autre, mais qu'il l'aime tout entière? — Tu feras bien de me le rappeler, car je ne comprends pas ce que tu veux dire. — En vérité, Glaucon, je pardonnerais à tout autre de parler comme tu fais; mais un homme expert, comme tu l'es, dans les matières d'amour, devrait savoir que tout ce qui est jeune fait impression sur un cœur aimant, et lui semble digne de ses soins et de sa tendresse. N'est-ce pas ainsi que vous faites vous autres à l'égard des beaux garçons? Ne dites-vous pas du nez camus, qu'il est joli, de l'aquilin, que c'est le nez royal; de celui qui tient le milieu, qu'il est parfaitement bien proportionné? que les bruns ont un air martial, que les blancs sont les enfants des dieux? Et quel autre qu'un amant aurai

inventé l'expression par laquelle on compare à la couleur du miel la pâleur de ceux qui sont dans la fleur
de l'âge? En un mot, il n'est point de moyens que
vous n'employiez, point de prétextes que vous ne sai-
sissiez pour comprendre dans vos hommages tous
ceux qui sont dans leur première jeunesse. — Si tu
veux prendre exemple sur moi, de ce que les autres
font en ce genre, je te l'accorde, pour ne point arrêter
le cours de cet entretien. — Ne vois-tu pas que ceux
qui sont abandonnés au vin tiennent la même conduite, et qu'ils font l'éloge de toutes les sortes de vins?
— Cela est vrai. — Ne vois-tu pas aussi que les ambitieux, lorsqu'ils ne peuvent commander toute une
tribu, en commandent un tiers, et que lorsqu'ils ne peuvent être honorés des grands, ils se contentent des
honneurs que leur rendent les petits, parce qu'ils sont
avides des distinctions quelles qu'elles soient? — J'en
conviens.

— A présent, réponds-moi : quand on dit de quelqu'un qu'il aime une chose, veut-on dire qu'il ne
l'aime qu'en partie, ou plutôt qu'il l'aime tout entière? — On veut dire qu'il l'aime tout entière. —
Ainsi, nous dirons du philosophe qu'il aime la sagesse non en partie, mais tout entière. —Sans doute.
— Nous ne dirons pas de quelqu'un qui fait le difficile
en matière de sciences, surtout s'il est jeune, et n'est
pas en état de rendre raison de ce qui est utile ou ne
l'est pas, qu'il est philosophe et avide de connaissances : de même qu'on ne dit pas d'un homme qui
mange avec répugnance, qu'il a faim, ni qu'il aime

à manger ; mais qu'il est dégoûté. — On a raison. —
Mais celui qui se porte vers toutes les sciences avec
une égale ardeur, qui voudrait les embrasser toutes,
et qui est insatiable d'apprendre, ne mérite-t-il pas
le nom de philosophe ? Qu'en penses-tu ? — Il y aurait,
à ton compte, des philosophes en bien grand nombre,
et d'un caractère bien étrange ; car il faudrait comprendre sous ce nom tous ceux qui sont curieux de
voir et d'apprendre quelque chose de nouveau ; et il
serait assez plaisant de ranger parmi les philosophes
ces gens avides d'entendre, qui certainement n'assiste-
raient pas volontiers à un entretien tel que le nôtre ;
mais qui semblent avoir loué leurs oreilles pour entendre tous les chœurs, courent à toutes les fêtes de
Bacchus, sans en manquer une seule, soit à la ville,
soit à la campagne. Appellerons-nous donc philosophes ceux qui ne montrent d'ardeur que pour apprendre de semblables choses, ou qui s'appliquent
à la connaissance des arts les plus infimes ? — Ce
ne sont pas là les vrais philosophes : ils n'en ont que
l'apparence. — Qui sont donc, selon toi, les vrais philosophes ? — Ceux qui aiment à contempler la vérité.
— Tu as raison, sans doute ; mais, explique-moi ce
que tu entends par là ? — Cela ne serait point aisé vis-
à-vis de tout autre ; mais je crois que tu m'accorderas
ceci. — Quoi ? — Que le beau étant opposé au laid,
ce sont deux choses distinctes. — Sans doute. Chacune d'elles est une par conséquent. — Oui. — Il en
est de même à l'égard du juste et de l'injuste, du bon
et du mauvais, et de toutes les autres idées : chacune

21

d'elles, prise en elle-même, est une ; mais, considérées dans les relations qu'elles ont avec nos actions,
avec les corps, et entre elles, elles revêtent mille formes qui semblent les multiplier. — Tu dis vrai. —
Voici donc par où je distingue ces gens qui sont avides
de voir, ont la manie des arts, et se bornent à la pratique, des contemplateurs de la vérité, à qui seuls
convient le nom de philosophes. — Par où, je te prie ?
— Les premiers, dont la curiosité est toute dans les
yeux et dans les oreilles, se plaisent à entendre de
belles voix, à voir de belles couleurs, de belles figures,
et tous les ouvrages de l'art ou de la nature où il entre
quelque chose de beau ; mais leur ame est incapable
de s'élever jusqu'à l'essence du beau, de la connaître
et de s'y attacher. — La chose est comme tu dis. —
Ne sont-ils pas rares ceux qui peuvent s'élever jusqu'au
vrai beau, et le contempler en lui-même ? — Très
rares. — Qu'est-ce que la vie d'un homme qui, à la
vérité, connaît de belles choses, mais qui n'a aucune
idée de la beauté en elle-même, et qui n'est pas capable de suivre ceux qui voudraient la lui faire connaître ? Est-ce un rêve, est-ce une réalité ? Prends
garde : qu'est-ce que rêver ? N'est-ce pas, soit qu'on
dorme, soit qu'on veille, prendre la ressemblance
d'une chose pour la chose même ? — Oui, c'est là ce
que j'appellerais rêver.

— Celui au contraire qui peut contempler le beau,
soit en lui-même, soit en ce qui participe à son essence ; qui ne confond point le beau et les choses belles, et qui ne prend jamais les choses belles pour le

beau, vit-il en rêve ou en réalité? — Il vit en réalité.
— Les connaissances de celui-ci, qui sont fondées sur
une vue claire des objets, sont donc une vraie science;
et celles de celui-là, qui ne reposent que sur l'apparence, ne méritent que le nom d'opinions. — Oui. —
Mais si ce dernier, qui, selon nous, juge sur l'apparence et ne connaît pas, s'emportait contre nous, et
soutenait que nous ne disons pas la vérité, n'aurons-
nous rien à lui dire pour le calmer, et lui persuader
doucement qu'il se trompe, en lui cachant néanmoins
la maladie de son ame? — Si fait. — Voyons ce que
nous lui dirons, ou plutôt veux-tu que nous l'inter-
rogions, l'assurant que, loin de porter envie à ses
connaissances, s'il en a, nous serions charmés d'entendre quelqu'un sachant quelque chose. Mais, lui-
demanderais-je, dis-moi : celui qui connaît, connaît-
il quelque chose ou rien? Glaucon, réponds-moi pour
lui. — Je réponds qu'il connaît quelque chose. — Qui
est, ou qui n'est pas? — Qui est; car comment con-
naîtrait-on ce qui n'est pas?

— Ainsi, sans pousser nos recherches plus loin,
nous savons, à n'en pouvoir douter, que ce qui est
en toute manière, peut être connu de même, et que
ce qui n'est nullement, ne peut être nullement connu.
— Nous en sommes certains. — Mais s'il y avait quelque chose qui tînt à la fois de l'être et du non-être,
ne tiendrait-elle pas le milieu entre ce qui est tout
à fait et ce qui n'est point du tout? — Oui. — Si donc
la science a pour objet l'être et l'ignorance le non-être,
il faut chercher, pour ce qui tient le milieu entre l'être

et le non-être, une manière de connaître qui soit intermédiaire entre la science et l'ignorance, supposé qu'il
y en ait une. — Sans doute. — Est-ce quelque chose
que l'opinion? — Oui. — Est-ce une faculté distincte
ou non de la science ? — Elle en est distincte. — Ainsi,
l'opinion a son objet à part, la science de même a le
sien; chacune d'elles se manifestant toujours comme
une faculté distincte. — Oui. — La science n'a-t-elle
pas pour objet de connaître ce qui est en tant qu'il
est? Ou plutôt, avant d'aller plus loin, il me paraît
nécessaire d'expliquer une chose.—Quoi?—Je dis que
les facultés sont une espèce d'êtres qui nous rendent
capables, nous et tous les autres agents, des opérations qui nous sont propres. Par exemple, j'appelle
faculté la puissance de voir, d'entendre. Tu comprends
ce que je veux dire par ce nom générique. — Je comprends. — Écoute quelle est ma pensée à ce sujet. Je
ne vois dans chaque faculté, ni couleur, ni figure, ni
rien de semblable à ce qui se trouve en mille autres
choses, sur quoi je puisse porter les yeux pour m'aider à la distinguer d'une autre faculté. Je ne considère, en chacune d'elles, que sa destination et ses
effets : c'est par là que je les distingue ; j'appelle facultés identiques celles qui ont le même objet, et qui
opèrent les mêmes effets, et facultés différentes celles
qui ont des objets et des effets différents. Et toi, comment les distingues-tu? — De la même manière.

— Maintenant reprenons. Mets-tu la science au
nombre des facultés ou dans une autre espèce d'êtres?
—Je la regarde comme la plus puissante de toutes

les facultés. — L'opinion est-elle aussi une faculté ou bien quelque autre espèce d'être ? — Nullement. L'opinion n'est autre chose que la faculté qui est en nous de juger sur l'apparence. — Mais tu es convenu un peu plus haut que la science différait de l'opinion ? — Sans doute : et comment un homme sensé pourrait-il confondre ce qui est infaillible avec ce qui ne l'est pas ? — Fort bien. Ainsi, nous reconnaissons que la science et l'opinion sont deux facultés distinctes. — Oui. — Chacune d'elles a donc une vertu et un objet différent. — Il le faut bien. — La science n'a-t-elle pas pour objet de connaître ce qui est précisément tel qu'il est ? — Oui. — Mais l'opinion n'est autre chose, disons-nous, que la faculté de juger sur l'apparence. — Sans contredit. — A-t-elle le même objet que la science, de sorte que la même chose puisse tomber à la fois sous la connaissance et sous l'opinion ? Ou plutôt, cela n'est-il pas impossible ? — De notre aveu cela est impossible. Car, si des facultés différentes ont des objets différents, si d'ailleurs la science et l'opinion sont deux facultés différentes, il s'ensuit que l'objet de la science ne peut être celui de l'opinion. — Si donc l'être est l'objet de la science, celui de l'opinion sera autre chose que l'être. — Oui. — Serait-ce le non-être ? ou est-il impossible que le non-être soit l'objet de l'opinion ? Vois avec moi. Celui qui a une opinion ne l'a-t-il pas sur quelque chose ? Peut-on avoir une opinion, et ne l'avoir sur rien ? — Cela ne se peut. — Ainsi, celui qui a une opinion l'a sur quelque chose. — Oui. — Mais le non-être est-il

21.

quelque chose? N'est-ce pas plutôt une négation de
chose ? — Cela est certain. — C'est pour cette raison
que nous avons assigné à la science l'être pour
objet, et le non-être à l'ignorance. — Nous avons bien
fait. — L'objet de l'opinion n'est donc ni l'être ni le
non-être. — Non. — Par conséquent, l'opinion diffère
également de la science et de l'ignorance. — Oui.

— Est-elle au delà de l'une ou de l'autre, de manière qu'elle soit plus lumineuse que la science ou
plus obscure que l'ignorance? — Non. — C'est donc le
contraire : c'est-à-dire qu'elle a moins de clarté que
la science, et moins d'obscurité que l'ignorance ? —
Se trouve-t-elle entre l'une et l'autre? — Oui. — Ainsi,
l'opinion est quelque chose d'intermédiaire entre
l'une et l'autre? — Oui. — N'avons-nous pas dit plus
haut que, si nous trouvions quelque chose qui fût
et ne fût pas en même temps, cette chose tiendrait le
pur être et le pur néant, et qu'elle ne serait l'objet
ni de la science ni de l'ignorance, mais de quelque
faculté que nous jugerions intermédiaire entre l'une
et l'autre? — Cela est vrai. — Ne venons-nous pas de
trouver que cette faculté intermédiaire est ce qu'on
nomme opinion ? — Oui. — Il nous reste donc à trouver quelle est cette chose qui tient de l'être et du non-
être, et qui n'est proprement ni l'un ni l'autre : si nous
découvrons qu'elle est l'objet de l'opinion, nous as-
signerons alors à chacune de ces trois facultés leurs
objets : les extrêmes aux extrêmes, et l'objet intermédiaire à la faculté intermédiaire. N'est-ce pas? —
Sans doute. — Cela posé, qu'il me réponde cet homme

qui ne croit pas qu'il y ait rien de beau en soi, ni que
l'idée du beau soit immuable, et qui ne reconnaît
que des choses belles; cet amateur de spectacles qui
ne peut souffrir qu'on lui parle du beau, du juste
absolu; réponds-moi, lui dirai-je : ces mêmes choses
que tu juges belles, justes, saintes, ne te semble-t-il
pas, sous d'autres rapports, qu'elles ne sont ni
belles, ni justes, ni saintes? — Oui, répondra-t-il :
les mêmes choses envisagées diversement paraissent
belles et laides, et ainsi du reste. — Les quantités
doubles paraissent-elles pouvoir être plutôt doubles
que moitiés? — Non. — J'en dis autant des choses
qu'on appelle grandes ou petites, pesantes ou légè-
res : chacune de ces qualifications leur convient-elle
plutôt que la qualification contraire? — Non : elles
tiennent toujours de l'une et de l'autre. — Ces choses
sont-elles plutôt qu'elles ne sont pas ce qu'on les dit
être? — Elles ressemblent à ces propos à double
sens qu'on tient à table, et à l'énigme des enfants sur
la manière dont l'eunuque frappa la chauve-souris[1] :
les mots y ont deux sens contraires : on ne peut dire
avec certitude ni oui ni non, ni l'un et l'autre, ni
s'empêcher de dire l'un ou l'autre.

— Que faire de ces sortes de choses, et où les placer
mieux qu'entre l'être et le néant? Car elles n'ont

[1] Voici l'énigme entière. Un homme qui ne l'est point, qui voit
et ne voit point, a frappé et n'a point frappé d'une pierre qui n'est
pas pierre, un oiseau qui n'est point oiseau sur un arbre qui n'est
point arbre. C'est-à-dire un eunuque borgne a atteint d'une pierre
ponce une chauve-souris sur un sureau.

certainement pas moins d'existence que le néant, ni
plus de réalité que l'être. — Cela est certain. — Nous
avons donc trouvé que cette multitude de choses
auxquelles la foule attribue la beauté et les autres
qualités semblables roulent, pour ainsi dire, dans cet
espace qui sépare l'être et le néant. — Nous l'avons
trouvé, à n'en pouvoir douter. — Mais nous sommes
convenus d'avance que nous dirions de ces choses qui
flottent entre l'être et le néant, qu'elles sont l'objet,
non de la science, mais de la faculté intermédiaire,
l'opinion. — Oui. — Ainsi donc, à l'égard de ceux
qui voient la multitude des choses belles, mais qui
ne distinguent pas le beau essentiel, et ne peuvent
suivre ceux qui veulent les mettre à portée de le per-
cevoir ; qui voient la multitude des choses justes, mais
non la justice même, et ainsi du reste, nous dirons
que tous leurs jugements sont des opinions, et non
des connaissances. — Sans contredit. — Au contraire,
ceux qui contemplent l'essence immuable des choses
ont des connaissances, et non des opinions. — Cela
est également indubitable. — Les uns et les autres
n'aiment-ils pas et n'embrassent-ils pas, ceux-ci, les
choses qui sont l'objet de la science, ceux-là, les
choses qui sont l'objet de l'opinion ? Ne te rappelles-
tu pas ce que nous disions de ces derniers, qu'ils se
plaisent à entendre de belles voix, à voir de belles
couleurs, mais qu'ils ne peuvent souffrir qu'on leur
parle du beau absolu comme d'une chose réelle. —
Je m'en souviens. — Nous ne leur ferons donc aucune
injustice en les appelant *amis de l'opinion* plutôt qu'a-

mis de la sagesse[1]? Crois-tu qu'ils se fâchent contre nous, si nous les traitons de la sorte. — S'ils m'en veulent croire, ils n'en feront rien; car il n'est jamais permis de s'offenser de la vérité. — Il faudra, par conséquent, appeler du nom de philosophes ceux-là seuls qui s'attachent à la contemplation des choses unes, simples et immuables? — Sans doute.

[1] Philodoxes, plutôt que philosophes.

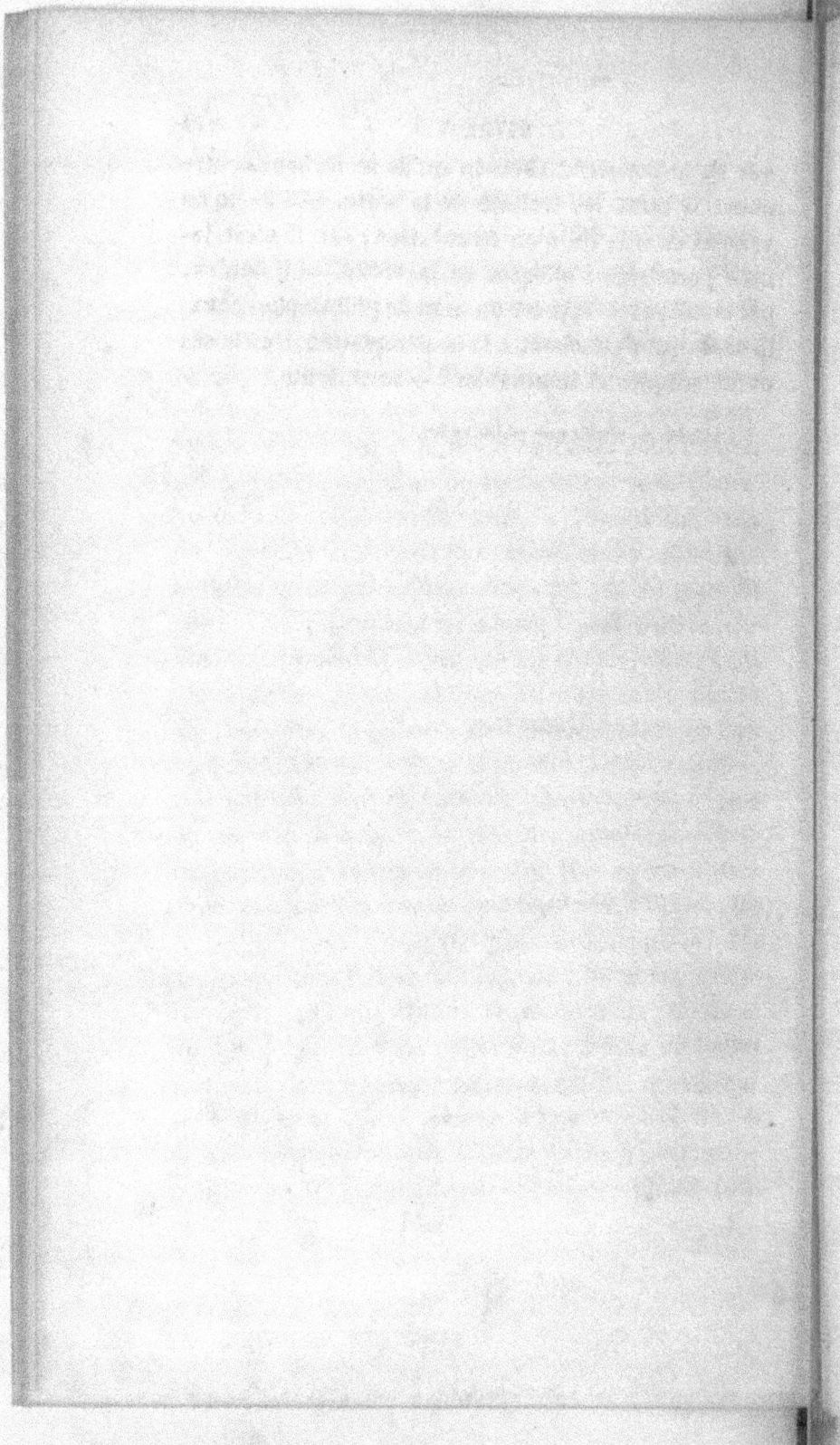

LIVRE SIXIÈME.

ARGUMENT.

Il s'agit de prouver que le vrai philosophe est seul en état de commander aux hommes. Platon va justifier cette proposition célèbre établie dans le livre précédent, que les gouvernements ne seront parfaits que lorsque les philosophes consentiront à devenir rois, ou lorsque les rois seront devenus philosophes. Or, quelles sont les qualités du vrai philosophe, et quelle doit être sa science ? Il doit connaître ce qui est. Mais connaître ce qui est, ce n'est pas connaître la figure du monde incertaine et chancelante, c'est s'élever jusqu'à l'essence des choses ; c'est se placer en face du beau et du bon qui est Dieu. Ainsi, le sage peut arriver à la vérité, en la cherchant, hors de ce monde, à sa source céleste. Il peut réfléchir des vertus dont le type idéal ne se trouve nulle part ici-bas, il peut enfin former en lui ce divin exemplaire de l'homme parfait qu'Homère appelle si poétiquement une image de la divinité. Le résultat de ce beau livre est donc de conduire le philosophe à la connaissance de Dieu, et de faire de cette connaissance le dernier terme des sciences humaines, la lumière qui les éclaire toutes. Platon le termine par un tableau magnifique des deux mondes, du monde visible et du monde invisible. Le monde visible, c'est le monde qui passe ; qui s'attache à celui-là, vit d'illusions et de mensonges. Le monde invisible est le seul réel, c'est le monde des idées pures au moyen desquelles l'âme, sans le secours d'aucune image, remonte jusqu'au principe éternel. On remarquera avec quelle crainte Platon aborde cette idée sublime de l'existence d'un seul Dieu ; idée qui devait civiliser le monde, mais que le monde n'était point encore en état de comprendre, et qui venait de coûter la vie à Socrate.

LIVRE SIXIÈME.

—

Enfin, après bien de la peine et un assez long circuit de paroles, nous avons fixé, mon cher Glaucon, la différence des vrais philosophes d'avec ceux qui ne le sont pas. — Peut-être n'était-il pas aisé d'en venir à bout autrement. — Je ne le crois pas. Nous aurions, ce me semble, porté encore plus loin l'évidence à cet égard, si nous n'avions eu que ce point à traiter, et s'il ne fallait pas parcourir bien d'autres questions pour voir en quoi la condition de l'homme juste diffère de celle du méchant. — Que nous reste-t-il à considérer après cela? — Ce qui suit immédiatement. Puisque les vrais philosophes sont ceux dont l'esprit peut atteindre à la connaissance de ce qui existe toujours d'une manière immuable, et que les autres, qui errent sans cesse autour de mille objets toujours changeants, ne sont rien moins que philosophes, il faut voir qui nous choisirons pour gouverner notre état. — Quel est le parti le plus sage que nous ayons à prendre? — C'est d'établir magistrats ceux qui nous paraîtront les plus propres à maintenir les lois et les institutions dans toute leur vigueur. — Fort bien. — Il n'est pas difficile de décider si un bon gardien doit être aveugle ou clairvoyant. — Non, sans doute. — Or, quelle différence mets-tu entre les aveugles et ceux qui, privés de la connaissance de ce qui

23

existe d'une manière simple et immuable, et n'ayant
dans leur ame aucune idée claire et distincte, ne peuvent, à l'imitation des peintres, porter leurs regards
sur l'exemplaire éternel de la vérité, et, après l'avoir
contemplé avec toute l'attention possible, transporter
aux choses d'ici-bas ce qu'ils y ont remarqué, et s'en
servir comme d'une règle sûre pour fixer par des lois
ce qui est honnête, bon, juste dans les actions humaines, et pour conserver ces lois après les avoir
établies? — Je ne mets aucune différence entre eux et
des aveugles. — Est-ce eux que nous choisirons pour
gardiens? Ou plutôt ceux qui connaissent l'essence
de chaque chose, et de plus ne cèdent aux autres ni
en expérience ni en aucun autre genre de mérite? —
Ce serait une folie d'en choisir d'autres, si d'ailleurs
ils n'étaient en rien inférieurs aux premiers, puisqu'ils ont sur eux l'avantage qui importe le plus.

— C'est à nous d'expliquer à présent par quels
moyens ils pourront joindre l'expérience à la spéculation. — Oui. — Il faut, comme nous disions au commencement de cet entretien, commencer par bien
connaître le caractère qui leur est propre. Je suis
persuadé qu'après l'avoir bien approfondi, nous ne
balancerons pas un moment à reconnaître qu'ils peuvent réunir en eux l'expérience et la spéculation, et
qu'on ne doit leur préférer personne pour le gouvernement. — Comment cela? — Convenons d'abord que
la première marque de l'esprit philosophique est
d'aimer avec passion toutes les sciences qui peuvent
nous conduire à la connaissance de cette essence im-

muable, et inaccessible aux vicissitudes de la génération et de la corruption. — J'en conviens. — Qu'il
en est de lui comme des amants et des ambitieux,
par rapport à l'objet de leur ambition et de leur
amour : qu'il aime tout ce qui tient à cette essence,
sans en négliger aucune partie, grande ou petite,
plus ou moins importante. — Tu as raison. — Examine ensuite si ce n'est pas une nécessité que ceux
qui doivent être tels que nous avons dit aient encore
cet autre caractère. — Lequel ? — L'aversion, l'horreur du mensonge, auquel ils fermeront toute entrée
dans leur ame, avec un amour égal pour la vérité. — Il
y a apparence. — Non-seulement il y a apparence,
mon cher ami, mais il est absolument nécessaire que
celui qui aime quelqu'un aime tout ce qui le touche,
tout ce qui a rapport à lui. — Cela est vrai. — Mais y
a-t-il rien qui soit plus étroitement lié avec la science
que la vérité ? — Non. — Est-il possible que le même
homme soit amateur de la sagesse et du mensonge ?
— Non. — Par conséquent, l'esprit véritablement avide
de science doit, dès la première jeunesse, aimer et rechercher toute vérité. — D'accord. — Mais tu sais que,
quand les desirs se portent avec violence vers un objet, ils ont moins de vivacité pour tout le reste, et
qu'ils sont semblables à ces faibles ruisseaux qu'on a
détournés du lit d'un torrent. — Sans doute. — Ainsi,
celui dont les desirs se portent vers les sciences n'a
de goût que pour les plaisirs purs, qui appartiennent
à l'ame. Pour ce qui est des plaisirs du corps, il les
dédaigne, s'il n'est point philosophe de nom, mais

d'effet. — La chose ne peut être autrement. — Un homme pareil est donc tempérant et entièrement exempt de cupidité. Car les raisons qui engagent les autres à courir avec tant d'ardeur après les richesses n'ont aucun pouvoir sur lui. — Oui.

— Pour discerner le vrai philosophe de celui qui ne l'est pas, il est encore bon de faire attention à une chose. — A quoi? — A ce qu'il n'a rien de bas et de rampant; la petitesse étant absolument incompatible avec une ame qui doit embrasser dans ses recherches toutes les choses divines et humaines. — Rien de plus vrai. — Mais penses-tu qu'une ame grande, qui porte sa pensée sur tous les temps et sur tous les êtres, regarde la vie de l'homme comme quelque chose d'important? — Cela est impossible. — Une ame de cette trempe ne craindra donc pas la mort? — Non. — Ainsi, une ame lâche et basse n'aura jamais le moindre commerce avec la vraie philosophie. — Je ne le crois pas. — Mais, quoi! un homme modéré dans ses desirs, exempt de cupidité, de bassesse, d'arrogance, de lâcheté, peut-il être injuste ou d'un commerce difficile? — Nullement. — Lors donc qu'il s'agira de discerner quelle est l'ame née pour la philosophie, tu prendras garde si, dès les premières années, elle montre de l'équité et de la douceur, ou si elle est farouche et intraitable. — Oui. — Tu n'oublieras pas, je pense, de faire attention à cet autre point. — Lequel? — Si elle a de la facilité ou de la difficulté à apprendre. Peux-tu espérer de qui que ce soit qu'il prenne du goût pour ce qu'il fait avec beaucoup de peine et peu de succès?— J'aurais tort de l'espérer. — Mais s'il ne retient rien de ce qu'il apprend, s'il oublie tout, est-il possible qu'il acquière de la science? — Comment cela pourrait-il être?— Voyant qu'il travaille sans fruit, ne sera-t-il pas forcé à la fin de se haïr lui-même et tout genre d'étude? — Sans doute. — Nous ne mettrons donc pas au rang des ames qui sont propres à la philosophie une ame qui oublie tout. Nous voulons qu'elle soit douée d'une mémoire excellente. — Nous avons raison. — Mais une ame sans harmonie et sans grace n'incline-t-elle pas naturellement à manquer de mesure?— Oui. — La vérité est-elle amie de la mesure ou du contraire? — Elle est amie de la mesure. — Cherchons donc encore dans le philosophe un esprit ami de la grace et de la mesure, et que sa pente naturelle porte à la contemplation de l'essence des choses. — Sans doute. — Toutes les qualités dont nous venons de faire le dénombrement ne se tiennent-elles pas entre elles, et ne sont-elles pas toutes nécessaires à une ame qui doit s'élever à la plus parfaite connaissance de l'être?— Elles lui sont toutes nécessaires. — Peut-on blâmer par quelque endroit une profession dont on ne peut se rendre capable, si on n'est doué de mémoire, de pénétration, de grandeur d'ame, d'affabilité; si l'on n'est ami et, pour ainsi dire, allié de la vérité, de la justice, de la force et de la tempérance? — Momus même n'y trouverait rien à reprendre [1]. — C'est donc à de tels naturels per-

---

[1] Locution proverbiale. Voy. Erasme, *Chiliad.*, 1, 5, 75.

fectionnés par l'éducation et par l'expérience, et
à eux seuls que tu confieras le gouvernement de
l'état. »

Adimante, prenant ici la parole, me dit : « Socrate,
personne ne peut te contester la vérité de ce que tu
viens de dire. Mais voici une chose qui arrive d'ordinaire à ceux qui s'entretiennent avec toi. Ils s'imaginent que, faute d'être versés dans l'art d'interroger
et de répondre, ils sont conduits peu à peu dans l'erreur, par une suite de questions dont ils ne voient
pas d'abord les conséquences, mais qui, rapprochées
les unes des autres, finissent par les faire tomber dans
une erreur toute contraire à ce qu'ils avaient cru
d'abord. Et comme au tric-trac, les joueurs mal habiles
sont tellement embarrassés par les habiles joueurs,
qu'ils finissent par ne savoir plus quel dé amener,
de même ton habileté à manier non les dés, mais le
discours, finit par mettre les interlocuteurs dans l'im-
possibilité de savoir que dire, sans que pour cela il
y ait plus de vérité dans tes paroles ; et je ne parle
de la sorte qu'en conséquence de ce que je viens d'entendre. En effet, on pourrait te dire qu'à la vérité il
est impossible de rien opposer à chacune de tes questions en particulier, mais que, si on examine la chose
en soi, on voit que ceux qui s'appliquent à la philosophie, non-seulement pendant la jeunesse, pour com-
pléter leur éducation, mais qui vieillissent dans cette
étude, sont pour la plupart d'un caractère bizarre et
incommode, pour ne rien dire de plus fort, et que les
plus supportables d'entre eux deviennent inutiles à

la société, pour avoir embrassé cette étude à laquelle tu donnes tant d'éloges.

« Adimant, repris-je, crois-tu que ceux qui parlent de la sorte ne disent pas la vérité? — Je n'en sais rien. Mais tu me ferais plaisir de me dire ton sentiment. — Eh bien! mon sentiment est qu'ils disent vrai. — Si cela est, sur quel fondement as-tu pu dire tantôt qu'il n'est point de remède aux maux qui désolent les états, jusqu'à ce qu'ils soient gouvernés par ces mêmes philosophes, que tu reconnais leur être inutiles? — Tu me fais là une demande à laquelle je ne puis répondre que par une comparaison. — Ce n'est pourtant pas ta coutume, ce me semble, d'employer la comparaison dans tes discours? — Fort bien. Tu me railles après m'avoir engagé dans une discussion aussi difficile. Écoute donc la comparaison dont je vais me servir, et tu connaîtras encore mieux mon peu de talent en ce genre. Le traitement qu'on fait aux sages dans les états où ils vivent a quelque chose de si étrange et de si particulier, que personne n'a jamais éprouvé rien qui en approche; de sorte que je suis obligé de former de plusieurs parties, qui n'ont ensemble aucun rapport, le tableau qui doit servir à leur justification, et d'imiter les peintres lorsqu'ils nous représentent des hircocerfs¹, ou d'autres assemblages monstrueux.

Figure-toi donc le patron d'un ou de plusieurs vaisseaux, tel que je vais te le peindre; plus grand et plus

_____
¹ Moitié boucs et moitié cerfs.

robuste que tout le reste de l'équipage, mais un peu
sourd, ayant la vue basse, et peu versé dans l'art de
la navigation. Les matelots se disputent entre eux le
gouvernail; chacun d'eux prétend être pilote, sans
avoir aucune connaissance du pilotage, et sans pouvoir dire sous quel maître ni dans quel temps il l'a
appris. De plus, ils sont assez extravagants pour dire
que ce n'est pas une science qui puisse s'apprendre,
et tout prêts à mettre en pièces quiconque oserait soutenir le contraire. Imagine-les ensuite à l'entour du
patron, l'obsédant, le conjurant, le pressant de leur
confier le gouvernail. Ceux qui sont exclus tuent ou
jettent dans la mer ceux qu'on leur a préférés. Après
quoi, ils enivrent le patron, ou l'assoupissent en lui
faisant boire de la mandragore, ou ils s'en délivrent
de tout autre manière. Alors ils s'emparent du vaisseau, se jettent sur les provisions, boivent et mangent
avec excès, et conduisent le vaisseau comme de pareilles gens peuvent le conduire. En outre, ils regardent comme un homme entendu, un habile marin,
quiconque peut les aider à obtenir par la persuasion
ou la violence la conduite du vaisseau; ils méprisent
comme inutile celui qui ne sait pas flatter en cela leurs
desirs : ils ignorent d'ailleurs ce que c'est qu'un vrai
pilote, et que pour être tel il faut avoir une exacte
connaissance des temps, des saisons, du ciel, des
astres, des vents et de tout ce qui appartient à cet
art; et quant à la science de gouverner un vaisseau,
qu'il y ait ou non opposition de la part de l'équipage,
ils croient qu'il est impossible de la joindre à la

science du pilotage. Dans des vaisseaux où se passent
de pareilles choses, quelle idée veux-tu qu'on ait du
vrai pilote? Les matelots, dans la disposition d'esprit
où je les suppose, ne le traiteront-ils pas d'homme
inutile, de vain discoureur, qui perd son temps à contempler les astres?—Cela est vrai.—Je ne crois pas
qu'il soit besoin de te montrer que ce tableau est
l'image fidèle du traitement qu'on fait aux vrais philosophes dans les divers états. Tu comprends sans
doute ma pensée?—Oui.—Présente donc cette comparaison à celui qui s'étonne de voir les philosophes
traités dans les états d'une manière si peu honorable;
tâche de lui faire concevoir que ce serait une mer-
veille bien plus grande s'ils étaient honorés. — Je la
lui présenterai. — Dis-lui qu'il a raison de regarder
les plus sages d'entre les philosophes comme des gens
inutiles à l'état; que néanmoins ce n'est point à eux
qu'il faut se prendre de leur inutilité, mais à ceux qui
ne daignent pas les employer, parcequ'il n'est pas selon
l'ordre ni que le pilote prie l'équipage de lui abandonner la conduite du vaisseau, ni que les sages aillent
de porte en porte faire aux riches une semblable
prière. Celui qui a osé l'avancer s'est bien trompé.
Mais la vérité est que c'est au malade, riche ou pauvre, de recourir au médecin; à celui qui a besoin des
lumières d'autrui pour se conduire, de faire les premières démarches, et non à ceux qui peuvent être de
quelque utilité aux autres, de les conjurer de profiter
de leurs lumières. Ainsi tu ne te tromperas point en
comparant aux matelots dont je viens de parler les

politiques qui sont aujourd'hui à la tête des affaires ;
et ceux qu'ils traitent de gens inutiles, perdus dans
la contemplation des astres, aux vrais pilotes. — Fort
bien. — Il suit de là qu'il est malaisé que la meilleure
profession soit en honneur auprès de ceux qui suivent
une route absolument opposée. Mais les plus grandes
et les plus fortes calomnies que la philosophie ait à
essuyer lui viennent à l'occasion de ceux qui se disent
philosophes sans l'être. Ce sont eux qui font dire aux
ennemis de la philosophie que la plupart de ses sectateurs sont des hommes pervers, et que les meilleurs
d'entre eux sont tout au moins inutiles, accusation
que j'ai reconnue fondée avec toi. Dis, n'est-ce pas
cela ? — Oui. — Ne venons-nous pas de voir la raison
de l'inutilité des vrais philosophes ? — Oui. — Veux-tu
que nous cherchions à présent la cause inévitable de la
perversité des prétendus philosophes, et que nous
nous efforcions de montrer, s'il est possible, que ce
n'est point sur la philosophie qu'il en faut rejeter la
faute ? — J'y consens.

— Commençons par nous rappeler ce qui a donné
occasion à cette digression, c'est-à-dire quelles sont
les qualités nécessaires pour devenir un vrai sage. La
première est, s'il t'en souvient, l'amour de la vérité,
qu'on doit rechercher en tout et partout, la vraie philosophie étant absolument incompatible avec l'esprit
de mensonge. — C'est ce que tu disais. — La plupart
des hommes ne sont-ils pas sur ce point d'un sentiment bien différent du nôtre ? — Assurément. —
Aurons-nous tort, à ton avis, de répondre que celui

qui a un véritable desir d'apprendre, ne s'arrête
point aux choses qui ne sont qu'en apparence,
mais que, né pour ce qui est réellement, il y tend
avec une ardeur et des efforts que rien ne peut
retenir ni surmonter, jusqu'à ce qu'il soit parvenu à
s'y unir par la partie la plus intime de son ame qui
s'y rapporte le plus intimement, jusqu'à ce qu'enfin
cette union, cet accouplement divin ait fait naître en
lui l'intelligence et la vérité, qu'il ait de l'être une
vue claire et distincte, et qu'il y vive d'une véritable
vie; que jusqu'à ce moment son ame sera en proie
aux douleurs de l'enfantement? — On ne peut mieux
répondre. — Peut-il aimer le mensonge? N'en a-t-il
pas au contraire une horreur infinie? — Il le déteste.
— Nous ne dirons pas non plus que la vérité puisse
mener à sa suite le cortége des vices. — Non, sans
doute. — Mais qu'elle se trouve toujours avec des
mœurs pures et réglées; et que la tempérance est sa
compagne. — Oui. — Qu'est-il besoin de faire une
seconde fois l'énumération des qualités inséparables
du naturel philosophe? Tu t'en souviens, nous sommes tombés d'accord, Glaucon et moi, que la force,
la grandeur d'ame, la facilité à apprendre et la mémoire lui étaient essentielles; qu'alors tu nous as in-
terrompus pour dire qu'à la vérité il était impossible
de ne pas se rendre à nos raisons, mais que, si laissant les discours, on jetait les yeux sur la conduite
des philosophes, on ne pourrait s'empêcher de reconnaître que les uns sont inutiles, et que les autres,
ne bien plus grand nombre, sont entièrement pervers.

Après nous être mis à chercher la cause de cette accusation, nous en sommes venus à examiner pourquoi
la plupart de ceux qui se donnent pour philosophes
sont pervers. Et c'est ce qui nous a obligés à tracer de
nouveau le caractère du vrai philosophe. – Cela est vrai.

– Il faut à présent examiner comment un si beau
naturel se corrompt et se pervertit, de sorte qu'il n'en
échappe que très peu à la corruption générale ; et ce
sont ceux qu'on traite, non pas de méchants, mais de
gens inutiles. Ensuite nous considérerons quel est le
caractère de ces faux philosophes, qui, usurpant une
profession dont ils sont indignes et qui est au-dessus
de leur portée, donnent dans mille écarts, et occa-
sionnent le décri universel où se trouve, selon toi, la
philosophie. — Quelles sont les causes de corruption
pour le vrai philosophe ? — Je vais te les développer,
si j'en suis capable. D'abord tout le monde conviendra avec moi qu'il paraît rarement sur la terre de ces
naturels heureux qui réunissent en eux toutes les qualités que nous demandons dans un philosophe accompli : qu'en penses-tu ? — Je crois qu'ils sont en très
petit nombre. – Or, vois combien de causes puissantes
travaillent à la perte de ce petit nombre. — Quelles
sont-elles ?—Ce qui te paraîtra de plus étrange, c'est
que ces mêmes qualités, qui rendent ces naturels si
précieux, corrompent quelquefois l'âme qui les possède, et l'arrachent à la philosophie ; je dis la force, la
tempérance et les autres qualités dont nous avons fait
mention. — Cela est bien étrange en effet. — Outre
cela, tout ce qu'on regarde parmi les hommes comme

des biens, la beauté, les richesses, la force du corps, les grandes alliances, et tous les autres avantages de cette nature, ne contribuent pas moins à pervertir l'ame, et à la dégoûter de l'étude de la sagesse. Tu dois comprendre de quoi je veux parler.—Oui; mais je voudrais que tu m'expliquasses tout ceci plus au long.

— Saisis bien ce principe général, et tout ce que je viens de dire, loin de te paraître étrange, sera pour toi de la dernière évidence. — Quel est ce principe? —Chacun sait que toute plante, tout animal qui naît sous un climat peu favorable, qui n'a d'ailleurs ni la nourriture ni la saison qu'il lui faut, exige d'autant plus de culture et de soins que sa nature est plus forte et plus robuste, parceque le mal est plus contraire à ce qui est bon qu'à ce qui n'est ni bon ni mauvais. Cela est certain. — Il est donc vrai qu'un mauvais régime nuit plus à ce qui est excellent de sa nature qu'à ce qui n'est que médiocre. — Oui. — Nous pouvons également assurer, mon cher Adimante, que les ames les mieux nées deviennent les plus mauvaises par une mauvaise éducation. Crois-tu, en effet, que les grands crimes et la méchanceté consommée partent d'une ame ordinaire, et non plutôt d'une forte nature que l'éducation a gâtée? Pour les ames vulgaires, on peut dire qu'elles ne feront jamais ni beaucoup de bien ni beaucoup de mal. — J'en conviens. — Par conséquent, de deux choses l'une : si le naturel philosophique est cultivé par les sciences qui lui sont propres, c'est une nécessité qu'il parvienne de degré en degré jusqu'à la plus

23

sublime vertu ; si au contraire il est semé et croît dans
un sol étranger, il n'est pas de vice qu'il ne produise
un jour, à moins que quelque dieu ne veille d'une
façon spéciale à sa conservation. Penses-tu, comme la
plupart se l'imaginent, que ceux qui perdent la jeunesse soient quelques sophistes? Le plus grand mal
ne vient pas d'eux. Ceux qui l'attribuent aux sophistes
sont eux-mêmes des sophistes bien plus dangereux,
qui par leurs maximes savent former et tourner à leur
gré l'esprit des hommes et des femmes, des jeunes et
des vieux. — En quelle occasion? — Lorsque, dans
les assemblées publiques, au barreau, au théâtre, au
camp, ou dans quelque autre lieu où la multitude se
rassemble, ils blâment ou approuvent certaines paroles et certaines actions, avec un grand fracas, de
grands cris et des battements de mains, redoublés
par les voûtes et les échos du lieu. En présence de
semblables scènes, quelle contenance veux-tu que
fasse un jeune homme? Quelque excellente que soit
l'éducation qu'il a reçue en particulier, ne fera-t-elle
pas naufrage au milieu de ces flots de louanges et
de critiques? pourra-t-elle résister au courant qui
l'entraînera? Ne conformera-t-il pas ses jugements à
ceux de la multitude sur ce qui est beau ou honteux?
Ne s'attachera-t il pas aux mêmes choses qu'elle? Ne
s'étudiera-t-il pas à lui ressembler? — Mon cher Socrate, comment pourrait-il faire autrement?

— Je n'ai cependant point encore parlé de la plus
violente épreuve à laquelle on soumet sa vertu. —
Quelle est-elle? — C'est quand ces habiles maîtres et

ces grands sophistes, ne pouvant rien par les discours,
ajoutent les actions aux paroles. Ne sais-tu pas qu'ils
punissent par la perte des biens, de la réputation, de
la vie même, ceux qui refusent de se rendre à leurs
raisons? — Je le sais. — Quel autre sophiste, quelle
instruction particulière pourrait prévaloir contre de
pareilles leçons? — Il n'en est point. — Non, sans
doute; et ce serait une folie de le tenter. Il n'y a point,
il n'y a jamais eu, il n'y aura jamais d'ame vraiment
vertueuse, lorsque son éducation sera contre-balancée
par les leçons de tels maîtres. Ceci doit s'entendre
humainement parlant, et en mettant à part toute protection immédiate des dieux. Car, si dans un état gouverné selon ces maximes, il se trouve quelqu'un qui
échappe au naufrage commun, et qui soit ce qu'il
doit être, on peut assurer, sans crainte de se tromper, qu'il est redevable aux dieux de son salut. — Je
suis de ton avis. — Alors, tu peux l'être encore pour
ce qui suit. — De quoi s'agit-il? — Tous ces simples
particuliers, ces docteurs mercenaires, que le peuple
appelle sophistes, et dont il croit que les leçons sont
opposées à ce qu'il enseigne lui-même, ne font autre
chose que répéter à la jeunesse les maximes qu'il professe dans ses assemblées, et c'est là ce qu'ils appellent enseigner la sagesse. On dirait un homme qui,
après avoir observé les mouvements instinctifs et les
appétits d'un animal grand et robuste, par où il faut
l'approcher et le toucher, quand et pourquoi il est farouche ou paisible, quels cris il pousse en chaque
occasion, et quel ton de voix l'apaise ou l'irrite, après

avoir appris tout cela avec le temps et l'expérience,
en formait une science qu'il se mettrait à enseigner,
sans avoir d'ailleurs aucune règle sûre pour discerner
parmi ces habitudes et ces appétits ce qui est honnête,
bon, juste, de ce qui est honteux, mauvais, injuste;
se conformant dans ses jugements à l'instinct de
l'animal, appelant bien tout ce qui le flatte et lui
fait plaisir, mal, tout ce qui le courrouce; juste et
beau, tout ce qui satisfait les nécessités de la nature,
sans faire d'autre distinction, parcequ'il ne sait pas
quelle différence essentielle il y a entre ce qui est bon
en soi et ce qui est bon relativement; qu'il ne l'a
jamais connue, et qu'il est hors d'état de la faire
connaître aux autres; certes, un tel maître ne te
semblerait-il pas bien étrange? — Oui.

— N'est-ce pas là, trait pour trait, l'image de ceux
qui font consister la sagesse à connaître ce que desire
la multitude assemblée, ce qui la flatte, soit en peinture, soit en musique, soit en politique? N'est-il pas
évident que, si quelqu'un produit devant ces assemblées quelque ouvrage de poésie ou d'art, ou quelque
projet d'utilité publique, et qu'il s'en rapporte au jugement de la foule, c'est pour lui une inévitable nécessité de se conformer en tout à ce qu'elle approuvera?
Or, as-tu jamais entendu un seul de ceux qui la composent prouver, autrement que par des raisons ridicules et pitoyables, que ce qu'il estime bon et honnête
est tel en effet? — Je n'en ai entendu aucun, et je crois
que je n'en entendrai jamais. — A toutes ces réflexions,
joins encore celle-ci. Est-il possible que la multitude

entende volontiers et regarde comme vrai ce principe : que le beau est un, et distinct de la foule des choses belles qui frappent les sens ; que toute essence est simple et indivisible? — Cela n'est pas possible. — Il est par conséquent impossible que le peuple soit philosophe. — Oui. — C'est aussi une nécessité qu'il méprise ceux qui s'adonnent à la philosophie. — Sans contredit. — Et que ces sophistes particuliers, qui sont livrés au peuple et qui s'appliquent à lui plaire en tout, les méprisent à son exemple. — Cela est évident.

— Maintenant, quel asile vois-tu où le naturel philosophique puisse se retirer, persévérer dans la profession qu'il a embrassée, et parvenir au point de perfection où il aspire? Juges-en par ce que nous venons de dire. Nous sommes convenus que le vrai philosophe doit avoir reçu de la nature la facilité à apprendre, la mémoire, le courage et la grandeur d'ame. — Il est vrai. — Dès l'enfance, il sera le premier entre tous ses égaux, surtout si les perfections du corps répondent à celles de l'ame. — Sans doute. — Lorsqu'il sera parvenu à l'âge mûr, ses parents et ses concitoyens s'empresseront de faire usage de ses talents, et de lui confier leurs intérêts particuliers et ceux de l'état. — Oui. — Ils l'accableront de respects et de prières, prévoyant de loin le crédit qu'il aura un jour dans sa patrie, et lui faisant déja leur cour pour s'assurer de lui par avance. — Cela arrive d'ordinaire. — Que veux-tu qu'il fasse au milieu de tant de flatteurs, surtout s'il est né dans un état puissant, s'il est riche, de haute naissance, beau de visage, et d'une taille avan-

tageuse ¹? Ne se laissera-t-il pas aller aux plus folles
espérances, jusqu'à s'imaginer qu'il a assez de talents
pour gouverner les Grecs et les Barbares? Rempli de
ces folles idées, ne sera-t-il pas bouffi d'orgueil et d'arrogance? et la raison ne perdra-t-elle pas tout empire sur lui? — Oui.

— Si, tandis qu'il est dans cette disposition d'esprit, quelqu'un, s'approchant doucement de lui, osait
lui faire entendre la vérité, et lui dire qu'il est dé-
pourvu de raison, qu'il en a néanmoins grand besoin
pour se conduire, mais que la raison ne s'acquiert
qu'au prix des plus grands efforts, crois-tu qu'obsédé
de tant d'illusions funestes, il prêtât volontiers l'oreille
à de pareils discours? — Il s'en faut bien. — Si pourtant, à cause de son heureuse nature, et des rapports
qui existent entre ces discours et les facultés de son
ame, il les écoutait, et se laissait convaincre et entraîner vers la philosophie, que penses-tu que fassent
alors ses flatteurs, persuadés que ce changement va
leur faire perdre ses bonnes graces, et tous les avantages qu'ils s'en promettaient? Discours, actions, ne
mettront-ils pas tout en œuvre pour le dissuader, en
même temps qu'ils tourneront tous leurs efforts contre
cet importun donneur d'avis, pour le perdre, soit en
lui dressant des piéges secrets, soit en le traduisant
devant les juges? — Cela ne peut manquer d'arriver.
— Eh bien! espères tu encore qu'il s'adonne à la phi-

---

¹ Il est clair que Socrate veut désigner ici Alcibiade. Tous les
traits lui conviennent. Ce sage qui lui donne des conseils salutaires
c'est Socrate lui-même.

losophie? — Pas trop. — Tu vois donc que j'avais
raison de dire que les qualités qui constituent le philosophe, si elles sont perverties par une mauvaise
éducation, contribuent en quelque sorte à le détourner de sa destinée naturelle, aussi bien que les richesses et les autres prétendus avantages de cette espèce? — Oui; je reconnais que tu avais raison.

— Telle est, mon cher ami, la manière dont se
corrompent et se perdent ces naturels heureux, si
bien faits pour la meilleure des professions; naturels
qui sont d'ailleurs très rares, comme nous avons dit.
Ce sont ces hommes, ainsi pervertis, qui causent les
plus grands maux à l'état et aux particuliers; et qui,
au contraire, leur font le plus de bien, lorsqu'ils se
tournent du bon côté. Un naturel médiocre n'est capable de rien de grand, soit en bien, soit en mal,
comme particulier ou comme homme public. — Rien
n'est plus vrai. — Ces mêmes hommes, après avoir
abandonné ainsi la profession pour laquelle ils étaient
nés, et avoir laissé la philosophie solitaire et négli-
gée, mènent une vie qui est étrangère à leur nature
et à la vérité. Cependant la philosophie, ainsi délaissée
par ses propres enfants, les voit remplacés par des
enfants supposés qui la déshonorent et lui attirent
tous ces reproches dont tu parlais; et de tous ceux
qui la cultivent, les uns ne sont bons à rien, et la plupart sont des misérables. — Ces reproches ne sont, il
est vrai, que trop ordinaires. — Et ils ne sont pas
sans fondement. Des hommes de néant, voyant la
place vide, et éblouis par les noms distingués et les

titres qui la décorent, quittent volontiers une profession obscure, où leurs petits talents avaient brillé
peut-être avec quelque éclat, et se jettent entre les
bras de la philosophie : semblables à ces criminels,
échappés de leur prison, qui vont se réfugier dans les
temples. Car la philosophie, malgré l'état d'abandon
où elle est réduite, conserve encore sur les autres arts
un ascendant, une supériorité, qui la font rechercher
par ces naturels qui n'étaient point faits pour elle, par
ces vils artisans, dont un travail servile a déformé le
corps, et dont il a en même temps dégradé l'ame.
Cela peut-il être autrement? — Non. — A les voir, ne
dirais-tu pas un esclave chauve et de petite taille,
sorti depuis peu de la forge et des entraves, qui a
amassé quelque argent, et qui, après s'être nettoyé
au bain, et revêtu d'un habit neuf, va épouser la fille
de son maître, que la pauvreté et l'abandon où elle
est réduisent à cette cruelle extrémité? — La comparaison est juste. — Quels enfants naîtront d'un pareil
mariage? Sans doute des enfants contrefaits et abâtar-
dis. — Cela doit être. — De même, quelles productions sortiront du commerce de ces ames basses et
sans culture avec la philosophie? Des pensées frivoles,
des sophismes, des opinions dépourvues de vérité, de
bon sens et de solidité. — Rien autre chose.

 — Il reste donc, mon cher Adimante, un bien petit
nombre de vrais philosophes : c'est quelque esprit
élevé, que l'éducation a perfectionné, et qui, retiré
dans la solitude, doit sa persévérance dans l'étude de
la sagesse au soin qu'il a pris de s'éloigner des cor-

rupteurs ; ou bien, quelque grande ame qui, née dans
un petit état, se consacre à la philosophie, par le mépris qu'elle fait avec raison des charges publiques et
de toute autre profession. D'autres enfin sont arrêtés
par le même frein qui retient notre ami Théagès. Tout
ce qui peut détourner de la philosophie semble s'être
réuni contre lui ; mais ses maladies continuelles l'em-
pêchent de se mêler des affaires et l'obligent à philosopher. Pour ma part, il ne convient guère de parler
de ce démon qui m'accompagne et m'avertit sans
cesse. A peine en trouverait-on un autre exemple dans
le passé. Or, parmi ce petit nombre d'hommes, celui
qui goûte et qui a goûté la douceur et le bonheur
qu'on trouve dans la sagesse, voyant la folie du reste
des hommes, et le désordre introduit dans les états
par ceux qui se mêlent de les gouverner ; n'apercevant
d'ailleurs autour de lui personne qui voulût le seconder dans les efforts qu'il ferait pour tirer la justice de
l'oppression, de sorte qu'il n'eût rien à craindre pour
lui-même ; se regardant comme étant au milieu d'une
multitude de bêtes féroces, dont il ne veut point partager les injustices, et à la rage desquelles il essaierait
en vain de s'opposer ; sûr de se rendre inutile à lui-
même et aux autres, et de périr avant que d'avoir pu
rendre quelque service à la patrie et à ses amis ; plein
de ces réflexions, il se tient en repos, uniquement
occupé de ses propres affaires ; et comme un voyageur
assailli d'un violent orage, s'estime heureux de rencontrer un mur pour se mettre à l'abri de la pluie et
des vents ; de même, voyant que l'injustice règne

partout impunément, il met le comble du bonheur à
pouvoir conserver dans la retraite son cœur exempt
d'iniquité et de crimes, passer ses jours dans l'innocence, et sortir de cette vie avec une conscience tranquille et remplie des plus belles espérances. — Ce n'est
pas peu de chose de sortir de ce monde après avoir
vécu de la sorte. — J'en conviens; mais il n'a pas rempli ce qu'il y avait de plus grand dans sa destinée,
faute d'avoir trouvé une forme de gouvernement qui
lui convînt. Dans un pareil gouvernement, le philosophe se fût encore plus développé, et se serait rendu
utile à l'état et aux particuliers. Nous avons, ce me
semble, suffisamment montré la cause et l'injustice
des reproches qu'on fait à la philosophie. Aurais-tu
encore quelque difficulté à m'opposer? — Je n'ai plus
rien à objecter à ce sujet. Mais, dis-moi, de tous les
gouvernements actuels, quel est celui qui convien-
drait au philosophe? — Aucun; et je me plains précisément de ce qu'il n'y ait pas une seule forme de
gouvernement qui convienne au philosophe. Aussi, le
voyons-nous s'altérer, se corrompre. Et, de même
qu'une graine semée dans une terre étrangère dégénère et prend la qualité du sol où on l'a transportée,
ainsi, le naturel philosophique perd la vertu qui lui
est propre et change de nature. Si, au contraire, il
rencontre un gouvernement dont la perfection réponde à la sienne, alors on verra qu'il renferme véritablement en lui quelque chose de divin; que tous
les autres caractères et les autres professions n'ont
rien que d'humain. Tu vas me demander, sans doute,

de quelle forme de gouvernement je veux parler? —
Point du tout. Mais je voudrais savoir si l'état dont
nous avons tracé le plan est celui que tu as en vue,
ou si c'en est un autre. — C'est celui-là même, à un
point près qui lui manque encore. Nous avons déja
dit, à la vérité, qu'il fallait trouver le moyen de conserver dans notre état le même esprit qui l'avait éclairé
et dirigé dans l'établissement des lois. — Nous l'avons
dit. — Mais nous n'avons pas développé ce point suffisamment, parceque nous avons craint les objections
mêmes que vous avez faites, et dont la solution est
si longue et si difficile, comme vous l'avez montré,
d'autant plus que ce qui nous reste à dire n'est point
aisé à expliquer. — De quoi s'agit-il? — Des mesures
qu'il faut prendre pour conserver la philosophie dans
notre état; car les grandes entreprises sont hasar-
deuses, et comme l'on dit, les *belles choses sont dif-
ficiles*. — Ne te rebute pas; développe-nous ce point,
qui manque à ton système pour le rendre complet.

—Ce ne sera point faute de bonne volonté, mais
bien de pouvoir, si je ne parviens pas à faire ma démonstration. Je te fais juge de mon empressement à te
satisfaire. Vois d'abord avec quel courage, ou plutôt,
avec quelle audace j'avance qu'il faut pour cela tenir
une conduite toute contraire à celle qu'on suit aujourd'hui, à l'égard de la philosophie. — Comment
donc? — On y applique trop tôt les enfants, encore
partage-t-on leur temps entre cette étude et celle de
l'économie et du commerce. Les plus habiles y renoncent, lorsqu'ils sont près d'entrer dans ce qu'elle a de

plus difficile, je veux dire, la dialectique. Dans la
suite, ils croient faire beaucoup d'assister à des entretiens philosophiques, lorsqu'ils en sont priés; ils s'en
font moins une occupation qu'un passe-temps. La
vieillesse est-elle venue : à l'exception d'un petit nombre, leur ardeur pour cette science s'éteint bien plus
que le soleil d'Héraclite [1], puisqu'elle ne se rallume
plus. — Et comment faut-il faire ? —Tout le contraire.
Il faut que les enfants et les jeunes gens s'appliquent
aux études de leur âge [2], et que, dans cette saison de
la vie où le corps croît et se fortifie, on en prenne un
soin particulier, afin qu'un jour il puisse mieux seconder l'esprit dans ses travaux philosophiques. Avec le
temps, et à mesure que l'esprit se forme et se mûrit,
on renforcera le genre d'exercices qu'on lui donne.
Enfin, lorsque leurs forces usées ne permettront
plus d'aller à la guerre, ni de s'occuper des affaires
de l'état, alors on sera libre de se livrer en entier à
la philosophie, et de ne faire nulle autre chose, si
ce n'est en passant, afin de pouvoir mener ici-bas une
vie heureuse, et d'obtenir après la mort un sort
qui réponde à la félicité dont on aura joui sur la
terre.

—Socrate, on ne peut parler sur ce sujet avec plus
d'ardeur. Je crois cependant que la plupart de ceux
qui t'écoutent, à commencer par Thrasymaque, en

---

[1] On peut conclure de ce passage, que l'opinion d'Héraclite touchant le soleil, était que cet astre s'éteint chaque soir et se rallume
chaque matin.

[2] La musique et la gymnastique.

mettront encore plus à te résister, et à ne pas se rendre à tes raisons. — Ne va pas, je te prie, me mettre
mal avec Thrasymaque. Depuis peu, nous sommes
amis, et jamais nous n'avons été ennemis. Au reste,
il n'est pas d'efforts que je ne fasse pour le convaincre lui et les autres. Du moins, ce que je dirai leur
servira dans une autre vie, lorsque, recommençant
une nouvelle carrière, ils se trouveront à de semblables entretiens. — A la bonne heure : l'ajournement
est bien court. — Dis plutôt que ce n'est rien en
comparaison de la durée des siècles. Après tout, il
n'est pas surprenant que de pareils discours ne trouvent point de croyance dans la plupart des esprits. On
n'a point encore vu s'exécuter ce que nous disons.
Loin de là, on n'entend ordinairement sur ces matières
que des discours étudiés, où l'on a principalement
égard à ce que les membres de chaque phrase se répondent dans une juste proportion ; et non des discours naturels et sans art, tels que les nôtres. Mais ce
qu'on n'a point vu surtout, c'est un homme formé
sur le modèle de la vertu, aussi exactement que la
faiblesse humaine le permet, et à la tête d'un état
aussi parfait que lui. Qu'en penses-tu ?—Je ne le crois
pas. — On n'a point assisté non plus à des entretiens
d'hommes vraiment libres et vertueux, où l'on cherche la vérité avec ardeur par toutes les voies possibles,
dans la seule vue de la connaître ; où l'on rejette bien
loin tout ce qui sent les vains ornements et la fausse
subtilité ; où l'on ne parle, ni par esprit de contention,
ni pour montrer son éloquence, comme on fait au

24

barreau et dans les conversations particulières. —
Cela est encore vrai.

— Ce sont toutes ces raisons qui m'arrêtaient tantôt
et m'empêchaient de m'expliquer librement; cependant la vérité l'a emporté, et j'ai dit qu'il ne fallait
point s'attendre à voir sur la terre d'état, de gouvernement, ni même d'homme parfait, à moins qu'une
heureuse nécessité ne contraignît bon gré mal gré ce
petit nombre de philosophes, qu'on n'accuse pas d'être
méchants, mais d'être inutiles, à se charger du gouvernement, et l'état lui-même à les écouter; ou
bien à moins que les dieux n'inspirent un amour sincère pour la vraie philosophie à ceux qui gouvernent aujourd'hui les monarchies et les autres états,
ou à leurs successeurs. Dire que l'une ou l'autre de
ces deux choses, ou toutes les deux, sont impossibles,
c'est avancer un propos dénué de toute raison. Autrement, nous serions bien ridicules de nous amuser
ici à former de vains souhaits. N'est-ce pas? — Oui. —
Si donc il est arrivé dans l'espace des siècles déja écoulés, qu'un vrai philosophe se soit trouvé dans la nécessité de prendre en main le gouvernail de l'état, ou
si la chose arrive à présent dans quelque contrée barbare, placée à une distance qui la dérobe à nos yeux,
ou si elle doit arriver un jour, nous sommes prêts à
soutenir qu'il y a eu, qu'il y a, ou qu'il y aura un
état tel que le nôtre, lorsque cette Muse ¹ y possédera
la suprême autorité. Il n'y a rien d'impossible et de

¹ C'est-à-dire la philosophie.

chimérique dans notre projet. Que l'exécution en soit difficile, nous sommes les premiers à en convenir. — Je suis de ton avis.

— Mais le commun des hommes ne pense pas de même, me diras-tu. — Aurais-je tort de le dire? — O mon cher Adimante, n'aie pas trop mauvaise opinion de la multitude. Quelle que soit sa façon de penser, homme, au lieu de disputer avec elle, tâche de la réconcilier avec la philosophie en détruisant les mauvaises impressions qu'on lui en a données. Montre lui les philosophes dont tu veux parler; définis, comme nous venons de le faire, leur caractère et celui de leur profession, de peur qu'elle ne s'imagine que tu lui parles des philosophes tels qu'elle les conçoit. Diras-tu que, quand même elle les envisagerait sous leur vrai jour, elle s'en formerait toujours la même idée, différente de la vôtre, et répondrait toujours comme par le passé? Crois-tu que des cœurs exempts de fiel et d'envie s'emporteront contre qui ne s'emporte pas, et voudront du mal à qui n'en veut à personne? Je préviens ton objection, et je te déclare qu'un caractère aussi intraitable n'est pas celui de la multitude, mais du très petit nombre. — J'en conviens. — Hé bien! sois également persuadé que ce qui indispose tant de gens contre la philosophie, ce sont ces faux sages, toujours déchaînés contre les gens, qu'ils accablent d'injures, et dont les discours sont une satire perpétuelle du genre humain. Ils font en cela un personnage tout à fait messéant à la philosophie. — Cela est vrai. — Car, mon cher Adimante, celui qui fait

son unique étude de la contemplation de la vérité,
n'a pas le temps d'abaisser ses regards sur la conduite
des hommes pour la censurer, et se remplir contre
eux de haine et d'aigreur. Mais ayant l'esprit sans
cesse fixé sur des objets qui gardent entre eux un ordre
constant et immuable; qui, sans jamais se nuire les
uns aux autres, conservent toujours les mêmes arran-
gements et les mêmes rapports, c'est à imiter et à
exprimer en soi cet ordre invariable, qu'il met toute
son application. Est-il possible en effet, qu'on admire
la beauté d'un objet, et qu'on aime à s'en approcher
continuellement, sans s'efforcer de lui ressembler? —
Cela ne peut être. — Ainsi, le philosophe, grace au
commerce qu'il a avec les objets divins, entre lesquels
règne un ordre immuable, devient un homme divin
et réglé dans toutes ses actions, autant du moins que
la faiblesse humaine le permet, car il n'est rien ici-
bas où on ne trouve quelque chose à reprendre. — Tu
as raison.

— Si quelque motif puissant l'obligeait à ne point
borner ses soins à sa propre perfection, mais à faire
passer dans le gouvernement et dans les mœurs de
ses semblables l'ordre qu'il a admiré dans l'essence
des choses, crois-tu que ce fût un mauvais maître en
ce qui concerne la tempérance, la justice et les autres
vertus civiles? — Non certes. — Mais si le peuple
parvient à sentir une fois la vérité de ce que nous disons sur les philosophes, leur voudra-t-il tant de
mal, et refusera-t-il de croire avec nous qu'un état

ne saurait être heureux, à moins que le plan n'en soit tracé par ces artistes, d'après le divin modèle qu'ils ont sans cesse devant les yeux? — Il cessera, sans doute, de leur vouloir du mal, dès qu'il connaîtra la vérité. Mais de quelle manière s'y prendront les philosophes pour tracer ce plan? — Ils regarderont l'état et l'ame de chaque citoyen comme une toile qu'il faut commencer par rendre nette, ce qui n'est point aisé. Car tu penses bien qu'il y aura cette différence entre eux et les législateurs ordinaires, qu'ils ne voudront s'occuper d'un état ou d'un individu, pour lui tracer des lois, qu'ils ne l'aient reçu pur et net, ou qu'il ne soit devenu tel par leurs soins. — Ils ont raison en cela. — Ils travailleront ensuite sur cette toile, en jetant souvent les yeux, tantôt sur l'essence de la justice, de la beauté, de la tempérance et des autres vertus, tantôt sur ce que l'homme peut comporter de cet idéal, et par le mélange et la combinaison de ces deux éléments, ils formeront l'homme véritable, d'après cet exemplaire qu'Homère appelle divin et semblable aux dieux, lorsqu'il le rencontre dans un homme. — Fort bien. — Tu juges bien qu'il faudra souvent effacer, puis ajouter de nouveaux traits, jusqu'à ce que l'ame de l'homme approche le plus qu'il est possible de cet état de perfection qui la rend agréable aux dieux. — Après un travail si exact, il ne peut sortir de leurs mains qu'une peinture parfaite.

— Que t'en semble maintenant? Avons-nous suffi-

24.

samment prouvé à ceux que tu me représentais tantôt [1], marchant en ordre de bataille pour nous attaquer, que le seul qui puisse dessiner le plan d'une
république, c'est ce même philosophe auquel ils trouvaient mauvais que nous donnassions les états à gouverner? Ce qu'ils viennent d'entendre ne contribuera-
t-il pas à les adoucir? — Beaucoup, s'ils veulent
écouter la raison. — Que pourraient-ils encore nous
objecter? Que les philosophes ne sont point amateurs
de l'être et de la vérité? — Cela serait absurde. —
Que leur naturel, tel que nous l'avons dépeint, n'approche pas de ce qu'il y a de meilleur? — Non. —
Ou qu'un semblable naturel, secondé par une bonne
éducation, n'a pas plus de disposition que tout autre
à acquérir la vertu et la sagesse? Leur préféreront-
ils ceux que nous avons rejetés du nombre des
philosophes? — Ils n'en feront rien. — S'effarouche-
ront-ils encore, quand ils nous entendront dire qu'il
n'est point de remède aux maux publics et particuliers, et que le projet d'un état, tel que nous l'avons
imaginé, ne se réalisera jamais, que les philosophes
ne possèdent toute l'autorité? — Peut-être s'adouci-
ront-ils. — Veux tu que nous laissions ce *peut-être*,
et que nous disions que nous les avons entièrement
adoucis et persuadés, quand même la honte seule les
obligerait d'en convenir? — Je le veux bien. — Te-
nons-les donc pour convaincus à cet égard. A présent,
qui peut douter que des enfants de rois ou de chefs

[1] Ce n'est pas Adimante, mais Glaucon qui a dit cela dans le
cinquième livre.

de gouvernement puissent naître avec des dispositions naturelles à la philosophie ? — Personne.

— Et voudrait-on dire que quand même ils apporteraient en naissant de pareilles dispositions, c'est une nécessité inévitable qu'ils se pervertissent ? Nous convenons qu'il leur est difficile de se sauver de la corruption générale ; mais que, dans toute la suite des temps, pas un seul ne se sauve, c'est ce que personne n'oserait dire. — Cela est vrai. — Or, il suffit qu'il s'en sauve un seul, et qu'il trouve ses sujets disposés à lui obéir, pour exécuter ce qui passe aujourd'hui pour impossible. — Un seul suffit. — S'il arrive que le chef d'un état fasse les lois et les règlements dont nous avons parlé, il n'est pas impossible que ses sujets consentent à s'y soumettre. — Non, sans doute. — Mais est-ce une chose étrange et qui répugne, que ce qui nous est venu à la pensée vienne un jour à la pensée de quelque autre ? — Je ne le crois pas. — Nous avons, ce me semble, assez bien démontré que notre système, une fois supposé possible, est très avantageux ? — Oui. — Concluons donc que si notre plan de législation peut avoir lieu, il est excellent ; et que si l'exécution en est difficile, du moins elle n'est pas impossible. — Cette conclusion est juste.

— Puisqu'après bien des efforts, nous sommes enfin venus à bout de ce que nous prétendions, voyons ce qui suit, c'est-à-dire comment, à l'aide de quelles sciences et de quels exercices nous formerons des hommes capables de maintenir la constitution

politique en son entier, et à quel âge il faudra les y
appliquer. — Voyons. — En vain ai-je voulu précédemment user d'adresse pour éviter de parler du
mariage, de la procréation des enfants et du choix
des magistrats, sachant combien cette matière était
délicate, et quelle serait la difficulté de l'exécution :
car, maintenant, je ne me trouve pas moins forcé d'en
parler. Il est vrai que j'ai traité de ce qui regarde les
femmes et les enfants, mais il faut reprendre entièrement ce qui regarde les magistrats. Nous avons dit,
s'il t'en souvient, qu'ils devaient montrer un grand
zèle pour le bien public, et qu'il fallait éprouver ce
zèle par les plaisirs ou par la douleur ; de telle sorte
que ni les travaux, ni la crainte, ni aucune autre
situation critique ne leur fît perdre de vue cette
maxime ; qu'il fallait rejeter celui qui aurait suc-
combé à ces épreuves, choisir pour magistrat celui
qui en serait sorti aussi pur que l'or qui a passé par
le feu, et le combler de distinctions et d'honneurs
pendant sa vie et après sa mort[1]. Je n'en ai pas dit
davantage pour lors, déguisant et enveloppant ma
pensée, dans la crainte de nous engager dans la discussion où nous sommes à présent. — Tu dis vrai ; je
m'en souviens. — Je craignais alors, mon cher ami, de
dire ce que j'ai pris enfin le parti de déclarer : maintenant que le pas est franchi, disons que les meilleurs
gardiens de l'état doivent être autant de philosophes.
— Disons-le hardiment.

— Remarque, je te prie, combien le nombre en

_____
[1] Livre III.

sera petit ; car il arrive rarement que les qualités qui
doivent, selon nous, entrer dans leur caractère, se
trouvent rassemblées en un seul homme ; pour l'ordinaire, elles sont partagées entre plusieurs.— Comment l'entends-tu? — Tu n'ignores pas que ceux qui
ont de la facilité à apprendre et à retenir, et qui sont
d'un esprit vif et pétillant, ne joignent pas communément à la chaleur des sentiments et à l'élévation des
idées l'ordre, le calme et la constance ; mais que, se
laissant aller où la vivacité les emporte, ils n'ont en
eux rien de stable ni d'assuré. — Tu as raison. — Au
contraire, les hommes d'un caractère solide, incapable de changement, sur lequel on peut compter,
et qui à la guerre demeurent presque impassibles devant les plus grands dangers, ont, à cause de cela
même, peu de disposition pour les sciences ; ils ont
l'esprit pesant, peu souple, engourdi, pour ainsi dire ;
ils bâillent et s'endorment, dès qu'ils veulent s'appliquer à quelque étude sérieuse. — Cela est vrai. —
Nous avons dit cependant que nos magistrats devaient
avoir l'esprit vif et le caractère ferme ; que sans cela
il ne fallait ni prendre tant de soins pour leur éducation, ni les élever aux honneurs et aux premières
dignités.— Nous étions bien fondés à le dire.— Conçois-tu à présent combien de telles natures doivent
être rares ?— Sans doute.

—Disons donc maintenant ce que nous avons omis
tantôt, qu'outre l'épreuve des travaux, des dangers
et des plaisirs, par laquelle on les fera passer, il faudra les exercer dans un grand nombre de sciences,

afin de voir si leur esprit est capable de soutenir les
plus profondes études, ou s'ils perdront cœur, comme
il arrive aux ames lâches dans d'autres exercices. Il est
à propos de les soumettre à cette épreuve; mais
quelles sont ces études profondes dont tu parles? —
Tu te souviens sans doute qu'après avoir distingué
trois parties dans l'ame, cette distinction nous a servi
à expliquer la nature de la justice, de la tempérance,
du courage et de la prudence. — Si je ne m'en sou-
venais pas, je ne mériterais pas d'entendre ce qui te
reste à dire. — Te rappelles-tu aussi ce que nous avons
dit auparavant? — Quoi? — 'Qu'on pouvait avoir de
ces vertus une connaissance plus exacte, mais qu'il
fallait faire un plus long circuit pour y parvenir; mais
que nous pouvions aussi les connaître par une voie
qui nous écarterait moins du chemin que nous avions
déja fait. Vous parûtes vous en contenter; en conséquence, je traitai cette matière fort imparfaitement,
ce me semble; c'est à vous de dire si vous avez été satisfaits. — Pour moi, je l'ai été, et il m'a semblé
que les autres l'étaient aussi. — Mon cher ami, dans
des sujets de cette importance, toute démonstration
à laquelle il manque quelque chose, n'est pas suffisante, parceque rien d'imparfait n'est la juste mesure
de quoi que ce soit; cependant il est assez ordinaire
à quelques personnes de croire qu'il y en a bientôt
assez, et qu'il n'est pas besoin de pousser plus loin
les recherches. — C'est un défaut commun à bien des
gens : il a sa source dans la paresse de leur esprit. —

' Livre xviii.

Mais aussi, s'il est quelqu'un qui doive s'en garder, c'est le gardien de l'état et des lois. — Sans doute.

—Il faut donc qu'il fasse ce grand circuit dont nous venons de parler, et qu'il s'exerce l'esprit autant que le corps, ou jamais il ne parviendra au plus haut degré de cette science sublime, qui lui convient plus qu'à tout autre. — Quoi donc? Y a-t-il quelque connaissance plus sublime que celle de la justice, et des autres vertus dont nous avons parlé? — Sans doute . j'ajoute même qu'à l'égard de ces vertus, l'esquisse que nous en avons tracée ne lui suffit pas, et qu'il en doit vouloir le tableau le plus achevé. Ne serait-il pas ridicule qu'il mît tout en œuvre pour avoir la connaissance de choses peu importantes, et qu'il n'apportât pas les plus grands soins à connaître les choses les plus relevées? — Cette réflexion est très sensée ; mais crois-tu qu'on te laissera passer outre, sans te demander quelle est cette science supérieure à toutes les autres, et quel est son objet?—Je ne le crois pas : demande-le-moi donc ; au surplus, tu m'as entendu plus d'une fois ; et maintenant, ou tu manques de mémoire, ou, ce qui me paraît plus vraisemblable, tu ne cherches qu'à m'embarrasser par de nouvelles objections. Tu m'as souvent entendu dire que l'idée du bien est l'objet de la plus sublime des connaissances, que la justice et les autres vertus empruntent de cette idée leur utilité et tous leurs avantages. Tu sais fort bien que c'est à peu près là ce que j'ai à te dire maintenant, en ajoutant que nous ne connaissons cette idée qu'imparfaitement, et que si nous ne la connaissons pas, il ne nous servira de rien de savoir tout

le reste ; de même que la possession de toute autre
chose nous est inutile, sans la possession du bien.
Crois-tu, en effet, qu'il soit avantageux de posséder
quelque chose que ce soit, si elle n'est bonne, ou de
connaître tout, à l'exception du beau et du bon ?—
Non, certes, je ne le crois pas.—Tu n'ignores pas non
plus que la plupart font consister le bien dans le plaisir, et d'autres, moins grossiers, dans l'intelligence ?
—Je le sais.—Tu sais aussi, mon cher ami, que ceux
qui sont de ce dernier sentiment sont embarrassés
pour expliquer ce que c'est que l'intelligence, et qu'à
la fin ils sont réduits à dire que c'est l'intelligence du
bien. — Oui, et cela est fort plaisant. — Sans doute,
c'est une chose plaisante de leur part de nous reprocher notre ignorance à l'égard du bien, et de nous en
parler ensuite comme si nous le connaissions. Ils disent que c'est l'intelligence du bien, comme si nous
devions les entendre, dès qu'ils auront prononcé le
mot de *bien*. —Cela est très vrai.—Mais ceux qui dé-
finissent l'idée du bien par celle du plaisir, sont-ils
dans une moindre erreur que les autres ? Ne sont-ils
pas contraints d'avouer qu'il y a des plaisirs mauvais ?
—Oui.— Et par conséquent d'avouer que les mêmes
choses sont bonnes et mauvaises ? — Oui.

— Il est donc évident que cette matière est sujette
à un grand nombre de graves difficultés. — J'en conviens.— Est-il moins évident qu'à l'égard du beau et
de l'honnête, bien des gens s'en tiendront aux simples apparences, dans leurs paroles et dans leurs actions ; mais que lorsqu'il s'agit du bien, les apparences

ne satisfont personne, qu'on cherche quelque chose
de réel, et qu'on se met peu en peine des apparences?
— Cela est certain. — Or ce bien, dont toute ame
poursuit la jouissance, en vue duquel elle fait tout,
qu'elle ne connait que par conjecture, toujours dans
l'incertitude et dans l'impuissance de définir au juste
ce que c'est, et d'avoir une foi inébranlable à cet
égard, comme elle fait à l'égard des autres choses, ce
qui la prive des avantages qu'elle pourrait retirer de
ces dernières; ce bien si grand et si précieux, convient-il que la meilleure partie de l'état, celle à qui
nous devons tout confier, ne le connaisse pas mieux
que le commun des hommes? — Point du tout. — Je
pense en effet que ce ne sera pas un sûr gardien de
l'état celui qui possédera le juste et l'honnête, sans
en savoir les rapports avec le bien, supposé qu'on
puisse connaître le beau et le juste sans connaître
préalablement le bien, ce que j'ose nier. — Et tu as
raison. — Notre état sera donc bien gouverné, s'il a
pour chef un homme qui joigne la connaissance du
bien à celle du beau et du juste? — La chose doit être
ainsi. Mais toi, Socrate, en quoi fais-tu consister le bien:
dans la science, dans le plaisir ou dans quelque autre
chose? — Tu es charmant; je vois depuis longtemps
que tu ne veux pas t'en tenir à ce qu'ont dit les autres
là-dessus. — C'est qu'il ne me paraît pas raisonnable,
mon cher Socrate, qu'un homme, qui a réfléchi toute
sa vie sur cette matière, dise quel est le sentiment des
autres, et ne dise pas le sien. — Fort bien; mais te
paraît-il plus raisonnable qu'un homme parle de ce

25

qu'il ne sait pas, comme s'il le savait? — Non ; mais il peut proposer comme une conjecture ce qu'il croit probable. — Hé quoi! ne sens-tu pas le ridicule de tous ces systèmes, qui ne sont fondés sur aucun principe certain? Les meilleurs ne sont-ils pas pleins d'obscurité? Et les hommes qui, par hasard, trouvent la vérité, mais sans en pouvoir rendre compte, ne ressemblent-ils pas à des aveugles qui suivent le droit chemin? —Oui.—Veux-tu donc entendre un système informe, obscur et mal fondé, tandis que tu peux en entendre un clair et magnifique?

Au nom des dieux, Socrate, me dit alors Glaucon, n'en demeure pas là, comme si tu étais déja arrivé au terme : nous serons contents si tu nous expliques la nature du bien comme tu as expliqué celle de la justice, de la tempérance et des autres vertus. — Et moi aussi j'en serais content ; mais je crains bien que cela ne passe mes forces, et qu'en tâchant de vous satisfaire je ne m'y prenne assez mal pour m'attirer des railleries de votre part. Croyez-moi, mes chers amis, laissons pour cette fois la recherche du bien tel qu'il est en lui-même : cette recherche nous mènerait trop loin, et j'aurais peine à vous expliquer sa nature telle que je la conçois, en suivant la route que nous avons prise. Mais je veux vous entretenir, si vous le trouvez bon, de ce qui me paraît la production du bien, sa représentation exacte; sinon passons à d'autres choses. — Non, parle-nous du fils, tu nous entretiendras une autre fois du père : c'est une dette que nous réclamerons en son temps. —Je voudrais bien

pouvoir m'en acquitter à votre entière satisfaction,
au lieu de vous offrir le simple fruit [1] de la dette, tel
que je vous l'offre aujourd'hui : toutefois, recevez ce
fruit, cette production du bien ; prenez garde cependant que je ne vous trompe sans le vouloir, en vous
payant en fausse monnaie. — Nous y prendrons garde
le plus que nous pourrons ; ainsi, explique-toi avec
confiance.

— Je ne le ferai qu'après vous avoir rappelé ce que
nous avons dit précédemment et en plusieurs autres
rencontres, et vous en avoir fait convenir. — De quoi
s'agit-il ? — Il y a plusieurs choses que nous appelons
belles, et plusieurs choses que nous appelons bonnes :
c'est ainsi que nous désignons chacune d'elles. — Cela
est vrai. — De plus, il y a le beau, le bon idéal,
c'est-à-dire que nous rapportons toutes ces beautés
et toutes ces bontés particulières à une idée simple et
unique. — Soit. — Et nous disons des choses belles
ou bonnes, qu'elles sont l'objet des sens et de l'esprit : des idées du beau et du bon, qu'elles sont l'objet
de l'esprit et non des sens. — J'en tombe d'accord.
— Par quel sens apercevons-nous les objets visibles ?
— Par la vue. — Nous saisissons les sons par l'ouïe,
et par les autres sens toutes les autres choses sensibles, n'est-ce pas ? — Sans doute. — As-tu remarqué
combien l'ouvrier de nos sens a fait plus de dépense
pour l'organe de la vue que pour les autres sens ? —
Non. — Eh bien ! remarque-le donc. L'ouïe et la

[1] Il y a dans le grec une équivoque sur le mot τόκος, qui signifie
également un enfant, une production, et l'intérêt, le fruit d'une dette.

voix ont-elles besoin d'une troisième chose, l'une pour
entendre, l'autre pour être entendue ; de sorte que,
si cette chose vient à manquer, l'ouïe n'entendra point,
la voix ne sera point entendue ? — Nullement. — Je
crois que la plupart des autres sens, pour ne pas dire
tous, n'ont besoin de rien de semblable. Vois-tu quelque exception ? — Non. — Mais à l'égard de la vue, ne
conçois-tu pas qu'elle ne peut apercevoir l'objet visible
sans le secours d'une troisième chose ? — Que veux-
tu dire ? — Je veux dire qu'encore que les yeux soient
bien disposés, qu'on les applique à leur usage, et que
l'objet soit coloré, cependant, s'il n'intervient une
troisième chose, destinée à concourir à la vision, les
yeux ne verront rien, et les couleurs seront invisibles.
— Quelle est cette chose ? — C'est ce que tu appelles la
lumière. — Tu as raison.

— Le sens de la vue a donc un grand avantage sur
les autres, celui d'être uni à son objet par un lien
d'un bien plus grand prix, à moins qu'on ne dise que
la lumière est quelque chose de méprisable. — Il s'en
faut de beaucoup qu'elle le soit. — De tous les dieux
qui sont au ciel quel est celui dont la lumière dispose
mieux les yeux à voir et les objets à être vus ? — Selon
moi, comme selon toi et tout le monde, c'est le soleil.

Vois si le rapport de la vue à ce dieu n'est pas tel
que je vais dire. — Comment ? — La vue, non plus
que la partie où elle se forme, et qu'on appelle l'œil,
n'est pas le soleil. — Non. — Mais de tous les organes
de nos sens, l'œil est, je crois, celui qui tient le plus
du soleil. — Sans contredit. — La faculté qu'il a de

voir n'est-ce pas du soleil qu'il l'emprunte, et qu'elle découle, pour ainsi dire, jusqu'à lui? — Oui. — Et le soleil, qui n'est pas la vue, mais qui en est le principe, est aperçu par elle? — Cela est vrai.

— Sache donc que, quand je parle de la production du bien, c'est le soleil que je veux dire. Le fils a une parfaite analogie avec son père. L'un est dans la sphère visible, par rapport à la vue et à ses objets, ce que l'autre est dans la sphère idéale, par rapport à l'intelligence et aux êtres intelligibles. — Comment? Je te prie de m'expliquer ta pensée. — Tu sais que lorsqu'on tourne les yeux vers des objets qui ne sont pas éclairés par le soleil, mais par les astres de la nuit, on a peine à les discerner, qu'on est presque aveugle, et que la vue n'est pas nette. — La chose est ainsi. — Mais que, quand on regarde des objets éclairés par le soleil on les voit distinctement, et que la vue est très nette. — Sans doute. — Comprends que la même chose se passe à l'égard de l'ame. Quand elle fixe ses regards sur des objets éclairés par la vérité et par l'être, elle les voit clairement, les connaît, et montre qu'elle est douée d'*intelligence*. Mais lorsqu'elle tourne son regard sur ce qui est mêlé de ténèbres, sur ce qui naît et périt, sa vue se trouble et s'obscurcit, et n'a plus que des opinions qui changent à toute heure : en un mot, elle paraît tout à fait dénuée d'intelligence. — Cela est comme tu dis. — Tiens donc pour certain que ce qui répand sur les objets des sciences la lumière de la vérité, ce qui donne à l'ame la faculté de connaître, c'est l'idée du bien, et qu'elle est le principe

25.

de la science et de la vérité, en tant qu'elles sont du
domaine de l'intelligence. Quelque belles que soient
la science et la vérité, tu peux assurer, sans crainte
de te tromper, que l'idée du bien en est distincte et
les surpasse en beauté. Et comme dans le monde visible on a raison de penser que la lumière et la vue
ont de l'analogie avec le soleil, mais qu'il serait faux
de dire qu'elles sont le soleil; de même, dans le monde
intelligible, on peut regarder la science et la vérité
comme des images du bien; mais on aurait tort de
prendre l'une ou l'autre pour le bien même, dont la
nature est d'un prix infiniment plus relevé. — Sa
beauté doit être au-dessus de toute expression, puisqu'il est la source de la science et de la vérité, et qu'il
est encore plus beau qu'elles. Tu n'as garde par conséquent de dire que le bien soit le plaisir. — A Dieu
ne plaise. Mais considère son image avec plus d'attention, et de cette manière. — Comment? — Tu
penses sans doute comme moi que le soleil ne rend
pas seulement visibles les choses visibles, mais qu'il
leur donne encore la naissance, l'accroissement et la
nourriture, sans être lui-même rien de tout cela. —
Sans doute. — De même tu peux dire que les êtres
intelligibles ne tiennent pas seulement du bien leur
intelligibilité, mais encore leur être et leur essence,
quoique le bien lui-même ne soit point essence, mais
quelque chose bien au-dessus de l'essence, en dignité
et en puissance.

— Grand Apollon, s'écria Glaucon en riant, voilà
du merveilleux! — C'est toi, repris-je, qui en es

cause. Pourquoi m'obliger à dire ma pensée sur ce
sujet?—N'en demeure pas là, je te prie, mais
achève la comparaison du bien avec le soleil, s'il y
manque encore quelque chose.—Vraiment oui, il y
manque encore bien des choses.—Encore un coup,
je te conjure de ne rien omettre.—Je ferai tous mes
efforts pour cela. Mais cela n'empêchera pas que bien
des traits de ressemblance ne m'échappent malgré
moi.—Fais comme tu dis.—Imagine-toi donc que
le bien et le soleil sont deux rois, l'un du monde
intelligible, l'autre du monde visible, je ne dis pas
du ciel, de peur que tu ne croies qu'à l'occasion
de ce mot je veux faire une équivoque[1]. Voilà, par
conséquent, deux espèces d'êtres, les uns visibles,
les autres intelligibles.—Fort bien.—Soit, par
exemple, une ligne coupée en deux parties égales:
coupe encore en deux chaque partie, c'est-à-dire le
monde visible et le monde intelligible, et tu auras
d'une part l'évidence, de l'autre l'obscurité. Une des
sections de l'espèce visible te donnera les images:
j'entends par images, premièrement, les ombres; ensuite, les fantômes représentés dans les eaux et sur la
surface des corps denses, polis et brillants. Tu comprends ma pensée.—Oui.—L'autre section te donnera les objets que ces images représentent; je veux
dire les animaux, les plantes, et tous les ouvrages
de la nature et de l'art.—Je conçois cela.—Serais-tu
d'avis qu'appliquant cette division au vrai et au faux,

[1] Ciel, en grec, se dit οὐρανός, et visible, ὁρατόν. De là cette précaution de Platon.

on fit cette proportion : ce que les apparences sont
aux choses qu'elles représentent, l'opinion l'est à la
connaissance. — J'y consens.

— Voyons à présent comment il faut diviser le monde
intelligible. — Comment? — De sorte qu'une partie
de cette division renferme les images intellectuelles,
qui obligent l'ame, lorsqu'elle s'en sert, de procéder
dans ses recherches en partant de certaines suppositions, non pour remonter au principe, mais pour descendre aux conclusions les plus éloignées; et que
l'autre partie nous donne les idées pures, au moyen
desquelles l'ame, sans le secours d'aucune image,
partant d'une supposition, remonte par le raisonnement jusqu'à un principe indépendant de toute supposition. — Je ne comprends pas bien ce que tu viens
de dire. — Tu le comprendras tout à l'heure : tout
ceci va s'éclaircir. Tu n'ignores pas, je pense, que
les géomètres et les arithméticiens supposent deux
sortes de nombres, l'un pair, l'autre impair, les figures, trois espèces d'angles, et ainsi du reste, selon la
démonstration qu'ils cherchent : qu'ils regardent
ensuite ces suppositions comme autant de principes
certains et évidents, dont ils ne rendent raison ni à
eux-mêmes ni aux autres; qu'enfin ils partent de ces
hypothèses, et, par une chaîne non interrompue, descendent de proposition en proposition jusqu'à celle
qu'ils avaient dessein de démontrer. — Je sais cela. —
Tu sais donc aussi qu'ils se servent pour cela de figures visibles, et qu'ils y appliquent leurs raisonnements, quoique ce ne soit point à elles qu'ils pensent,

mais à d'autres figures représentées par celles-là. Par
exemple, ce n'est ni sur le carré ni sur la diagonale,
telle qu'ils la tracent, que portent leurs raisonnements, mais sur le carré tel qu'il est en lui-même
avec sa diagonale. J'en dis autant des autres figures
qu'ils représentent, soit en relief, soit par le dessin,
et qui se reproduisent aussi, soit dans leur ombre,
soit dans les eaux. Les géomètres les emploient
comme autant d'images qui leur servent à connaître
les vraies figures, qu'on ne peut connaître que par
la pensée. — Tu dis vrai. — Voilà la première classe
des choses intelligibles. L'ame, pour parvenir à les
connaître, est contrainte de se servir de suppositions,
non pour aller jusqu'à un premier principe, parcequ'elle ne peut remonter au delà des suppositions
qu'elle a faites ; mais, employant les images terrestres et sensibles, qu'elle ne connaît que par l'opinion, et supposant qu'elles sont claires et évidentes,
elle s'en aide pour la connaissance des vraies figures.
— Je conçois que la méthode dont tu parles est celle
de la géométrie et des autres sciences de cette nature.

— Conçois à présent ce que j'entends par la seconde classe des choses intelligibles. Ce sont celles
que l'ame saisit immédiatement par la voie du raisonnement, en faisant quelques hypothèses, qu'elle
ne regarde pas comme des principes, mais comme de
simples suppositions, et qui lui servent de degrés et
de points d'appui, pour s'élever jusqu'à un premier
principe indépendant de toute supposition. Elle saisit
ce principe, et, s'attachant à toutes les conclusions

qui en dépendent, elle descend de là jusqu'à la dernière conclusion, sans s'étayer de rien de sensible, et, s'appuyant toujours sur des idées pures, par lesquelles sa démonstration commence, procède et se termine. — Je comprends un peu, mais point encore suffisamment. Cette matière me paraît fort obscure. Il me semble néanmoins que ton but est de prouver que la connaissance qu'on acquiert par la dialectique des êtres purement intelligibles est plus claire que celle qu'on acquiert par le moyen des arts, auxquels certaines suppositions servent de principes. Il est vrai que ces arts sont obligés de se servir du raisonnement, et non des sens : mais comme ils sont fondés sur des suppositions, et ne remontent point jusqu'à un principe, tu juges qu'ils n'ont point cette claire intelligence qu'ils auraient, s'ils remontaient à un principe; et tu appelles, ce me semble, connaissance raisonnée celle qu'on acquiert au moyen de la géométrie et des autres arts semblables, et tu la ranges entre l'opinion et la pure intelligence. — Tu as fort bien compris ma pensée. Applique maintenant à ces quatre classes d'objets sensibles et intelligibles quatre différentes opérations de l'ame, savoir, à la première classe, la pure intelligence, à la seconde, la connaissance raisonnée, à la troisième, la foi, à la quatrième, la conjecture; et donne à chacune de ces manières de connaître plus ou moins d'évidence, selon que leurs objets participent plus ou moins de la vérité. — J'entends. Je suis d'accord avec toi, et j'adopte l'ordre que tu proposes. »

LIVRE SEPTIÈME.

ARGUMENT.

Platon suppose l'existence d'une *caverne* où, depuis leur enfance, une multitude d'hommes vit enfermée; et ces hommes sont chargés de chaînes, en sorte qu'ils ne peuvent ni se lever, ni marcher, ni tourner la tête. Derrière eux brille la lumière dont ils n'ont que les reflets, et devant eux passent des ombres qu'ils prennent pour des êtres réels. La *caverne*, c'est le globe où nous vivons; les chaînes qui chargent les hommes, ce sont nos passions et nos préjugés; les ombres qui passent, c'est nous, c'est la figure du monde que nous prenons pour une réalité. En effet, l'homme emprisonné dans ses sens n'est qu'un vain fantôme, il est comme s'il n'existait pas. Celui-là seul existe, qui, après de longs et pénibles efforts, est parvenu à briser ses chaînes et à sortir de l'antre ténébreux. Là, en face de la lumière, son ame apparaît, il cesse d'être une ombre, il devient immortel en s'élevant jusqu'à Dieu. Telle est l'allégorie sublime qui a mérité l'admiration des siècles, et qui méritera celle de la postérité. Non-seulement elle domine le septième livre, mais on la retrouve dans tout le reste de l'ouvrage. Elle se traduit ainsi : le monde visible ne peut s'expliquer que par la contemplation du monde invisible; rien n'est vrai sans Dieu. De cette pensée vous voyez sortir les types de Platon et son système d'éducation intellectuelle. Nul ne sera digne de commander aux hommes s'il n'est sorti de la caverne, et s'il n'a pénétré dans le monde des essences et de la vérité. Nul ne conduira bien les affaires humaines s'il n'a la contemplation des choses divines ; la théorie du beau idéal devient la pratique des ames d'élite. Ces principes posés, Platon trace en détail le plan d'étude des magistrats de la république, c'est-à-dire des philosophes. Ils doivent connaître la géométrie, l'astronomie, la physique, toutes les sciences humaines, non pas seulement pour en faire des applications à nos besoins matériels, mais pour en développer les théories les plus idéales. Il faut qu'en nous dévoilant l'ordre de l'univers, la géométrie nous élève jusqu'à la source de cet ordre. Ainsi le monde matériel sera la route du monde intellectuel. Ces études intellectuelles du magistrat auxquelles se joignent des études pratiques dureront jusqu'à l'âge de cinquante ans, époque de la vie où l'homme n'est pas assez vieux pour desirer le repos, mais où il n'est plus assez jeune pour être ambitieux. C'est seulement alors qu'on lui confiera le maniement des affaires, et il sera digne de commander, car il aura employé tout ce temps à s'élever jusqu'à la source du beau, du bon, du juste, qui est Dieu.

LIVRE SEPTIÈME.

—

« Représente-toi à présent l'état de la nature humaine par rapport à la science et à l'ignorance, d'après le tableau que je vais faire. Imagine un antre souterrain, ayant dans toute sa longueur une ouverture qui donne une libre entrée à la lumière ; et, dans cet antre, des hommes enchaînés depuis l'enfance, de sorte qu'ils ne puissent changer de place, ni tourner la tête à cause des chaînes qui leur assujettissent les jambes et le cou, mais seulement voir les objets qu'ils ont en face. Derrière eux, à une certaine distance et une certaine hauteur, est un feu, dont la lueur les éclaire, et entre ce feu et les captifs est un chemin escarpé. Le long de ce chemin, imagine un mur semblable à ces cloisons que les charlatans mettent entre eux et les spectateurs, pour leur dérober le jeu et les ressorts secrets des merveilles qu'ils leur montrent. — Je me représente tout cela. — Figure-toi des hommes qui passent le long de ce mur, portant des objets de toute espèce, des figures d'hommes et d'animaux en bois ou en pierre, de sorte que tout cela paraisse au-dessus du mur. Parmi ceux qui les portent, les uns s'entretiennent ensemble, les autres passent sans rien dire. — Voilà un étrange tableau, et d'étranges prisonniers !

— Ils nous ressemblent de point en point. Et
d'abord, crois-tu qu'ils verront autre chose d'eux-
mêmes et de ceux qui sont à leurs côtés, que les ombres qui vont se peindre vis-à-vis d'eux dans le fond
de la caverne? — Que pourraient-ils voir de plus,
puisque, depuis leur naissance, ils sont contraints de
tenir toujours la tête immobile? — Verront-ils aussi
autre chose que les ombres des objets qui passent
derrière eux? — Non. — S'ils pouvaient converser
ensemble, ne conviendraient-ils pas entre eux de
donner aux ombres qu'ils voient les noms des choses
mêmes? — Sans contredit. — Et s'il y avait au fond
de leur prison un écho qui répétât les paroles des
passants, ne s'imagineraient-ils pas entendre parler
les ombres même qui passent devant leurs yeux? —
Oui. — Enfin, ils ne croiraient pas qu'il y eût autre
chose de réel que ces ombres. — Sans doute.

— Vois maintenant ce qui devra naturellement leur
arriver, si on les délivre de leurs fers et qu'on les gué-
risse de leur erreur. Qu'on détache un de ces captifs;
qu'on le force sur-le champ de se lever, de tourner la
tête, de marcher et de regarder du côté de la lumière :
il ne fera tout cela qu'avec des peines infinies; la lumière lui blessera les yeux, et l'éblouissement qu'elle
lui causera l'empêchera de discerner les objets dont
il voyait auparavant les ombres. Que crois-tu qu'il ré-
pondît à celui qui lui dirait que jusqu'alors il n'a vu
que des fantômes, qu'à présent il a devant les yeux
des objets plus réels et plus approchants de la vérité?
Si on lui montre ensuite au doigt les choses à mesure

qu'elles se présenteront, et qu'on l'oblige à force de
questions à dire ce que c'est, ne le jettera-t-on pas
dans l'embarras, et ne se persuadera-t-il pas que ce
qu'il voyait auparavant était plus réel que ce qu'on
lui montre? — Sans doute. — Et si on le contraignait
de regarder le feu, n'aurait-il pas mal aux yeux? N'en
détournerait-il point ses regards pour les porter sur
ces ombres qu'il fixe sans effort? Ne jugerait-il pas
qu'elles ont quelque chose de plus net et de plus distinct que tout ce qu'on lui fait voir? — Assurément.
— Si maintenant on l'arrache de la caverne, et qu'on
le traîne, par le sentier rude et escarpé, jusqu'à la
clarté du soleil, quel supplice pour lui d'être traîné
de la sorte! dans quelle fureur il entrerait! et lorsqu'il serait arrivé au grand jour, les yeux tout éblouis
de son éclat, pourrait il rien voir de cette foule d'objets que nous appelons des êtres réels? — Il ne le
pourrait pas d'abord. — Il lui faudrait du temps,
sans doute, pour s'y accoutumer. Ce qu'il discerne-
rait plus aisément, ce serait d'abord les ombres, ensuite les images des hommes et des autres objets,
peintes dans les eaux; enfin, les objets mêmes. De là,
il porterait ses regards vers le ciel, dont il soutien-
drait plus facilement la vue de nuit à la lueur de la
lune et des étoiles, qu'en plein jour à la lumière du
soleil. — Sans doute. — A la fin, il serait en état
non-seulement de voir l'image du soleil dans les eaux
et partout où son image se réfléchit, mais de le fixer,
de le contempler lui-même à sa véritable place. —
Oui. — Après cela, se mettant à raisonner, il en vien-

dra à conclure que c'est le soleil qui fait les saisons
et les années, qui gouverne tout dans le monde visible, et qui est en quelque sorte la cause de tout ce
qui se voyait dans la caverne. — Il est évident qu'il en
viendrait par degrés jusqu'à faire ces réflexions.

— S'il venait alors à se rappeler sa première demeure, l'idée qu'on y a de la sagesse, et ses compagnons d'esclavage, ne se réjouirait-il pas de son changement, et n'aurait-il pas compassion de leur malheur?
— Assurément. — Crois-tu qu'il fût encore jaloux des
honneurs, des louanges et des récompenses qu'on y
donnait à celui qui saisissait le plus promptement les
ombres à leur passage, qui se rappelait le plus sûrement celles qui allaient devant, après ou ensemble,
et qui par là était le plus habile à deviner leur appa-
rition; ou qu'il portât envie à la condition de ceux qui
dans cette prison étaient les plus puissants et les plus
honorés? Ne préférerait-il pas, comme Achille dans
Homère, de passer sa vie au service d'un pauvre laboureur, et de tout souffrir, plutôt que de reprendre
son premier état et ses premières illusions? — Je ne
doute pas qu'il ne fût disposé à souffrir tout, plutôt
que de vivre de la sorte. — Fais encore attention à
ceci. S'il retournait de nouveau dans sa prison pour
y reprendre son ancienne place, dans ce passage su-
bit du grand jour à l'obscurité, ne se trouverait-il
pas comme aveuglé? — Oui. — Et si, tandis qu'il ne
distingue encore rien, et avant que ses yeux soient
bien remis, ce qui ne pourrait arriver qu'après un
assez long temps, il lui fallait entrer en dispute avec

les autres prisonniers sur ces ombres, n'apprêterait-il point à rire aux autres, qui diraient de lui que, pour être monté là haut, il a perdu la vue; ajoutant que ce serait une folie à eux de vouloir sortir du lieu où ils sont, et que, si quelqu'un s'avisait de vouloir les en tirer et les conduire en haut, il faudrait s'en saisir et le tuer? — Sans contredit.

— Eh bien, mon cher Glaucon, c'est là précisément l'image de la condition humaine. L'antre souterrain, c'est ce monde visible; le feu qui l'éclaire, c'est la lumière du soleil; ce captif qui monte à la région supérieure et qui la contemple, c'est l'ame qui s'élève jusqu'à la sphère intelligible. Voilà du moins quelle est ma pensée, puisque tu veux la savoir. Dieu sait si elle est vraie. Quant à moi, la chose me paraît telle que je vais dire. Dans le lieu le plus élevé du monde intellectuel, est l'idée du bien qu'on n'aperçoit qu'avec beaucoup de peine et d'effort; mais qu'on ne peut connaître, sans conclure qu'elle est la cause première de tout ce qu'il y a de beau et de bon dans l'univers; que, dans ce monde visible, elle produit la lumière et l'astre qui y préside; que, dans le monde idéal, elle engendre la vérité et l'intelligence; qu'il faut par conséquent la connaître, si on veut se conduire sagement dans l'administration des affaires, tant publiques que particulières. — Je suis de ton avis autant que je puis comprendre ta pensée. — Admets donc aussi, et ne t'étonne plus que ceux qui sont parvenus à cette sublime contemplation dédaignent de prendre part aux affaires humaines, et que leurs ames

26.

aspirent sans cesse à se fixer dans ce lieu élevé. La chose doit être ainsi, si elle est conforme à la peinture allégorique que j'en ai tracée. — Cela doit être.

—Est-il surprenant qu'un homme, passant de cette contemplation divine à celle des misérables objets qui nous occupent, soit troublé et paraisse ridicule, lorsqu'avant d'être familiarisé avec les ténèbres qui l'environnent, il est forcé d'entrer en dispute devant les tribunaux ou ailleurs sur des ombres et des fantômes de justice, et d'expliquer la manière dont il les conçoit devant des personnes qui n'ont jamais vu la justice elle-même? — Je ne vois en cela rien de surprenant. — Un homme sensé fera réflexion que la vue peut être troublée de deux manières et par deux causes opposées, par le passage de la lumière à l'obscurité, ou par celui de l'obscurité à la lumière; et, appliquant aux yeux de l'ame ce qui arrive aux yeux du corps, lorsqu'il la verra troublée et embarrassée pour discerner certains objets, au lieu de rire sans raison de son embarras, il examinera s'il lui vient de ce qu'elle descend d'un état plus lumineux, ou si c'est que, passant de l'ignorance à la lumière, elle est éblouie de son trop grand éclat. Dans le premier cas, il la félicitera de son embarras; dans le second, il plaindra son sort; ou, s'il veut rire à ses dépens, ses railleries seront moins ridicules que si elles s'adressaient à l'ame qui redescend du séjour de la lumière. — Ce que tu dis est très raisonnable.

— Or, si tout cela est vrai, il faut en conclure que la science ne s'apprend pas de la manière dont certaines gens le prétendent. Ils se vantent de pouvoir la faire entrer dans une ame où elle n'est point, à peu près comme on rendrait la vue à des yeux aveugles. — Ils le disent hautement. — Mais le discours présent nous fait voir que chacun a dans son ame la faculté d'apprendre avec un organe destiné à cela ; que tout le secret consiste à tourner cet organe, avec l'ame tout entière, de la vue de ce qui naît vers la contemplation de ce qui est, jusqu'à ce qu'il puisse fixer ses regards sur ce qu'il y a de plus lumineux dans l'être, c'est-à-dire, selon nous, sur le bien ; de même que, si l'œil n'avait pas de mouvement particulier, il faudrait de nécessité que tout le corps tournât avec lui dans le passage des ténèbres à la lumière ; n'est-ce pas? — Oui. — Dans cette évolution qu'on fait faire à l'ame, tout l'art consiste donc à la tourner de la manière la plus aisée et la plus utile. Il ne s'agit pas de lui donner la faculté de voir : elle l'a déja ; mais son organe est dans une mauvaise direction ; il ne regarde point où il faudrait : c'est ce qu'il faut corriger. — Il me semble qu'il n'y a pas d'autre secret.

— Il en est à peu près des autres qualités de l'ame comme de celles du corps. Quand on ne les a pas reçues de la nature, on les acquiert par l'éducation et la culture ; mais à l'égard de la faculté de savoir, comme elle est d'une nature plus divine, jamais elle ne perd sa vertu ; elle devient seulement utile ou inutile, avantageuse ou nuisible, selon la direction qu'on lui donne. N'as-tu point encore remarqué jusqu'où va la sagacité de ces hommes à qui on donne

le nom d'habiles coquins? Avec quelle pénétration
leur petite ame discerne tout ce qui les intéresse? Sa
vue n'est ni faible ni troublée; mais comme ils la con-
traignent de servir d'instrument à leur malice, ils
sont d'autant plus malfaisants, qu'ils sont plus subtils
et plus clairvoyants. — Cette remarque est juste. —
Si dès l'enfance on avait coupé ces penchants criminels, qui, comme autant de poids de plomb, entrai-
nent l'ame vers les plaisirs sensuels et grossiers, et
la forcent de regarder toujours en bas; si, après
l'avoir dégagée de ces poids, on eût tourné son regard
vers la vérité, elle l'aurait distinguée avec la même
sagacité. — Il y a apparence. — N'est-ce pas une conséquence vraisemblable, ou plutôt nécessaire, de tout
ce que nous avons dit, que ni ceux qui n'ont reçu
aucune éducation, et qui n'ont aucune connaissance
de la vérité, ni ceux qu'on a laissés passer toute leur
vie dans l'étude et la méditation, ne sont propres au
gouvernement des états; les uns, parcequ'ils n'ont
dans toute leur conduite aucun but fixe, auquel ils
puissent rapporter tout ce qu'ils font dans la vie publique ou dans la vie privée; les autres, parcequ'ils ne
consentiront jamais à se charger d'un pareil fardeau,
se croyant déja dès leur vivant dans les îles fortunées?
— Tu as raison.

— C'est donc à nous, qui fondons une république,
d'obliger les naturels excellents de s'appliquer à la
plus sublime de toutes les sciences, de contempler le
bien en lui-même, et de s'élever jusqu'à lui par ce
chemin escarpé dont nous avons parlé; mais après

qu'ils y seront parvenus, et qu'ils l'auront contemplé pendant un certain temps, gardons-nous de leur permettre ce qu'on leur permet aujourd'hui. — Quoi? —D'y fixer leur demeure, de ne plus vouloir redescendre vers ces malheureux captifs, pour prendre part à leurs travaux, à leurs honneurs même, quel que soit le cas qu'on doive en faire.—Eh quoi? serons-nous si durs à leur égard? Pourquoi les condamner à une vie misérable, tandis qu'ils peuvent jouir d'une condition plus heureuse?—Tu oublies encore une fois, mon cher ami, que le législateur ne doit point se proposer pour but la félicité d'un certain ordre de citoyens, à l'exclusion des autres, mais la félicité de tous; que, dans cette vue, il doit unir tous les citoyens d'intérêts, les engageant par la persuasion ou l'autorité à se faire part les uns aux autres des avantages qu'ils sont en état de rendre à la communauté; et qu'en formant avec soin de pareils citoyens, il ne prétend pas leur laisser la liberté de faire de leurs facultés tel usage qu'il leur plaira, mais se servir d'eux pour fortifier le lien de l'état. — Tu dis vrai : je l'avais oublié.

— Au reste, observe, mon cher Glaucon, que nous ne serons pas coupables d'injustice envers les philosophes qui se seront formés chez nous, et que nous aurons de bonnes raisons à leur alléguer, pour les obliger à se charger de la garde et de la conduite des autres. Dans les autres états, leur dirons-nous, les philosophes sont plus excusables de se soustraire à l'embarras des affaires publiques, parcequ'ils ne sont

redevables qu'à eux-mêmes de leur sagesse, et qu'ils
se sont formés malgré le gouvernement. Or, il est
juste que ce qui ne doit qu'à soi sa naissance et son
accroissement, ne soit tenu à aucune reconnaissance
envers qui que ce soit. Mais vous, nous vous avons
formés dans l'intérêt de l'état comme dans le votre,
pour être dans notre république, comme dans celle des
abeilles, nos chefs et nos rois; dans ce dessein, nous
vous avons donné une éducation plus parfaite, qui
vous rendît plus capables qu'aucun autre d'allier
l'étude de la sagesse au maniement des affaires.
Descendez donc chacun, autant qu'il est nécessaire,
dans la demeure commune ; accoutumez vos yeux aux
ténèbres qui y règnent; lorsque vous vous serez fami-
liarisés avec elles, vous jugerez infiniment mieux que
les autres de la nature des choses qu'on y voit ; vous
discernerez mieux qu'eux les fantômes du beau, du
juste et du bien, parceque vous avez vu ailleurs l'essence du beau, du juste et du bien. Ainsi, pour votre
bonheur, autant que pour le bonheur public, le gouvernement de notre état sera une réalité et non un
rêve, comme dans la plupart des autres états, où les
chefs se battent pour des ombres vaines, et se disputent avec acharnement l'autorité, qu'ils regardent
comme un grand bien. Mais la vérité est que dans
tout état où ceux qui doivent commander ne font
paraître aucun empressement pour leur élévation,
c'est une nécessité qu'elle soit bien gouvernée, et que
la concorde y règne ; au lieu que partout où l'on brigue

le commandement, le contraire ne peut manquer d'arriver. — Cela est vrai.

— Nos élèves résisteront-ils à la force de ces raisons? Refuseront-ils de porter tour à tour le poids du gouvernement, pour aller ensuite passer ensemble la plus grande partie de leur vie dans la région de la pure lumière ? — Il est impossible qu'ils le refusent; car ils sont justes et nos demandes le sont aussi : mais alors chacun d'eux, au contraire de ce qui se pratique ailleurs, se chargera du commandement comme d'un joug inévitable. — Il en est ainsi, mon cher ami. Si tu peux trouver, pour ceux qui doivent commander, une condition qu'ils préfèrent au commandement, tu pourras aussi trouver une république bien gouvernée, car dans cet état seul commanderont ceux qui sont vraiment riches, non en or, mais en sagesse et en vertu, les seules richesses des vrais heureux; mais partout où des hommes pauvres, des gens affamés de bien, et qui n'ont rien par eux-mêmes, aspireront au commandement, croyant rencontrer là le bonheur qu'ils cherchent, le gouvernement sera toujours mauvais. On se disputera, on s'arrachera l'autorité; et cette guerre domestique et intestine perdra enfin l'état avec ses chefs. — Rien de plus vrai. — Or, connais-tu une autre condition que celle du vrai philosophe, pour inspirer le mépris des dignités et des charges publiques? — Je n'en connais point d'autre. — De plus, il faut confier l'autorité à ceux qui ne sont pas jaloux de la posséder; autrement, la rivalité fera

naître des disputes entre eux. — Sans doute. — Qui
forceras-tu donc d'accepter le commandement, si ce
n'est ceux qui, mieux instruits que personne dans la
science de gouverner, ont une autre vie et d'autres
honneurs qu'ils préfèrent à ceux que la vie civile leur
offre ?—Je ne m'adresserai point à d'autres.

— Veux-tu maintenant examiner ensemble de quelle
manière nous formerons des hommes de ce caractère,
et comment nous les ferons passer des ténèbres à la
lumière, comme on dit que quelques-uns ont passé des
enfers au séjour des dieux?—Faut-il demander si je
le veux?—Il ne s'agit point ici d'un tour de palet,
comme au jeu ¹, mais d'imprimer à l'ame un mouvement qui, du jour ténébreux qui l'environne, l'élève
jusqu'à la vraie lumière de l'être par la route, cette
route que nous appellerons pour cela la véritable philosophie. — Fort bien. — Ainsi il est à propos de voir
quelle est, parmi les sciences, celle qui est propre à
produire cet effet. — Sans doute. — Hé bien, mon cher
Glaucon, quelle est la science qui élève l'ame de ce
qui naît vers ce qui est? Je fais en même temps réflexion à une autre chose. N'avons-nous pas dit qu'il
fallait que nos philosophes s'exerçassent dans la jeunesse au métier des armes?—Oui.—Il faut donc que
la science que nous cherchons, outre ce premier avantage, en ait encore un autre. — Lequel? — Celui de
n'être point inutile à des gens de guerre. — Sans doute :
il le faut, s'il est possible. —N'avons-nous pas déjà

¹ Voyez le Phèdre.

admis dans notre plan d'éducation la musique et la gymnastique? — Oui. — Mais la gymnastique a pour objet ce qui est sujet à la génération et à la corruption, son but étant d'examiner ce qui peut augmenter ou diminuer les forces du corps. — Cela est vrai. — Elle n'est donc pas la science que nous cherchons. — Non.

— Serait-ce la musique telle que nous l'avons expliquée plus haut? — Mais, s'il t'en souvient, elle répond à la gymnastique, quoique dans un genre opposé. Son but, disions-nous, est d'accorder, pour ainsi dire, l'ame des guerriers par le moyen de l'harmonie, et d'en régulariser les mouvements par le moyen du rhythme et de la mesure, mais non de lui communiquer une science. Elle emploie dans un but semblable les discours, soit vrais, soit fabuleux, mais je n'ai point vu qu'elle renfermât aucune des sciences que tu cherches, et qui sont propres à élever l'ame à la connaissance du bien. — Tu me rappelles exactement ce que nous avons dit : la musique en effet ne nous a paru contenir rien de semblable. Mais, mon cher Glaucon, où donc rencontrer cette science? ce ne sont point les arts mécaniques : de ton aveu, ils sont trop bas pour cela. — Sans contredit : cependant, si nous écartons la musique, la gymnastique et les arts, quelle autre science peut-il rester encore? — Si nous ne trouvons plus rien hors de là, prenons quelque science universelle. — Laquelle? — Celle qui est si commune, dont tous les arts et toutes les sciences font usage, et qu'il est nécessaire d'apprendre des pre-

27

mières. — Quelle est-elle? — Celle qui apprend à connaître ce que c'est qu'un, deux, trois, science vulgaire et facile. Je l'appelle en général la science des
nombres et du calcul : n'est-il pas vrai qu'aucun art,
aucune science ne peut s'en passer?— J'en conviens.
— Ni l'art militaire par conséquent. — Elle lui est absolument nécessaire.

— En vérité, Palamède, dans les tragédies, nous
représente toujours Agamemnon comme un plaisant
général. N'as-tu pas remarqué qu'il se vante d'avoir
inventé les nombres, d'avoir donné le plan du camp
devant Troie, et d'avoir fait le dénombrement des
vaisseaux et de tout le reste, comme s'il eût été impossible avant lui de compter tout cela, et qu'Agamemnon ne sût pas même combien il avait de pieds,
puisqu'à l'en croire, il ne savait pas compter? quelle
idée voudrais-tu qu'on eût d'un pareil général? —
Une idée très désavantageuse, si la chose était vraie.
— Est-il, à ton avis, une science plus nécessaire au
guerrier que celle des nombres et du calcul? — Elle
lui est indispensable, s'il veut entendre quelque chose
à l'ordonnance d'une armée, ou plutôt s'il veut être
homme. — Partages-tu la même idée que moi au sujet
de cette science? — Quelle idée? — Il me semble qu'elle
a l'avantage que nous cherchons, celui d'élever
l'ame à la pure intelligence, et de l'amener à la contemplation de ce qui est ; mais personne ne sait s'en servir
comme il faut. — Je n'entends pas.

— Je vais tâcher de t'expliquer ce que je pense. A
mesure que je vais distinguer les choses que je crois

propres à élever l'ame de celles qui ne le sont pas,
considère successivement le même objet que moi ; puis
accorde ou nie, selon que tu le jugeras à propos ;
nous verrons mieux par là si la chose est telle que
je l'imagine. — Parle. — Vois s'il n'est pas vrai que,
parmi les choses sensibles, les unes n'invitent nullement l'entendement à y porter son attention, parceque
les sens en sont juges compétents ; tandis que les autres obligent l'entendement à réfléchir, parceque les
sens n'en sauraient porter un jugement sain. — Tu
parles sans doute des objets aperçus dans le lointain
et des esquisses. — Tu n'as pas bien compris ce que
je veux dire. — De quoi veux-tu donc parler ? — Par
les objets qui n'invitent pas l'ame à la réflexion, j'entends ceux qui n'excitent point en même temps deux
sensations contraires ; et par objets qui invitent l'ame
à réfléchir, j'entends ceux qui font naître deux sensations opposées, lorsque le rapport des sens ne dit
pas plutôt que c'est telle chose que telle autre chose
opposée, soit que l'objet frappe les sens de près ou
de loin. Pour te faire mieux comprendre ma pensée,
voilà trois doigts ; le petit, le suivant, et celui du milieu. — Fort bien. — Conçois que je les suppose vus
de près ; puis fais avec moi cette observation. — Quelle
observation ? — Chacun d'eux nous paraît également
un doigt ; peu importe à cet égard qu'on le voie au
milieu ou à l'extrémité, blanc ou noir, gros ou menu,
et ainsi du reste. Rien de tout cela n'oblige l'ame à
demander à l'entendement ce que c'est qu'un doigt :
car jamais la vue n'a témoigné en même temps qu'un

doigt fût autre chose qu'un doigt. — Non, sans doute.
— J'ai donc raison de dire qu'en ce cas rien n'excite
ni ne réveille l'entendement. — Oui.

— Mais quoi! la vue juge-t-elle comme il faut de
la grandeur ou de la petitesse de ces doigts? Lui
est-il indifférent, pour en bien juger, que l'un d'eux
soit au milieu ou à l'extrémité? J'en dis autant de
la grosseur et de la finesse, de la mollesse et de la
dureté au toucher. En général, le rapport des sens
sur tous ces points est-il bien exact? N'est-ce pas
ceci plutôt que fait chacun d'eux? Le sens destiné à
juger de ce qui est dur, ne peut le faire qu'après
avoir jugé de ce qui est mou, et il rapporte à l'ame
que le corps qui l'affecte est en même temps dur et
mou. — Cela est ainsi. — N'est-il pas inévitable alors
que l'ame soit embarrassée de ce rapport du toucher
qui lui dit que la même chose est dure et molle? La
sensation de la pesanteur et de la légèreté ne jette-
t-elle point aussi l'ame dans de pareilles incertitudes
sur la nature de la pesanteur et de la légèreté, lorsque la même sensation lui dit que le même corps est
pesant ou léger? — De pareils témoignages doivent
sembler bien étranges à l'ame, et demandent un sérieux examen de sa part. — Ce n'est donc pas sans
raison que l'ame, appelant alors à son secours l'entendement et la réflexion, tâche d'examiner si chacun
de ces témoignages porte sur une seule chose ou sur
deux. — Non sans doute. — Et si elle juge que ce sont
deux choses, chacune d'elles lui paraîtra une et distincte de l'autre, — Oui. — Si donc chacune d'elles

lui paraît une, et l'une et l'autre deux, elle les con-
cevra toutes deux à part; car si elle les concevait
comme n'étant pas séparées, ce ne serait plus la con-
ception de deux choses, mais d'une seule. — Fort
bien.

— La vue, disions-nous, aperçoit la grandeur et la
petitesse, non comme deux choses séparées, mais
comme des choses confondues ensemble : n'est-ce pas?
— Oui. — Et pour démêler cette sensation confuse,
l'entendement, faisant le contraire de la vue, est contraint de considérer la grandeur et la petitesse, non
plus confondues, mais distinctes l'une de l'autre. —
Cela est vrai. — Ainsi, voilà ce qui nous fait naître
la pensée de nous demander à nous-mêmes ce que
c'est que grandeur et petitesse. — Oui. — C'est aussi
pour cela que nous avons distingué quelque chose de
visible, et quelque chose d'intelligible. — Fort bien.
— Voilà ce que je voulais te faire entendre, lorsque je
disais que, parmi les objets sensibles, les uns excitent
l'ame à la réflexion, désignant par là ceux qui produisent à la fois deux sensations contraires; les autres
n'invitent point l'esprit à réfléchir, parcequ'ils ne
font naître qu'une sensation. — Je comprends à présent, et je pense comme toi.

— En laquelle de ces deux classes ranges-tu le nombre et l'unité? — Je n'en sais rien. — Juges-en par ce
que nous venons de dire. Si nous obtenons une connaissance suffisante de l'unité par la vue ou par quelque autre sens, cette connaissance ne saurait nous
diriger vers la contemplation de l'essence, comme

27.

nous disions tout à l'heure du doigt. Mais si la vue
nous offre toujours dans l'unité quelque contradiction,
de sorte qu'elle ne nous paraît pas plus une unité
qu'un assemblage d'unités, il est alors besoin d'un
juge qui décide ; l'ame, embarrassée, réveille en elle
l'entendement, et se trouve contrainte de faire des
recherches, et de se demander à elle-même ce que
c'est que l'unité. C'est dans ce cas que la connaissance
de l'unité est une de celles qui élèvent l'ame, et la
tournent vers la contemplation de l'être. — Mais la
vue de l'unité produit en nous l'effet dont tu parles :
car nous voyons en même temps la même chose une
et multiple jusqu'à l'infini. — Ce qui arrive à l'unité
n'arrive-t-il pas aussi à tout nombre, quel qu'il soit ?
— Sans doute. — Or, l'arithmétique et la science du
calcul ont pour objet le nombre. — Oui. — Elles conduisent par conséquent l'une et l'autre à la connaissance de la vérité. — Parfaitement bien.

— Voilà donc déjà deux des sciences que nous cherchons. En effet, elles sont nécessaires au guerrier
pour bien disposer une armée ; au philosophe, pour
sortir de ce qui naît et meurt, et pour s'élever jusqu'à
l'essence même des choses, car il n'y aurait jamais
sans cela de vrai arithméticien. — Tu as raison. —
Mais celui à qui nous confions la garde de notre état
est tout à la fois guerrier et philosophe. — Oui. —
Faisons donc une loi à ceux qui sont destinés chez
nous à remplir les premières places de s'appliquer
à la science du calcul, de l'étudier, non pas superfi-
ciellement, mais jusqu'à ce que, par le moyen de la

pure intelligence, ils soient parvenus à connaître l'essence des nombres; non pour faire servir cette science comme les marchands et les négociants, aux ventes et aux achats, mais pour l'appliquer aux besoins de la guerre, et faciliter à l'ame la route qui doit la conduire de la sphère des choses périssables à la contemplation de la vérité et de l'être. — Fort bien.

— J'aperçois maintenant combien cette science du calcul est belle en soi, et combien elle est utile au dessein que nous nous proposons, lorsqu'on l'étudie pour elle-même, et non pour en faire un négoce. — Qu'admires-tu donc si fort en elle? — La vertu qu'elle a d'élever l'ame, ainsi que nous venons de le dire, en l'obligeant à raisonner sur les nombres tels qu'ils sont en eux-mêmes, sans jamais souffrir que ses calculs roulent sur des nombres visibles et palpables. Tu sais sans doute ce que font ceux qui sont versés dans cette science. Si tu essaies en leur présence de diviser l'unité proprement dite, ils se moquent de toi, et ne t'écoutent pas: mais si tu la divises, ils la multiplient d'autant, craignant que l'unité ne paraisse point ce qu'elle est, c'est-à-dire, une, mais un assemblage de parties. — Tu as raison. — Et si on leur demande : « De quel nombre parlez-vous? Où sont ces unités telles que vous les supposez, parfaitement égales entre elles, sans qu'il y ait la moindre différence, et qui ne sont point composées de parties? » Mon cher Glaucon, que crois-tu qu'ils répondent? — Je crois qu'ils répondraient qu'ils parlent de ces nombres qui ne tombent pas sous

les sens, et qu'on ne peut saisir autrement que par la
pensée. — Ainsi, tu vois, mon cher ami, que nous
ne pouvons absolument nous passer de cette science,
puisqu'il est évident qu'elle oblige l'ame à se servir de
l'entendement pour connaître la vérité. — Il est certain qu'elle est merveilleusement propre à produire
cet effet. — As-tu aussi observé que ceux qui sont nés
calculateurs, ayant l'esprit de combinaison, ont beaucoup de facilité pour presque toutes les sciences, et que
même les esprits pesants, lorsqu'ils se sont exercés
et rompus au calcul, en retirent au moins cet avantage, d'acquérir plus de facilité et de pénétration?
— La chose est ainsi. — Au reste, il te serait difficile
de trouver beaucoup de sciences qui coûtent plus à
apprendre et à approfondir que celle-là. — Je le crois.
— Ainsi, par toutes ces raisons, nous ne devons pas
la négliger; mais il faut y appliquer de bonne heure
ceux qui seront nés avec un excellent naturel. — J'y
consens.

— Nous l'adoptons donc. Voyons si cette autre
science qui s'y rattache nous convient ou non. —
Quelle est-elle? ne serait-ce point la géométrie? —
Elle-même. — Il est évident qu'elle nous convient,
du moins en tant qu'elle a rapport aux opérations de
la guerre. Car, toutes choses égales, un géomètre s'entendra mieux qu'un autre à asseoir un camp, à prendre des places fortes, à resserrer ou à étendre une
armée, et à lui faire faire toutes les évolutions qui
sont d'usage dans une action, ou dans une marche. —
A te dire le vrai, il n'est pas besoin pour cela de beau-

coup de géométrie et de calcul. Il faut voir si la plus
haute partie de cette science tend à rendre plus facile
à l'esprit la contemplation de l'idée du bien. Car c'est
là , disons-nous , le résultat des sciences , qui obligent
l'ame à se tourner vers le lieu où est cet être le plus
heureux de tous les êtres , que l'ame doit s'efforcer
de contempler de toute manière. — Tu as raison. —
Si donc la géométrie porte l'ame à contempler l'essence des choses , elle nous convient : si elle s'arrête
à leurs accidents , elle ne nous convient pas. — Sans
doute. — Or, aucun de ceux qui ont la moindre teinture de géométrie ne nous contestera que le but de
cette science est directement contraire au langage que
tiennent ceux qui la traitent. — Comment cela ? —
Leur langage est fort plaisant , quoiqu'ils ne puissent
s'empêcher d'en user. Ils parlent de *carrer*, de *prolonger*, d'*ajouter*, et ainsi du reste , comme s'ils opé-
raient réellement , et que toutes leurs démonstrations
tendissent à la pratique ; tandis que cette science n'a
tout entière d'autre objet que la connaissance. — Cela
est vrai. — Conviens encore d'une chose. — De quoi?
— Qu'elle a pour objet la connaissance de ce qui est
toujours , et non de ce qui naît et périt. — Je n'ai pas
de peine à en convenir ; car la géométrie a pour objet
la connaissance de ce qui est toujours. — Par conséquent , elle attire l'ame vers la vérité, elle forme en
elle l'esprit philosophique , en l'obligeant à porter en
haut ses regards , au lieu de les abaisser , comme on
le fait , sur les choses d'ici-bas. — Rien n'est plus certain. — Nous ordonnerons donc très expressément aux

citoyens de notre état, de ne point négliger l'étude
de la géométrie; d'autant plus qu'outre cet avantage
principal, elle en a encore d'autres qui ne sont pas
à mépriser. — Quels sont-ils? — D'abord ceux dont
tu as parlé, et qui regardent la guerre. De plus, elle
donne à l'esprit de la facilité pour les autres sciences;
aussi voyons-nous qu'il y a à cet égard une différence
du tout au tout entre celui qui est versé dans la géométrie et celui qui ne l'est point. — La différence est
très grande en effet. — Nous ferons donc apprendre
encore cette science à nos jeunes élèves. — Je le veux
bien.

— L'astronomie sera-t-elle la troisième science?
Que t'en semble?—J'en suis fort d'avis: d'autant plus
qu'il n'est pas moins nécessaire au guerrier, qu'au
laboureur et au pilote, d'avoir une exacte connaissance des saisons, des mois et des années. — Tu es
vraiment trop bon. Il semble que tu craignes que le
vulgaire ne te reproche de faire entrer des sciences
inutiles dans ton plan d'éducation. Les sciences dont
nous parlons ont un avantage considérable, mais que
peu de gens sauront apprécier : c'est de purifier, de
ranimer un organe de l'ame, éteint et aveuglé par les
autres occupations de la vie ; organe dont la conservation nous importe mille fois plus que celle des yeux
du corps, puisque c'est par lui seul qu'on aperçoit la
vérité. Quand tu diras cela, ceux qui pensent comme
nous sur ce point t'applaudiront ; mais ne t'attends
pas au suffrage de ceux qui n'ont jamais fait ces réflexions, et qui ne voient dans ces sciences d'autre

utilité que celle dont tu as parlé. Or, vois à présent pour qui tu parles. A moins que ce ne soit ni pour les uns ni pour les autres, mais pour toi-même que tu raisonnes, bien que tu sois dans la disposition de ne point envier aux autres l'utilité qu'ils pourront retirer de tes paroles. — Il est vrai que c'est principalement pour moi que j'aime à interroger et à répondre.

— Si cela est, revenons sur nos pas, car nous n'avons pas pris la science qui suit immédiatement la géométrie. — Comment avons-nous donc fait? — Des surfaces, nous avons passé aux solides en mouvement, avant de nous occuper des solides en eux-mêmes. L'ordre exigeait qu'après ce qui est composé de deux dimensions, nous prissions les solides qui en ont trois, c'est-à-dire le cube et tout ce qui a de la profondeur. — Cela est vrai. Mais il me semble, Socrate, qu'on n'a encore fait en ce genre aucune découverte? — Cela vient de deux causes. La première est qu'aucun état ne fait assez de cas de ces découvertes, et qu'on y travaille faiblement parcequ'elles sont pénibles. La seconde est que ceux qui s'y appliquent auraient besoin d'un guide, sans lequel leurs recherches seront inutiles. Or, il est difficile d'en trouver un bon; et quand on en trouverait un, dans l'état présent des choses, ceux qui s'occupent de ces recherches ont trop de présomption pour vouloir lui obéir. Mais si un état présidait à ces travaux, et qu'il en fît quelque estime, les individus se prêteraient à ses vues, et, grace à des efforts concertés et soutenus, on ne tarderait pas à découvrir la vérité : puisque aujourd'hui même,

malgré le mépris qu'on fait de cette science, et quoique le petit nombre de ceux qui s'y livrent n'en com-
prennent pas toute l'utilité, néanmoins la seule force
du charme qu'elle exerce triomphe de tous les obstacles, et chaque jour elle fait de nouveaux progrès. Il
n'est donc point étonnant qu'elle soit arrivée au point
où nous la voyons. — Je conviens qu'il n'est point
d'étude plus attrayante que celle-là. Mais explique-
moi, je te prie, ce que tu disais tout à l'heure. Tu
mettais d'abord la géométrie ou la science des surfaces? — Oui. — Et l'astronomie immédiatement après.
Ensuite, tu es revenu sur tes pas. — C'est qu'en voulant trop me hâter, je recule au lieu d'avancer. Je
devais, après la géométrie, parler de la formation
des solides ; mais voyant qu'on n'a encore rien découvert sur cette matière, je l'ai laissée de côté pour
passer à l'astronomie, c'est-à-dire aux solides en
mouvement. — Fort bien. — Mettons donc l'astronomie à la quatrième place, en supposant la science
des solides découverte, du moment qu'un état s'en
occupera. — C'est en effet très probable. Mais comme
tu m'as reproché d'avoir fait un éloge maladroit de
l'astronomie, je vais la louer d'une manière conforme
à tes idées. Il est, ce me semble, évident pour tout le
monde, qu'elle oblige l'âme à regarder en haut, et à
passer des choses de la terre à la contemplation de
celles du ciel. — Cela est peut-être évident pour tout
autre que pour moi, car je n'en juge pas tout à fait
de même. — Comment en juges-tu? — Je pense que
de la manière dont l'étudient ceux qui l'érigent en

philosophie, elle fait regarder en bas. — Que veux-tu
dire?

— Il me semble que tu te formes une idée bien
singulière de ce que j'appelle la connaissance des
choses d'en haut. Tu crois donc que si quelqu'un dis-
tinguait quelque chose en considérant de bas en haut
les ornements d'un plafond, il regarderait des yeux
de l'ame et non de ceux du corps? Peut-être as-tu
raison et me trompé-je grossièrement. Pour moi, je
ne puis reconnaître d'autre science qui fasse regarder
l'ame en haut, que celle qui a pour objet ce qui est
et ce qu'on ne voit pas, acquît-on cette science en
regardant en haut, la bouche béante, ou en baissant
la tête et fermant à demi les yeux ; tandis que si quelqu'un regarde en haut, la bouche béante, pour apprendre quelque chose de sensible, je ne dirai même
pas qu'il apprend quelque chose, parceque rien de
sensible n'est l'objet de la science : ni que son ame
regarde en haut, mais en bas, quand même il serait
couché à la renverse sur la terre ou sur la mer. — Tu
as raison de me reprendre : je n'ai que ce que je
mérite. Mais dis-moi ce que tu blâmes dans la manière dont on étudie aujourd'hui l'astronomie, et quel
changement il faudrait y faire pour la rendre utile à
notre dessein. — Le voici. Qu'on admire la beauté et
l'ordre des astres dont le ciel est orné, rien de mieux ;
mais comme après tout ce sont des objets sensibles,
je veux qu'on mette leur beauté fort au-dessous de
la beauté véritable que produisent la vitesse et la
lenteur réelles dans leurs rapports mutuels et dans

28

les mouvements qu'ils communiquent aux astres, selon le vrai nombre et toutes les vraies figures. Or, ces choses échappent à la vue, et ne peuvent se saisir que par l'entendement et la pensée : crois-tu le contraire ? — Nullement.

— Je veux donc que la beauté du ciel visible ne soit que l'image du ciel intelligible, et nous serve comme serviraient à un géomètre des figures exécutées par Dédale, ou par tout autre sculpteur ou peintre. Il ne pourrait s'empêcher de les regarder comme des chefs-d'œuvre d'art : mais il croirait en même temps que ce serait une chose ridicule de les étudier sérieusement, dans l'espérance d'y découvrir la vérité touchant le rapport d'égalité, celui du tout à sa moitié, ou quelque autre rapport que ce soit. — Aurait-il tort de trouver cela ridicule ?—Le véritable astronome n'aura-t-il pas la même pensée en considérant les révolutions célestes? Il croira sans doute que celui qui a fait le ciel a donné à son ouvrage la beauté que l'artiste humain a donnée au sien. Mais n'es-tu pas persuadé qu'il prendra pour une extravagance de s'imaginer que les rapports du jour à la nuit, des jours aux mois, des mois aux années, enfin des révolutions des astres entre elles ou avec celles du soleil, soient toujours les mêmes et ne changent jamais, lorsqu'il ne s'agit que de phénomènes matériels et visibles, et de chercher par tous les moyens à découvrir la vérité même en tout cela? — A présent que je t'entends, la chose me semble ainsi. — Nous nous servirons donc des astres dans l'étude de l'astronomie, comme on se sert des figures en géométrie, sans nous arrêter à ce qui se passe dans le ciel, si nous voulons devenir de vrais astronomes, et tirer quelque utilité de la partie intelligente de notre ame, qui sans cela nous sera inutile. — Tu rends par là l'étude de l'astronomie beaucoup plus difficile qu'elle ne l'est aujourd'hui. — Je pense que nous prescrirons la même méthode à l'égard des autres sciences. Autrement, de quel avantage seraient nos lois? Mais pourrais-tu me rappeler encore quelque science qui puisse servir à notre dessein ? — Il ne m'en vient maintenant aucune à l'esprit.

— Cependant, le mouvement, à ce qu'il me semble, ne présente pas plusieurs formes ; il en a plusieurs. Un savant pourrait peut-être les nommer toutes. Pour nous, nous ne nommerons que les deux que nous connaissons. — Quelles sont-elles? — L'astronomie est la première : l'autre est celle qui lui répond. — Quelle est cette autre? — Il semble que les oreilles ont été faites pour les mouvements harmoniques, comme les yeux pour les mouvements astronomiques ; et que ces deux sciences, l'astronomie et la musique, sont sœurs, disent les pythagoriciens, et nous après eux : n'est-ce pas? — Oui. — Comme la question est grave, nous adopterons leur opinion sur ce point, et sur d'autres encore, s'il y a lieu, en observant néanmoins avec soin notre maxime. — Quelle maxime? — De veiller à ce qu'on ne fasse point faire à nos élèves d'études en ce genre, qui demeureraient imparfaites et n'aboutiraient pas au terme où doivent aboutir toutes

nos connaissances, comme nous le disions tout à
l'heure au sujet de l'astronomie. Ne sais-tu pas que
la musique, aujourd'hui, n'est pas mieux traitée que
sa sœur? On borne cette science à la mesure des tons
et des accords sensibles : travail aussi inutile que celui
des astronomes.

— Il est vrai que rien n'est plus plaisant. Nos musiciens parlent sans cesse de nuances diatoniques;
ils tendent l'oreille, comme pour surprendre les sons
au passage : les uns disent qu'ils entendent un son
mitoyen entre deux tons, et que ce son est le plus
petit intervalle qui les sépare ; les autres soutiennent,
au contraire, que ces deux tons sont parfaitement
semblables; tous préfèrent le jugement de l'oreille à
celui de l'esprit. — Tu parles de ces braves musiciens
qui ne laissent aucun repos aux cordes, qui les mettent à la question et les tourmentent au moyen des
chevilles. Je pourrais pousser plus loin cette descrip-
tion, parler des coups d'archet qu'ils leur donnent, et
des accusations dont ils les chargent sur leur obsti-
nation à refuser certains sons ou à en donner qu'on
ne leur demande pas. Mais je la laisse, et je déclare
que ce n'est point d'eux que je veux parler, mais de
ceux que nous nous sommes proposé d'interroger sur
l'harmonie. Ceux-ci, du moins, font la même chose
que les astronomes : ils cherchent de quels nombres
résultent les accords qui frappent l'oreille; mais ils
ne vont pas jusqu'à ne voir dans ces accords qu'un
moyen pour découvrir quels sont les nombres harmoniques et ceux qui ne le sont pas : ni d'où vient entre

eux cette différence. — Cette recherche serait vraiment sublime. — Elle conduit à la découverte du beau et du bon ; mais si l'on s'y livre dans un autre but, elle ne servira de rien. — Je le crois.

— Je pense en effet que si l'étude de toutes les sciences dont nous venons de parler avait pour but de faire connaître les rapports intimes et généraux qu'elles ont entre elles, cette étude alors serait d'un grand secours pour la fin que nous nous proposons, sinon elle ne vaudrait pas la peine qu'on s'y livrât. — Je suis de ton sentiment ; mais, Socrate, ce travail sera bien long et bien pénible. — Que veux-tu dire ? Ce n'est encore là que le prélude. Ne sais-tu pas que tout ceci n'est qu'une sorte de prélude de l'air qu'il nous faut apprendre : en effet, tous ceux qui sont versés dans ces sciences sont-ils dialecticiens, à ton avis ? — Non, certes : je n'en ai trouvé qu'un très petit nombre. — Mais quoi, si l'on n'est pas en état de donner ou d'entendre la raison de chaque chose, crois-tu qu'on puisse jamais bien connaître ce que nous avons dit qu'il fallait savoir ? — Je ne le crois pas.

— Nous voilà enfin parvenus, mon cher Glaucon, à l'air même dont je viens de parler, c'est-à-dire à la dialectique. Cette science, toute spirituelle qu'elle est, peut être représentée par l'organe de la vue, qui, comme nous l'avons montré, s'élève graduellement du spectacle des animaux à celui des astres, et enfin à la contemplation du soleil même. Ainsi, celui qui s'applique à la dialectique, s'interdisant absolument l'usage des sens, s'élève par la raison seule jusqu'à l'essence des

choses : et, s'il continue ses recherches jusqu'à ce
qu'il ait saisi par la pensée l'essence du bien, il est
arrivé au terme des connaissances intellectuelles,
comme celui qui voit le soleil est parvenu au terme
de la connaissance des choses visibles. — Cela est vrai.
— N'est-ce pas là ce que tu appelles la marche dialectique ? — Sans doute. — Rappelle-toi l'homme de la
caverne : il commence par être délivré de ses chaînes :
puis, laissant les ombres, il se tourne vers les figures
artificielles et vers le feu qui les éclaire. Enfin, il sort
de ce lieu souterrain pour s'élever jusqu'aux lieux
qu'éclaire le soleil ; et parceque ses yeux faibles et
éblouis ne peuvent se porter d'abord ni sur les animaux, ni sur les plantes, ni sur le soleil, il a recours
à leurs images peintes dans les eaux, et à leurs ombres ; mais ces ombres appartiennent à des êtres réels
et non point à des objets artificiels comme dans la caverne, et elles ne sont point formées par cette lumière
que notre prisonnier prenait pour le soleil. L'étude
des sciences dont nous avons parlé, produit le même
effet. Elle élève la partie la plus noble de l'ame jusqu'à la contemplation du plus excellent de tous les
êtres ; comme dans l'autre cas, le plus perçant des organes du corps s'élève à la contemplation de ce qu'il y
a de plus lumineux dans le monde matériel et visible.

    — Je tombe d'accord de ce que tu dis. Cependant,
sous un certain jour, la chose me paraît difficile à
croire : sous un autre jour, elle me paraît difficile à
rejeter. Mais comme ce n'est pas la seule fois que nous
parlerons de ce sujet, et que nous y reviendrons sou-

vent dans la suite, supposons que cela est ainsi : venons maintenant à notre air, et étudions-le avec autant de soin que le prélude. Dis-nous donc en quoi consiste la dialectique, en combien d'espèces elle se divise, et par quels chemins on y parvient. Car il y a apparence que le terme où ces chemins aboutissent est le repos de l'ame et la fin de son voyage. — Tu ne pourrais point me suivre jusque-là, mon cher Glaucon : car, pour moi, la bonne volonté ne me manquerait pas; ce ne serait plus l'image du bien que je te ferais voir, mais le bien lui-même; du moins c'est ma pensée. Au reste, que ce soit le bien lui-même ou non, ce n'est pas encore la question; mais ce qu'il s'agit de prouver, c'est qu'il existe quelque chose de semblable : n'est-ce pas? — Oui. — Et que la dialectique seule peut le découvrir à un esprit exercé dans les sciences qui servent de préparation à celle-là; la chose étant impossible par toute autre voie. — C'est bien là ce qu'il s'agit de prouver. — Au moins il est un point que personne ne nous contestera; c'est que cette méthode est la seule qui essaie de parvenir régulièrement à l'essence de chaque chose : car, d'abord, la plupart des arts ne s'occupent que des opinions des hommes et de leurs goûts, de production et de fabrication, ou même seulement de l'entretien des produits de la nature ou de l'art. Quant aux autres arts, tels que la géométrie et les autres sciences du même ordre, qui, selon nous, ont quelque commerce avec ce qui est, nous voyons que la connaissance qu'ils ont de l'être ressemble à un songe : qu'il leur sera tou-

jours impossible de le voir de cette vue claire qui distingue la veille du rêve, tant qu'ils ne s'élèveront pas
au-dessus de leurs hypothèses, faute de pouvoir en
rendre raison. Quel moyen en effet de donner le nom
de science à des démonstrations fondées sur des principes incertains et sur lesquels néanmoins portent les
conclusions et les propositions intermédiaires? — Il
n'y a pas moyen.

— Il n'y a donc que la méthode dialectique qui,
laissant là les hypothèses, remonte au principe pour
l'asseoir fermement, tire peu à peu l'œil de l'ame du
bourbier où il est plongé, et l'élève en haut avec le
secours et par le ministère des arts dont nous avons
parlé. Nous les avons appelés plusieurs fois du nom
de *sciences* pour nous conformer à l'usage : mais il
faudrait leur donner un autre nom, qui tînt le milieu entre l'obscurité de l'opinion et l'évidence de la
science : nous nous sommes servis plus haut du nom
de *connaissance raisonnée*. Mais nous avons, ce me
semble, des choses trop importantes à examiner pour
nous arrêter à une dispute de noms. — Tu as raison.
— Mon avis est donc que nous continuions d'appeler
science la première et la plus parfaite manière de connaître ; *connaissance raisonnée* la seconde, *foi* la troisième, *conjecture* la quatrième, comprenant les deux
dernières sous le nom d'*opinion*, et les deux premières sous celui d'*intelligence :* de sorte que ce qui
naît soit l'objet de l'opinion, et ce qui est, celui de
l'intelligence ; et que l'intelligence soit à l'opinion,
la science à la foi, la connaissance raisonnée à la con-

jecture, ce que l'essence est à ce qui naît. Laissons pour le présent, mon cher Glaucon, l'examen des raisons qui fondent cette analogie, ainsi que la manière de diviser en deux espèces le genre d'objets qui tombe sous l'opinion, et celui qui appartient à l'intelligence, pour ne pas nous jeter dans des discussions plus longues que toutes celles dont nous sommes sorties.—Autant que j'ai pu te suivre; j'adhère à toutes les autres choses que tu as dites.

— N'appelles-tu pas dialecticien celui qui connaît la raison de l'essence de chaque chose? Et ne dis-tu pas d'un homme qu'il n'a pas l'intelligence d'une chose, lorsqu'il ne peut en rendre raison ni à lui-même ni aux autres? — Comment pourrais-je ne le pas dire? — Raisonnons de la même manière à l'égard du bien. Ne diras-tu pas d'un homme qui ne peut séparer par l'entendement l'idée du bien de toutes les autres, ni en donner une définition précise, ni vaincre toutes les objections comme un homme de cœur dans un combat, ni démontrer cette idée d'une façon réelle, en renversant tous les obstacles par un raisonnement irrésistible; encore un coup, ne diras-tu pas de lui qu'il ne connaît ni le bien par essence, ni aucun autre bien; que s'il saisit quelque fantôme de bien, ce n'est point par la science, mais par l'opinion qu'il le saisit; que sa vie se passe dans un profond sommeil accompagné de songes, et dont il ne se réveillera pas avant de descendre aux enfers pour y dormir d'un sommeil parfait? — Oui certes, je le dirai. — Mais si tu te trouvais un jour chargé en effet de l'éducation de ces mê-

mes élèves, que tu formes ici par manière de discours,
tu ne les mettrais pas sans doute à la tête de l'état
avec un plein pouvoir de disposer des plus grandes
affaires, si leurs pensées étaient pour eux ce que ce
sont en géométrie les lignes irrationnelles [1], et qu'ils
ne pussent en rendre raison davantage? — Non assurément. — Tu leur prescriras donc de s'appliquer
spécialement à la science d'interroger et de répondre
de la manière la plus savante possible. — Oui, je le
leur prescrirai avec toi. — Ainsi tu juges que la dialectique est, pour ainsi parler, le faîte et le comble des
autres sciences, qu'il n'en est aucune qu'on doive
placer au-dessus d'elle, et qu'elle ferme la série des
sciences qu'il importe d'apprendre. — Oui.

— Il te reste par conséquent à régler qui sont ceux
à qui nous ferons part de ces sciences, et de quelle manière nous les leur enseignerons. — Cela est évident.
— Te rappelles-tu quel est le caractère de ceux que
nous avons choisis pour gouverner? — Oui. — Toi-
même tu pensais que nous devions choisir des hommes de cette trempe, et qu'il fallait préférer ceux qui
sont les plus fermes, les plus vaillants, et, s'il se pouvait, les plus beaux; mais ces avantages corporels et
la noblesse des sentiments ne suffisent pas; il est encore nécessaire qu'ils aient des dispositions convenables à l'éducation que nous voulons leur donner.
— Quelles sont ces dispositions? — La sagacité nécessaire pour l'étude des sciences, et la facilité à ap-

---

[1] EUCLIDE, liv. x, lignes incommensurables.

prendre; car l'ame est bien plus vite rebutée par les difficultés des sciences abstraites que par les difficultés de la gymnastique, parceque la peine n'est que pour elle seule, et que le corps ne la partage point. — Cela est vrai. — Il faut de plus qu'ils aient de la mémoire, de la volonté, qu'ils aiment le travail, et toute espèce de travail, sans distinction; autrement, comment crois-tu qu'ils consentent à allier ensemble tant d'exercices du corps, tant de réflexions et de travaux de l'esprit? — Jamais ils n'y consentiront, s'ils ne sont nés avec le plus heureux naturel.

— La faute que l'on commet aujourd'hui, et c'est elle qui a fait tant de tort à la philosophie, vient, comme nous avons dit plus haut, de ce qu'on n'a point assez d'égard à la dignité de cette science : elle n'est point faite pour des esprits faux et bâtards, mais pour des ames franches et vraies. — Comment l'entends-tu ? — D'abord, ceux qui veulent s'y appliquer doivent être à l'abri de tout reproche en ce qui concerne l'amour du travail. Il ne faut pas qu'ils soient en partie laborieux, en partie indolents ; ce qui arrive lorsqu'un jeune homme, rempli d'ardeur pour le gymnase, pour la chasse, pour tous les exercices du corps, n'a d'ailleurs aucun goût pour tout ce qui est étude, conversations, recherches scientifiques, et qu'il craint ces sortes de travaux. J'en dis autant de celui qui est d'un caractère opposé. — Rien n'est plus vrai. — Ne mettrons-nous pas encore au rang des naturels imparfaits par rapport à l'étude de la vérité les ames qui, détestant le mensonge volontaire, et ne pouvant le souffrir

sans répugnance dans elles-mêmes, ni sans indignation
dans les autres, n'ont pas la même horreur pour le
mensonge involontaire, ne se déplaisent pas à leurs
propres yeux lorsqu'elles sont convaincues d'ignorance, et s'y vautrent avec la même complaisance
qu'un pourceau dans la fange? — Oui, sans doute. —
Il ne faut pas apporter une moindre attention à discerner les naturels francs d'avec les naturels bâtards,
à l'égard de la tempérance, de la force, de la grandeur
d'ame et des autres vertus. Faute de savoir les distinguer, les particuliers et les états commettent leurs
intérêts, ceux-ci à des magistrats, ceux-là à des amis
faux et imparfaits. — Cela n'est que trop ordinaire.

—Prenons donc toutes nos mesures pour faire un
bon choix; parceque, si nous n'appliquons à des études et à des exercices de cette importance que des sujets auxquels il ne manque rien, ni du côté du corps
ni du côté de l'ame, la justice elle-même n'aura nul
reproche à nous faire; notre état et nos lois se main-
tiendront; mais, si nous appliquons à ces travaux des
sujets indignes, le contraire arrivera, et nous cou-
vrirons la philosophie d'un ridicule encore plus
grand. — Ce serait une tache honteuse pour nous. —
Sans doute; mais je ne m'aperçois pas que j'apprête
moi-même ici à rire à mes dépens. — En quoi donc? —
J'oublie que tout ceci n'est qu'un projet en l'air, et je
parle avec autant de véhémence que si la chose s'exé-
cutait sous nos yeux. Ce qui m'a si fort échauffé, c'est
qu'en parlant j'ai jeté les yeux sur la philosophie; et,
la voyant traitée avec le dernier mépris, je n'ai pu

m'empêcher d'en témoigner mon indignation contre ceux qui l'outragent. — Ton auditeur ne trouve pas que tu aies dit rien de trop fort. — L'orateur n'en juge pas de même. Quoi qu'il en soit, n'oublions pas que notre premier choix tombait sur des vieillards, et qu'ici un pareil choix ne serait pas de saison ; car il n'en faut pas croire Solon lorsqu'il dit qu'*un vieillard peut apprendre beaucoup de choses.* Il serait plutôt en état de courir : non, tous les grands travaux sont pour la jeunesse. — Cela est certain.

— C'est donc dès l'âge le plus tendre qu'il faut appliquer nos élèves à l'étude de l'arithmétique, de la géométrie et des autres sciences qui servent de préparation à la dialectique ; mais il faut bannir des formes de l'enseignement tout ce qui pourrait sentir la gêne et la contrainte. — Pour quelle raison ? — Parcequ'un esprit libre ne doit rien apprendre en esclave. Que les exercices du corps soient forcés ou volontaires, le corps n'en tire pas pour cela moins d'avantage ; mais les leçons qu'on fait entrer de force dans l'ame n'y demeurent pas. — Cela est vrai. — N'use donc pas de violence envers les enfants dans les leçons que tu leur donnes : fais plutôt en sorte qu'ils s'instruisent en jouant : par là tu seras plus à portée de connaître les dispositions de chacun. — Ce que tu dis me paraît très sensé. — Te souvient-il aussi de ce que nous disions plus haut, qu'il fallait mener les enfants à la guerre sur des chevaux, les rendre spectateurs du combat, les approcher même de la mêlée, lorsqu'on le pourra sans danger, et leur faire en quelque sorte goûter du sang, comme on fait aux jeunes chiens de meute? — Je m'en souviens. — Tu mettras à part ceux qui auront montré plus de patience dans les travaux, plus de courage dans les dangers, et plus d'ardeur pour les sciences. — A quel âge? — Lorsqu'ils auront fini leurs cours d'exercices gymnastiques; car, pendant tout ce temps, qui sera de deux ou trois ans, il leur est impossible de faire autre chose, rien n'étant plus ennemi des sciences que la fatigue et le sommeil : d'ailleurs, les exercices gymnastiques sont une épreuve à laquelle il est très important de les soumettre. — Je le pense aussi.

— Après ce temps, lorsqu'ils auront atteint l'âge de vingt ans, tu accorderas à ceux que tu auras choisis des distinctions plus honorables, et tu leur présenteras dans leur ensemble les sciences qu'ils auront étudiées en détail dans l'enfance, afin qu'ils s'accoutument à voir d'un coup d'œil les rapports que les sciences ont entre elles, et à connaître la nature de ce qui est. — Cette méthode d'apprendre est la seule qui puisse affermir en eux les connaissances qu'ils auront acquises. — C'est aussi le moyen le plus sûr de distinguer l'esprit dialecticien de tout autre esprit; car celui qui sait rassembler les objets sous un seul point de vue est né pour la dialectique; les autres n'y sont pas propres. — Je suis du même sentiment. — Après avoir remarqué avec soin les meilleurs esprits dans ce genre, et ceux qui auront montré plus de constance et de fermeté, soit dans l'étude des sciences, soit dans les travaux de la guerre, soit dans les autres épreuves prescrites, lorsqu'ils auront atteint l'âge de trente ans, tu les élèveras à de plus grands honneurs, et tu distingueras, en les appliquant à la dialectique, ceux qui, sans s'aider de leurs yeux ni des autres sens, pourront, par la seule force de la vérité, s'élever jusqu'à la connaissance de l'être; et c'est ici, mon cher Glaucon, qu'il faut apporter les plus grandes précautions. — Pourquoi? — As-tu fait attention au grand mal qui règne de nos jours dans la dialectique? — Quel mal? — Elle est pleine de désordre. — Cela est vrai.

— Crois-tu qu'il y ait en ce désordre rien de surprenant, et n'excuses-tu pas ceux qui s'y laissent aller? — Par où sont-ils excusables? — Il leur arrive la même chose qu'à un enfant supposé, qui, élevé dans le sein d'une famille noble, opulente, au milieu du faste et des flatteurs, s'apercevrait, étant devenu grand, que ceux qui se disent ses parents ne le sont pas, sans pouvoir découvrir ceux qui le sont véritablement. Me dirais-tu bien quels seraient ses sentiments à l'égard de ses flatteurs et de ses parents prétendus, avant qu'il eût connaissance de sa supposition, et après qu'il en serait instruit? Ou veux-tu savoir là-dessus ma pensée? — Je le veux bien. — Je m'imagine qu'il aurait d'abord plus de respect pour son père, sa mère et les autres qu'il regarderait comme ses proches, que pour ses flatteurs; qu'il aurait plus d'empressement à les secourir, s'il les voyait dans l'indigence; qu'il serait moins disposé à les maltraiter de paroles ou d'action; en un

mot, que, dans les choses essentielles, il leur obéi-
rait plutôt qu'à ses flatteurs pendant tout le temps
qu'il ignorerait son état. — Il y a apparence. — Mais
à peine aurait-il connu la vérité, qu'aussitôt son respect et ses attentions diminueraient à l'égard de ses
parents, et augmenteraient pour ses flatteurs; qu'il
s'abandonnerait à ceux-ci avec moins de réserve
qu'auparavant, suivant en tout leurs conseils, et vivant avec eux publiquement dans la plus grande familiarité; tandis qu'il ne s'embarrasserait nullement
de ce père et de ces parents supposés, à moins qu'il
ne fût d'un naturel très sage. — La chose ne manquerait pas d'arriver comme tu dis; mais comment
appliquer ce tableau au désordre dont tu te plains?

— Voici comment : dès l'enfance, ne nous élève-t-on
pas dans des principes de justice et d'honnêteté, que
nous honorons, à qui nous obéissons comme à nos
parents? — Cela est vrai. — N'est-il pas aussi des
maximes opposées à celles-là? maximes qui ne tendent qu'au plaisir, qui obsèdent notre ame comme
autant de flatteurs, qui nous sollicitent vivement,
mais qui ne nous persuadent pas, du moins ceux
d'entre nous qui sont les plus sages, et qui conservent toujours pour les maximes dans lesquelles on
les a élevés le même respect et la même soumission?
— Cela est encore vrai. — Maintenant, si l'on vient
demander à quelqu'un qui est dans cette disposition
d'esprit ce que c'est que l'honnête, et si, après qu'il
a répondu conformément à ce qu'il a appris de la
bouche du législateur, on réfute sa réponse, on le

confond à plusieurs reprises, et on le réduit à douter s'il y a rien qui soit honnête en soi plutôt que dés-honnête ; si on en fait autant à l'égard du juste, du bon et des autres choses qu'il révérait le plus ; quel parti crois-tu qu'il prenne au sujet du respect et de la soumission qu'il doit leur rendre ? — C'est une néces-sité qu'il les honore et leur obéisse moins que devant. — Mais, lorsqu'il en sera venu à n'avoir plus le même respect pour ces maximes, et à ne plus reconnaître les rapports intimes qu'elles ont avec lui, et qu'il lui sera d'ailleurs impossible de découvrir le vrai par lui-même, se peut-il faire qu'il embrasse d'autres maximes que celles qui le flattent ? — Non. — Il de-viendra donc rebelle aux lois, de soumis qu'il leur était auparavant. — Sans doute. — Ainsi, tu vois que ceux qui s'appliquent à la dialectique de la manière que je viens de dire doivent tomber dans cet incon-vénient, et qu'après tout ils méritent qu'on leur par-donne. — Et, de plus, qu'on les plaigne.

— Or, afin de ne pas exposer nos élèves au même inconvénient, lorsqu'ils seront parvenus à l'âge de trente ans, avant de les appliquer à la dialectique, tu prendras toutes les précautions nécessaires. — Fort bien. — N'est-ce pas d'abord une excellente précau-tion de leur interdire la dialectique quand ils sont trop jeunes ? tu n'ignores pas sans doute que les jeunes gens, lorsqu'ils ont pris les premières leçons de la dialectique, s'en servent comme d'un amusement, et se font un jeu de contredire sans cesse. A l'exemple de ceux qui les ont confondus dans la dispute, ils

29.

confondent les autres à leur tour ; et , semblables à
de jeunes chiens , ils se plaisent à quereller et à dé-
chirer avec le raisonnement tous ceux qui les approchent. — Tu les peins au naturel. — Après beaucoup
de disputes , où ils ont été tantôt vainqueurs, tantôt
vaincus , ils finissent d'ordinaire par ne plus rien
croire de ce qu'ils croyaient auparavant. Par là , ils
donnent occasion aux autres de les décrier , eux et la
philosophie. — Rien n'est plus vrai. — Dans un âge
plus mûr on ne donnera point dans cette manie. On
imitera plutôt ceux qui s'entretiennent dans le dessein de découvrir le vrai que ceux qui contredisent
pour s'amuser et se divertir. On se fera ainsi une réputation d'homme sage et modéré , et on mettra la
profession philosophique dans un degré d'estime où
elle n'était point auparavant. — Très bien.

— C'était encore par manière de précaution que
nous disions plus haut qu'il ne fallait admettre aux
exercices de la dialectique que des esprits graves et
solides ; au lieu d'y admettre , comme on fait de nos
jours, le premier venu, qui n'a souvent aucune disposition pour cela. — Tu as raison. — Sera-ce assez
de donner à la dialectique le double du temps qu'on
aura donné à la gymnastique , et de s'y appliquer sans
relâche et aussi exclusivement qu'on s'était livré aux
exercices du corps ? — Combien d'années , quatre ou
six ? — Mets-en cinq. Après quoi , tu les feras descendre de nouveau dans la caverne , les obligeant de
passer par les emplois militaires et les autres fonctions propres à leur âge , afin qu'ils ne cèdent à per-

sonne en expérience. En toutes ces épreuves, tu observeras s'ils demeurent fermes, quoiqu'ils soient tirés et sollicités de tous côtés, ou s'ils se laissent ébranler un peu. — Combien de temps dureront ces épreuves? — Quinze ans. Il sera temps alors de conduire au terme ceux qui à cinquante ans seront sortis purs de ces épreuves, et se seront distingués dans les sciences et dans toute leur conduite; de les contraindre à diriger l'œil de l'ame vers l'être qui éclaire toutes choses, à contempler l'essence du bien et à s'en servir après comme d'un modèle pour régler leurs mœurs, celles de l'état et de chaque citoyen; s'occupant presque toujours de l'étude de la philosophie, mais se chargeant, quand leur tour viendra, du fardeau de l'autorité et de l'administration des affaires dans la seule vue du bien public, et dans la persuasion que c'est moins une place d'honneur qu'un devoir onéreux et indispensable. C'est alors qu'après avoir travaillé sans cesse à former et à laisser à l'état des successeurs dignes de les remplacer, ils pourront passer de cette vie dans les îles fortunées. L'état leur érigera de magnifiques tombeaux; et si l'oracle d'Apollon le trouve bon, on leur fera des sacrifices comme à des génies tutélaires, ou du moins comme à des ames bienheureuses et divines.

— Socrate, tu viens de nous donner, en sculpteur habile, le modèle d'un magistrat accompli. — Applique aussi ceci aux femmes, mon cher Glaucon. Et ne crois pas que j'aie parlé plutôt pour les hommes que pour celles des femmes qui seront douées d'une aptitude convenable. — Cela doit être, puisque, dans

notre système, il faut que tout soit commun entre
les deux sexes. — Eh bien ! mes amis, m'accordez-
vous à présent que notre projet d'état et de gouvernement n'est pas un simple souhait? L'exécution en
est difficile, sans doute ; mais elle est possible, et elle
ne l'est que comme il a été dit : savoir, lorsqu'on verra
à la tête des gouvernements un ou plusieurs vrais philosophes, qui, regardant d'un œil de mépris les honneurs qu'on brigue aujourd'hui, persuadés qu'ils ne
sont d'aucun prix, n'estimant que le devoir et les honneurs qui en sont la récompense, mettant la justice
au-dessus de tout pour l'importance et la nécessité,
soumis en tout à ses lois, et s'appliquant à la faire
prévaloir, entreprendront la réforme de l'état. — De
quelle manière? — Ils relégueront à la campagne tous
les citoyens qui seront au-dessus de dix ans ; et, ayant
soustrait de la sorte les enfants de ces citoyens à l'influence des mœurs actuelles, puisque leurs parents y
auront été eux-mêmes soustraits, ils les élèveront
conformément à leurs propres mœurs et à leurs propres principes, qui sont ceux que nous avons exposés
ci-dessus. Par ce moyen, ils établiront dans l'état, en
peu de temps et sans peine, le gouvernement dont
nous avons parlé, et le rendront très heureux. — Sans
contredit. Je crois, Socrate, que tu as trouvé la manière dont notre projet s'exécutera, supposé qu'il
s'exécute un jour. — Finissons là notre discours au
sujet de cette république et de l'homme qui lui ressemble. Il n'est pas malaisé de juger quel il doit être
selon nos principes. — Non, sans doute ; et, comme
tu dis, cette matière est épuisée. »

LIVRE HUITIÈME.

Platon arrive enfin à cette question toujours présente dans son livre, mais qu'il n'a point encore résolue, savoir s'il est vrai que le méchant soit heureux sur la terre. Cette question, il veut l'approfondir à la fois dans l'individu et dans les masses, dans la famille et dans l'état. Ainsi la morale trouvera sa place au sommet de la politique, et c'est du tableau vivement tracé des divers gouvernements qui se partagent les peuples, qu'il fera sortir la solution du plus difficile problème que se soit encore proposé la philosophie. Pour accomplir une si grande tâche, Platon établit d'abord qu'il y a cinq espèces de gouvernements et cinq caractères de l'ame qui leur répondent ; il examine ensuite les défauts et les qualités de chacun de ces caractères et de chacun de ces gouvernements. C'est dans l'excès de leur principe fondamental, dans l'abus de leur prospérité qu'il trouve le vice qui les tue, ou plutôt l'origine de leurs transformations successives. Ainsi l'aristocratie devient une timarchie par la corruption, la timarchie, qui est le gouvernement des ambitieux, devient une oligarchie par la puissance donnée aux richesses, l'oligarchie devient une démocratie par la pauvreté du plus grand nombre qui se compte et se connaît : cette dernière forme de gouvernement sort tout armée de la corruption des riches et de la misère des pauvres; enfin, la démocratie se change en tyrannie par l'excès même de la licence qui enfante toujours un maître. Alors le fils dévore le père, c'est-à-dire que le tyran dévore le peuple. L'état populaire trouve sa perte dans ce qu'il regarde comme son vrai bien, la liberté dégénérée en licence. Ce magnifique développement de la génération et de la transformation des états fait tout le fond de ce livre : il y tient la première place, et cependant il n'en est pas le but; le but est plus élevé et plus grand. Il s'agit en effet d'établir sur des bases inébranlables cette haute vérité morale, dont Platon vient de faire un principe politique, que la justice seule peut donner le bonheur.

LIVRE HUITIÈME.

« C'est donc une chose reconnue entre nous, mon
cher Glaucon, que, dans un état bien gouverné, tout
doit être commun, les femmes, les enfants, l'éducation, les exercices qui se rapportent à la paix et à la
guerre; et qu'il faut lui donner pour chefs des hommes consommés dans la philosophie et dans la science
des armes. — Oui. — Nous sommes convenus aussi
qu'après leur institution, les chefs iront avec les guerriers qu'ils commandent, habiter dans des maisons
telles que nous avons dit, communes à tous, et où
personne n'aura rien en propre. Outre le logement,
tu te rappelles peut-être ce que nous avons réglé sur
le revenu de ces guerriers. — Oui. Je me souviens
que nous n'avons pas jugé à propos qu'aucun d'eux
eût la propriété de quoi que ce soit, comme les guerriers d'aujourd'hui; mais que, se regardant comme
autant d'athlètes destinés à combattre et à veiller
pour le bien public, ils devaient pourvoir à leur sûreté et à celle de leurs concitoyens, et recevoir des
autres, pour prix de leurs services, ce qui leur était
nécessaire chaque année pour leur nourriture. — Bien.
Mais, puisque nous avons tout dit sur ce point, rap-
pelons-nous l'endroit où nous en étions, lorsque nous
sommes entrés dans cette digression, et reprenons la
suite de notre entretien.

— Il est aisé de le faire. Tu semblais avoir épuisé
ce qui regarde l'état, et tu concluais à peu près
comme tout à l'heure, disant qu'un état, pour être
parfait, devait ressembler à celui que tu venais de
décrire; que l'homme de bien était celui qui se conduisait d'après les mêmes principes que cet état; quoiqu'il te parût possible de donner de l'un et de l'autre
un modèle encore plus achevé [1]. Mais, ajoutais-tu,
si cette forme de gouvernement est bonne, toutes les
autres sont défectueuses. Autant qu'il m'en souvient,
tu en comptais quatre espèces, dont il était à propos
de faire mention et d'examiner les défauts, en les
comparant aux défauts des particuliers dont le caractère répondait à chacune de ces espèces, afin qu'après
les avoir considérés avec soin, et nous être assurés
du caractère de l'homme de bien et du méchant, nous
fussions en état de juger si le premier est le plus heureux, et le second le plus malheureux des hommes,
ou si la chose est autrement. Et dans le moment où je
te priais de me nommer ces quatre sortes de gouvernements, Adimante et Polémarque nous interrom-
pirent, et t'engagèrent dans la digression qui vient de
finir. — Ta mémoire est très fidèle.

— Fais donc comme les athlètes : donne-moi encore
la même prise, et réponds à la même question, ce que
tu avais dessein de répondre alors. — Si je puis. —
Je desire savoir quels sont ces quatre gouvernements dont tu parlais? — Je n'aurai pas de peine à

[1] Livre iv, vers la fin.

le satisfaire : ils sont très connus tous quatre. Le premier, et le plus vanté, est celui de Crète et de Lacédémone. Le second, que l'on met aussi au second rang, est l'oligarchie, gouvernement sujet à un grand nombre de maux. Le troisième, entièrement opposé au second et moins estimé, est la démocratie. Vient enfin la tyrannie, qui ne ressemble à aucun des trois autres gouvernements, et qui est la plus grande maladie d'un état. Peux-tu me nommer quelque gouvernement qui ait une forme propre et distinguée de celles-ci? car les souverainetés et les principautés vénales rentrent dans ceux dont j'ai parlé, et on n'en trouve pas moins chez les Barbares que chez les Grecs. — Il y en a en effet d'étranges et en grand nombre. — Tu sais à présent qu'il y a nécessairement autant de caractères d'hommes que d'espèces de gouvernements. Crois-tu, en effet, que les sociétés se forment des chênes et des rochers, et non pas des mœurs de chacun des membres qui les composent, et de la direction que cet ensemble de mœurs imprime à tout le reste? — Les sociétés ne peuvent se former d'ailleurs.

— Ainsi, puisqu'il y a cinq espèces de gouvernements, il doit y avoir cinq caractères de l'ame qui leur répondent. — Sans doute. — Nous avons déja traité du caractère qui répond à l'aristocratie, et nous avons dit avec raison qu'il est bon et juste. — Oui. — Il nous faut parcourir à présent les caractères vicieux, d'abord celui qui est jaloux et ambitieux, formé sur le modèle du gouvernement de Lacédémone; ensuite

les caractères oligarchique, démocratique et tyrannique. Quand nous aurons reconnu quel est le plus injuste de ces caractères, nous l'opposerons au plus
juste ; et, comparant la justice pure avec l'injustice
aussi sans mélange, nous finirons par voir jusqu'à
quel point l'une et l'autre nous rendent heureux ou
malheureux, et s'il faut nous attacher à l'injustice,
suivant le conseil de Thrasymaque, ou nous rendre à
la force des raisons qui nous pressent d'embrasser le
parti de la justice. — Il faut faire comme tu dis. —
Comme nous avons déja commencé par examiner les
mœurs de l'état avant que de passer à celles des particuliers, parceque nous avons cru que cette méthode
était la plus lumineuse, n'est-il point à propos que
nous continuions de la suivre, et qu'après avoir considéré d'abord le gouvernement ambitieux (car je ne
sais quel autre nom lui donner, si ce n'est peut-être
celui de *timocratie* ou de *timarchie*), nous passions
ensuite à l'homme qui lui ressemble? Nous ferons la
même chose à l'égard de l'oligarchie et de l'homme
oligarchique. De là, après avoir jeté les yeux sur la
démocratie, nous porterons nos regards sur l'homme
démocratique. Enfin, nous viendrons au gouvernement tyrannique : nous en examinerons la constitution ; après quoi, nous verrons le caractère tyrannique, et nous tâcherons de prononcer avec connaissance
de cause sur la question que nous avons entrepris
de résoudre. — On ne peut procéder avec plus d'ordre
dans cet examen et ce jugement.

— Essayons d'abord d'expliquer de quelle manière

se peut faire le passage de l'aristocratie à la timocratie. N'est-il pas vrai, en général, que les changements qui arrivent dans tout gouvernement politique ont leur source dans la partie qui gouverne, lorsqu'il s'élève en elle quelque division ; et que, quelque petite qu'on suppose cette partie, tant qu'elle sera d'accord avec elle-même, il est impossible qu'il se fasse dans l'état aucune innovation? — C'est une chose certaine. — Comment donc un état tel que le nôtre changera-t-il de face? par où la discorde, se glissant entre les guerriers et les chefs, armera-t-elle chacun de ces corps contre l'autre et contre lui-même? Veux-tu qu'à l'imitation d'Homère, nous conjurions les Muses de nous expliquer l'origine de la querelle, et que nous les fassions parler sur un ton tragique et sublime, moitié en badinant avec nous comme avec des enfants, et moitié sérieusement? — Comment? — A peu près ainsi.

« Il est difficile que la constitution d'un état tel que le vôtre s'altère ; mais comme tout ce qui naît est soumis à la ruine, ce système de gouvernement, tout excellent qu'il est, ne se maintiendra pas toujours, il se dissoudra, et voici comment. Il y a, non seulement par rapport aux plantes qui naissent dans le sein de la terre, mais encore à l'égard de l'âme et du corps des animaux qui vivent sur sa surface, des retours de fertilité et de stérilité. Ces retours ont lieu quand chaque espèce termine et recommence sa révolution circulaire, laquelle est plus courte ou plus longue, selon que la vie de chaque espèce est plus longue ou plus

courte. Vos magistrats, tout habiles qu'ils sont, pourront fort bien ne pas saisir juste par les sens, ou par
le calcul, l'instant favorable ou contraire à la propagation de leur espèce. Cet instant leur échappera, et
ils donneront des enfants à l'état, lorsqu'il n'en faudra
pas donner. Pour les générations divines, la révolution
est comprise dans un nombre parfait. En ce qui touche
les hommes, il y a un nombre géométrique [1] dont la
vertu préside aux bonnes et aux mauvaises générations.
Ignorant la vertu de ce nombre, vos magistrats feront
contracter à contre-temps des mariages d'où naîtront,
sous de funestes auspices, des enfants d'un mauvais
naturel. Leurs pères choisiront, à la vérité, les meilleurs d'entre eux pour les remplacer ; mais, comme
ils seront indignes de leur succéder dans leurs dignités,
ils n'y seront pas plutôt élevés, qu'ils commenceront
par nous négliger en ne faisant pas de la musique le
cas qu'il convient d'en faire, puis en négligeant pareillement la gymnastique : d'où il arrivera que l'éducation de vos jeunes gens sera beaucoup moins parfaite.
Aussi les magistrats qui seront choisis parmi eux
n'apporteront point assez de précaution pour discerner
les races d'or et d'argent, d'airain et de fer, dont parle
Hésiode, et qui se trouvent chez vous. Le fer venant
donc à se mêler avec l'argent, et l'airain avec l'or, il
résultera de ce mélange un défaut de convenance, de
régularité et d'harmonie : défaut qui, quelque part

[1] Nous avons omis, avec tous les traducteurs qui nous ont précédés, la phrase célèbre sur les conditions de ce nombre géométrique. Il paraît impossible d'y trouver un sens raisonnable.

qu'il se trouve, engendre toujours la guerre et l'inimitié. » Telle est l'origine de la division partout où
elle se déclare. — Et nous dirons que les Muses ne se
trompent point. — Comment les Muses pourraient-elles
se tromper? — Hé bien! que disent-elles ensuite?

— « La division une fois formée, les deux races de
fer et d'airain aspireront à s'enrichir et à acquérir des
terres, des maisons, de l'or et de l'argent; tandis que
les races d'or et d'argent, riches de leurs propres
fonds, et n'étant pas dépourvues, tendront à la vertu
et au maintien de la constitution primitive. Après bien
des violences et des luttes, les gens de guerre et les
magistrats s'accorderont à faire entre eux le partage
des terres et des maisons : et ils attacheront comme
des esclaves au soin de leurs terres et de leurs maisons
le reste des citoyens, qu'ils gardaient auparavant
comme des hommes libres, comme leurs amis et leurs
nourriciers; et eux-mêmes continueront de faire la
guerre, et de pourvoir à la sûreté commune. » — Il
me paraît que cette révolution n'aura point d'autre
cause. — Ainsi ce gouvernement tiendra le milieu
entre l'aristocratie et l'oligarchie. — Oui.

— Le changement se fera donc de la manière que
j'ai expliquée; mais quelle sera la forme de ce nouveau gouvernement? N'est-il pas évident qu'il retien-
dra quelque chose de l'ancien; qu'il prendra aussi
quelque chose du gouvernement oligarchique, puisqu'il tient le milieu entre l'un et l'autre; enfin qu'il
aura quelque chose de propre et de distinctif? — Sans
doute. — Il conservera de l'aristocratie le respect pour

les magistrats, l'aversion des gens de guerre pour l'agriculture, les arts mécaniques et les autres professions lucratives, la coutume de prendre les repas en commun, et le soin de cultiver les exercices gymnastiques et militaires. — Oui. — Ce qu'il aura de propre sera de craindre d'élever des sages aux premières dignités, parcequ'il ne se formera plus dans son sein des hommes d'une vertu simple et pure, mais des natures mélangées; de choisir plutôt, pour commander, des esprits où la colère domine, et qui sont peu éclairés, plus nés pour la guerre que pour la paix; de faire un grand cas des stratagèmes et des ruses de guerre, et d'avoir toujours les armes à la main. — Oui. — De tels hommes seront avides de richesses, comme dans les états oligarchiques. Adorateurs jaloux de l'or et de l'argent, ils les honoreront dans l'ombre, et les tiendront renfermés dans des coffres particuliers. Eux-mêmes, retranchés dans l'enceinte de leurs maisons, comme dans autant de nids, ils prodigueront les dépenses pour des femmes, et pour qui bon leur semblera. — Cela est très vrai. — Ils seront donc avares de leur argent, parcequ'ils l'aiment et le possèdent clandestinement, et en même temps prodigues du bien d'autrui par le desir qu'ils ont de satisfaire leurs passions. Livrés en secret à tous les plaisirs, ils se cacheront de la loi, comme un jeune débauché se cache de son père; et cela grace à une éducation dont la force et non la persuasion a été le principe, parcequ'on a négligé la véritable Muse, celle qui préside à la dialectique et à la philosophie, et qu'on a préféré la gym-

nastique à la musique. — Le portrait que tu fais est
celui d'un gouvernement mêlé de bien et de mal. —
Tu l'as dit. Comme la colère y domine, ce qui s'y fait
remarquer par-dessus tout, c'est l'ambition et la brigue. — Il est vrai.

— Telles seraient donc l'origine et les mœurs de ce
gouvernement. Je n'en ai pas fait une exacte peinture,
mais seulement une esquisse, parceque cela suffit à
notre dessein, qui est de connaître l'homme juste et
le méchant ; et que, d'ailleurs, nous nous jetterions
dans des détails interminables, si nous voulions décrire avec la dernière exactitude chaque gouvernement et chaque caractère. — Tu as raison. — Quel est
l'homme qui répond à ce gouvernement? Comment
se forme-t-il, et quel est son caractère ? — Je m'imagine, interrompit Adimante, qu'il doit ressembler à
Glaucon, du moins pour ce qui est de l'ambition. —
Cela peut être, lui dis-je ; mais il me semble qu'il en
diffère par plusieurs autres endroits. — Par où, s'il te
plaît? — Il doit être plus vain et moins adouci par les
Muses, quoiqu'il les aime assez. Il écoutera volontiers,
mais il n'aura aucun talent pour la parole. Dur envers ses esclaves, sans toutefois les mépriser, comme
font ceux qui ont reçu une bonne éducation, il sera
doux avec ses égaux, et plein de déférence pour ses
supérieurs. Il prétendra aux honneurs et aux dignités,
non par l'éloquence, ni par aucun des talents du même
ordre, mais par les vertus guerrières ; par conséquent,
il sera passionné pour la chasse et les exercices du
gymnase. — Voilà au naturel les mœurs des citoyens

de cet état. — Pendant sa jeunesse, il pourra bien
n'avoir que du mépris pour les richesses; mais son
attachement pour elles croîtra avec l'âge, parceque
son caractère le porte à l'avarice, et que sa vertu,
destituée de son fidèle gardien, n'est ni pure ni désin-
téressée. — Quel est ce gardien? — La dialectique
tempérée par la musique; elle seule peut conserver
la vertu dans un cœur qui la possède. — Tu dis bien.
— Tel est le jeune homme ambitieux, image du gouvernement timocratique. — Fort bien.

— Voici à présent de quelle manière il se forme. Il
aura pour père un homme de bien, citoyen d'un état
mal gouverné, qui fuit les honneurs, les dignités, la
magistrature, et tous les embarras que les charges
traînent après elles, qui enfin préfère son repos à son
élévation. — Quelle est la cause qui donne naissance
au caractère de ce jeune homme? — Ce sont les
discours de sa mère, qu'il entend à toute heure se
plaindre que son mari n'a aucune charge dans l'état;
qu'elle en est moins considérée des autres femmes;
qu'il n'a point assez d'empressement pour augmenter
son bien; qu'il aime mieux souffrir lâchement quelque dommage, que d'avoir un procès ou un démêlé
avec qui que ce soit; qu'elle s'aperçoit tous les jours
que, tout occupé de lui-même, il n'a pour elle que de
l'indifférence. Cette mère, outrée d'une pareille conduite, répète sans cesse à son fils que son père est un
homme mou et indolent, et cent autres propos semblables que les femmes ont coutume de dire de leurs
maris, en ces sortes de rencontres. — Il est vrai

qu'alors elles font mille plaintes qui sont tout à fait
dans leur caractère. — Tu n'ignores pas, en outre,
que des domestiques, pensant faire ainsi preuve de
zèle envers le fils de la maison, lui tiennent souvent
en secret le même langage. Lorsqu'ils voient, par
exemple, qu'un père ne poursuit pas le paiement de
quelque dette, ou la réparation de quelque injure :
« Ne manque pas, disent-ils à son fils, lorsque tu seras
grand, de faire valoir tes droits, et sois plus homme
que ton père. » Sort-il de la maison? il entend de
tous côtés les mêmes discours ; il voit qu'on méprise,
qu'on traite d'imbéciles ceux qui ne s'occupent que
de ce qui les regarde, tandis qu'on honore et qu'on
vante les gens qui se mêlent de ce qui ne les regarde
pas. Ce jeune homme, qui entend et voit tout cela ;
à qui son père tient d'autre part un langage tout
différent, et qui voit que la conduite de son père à
cet égard est opposée à celle des autres, se sent à la
fois tiré de deux côtés : par son père, qui cultive et
qui fortifie la partie raisonnable de son ame, et par
les autres, qui enflamment sa colère et ses desirs.
Comme son naturel n'est point mauvais de soi, qu'il
est seulement sollicité au mal par les méchants qu'il
fréquente, il prend le milieu entre les deux partis
extrêmes, et laisse prendre tout empire sur son ame
à cette partie de lui-même où réside la colère, l'esprit
de dispute, et qui tient le milieu entre la raison et les
passions; il devient un homme ambitieux, plein de
sentiments hautains et de grands projets. — Il me
semble que tu as très bien expliqué l'origine et le

développement de ce caractère. — Nous avons donc
la seconde espèce d'homme et de gouvernement. —
Oui.

— Ainsi passons en revue, comme dit Eschyle,
un autre homme auprès d'un autre état ; et pour
garder le même ordre, commençons par l'état. — J'y
consens. — Le gouvernement qui vient après, est, je
crois, l'oligarchie. — Qu'entends-tu par oligarchie ?
— J'entends une forme de gouvernement où le cens
décide de la condition de chaque citoyen, où les riches, par conséquent, ont le commandement, auquel
les pauvres n'ont aucune part. — Je comprends. — Ne
dirons-nous pas d'abord comment la timarchie se
change en oligarchie ? — Oui. — Il n'est personne,
quelque peu clairvoyant qu'il soit, qui ne voie comment se fait le passage de l'une à l'autre. — Comment
se fait-il ? — Ces richesses, accumulées dans les coffres
de chaque particulier, perdent à la fin la timarchie.
Leur premier effet est de pousser chaque citoyen à
faire des dépenses de luxe pour lui et pour sa femme,
et par conséquent à méconnaître et à éluder la loi.
— Cela doit être. — Ensuite l'exemple des uns excitant
les autres, et les portant à les imiter, en peu de temps
la contagion devient universelle. — Cela doit être encore. — Pour soutenir ces dépenses, on se livre de
plus en plus à la passion d'amasser ; or, plus le crédit
des richesses augmente, plus celui de la vertu diminue.
L'or et la vertu ne sont-ils pas, en effet, comme deux
poids mis dans une balance, dont l'un ne peut monter
que l'autre ne baisse ? — Oui. — Par conséquent, la

vertu et les gens de bien sont moins estimés dans un
état, à proportion qu'on y estime davantage les riches
et les richesses. — Cela est évident. — Mais on recherche ce qu'on estime, et on néglige ce qu'on méprise.
— Sans doute. — Ainsi, dans la timarchie, les citoyens,
d'ambitieux et d'intrigants qu'ils étaient, finissent par
devenir avares et cupides. Tous leurs éloges, toute
leur admiration est pour les riches ; les charges ne
sont que pour eux : c'est assez d'être pauvre pour
être méprisé. — Sans contredit.

— Alors, on fixe par une loi les conditions exigibles
pour participer au pouvoir oligarchique, et ces conditions se résument dans la quotité du revenu. La quotité
requise est plus ou moins considérable, selon que le
principe oligarchique est plus ou moins en vigueur ;
et il est défendu d'aspirer aux charges à ceux dont le
bien ne monte pas au taux marqué. Les riches font
passer cette loi par la voie de la force et des armes,
ou on l'adopte par la crainte de quelque violence de
leur part. N'est-ce pas ainsi que les choses se passent ?
— Oui. — Voilà donc à peu près comment cette forme
de gouvernement s'établit. — Oui ; mais quelles sont
ses mœurs, et les vices que nous lui reprochons ? —
Le premier est le principe même de cet état. Prends
garde, en effet : si, dans le choix du pilote, on avait
uniquement égard au cens, et qu'on exclût du gouvernail le pauvre, malgré sa grande expérience, qu'ar-
riverait-il ? — Que les vaisseaux seraient très mal
gouvernés. — N'en serait-il pas de même à l'égard de
tout autre gouvernement, quel qu'il soit ? — Je le pense.

—Faut-il en excepter celui d'un état?—Moins qu'un autre; car c'est de tous les gouvernements le plus difficile et le plus important. —L'oligarchie a donc ce vice capital?—Oui.

— Mais quoi! cet autre vice est-il moins grave?— Quel vice?— Cet état, par sa nature, n'est point un; mais il renferme nécessairement deux états, l'un composé de riches, l'autre de pauvres, qui habitent le même sol, et qui travaillent sans cesse à se détruire les uns les autres. — Non certes; ce vice n'est pas moins grave que le premier. —Ce n'est pas non plus un grand avantage pour ce gouvernement, que l'impuissance où il est de faire la guerre, parcequ'il lui faut, ou bien armer la multitude, et avoir par conséquent plus à craindre d'elle que de l'ennemi; ou ne pas s'en servir, et se présenter au combat avec une armée vraiment oligarchique[1]. Outre cela, les riches refusent par avarice de fournir aux frais de la guerre. — Il s'en faut bien que ce soit un avantage. —De plus, ne vois-tu pas que les mêmes citoyens y sont à la fois laboureurs, guerriers et commerçants? Or, n'avons-nous pas proscrit cette réunion de plusieurs emplois dans les mains d'un seul individu?— Et nous avons eu raison.

— Vois maintenant si le plus grand vice de cette constitution n'est pas celui que je vais dire. —Quel vice?—La liberté qu'on y laisse à chacun de se défaire de son bien, ou d'acquérir celui d'autrui; et à

[1] C'est-à-dire composée des seuls riches, et par conséquent très peu nombreuse.

celui qui a vendu son bien, de demeurer dans l'état sans y avoir aucun emploi, ni d'artisan, ni de commerçant, ni de soldat, ni d'autre titre enfin que celui de pauvre et d'indigent? — Tu as raison. — On ne songe pas à empêcher ce désordre dans les gouvernements oligarchiques : car si on le prévenait, les uns n'y posséderaient pas des richesses immenses, tandis que les autres sont réduits à la dernière misère. — Cela est vrai. — Fais encore attention à ceci. Lorsque cet homme autrefois riche se ruinait par de folles dépenses, quel avantage l'état en retirait-il? Passait-il donc pour un de ses chefs, ou, en effet, n'en était-il ni chef, ni serviteur, et n'y avait-il d'autre emploi que celui de dépenser son bien? — Ce n'était qu'un prodigue et rien de plus. — Veux-tu que nous disions de cet homme, qu'il est dans l'état ce qu'un frelon est dans une ruche ; un fléau? — Je le veux bien, Socrate. — Mais il y a cette différence, mon cher Adimante, que Dieu a fait naître sans aiguillon tous les frelons ailés ; au lieu que parmi ces frelons à deux pieds, s'il y en a qui n'ont pas d'aiguillons, d'autres, en revanche, en ont de très piquants. Ceux qui n'en ont pas vivent et meurent dans l'indigence. Du nombre de ceux qui en ont, sont tous ceux qu'on appelle malfaiteurs. — Rien de plus vrai. — Il est donc manifeste que dans tout état où tu verras des pauvres, il y a des filous cachés, des coupeurs de bourse, des sacrilèges et des fripons de toute espèce? — On n'en saurait douter. — Mais dans les gouvernements oligarchiques, n'y a-t-il pas de pauvres? — Presque tous les citoyens le sont, à l'exception des chefs. — Ne sommes-nous point, par conséquent, autorisés à croire qu'il s'y trouve beaucoup de malfaiteurs armés d'aiguillons, que les magistrats surveillent et contiennent par la force ? — Oui. — Mais si on nous demande qui les y a fait naître, ne dirons-nous pas que c'est l'ignorance, la mauvaise éducation et le vice intérieur du gouvernement ? — Sans doute.

— Tel est donc le caractère de l'état oligarchique ; tels sont ses vices ; peut-être en a-t-il encore davantage. — Peut-être. — Ainsi se trouve achevé le tableau de ce gouvernement qu'on nomme *oligarchie*, où le cens élève aux différents degrés du pouvoir.—Passons à présent à l'homme oligarchique. Voyons comment il se forme et quel est son caractère.— J'y consens. — Le changement de l'esprit timarchique en oligarchique, dans un individu, ne se fait-il pas de cette manière?—De quelle manière?—Le fils veut d'abord imiter son père et marcher sur ses traces ; mais ensuite voyant que son père s'est brisé contre l'état, comme un vaisseau contre un écueil ; qu'après avoir prodigué ses biens et sa personne, soit à la tête des armées ou dans quelque autre grande charge, il est traîné devant les juges, calomnié par des imposteurs, condamné à la mort, à l'exil, à la perte de son honneur ou de ses biens. — Cela est très ordinaire. — Voyant, dis-je, fondre sur son père tant de malheurs qu'il partage avec lui, dépouillé de son patrimoine, et craignant pour sa propre vie, il précipite cette ambition et ces grands sentiments du trône qu'il leur avait élevé dans son âme ; humilié de l'état d'indigence où il se trouve, il ne songe plus qu'à amasser du bien ; et, par un travail assidu et des épargnes sordides, il vient à bout de s'enrichir. Ne crois-tu pas qu'alors, sur ce même trône d'où il a chassé l'ambition, il fera monter l'esprit d'avarice et de convoitise, qu'il l'établira son grand roi [1], lui mettra le diadème, le collier, et lui ceindra le cimeterre? — Je le crois. — Mettant ensuite aux pieds de ce nouveau maître, d'un côté la raison, de l'autre le courage, enchaînés comme de vils esclaves, il oblige l'une à ne réfléchir, à ne penser qu'aux moyens d'accumuler de nouveaux trésors, et il force l'autre à n'admirer, à n'honorer que les richesses et les riches, à mettre toute sa gloire dans la possession d'une grande fortune, et dans l'art le talent d'en amasser. — Il n'est point dans un jeune homme de passage plus rapide ni plus violent que celui de l'ambition à l'avarice. — N'est-ce pas là le caractère oligarchique ? — Du moins, la métamorphose dont il est le résultat est la même que la métamorphose qui aboutit au gouvernement oligarchique.

— Voyons donc s'il ressemble à l'oligarchie. — Je le veux bien. — N'a-t-il pas d'abord avec elle ce premier trait de ressemblance, de placer les richesses au-dessus de tout ? — Sans contredit. — Il lui ressemble de plus par l'esprit d'épargne et par l'industrie ; il n'accorde à la nature que la satisfaction des desirs nécessaires, il s'interdit toute autre dépense, et maî-

---

[1] Allusion au roi de Perse que les Grecs appelaient *le grand roi*.

trise tous les autres desirs comme insensés. — Cela
est vrai. — Il est sordide, fait argent de tout, ne songe
qu'à thésauriser ; en un mot, il est du nombre de ceux
dont le vulgaire admire l'habileté. N'est-ce pas là le
portrait fidèle du caractère analogue au gouvernement
oligarchique ? — Oui, car, de part et d'autre, on ne
voit rien de préférable aux richesses. — Sans doute,
cet homme n'a guère songé à s'instruire. — Il n'y a
pas d'apparence : autrement, il ne se laisserait pas
conduire par un aveugle tel que Plutus.

— Prends garde à ce que j'ajoute. Ne dirons-nous
pas que le manque d'éducation a fait naître en lui des
desirs qui sont de la nature des frelons, les uns toujours indigents, les autres toujours portés à mal faire,
et qu'il contient à grand'peine ? — La chose est ainsi.
— Sais-tu en quelles occasions ses desirs malfaisants
se manifesteront ? — En quelles occasions ? — Lorsqu'il sera chargé de quelque tutelle, ou de quelque
autre commission, où il aura toute licence de mal
faire. — Tu as raison. — N'est-il pas clair que, si dans
les autres circonstances de la vie, il passe pour un
homme d'honneur et de probité, s'il contient ses mauvais desirs et les cache sous le voile de l'équité et de
la modération, ce n'est ni par vertu ni par raison ;
mais par nécessité, et par la crainte de perdre son
bien, en voulant s'emparer de celui d'autrui ? — Cela
est certain. — Mais lorsqu'il sera question de dépenser le bien d'autrui, c'est alors, mon cher ami, que
tu découvriras dans les hommes de ce caractère ces
desirs qui tiennent du naturel des frelons. — J'en suis

persuadé. — Un homme de ce caractère éprouvera donc nécessairement des séditions au dedans de lui-même : il y aura en lui deux hommes différents, dont les desirs se combattront; mais, pour l'ordinaire, les bons desirs l'emporteront sur les mauvais. — Bien. — C'est pour cela qu'à l'extérieur il paraîtra plus modéré, plus maître de lui-même que bien d'autres. Mais la vraie vertu qui produit dans l'ame l'harmonie et l'unité, est bien loin de lui. — Je le pense comme toi.

— Faut-il disputer une victoire, ou quelque prix dans une lutte entre concitoyens, l'homme ménager ne s'y porte que faiblement. Il ne veut pas dépenser d'argent pour la gloire ni pour ces sortes de combats; il craint de réveiller en lui les desirs prodigues, et de les appeler à son secours. Il combat donc sur un pied oligarchique, c'est-à-dire avec une très petite partie de ses forces; il a presque toujours le dessous, mais que lui importe? il s'enrichit. — J'en conviens. — Douterons-nous encore de la parfaite ressemblance qui se trouve entre l'homme avare et ménager, et le gouvernement oligarchique? — Non.

— Il s'agit à présent d'examiner l'origine et les mœurs de la démocratie, afin qu'après avoir observé la même chose dans l'homme démocratique, nous puissions les comparer ensemble et les juger. — Nous ne ferons que suivre en cela notre méthode ordinaire. — On passe de l'oligarchie à la démocratie par l'envie insatiable d'acquérir de nouvelles richesses, qu'on regarde comme le premier avantage dans le gouver-

nement oligarchique. — Comment cela? — Les chefs,
qui sont redevables à leurs grands biens des charges
qu'ils occupent, se gardent bien de réprimer par la sé-
vérité des lois le libertinage des jeunes débauchés, ni
de les empêcher de se ruiner par des dépenses excessives ; car leur dessein est d'acheter leurs biens, de
leur prêter à gros intérêts, et d'accroître par ce moyen
leurs richesses et leur crédit. — Sans doute. — Or, il
est évident que, dans quelque gouvernement que ce
soit, il est impossible que les citoyens estiment les
richesses, et pratiquent en même temps la tempérance, mais que c'est une nécessité qu'ils sacrifient
une de ces deux choses à l'autre. — Cela est de la
dernière évidence. — Ainsi, dans les oligarchies, les
magistrats, par leur négligence et les facilités qu'ils
accordent au libertinage, ont souvent réduit à l'indigence des hommes nés peut-être avec des sentiments
nobles et élevés. — Sans doute. — Cela forme dans
l'état un corps de gens pourvus d'aiguillons, les uns
accablés de dettes, les autres notés d'infamie, quelques uns ruinés à la fois de biens et d'honneur, en
état permanent d'hostilité contre ceux qui se sont en-
richis des débris de leur fortune, et contre le reste des
citoyens, et n'aspirant qu'à exciter quelque révolution dans le gouvernement.—Cela est ainsi. — Cependant ces usuriers avides, penchés sur leur œuvre, et
sans paraître voir ceux qu'ils ont ruinés, continuent de
prêter à gros intérêts, et de s'enrichir en faisant de larges
brèches au patrimoine de leurs nouvelles victimes, et par

là ils multiplient dans l'état l'engeance des frelons et des pauvres. — Comment ne se multiplierait-elle pas ? — Ils ne veulent pas néanmoins arrêter cet incendie croissant, soit en empêchant les particuliers de disposer de leurs biens à leur fantaisie, soit en employant un autre moyen également propre à arrêter le progrès du mal. — Quel est cet autre moyen ? — Celui qu'il est naturel d'employer au défaut du premier, et qui obligerait les citoyens d'être honnêtes par amour pour leurs intérêts ; car, si les contrats de ce genre avaient lieu aux risques et périls des prêteurs, l'usure s'exercerait avec moins d'impudence, et l'état se verrait délivré de ce déluge de maux dont j'ai parlé. — J'en conviens.

—C'est ainsi que les citoyens sont réduits à ce triste état par la faute des gouvernants, qui, par suite, corrompent eux et leurs enfants ; ceux-ci menant une vie voluptueuse, et n'exerçant ni leur corps ni leur esprit par les travaux propres de leur âge, deviennent incapables de résister aux amorces du plaisir, et à l'impression de la douleur. — Cela est vrai. — Leurs pères, uniquement occupés à s'enrichir, négligent tout le reste, et ne se mettent pas plus en peine de la vertu que ceux qu'ils ont rendus pauvres. — Sans contredit. — Or, les esprits étant ainsi disposés, lorsque les magistrats et les sujets se trouvent ensemble en voyage, dans une théorie, à l'armée, tant sur mer que sur terre, ou en quelque autre rencontre ; et qu'ils s'examinent mutuellement dans les occasions périlleuses, les riches n'ont alors aucun sujet de mépriser les pauvres ; au contraire, quand un pauvre, maigre et brûlé du soleil, posté dans la mêlée à côté d'un riche élevé à l'ombre et chargé d'embonpoint, le voit tout hors d'haleine et embarrassé de sa personne, quelles pensées crois-tu qu'il lui vienne en ce moment à l'esprit ? Ne se dit-il pas à lui-même que ces gens-là doivent leurs richesses à la lâcheté des pauvres ? Et lorsqu'ils se rencontrent ensemble, ne se disent-ils pas les uns aux autres : En vérité, nos hommes d'importance sont bien peu de chose ! — Je suis persuadé qu'ils parlent et pensent de la sorte.

— Et comme un corps infirme n'a besoin, pour tomber à bas, que du plus léger accident ; que souvent même il se dérange sans qu'il survienne aucune cause extérieure : ainsi un état, dans la situation où je viens de le représenter, ne tarde point à être en proie aux séditions et aux guerres intestines, aussitôt que, sur le moindre prétexte, les riches et les pauvres, cherchant à fortifier leur parti, appellent à leur secours, ceux-ci les habitants d'une république voisine, ceux-là les chefs de quelque état oligarchique ; quelquefois aussi les deux factions se déchirent de leurs propres mains, sans que les étrangers entrent dans leur querelle. — Oui, vraiment. — Le gouvernement devient démocratique, lorsque les pauvres, ayant remporté la victoire sur les riches, massacrent les uns, chassent les autres, et partagent également avec ceux qui restent les charges et l'administration des affaires ; partage qui, dans ce gouvernement, se règle d'ordinaire par le

sort. — C'est ainsi en effet que la démocratie s'établit,
soit par la voie des armes, soit que les riches, craignant pour eux, prennent le parti de se retirer.

— Quelles seront les mœurs, quelle sera la constitution de ce nouveau gouvernement? Tout à
l'heure, nous verrons un homme qui lui ressemble,
et nous pourrons l'appeler l'homme démocratique. —
Certainement. — D'abord, tout le monde est libre
dans cet état; on n'y respire que l'indépendance:
chacun y est maître de faire ce qu'il lui plaît. — On le
dit ainsi. — Mais, partout où l'on a ce pouvoir, il est
clair que chaque citoyen dispose de lui-même, et
choisit à son gré le genre de vie qui lui agrée davantage. — Sans doute. — Il doit, par conséquent, y
avoir dans un pareil gouvernement des hommes de
toutes sortes de professions. — Oui. — En vérité, cette
forme de gouvernement a bi n l'air d'être la plus belle
de toutes, et cette prodigieuse diversité de caractères
pourrait bien en relever autant la beauté que des
fleurs brodées relèvent la beauté d'une étoffe. —
Pourquoi non? — Ceux du moins qui en jugeront,
comme les femmes et les enfants jugent des objets, je
veux dire par la bigarrure, ne sauraient manquer de
la préférer à toutes les autres. — Je n'ai pas de peine
à le croire. — C'est dans cet état, mon cher ami, que
chacun peut aller chercher le genre de gouvernement qui l'accommode. — Pourquoi cela? — Parcequ'il
les renferme tous, chacun ayant la liberté d'y vivre
à sa façon. Il semble, en effet, que si quelqu'un
voulait former le plan d'un état, comme nous faisions

tout à l'heure, il n'aurait qu'à se transporter dans
un état démocratique : c'est un marché où sont éta-
lées toutes les sortes de gouvernements. Il n'aurait
qu'à choisir, et qu'à exécuter ensuite son dessein
sur le modèle qu'il aurait choisi. — Il ne manquerait
pas de modèles.

— A juger de la chose sur le premier coup d'œil,
n'est-ce pas une condition bien douce et bien commode
de ne pouvoir être contraint d'accepter aucune charge
publique, quelque mérite que l'on ait pour la remplir; de n'être soumis à aucune autorité, si vous ne
le voulez; de ne point aller à la guerre quand les
autres y vont, et, tandis que les autres vivent en
paix, de n'y pas vivre vous-même, si cela ne vous
plaît pas ; et, en dépit de la loi qui vous interdirait
toute fonction dans le barreau et dans la magistrature, d'être juge ou magistrat, si la fantaisie vous en
prend? — A la première vue, cette vie doit paraître
délicieuse. — N'est-ce pas encore quelque chose d'admirable que la douceur avec laquelle on y traite certains criminels? N'as-tu pas vu dans quelque état de
ce genre des hommes condamnés à la mort ou à
l'exil rester et se promener en public avec une dé-
marche et une contenance de héros, comme si personne n'y faisait attention, et ne devait pas même
s'en apercevoir? — J'en ai vu plusieurs.   De plus,
n'est-ce pas l'effet d'une condescendance vraiment généreuse, et d'une façon de penser exempte de bassesse, que ce mépris qu'on y témoigne pour ces
maximes que nous traitions tantôt avec tant de res-

pect, en traçant le plan de notre république, lorsque
nous assurions qu'à moins d'être doué d'un excellent
naturel, de s'être joué, pour ainsi dire, dès l'enfance,
au milieu du beau et de l'honnête, et d'en avoir fait
ensuite une étude sérieuse, jamais on ne deviendrait
vertueux? Avec quelle grandeur d'ame on y foule
aux pieds ces maximes, sans se mettre en peine
d'examiner quelle a été l'éducation de ceux qui s'in-
gèrent dans le maniement des affaires! quel empressement, au contraire, à les accueillir et à les honorer, pourvu qu'ils se disent pleins de zèle pour les
intérêts du peuple!— Cela suppose, en effet, des sentiments bien généreux.

—Tels sont, avec d'autres semblables, les avantages de la démocratie. C'est, comme tu vois, un gouvernement très agréable, où personne n'est le maître,
dont la variété est charmante, et où l'égalité règne
entre les choses les plus inégales. — Tu n'en dis rien
qui ne soit connu de tout le monde. — Considère à
présent ce caractère dans un individu, ou plutôt, pour
garder toujours le même ordre, ne verrons-nous pas
auparavant comment il se forme? — Oui. — N'est-ce
pas ainsi? L'homme avare et oligarchique a un fils
qu'il élève dans ses sentiments.— Fort bien. — Ce fils
maîtrise par la force, à l'exemple de son père, les désirs qui le portent à la dépense et sont ennemis du
gain, et ceux qu'on appelle superflus. — Cela doit
être. — Veux-tu, pour jeter plus de clarté dans notre
entretien, que nous commencions par établir la distinction des desirs nécessaires et des desirs superflus?

— Je le veux bien. — N'a-t-on pas raison d'appeler
desirs nécessaires ceux qu'il n'est pas en notre pouvoir
de retrancher ni de réprimer, et qu'il nous est d'ailleurs utile de contenter? car il est évident que ce sont
des nécessités naturelles, n'est-ce pas?—Oui.— C'est
donc à bon droit que nous appellerons ces desirs nécessaires. — Sans doute. — Pour ceux dont il est aisé
de se défaire, si l'on s'y applique de bonne heure, et
dont la présence, loin de produire en nous aucun bien,
y cause souvent de grands maux, quel autre nom
leur convient mieux que celui des desirs superflus?—
Nul autre. — Proposons un exemple des uns et des
autres, afin de nous en former une plus juste idée.—
Ce sera bien fait. — Le desir de prendre de la nourriture avec quelque assaisonnement, autant qu'il est
besoin pour entretenir la santé et les forces, n'est-il
pas nécessaire? — Je le pense. — Celui de la simple
nourriture est nécessaire pour deux raisons, et parcequ'il est utile de manger, et parcequ'il est impossible
de vivre autrement. — Oui. — Celui de l'assaisonnement n'est nécessaire qu'autant qu'il sert à la santé.—
Cela est vrai.— Mais le desir de toutes sortes de mets
et de ragoûts, desir qu'on peut réprimer, et même retrancher entièrement par une bonne éducation, desir
nuisible au corps et à l'ame, à la raison et à la tempérance, ne doit-il pas être compté parmi les desirs superflus? — Sans contredit. — Nous dirons donc que
ceux-ci sont des desirs prodigues; ceux-là des desirs
profitables, parcequ'ils servent à nous rendre plus
capables d'agir. — Oui. — Nous porterons le même

jugement sur les plaisirs de l'amour, et sur tous les autres plaisirs. — Oui. — N'avons-nous pas dit de celui à qui nous avons donné le nom de frelon, qu'il était dominé par les desirs superflus ; au lieu que l'homme ménager et oligarchique n'est gouverné que par les desirs nécessaires? — Nous l'avons dit.

— Expliquons de nouveau comment cet homme oligarchique devient démocratique : voici, ce me semble, de quelle manière cela arrive pour l'ordinaire.— Comment? — Lorsqu'un jeune homme, mal élevé, ainsi que nous l'avons dit, et nourri dans l'amour du gain, a goûté une fois du miel des frelons, qu'il s'est trouvé dans la compagnie de ces insectes avides et habiles à exciter en lui des desirs de toute sorte, n'est-ce pas alors que son gouvernement intérieur, d'oligarchique qu'il était, devient démocratique?—C'est une nécessité inévitable. — Et comme l'état a changé de forme, parceque la faction du peuple, fortifiée par un secours étranger qui favorisait ses desseins, l'a emporté sur celle des riches ; ainsi ce jeune homme ne change-t-il pas de mœurs, à cause de l'appui que ses passions trouvent dans des passions de même nature? — Oui. — Si son père ou ses proches envoyaient de leur côté du secours à la faction de desirs oligarchiques, et employaient pour la soutenir les avis salutaires et les réprimandes, son cœur ne deviendrait-il pas alors le théâtre d'une guerre intestine? — Sans doute. — Il arrive quelquefois que la faction oligarchique l'emporte sur la démocratique ; alors les mauvais desirs sont en partie détruits, en partie chassés

52

de son ame par une honte généreuse, et ce jeune
homme rentre dans son devoir. — Cela arrive quelquefois. — Mais bientôt, à cause de la mauvaise éducation
qu'il a reçue de son père, de nouveaux desirs plus
forts, et en plus grand nombre, succèdent à ceux
qu'il a bannis. — Il n'est rien de plus ordinaire. — Ils
l'entraînent de nouveau dans les mêmes compagnies ;
et de ce commerce clandestin naît une foule d'autres
desirs. — Oui.

— Enfin, ils s'emparent de la citadelle de l'ame de
ce jeune homme, après s'être aperçus qu'elle est vide
de science, d'habitudes louables, et de maximes vraies,
qui sont la garde la plus sûre et la plus fidèle de la
raison des mortels chéris des dieux. — Sans doute. —
Aussitôt les jugements faux et présomptueux, les opinions hasardées accourent en foule et se jettent dans
la place. — Hélas ! oui. — N'est-ce point alors qu'il
retourne dans la première compagnie, où l'on s'enivre
de lotos [1], et ne rougit plus de son commerce intime
avec elle? S'il vient de la part de ses amis et de ses
proches quelque renfort à la faction contraire, les
maximes présomptueuses fermant promptement les
portes du château royal, refusent l'entrée au secours
qu'on envoie, et n'écoutent pas même les conseils que
des vieillards pleins de sens et d'expérience envoient
en ambassade. Secondées d'une multitude de desirs
pernicieux, elles remportent la victoire, et traitant la

---

[1] Fruit dont, suivant Homère, on ne pouvait manger sans oublier le passé.

honte d'imbécillité, elles la chassent ignominieuse-
ment, bannissent la tempérance, après l'avoir ou-
tragée en lui donnant le nom de lâcheté, et extermi-
nent la modération et la frugalité, qu'elles traitent de
rusticité et de bassesse. — Oui, vraiment. — Après
en avoir vidé et purgé l'ame du malheureux jeune
homme qu'elles obsèdent, et comme si elles l'ini-
tiaient aux grands mystères, elles y introduisent,
avec un nombreux cortége, richement parées, et la
couronne sur la tête, l'insolence, l'anarchie, le libertinage et l'effronterie, dont elles font mille éloges, déguisant leur laideur sous les plus beaux noms : l'insolence sous le nom de politesse, l'anarchie sous celui
de liberté, le libertinage sous celui de magnificence,
l'effronterie sous celui de courage. N'est-ce pas ainsi
qu'un jeune homme, accoutumé dès l'enfance à ne satisfaire d'autres desirs que les desirs nécessaires, passe
à l'état, dirai-je de liberté ou d'esclavage, où il s'a-
bandonne à une foule de desirs superflus et pernicieux ? — On ne peut exposer ce changement d'une
manière plus frappante.

— Comment vit-il après cela ? sans distinguer les
plaisirs superflus des plaisirs nécessaires, il se livre
aux uns et aux autres ; il n'épargne pour les satisfaire
ni son bien, ni ses soins, ni son temps. S'il est assez
heureux pour ne pas porter ses désordres à l'excès,
et si l'âge, ayant un peu apaisé le tumulte des passions, l'engage à rappeler de l'exil la faction bannie,
et à ne pas s'abandonner sans réserve au parti vain-
queur, il établit alors entre ses desirs une espèce d'é-

galité, et les faisant, pour ainsi dire, tirer au sort, il livre son ame au premier à qui le sort est favorable. Ce desir satisfait, il passe sous l'empire d'un autre, et ainsi de suite ; il n'en rebute aucun, et les favorise tous également. — Cela est vrai. — Que quelqu'un vienne lui dire qu'il y a des plaisirs de deux sortes : les uns qui vont à la suite des desirs innocents et légitimes, les autres qui sont le fruit des desirs criminels et défendus ; qu'il faut rechercher et estimer les premiers, réprimer et dompter les seconds ; il ferme toutes les avenues de la citadelle à ces sages maximes, et n'y répond que par des signes de dédain : il soutient que tous les plaisirs sont de même nature, et méritent également d'être recherchés. — Telle doit être en effet sa conduite dans la disposition d'esprit où il se trouve.

— Il vit donc au jour le jour. Le premier desir qui se présente est le premier satisfait. Aujourd'hui il fait ses délices de l'ivresse et des chansons bachiques ; demain il jeûnera et ne boira que de l'eau. Tantôt il s'exerce au gymnase, tantôt il est oisif et n'a souci de rien. Quelquefois il est philosophe ; le plus souvent il est homme d'état, il monte à la tribune, il parle et agit sans savoir ni ce qu'il dit ni ce qu'il fait. Un jour, il porte envie à la condition des gens de guerre, et le voilà devenu guerrier : un autre jour, il se jette dans le commerce. En un mot, il n'y a dans sa conduite rien de fixe, rien de réglé ; il ne veut être gêné en rien, et il appelle la vie qu'il mène une vie libre, agréable, une vie de bienheureux. — Tu nous as dépeint au naturel la vie d'un ami de l'égalité. — Son caractère, qui réunit en lui toutes sortes de mœurs et de caractères, a tout l'agrément et toute la variété de l'état populaire, et il n'est pas étonnant que tant de personnes de l'un et de l'autre sexe trouvent si beau un genre de vie où sont rassemblées toutes les espèces de gouvernements et de caractères. — Je le conçois. — Mettons donc vis-à-vis de la démocratie cet homme qu'on peut à bon droit nommer démocratique. — Mettons-le.

— Il nous reste désormais à considérer la plus belle forme de gouvernement, et le caractère le plus accompli ; je veux dire la tyrannie et le tyran. — Sans doute. — Voyons donc, mon cher ami Adimante, comment se forme le gouvernement tyrannique ; et d'abord il est presque évident qu'il doit sa naissance à la démocratie. — Cela est certain. — Le passage de la démocratie à la tyrannie n'est-il pas à peu près le même que celui de l'oligarchie à la démocratie ? — Comment cela ? — Ce qu'on regarde dans l'oligarchie comme le plus grand bien, ce qui même a donné naissance à cette forme de gouvernement, ce sont les richesses excessives des particuliers, n'est-ce pas ? — Oui. — Ce qui cause sa ruine, n'est-ce pas le désir insatiable de s'enrichir, et l'indifférence que cet unique objet inspire pour tout le reste ? — Cela est encore vrai. — Par la même raison, la démocratie trouve la cause de sa perte dans le désir insatiable de ce qu'elle regarde comme son vrai bien ? — Quel est ce bien ? — La liberté. Entre dans un état démocratique, tu

entendras dire de toutes parts qu'il n'est point d'a-
vantage préférable à celui-là; et que, pour ce motif,
tout homme né libre y fixera son séjour plutôt que
partout ailleurs. — Rien n'y est plus ordinaire qu'un
pareil langage.

— N'est-ce pas, et c'est ce que je voulais dire, cet
amour de la liberté porté à l'excès, et accompagné
d'une indifférence extrême pour tout le reste, qui
perd enfin ce gouvernement et rend la tyrannie nécessaire? — Comment? — Lorsqu'un état démocratique,
dévoré d'une soif ardente de liberté, est gouverné par
de mauvais échansons, qui la lui versent toute pure
et le font boire jusqu'à l'ivresse; alors, si les gouvernants ne portent pas la complaisance jusqu'à lui
donner de la liberté tant qu'il veut, il les accuse et
les châtie, sous prétexte que ce sont des traîtres qui
aspirent à l'oligarchie. — Assurément. — Il traite avec
le dernier mépris ceux qui ont encore du respect et
de la soumission pour les magistrats; il leur reproche
qu'ils sont des gens de néant, des esclaves volontaires.
En public comme en particulier, il vante et honore
l'égalité qui confond les magistrats avec les citoyens.
Se peut-il faire que dans un pareil état la liberté ne
s'étende pas à tout? — Comment cela ne serait-il pas?
— Qu'elle ne pénètre pas dans l'intérieur des familles, et qu'à la fin l'esprit d'indépendance et d'anarchie
ne passe jusqu'aux animaux? — Qu'entends-tu par
là? — Je veux dire que les pères s'accoutument à
traiter leurs enfants comme leurs égaux, à les craindre
même; ceux-ci à s'égaler à leurs pères, à n'avoir ni

respect ni crainte pour eux, parceque autrement leur liberté en souffrirait; que les citoyens et les simples habitants, que les étrangers même aspirent aux mêmes droits. — C'est ainsi que les choses se passent.

— Et pour descendre à de moindres objets, les maîtres, dans cet état, craignent et ménagent leurs disciples; ceux-ci se moquent de leurs maîtres et de leurs gouverneurs. En général, les jeunes gens veulent aller de pair avec les vieillards et leur tenir tête, soit en paroles, soit en actions. Les vieillards, de leur côté, descendent aux manières des jeunes gens, et s'étudient à copier leurs façons, dans la crainte de passer pour des gens d'un caractère bourru et despotique. — Cela est vrai. — Mais l'abus le plus intolérable que la liberté introduise dans ce gouvernement, c'est que les esclaves de l'un et de l'autre sexe sont aussi libres que ceux qui les ont achetés. J'allais presque oublier de dire à quel point de liberté et d'égalité vont les relations entre les hommes et les femmes. — N'oublions rien, et, selon l'expression d'Eschyle, *disons tout ce qui nous viendra à la bouche.* — Fort bien. C'est aussi ce que je fais. On aurait peine à croire, à moins de l'avoir vu, combien les animaux qui sont à l'usage des hommes sont plus libres que partout ailleurs. De petites chiennes, selon le proverbe, y sont sur le même pied que leurs maîtresses; les chevaux et les ânes, accoutumés à marcher tête levée et sans se gêner, heurtent tous ceux qu'ils rencontrent si on ne leur cède le passage. Enfin, tout y jouit d'une pleine et entière liberté. — Tu me racontes mon propre

songe : je ne vais presque jamais à la campagne que
cela ne m'arrive.

— Or, vois-tu le mal qui résulte de tout cela? Vois-
tu combien les citoyens en deviennent ombrageux, au
point de se soulever, de se révolter à la moindre apparence de contrainte? Ils en viennent à la fin,
comme tu sais, jusqu'à ne tenir aucun compte des
lois écrites ou non écrites, afin de n'avoir absolument
aucun maître. — Je le sais. — C'est de cette forme de
gouvernement, si belle et si charmante, que naît la
tyrannie, du moins à ce que je pense. — Charmante,
en vérité ; mais continue de m'en expliquer les effets.
— Le même fléau qui a perdu l'oligarchie, prenant de
nouvelles forces et de nouveaux accroissements par
la licence générale, pousse à l'esclavage l'état démocratique : car il est vrai de dire qu'on ne peut donner
dans un excès sans s'exposer à tomber dans un excès
contraire. C'est ce qu'on remarque dans les saisons,
dans les plantes, dans nos corps et dans les états, tout
comme ailleurs. — Cela doit être. — Ainsi, par rapport à un état, comme par rapport à un simple particulier, la liberté excessive doit amener tôt ou tard
une extrême servitude. — Cela doit être encore. — Il
est donc naturel que la tyrannie ne prenne naissance
d'aucun autre gouvernement que du gouvernement
populaire ; c'est-à-dire qu'à la liberté la plus pleine et
la plus entière succède le despotisme le plus absolu
et le plus intolérable. — C'est l'ordre même des choses.
— Mais ce n'est pas là ce que tu me demandes. Tu
veux savoir quel est ce fléau qui, formé dans l'oligar-

chie et accru ensuite dans la démocratie, conduit celle-
ci à la tyrannie. — Tu as raison.

— Par ce fléau, j'entends cette foule de gens oisifs et prodigues, dont les uns, plus courageux, vont
à la tête, et les autres, plus lâches, marchent à la
suite. Nous avons comparé les premiers à des frelons
armés d'aiguillons, et les seconds à des frelons sans
aiguillon. — Cette comparaison me paraît juste. —
Ces deux espèces d'hommes font, dans tout corps
politique, les mêmes ravages que le flegme et la bile
dans le corps humain. Le sage législateur, en habile
médecin de l'état, prendra à leur égard les mêmes
précautions qu'un homme qui élève des abeilles prend
à l'égard des frelons. Son premier soin sera d'empêcher qu'ils ne s'introduisent dans la ruche; et si,
malgré sa vigilance, ils s'y sont glissés, il les détruira
au plus tôt avec les alvéoles qu'ils ont infestés. — Il
n'a pas d'autre parti à prendre. — Pour comprendre
encore mieux ce que nous voulons dire, faisons une
chose. — Quoi? — Séparons par la pensée l'état populaire en trois classes, dont en effet il est composé.
La première comprend ceux dont je viens de parler;
la licence publique les y fait naître en aussi grand
nombre que dans l'oligarchie. — La chose est ainsi.
— Il y a néanmoins cette différence qu'ils sont beaucoup plus malfaisants dans l'état démocratique. —
Pour quelle raison? — C'est que dans l'autre état,
comme ils n'ont aucun crédit, et qu'on a soin de les
écarter de toutes les charges, ils ne peuvent ni agir
ni se fortifier; au lieu que, dans l'état démocratique,

ce sont eux presque exclusivement qui sont à la tête
des affaires. — Les plus ardents parlent et agissent :
les autres bourdonnent autour de la tribune, et fer-
ment la bouche à quiconque voudrait ouvrir un avis
contraire : de sorte que, dans ce gouvernement, toutes
les affaires passent entre leurs mains, à l'exception
d'un très petit nombre. — Cela est vrai.

— La seconde classe fait bande à part, et n'a nul
commerce avec la multitude. — Quelle est-elle? —
Comme dans cet état tout le monde travaille à s'enrichir, ceux qui sont plus sages et plus modérés dans
leur conduite sont aussi pour l'ordinaire les plus
riches. — Cela doit être. — C'est de ces gens-là sans
doute que les frelons tirent le plus de miel, et avec
le plus de facilité. — Quel butin feraient-ils sur ceux
qui n'ont rien ou peu de chose? — Aussi donne-t-on
aux riches le nom d'*herbe aux frelons*. — Ordinairement. — La troisième classe est le menu peuple, composé des manouvriers, étrangers aux affaires et ayant
à peine de quoi vivre. Dans la démocratie, cette classe
est la plus nombreuse et la plus puissante lorsqu'elle
est assemblée. — Oui ; mais elle ne s'assemble guère,
à moins qu'il ne doive lui revenir pour sa part quelque peu de miel. — Aussi ceux qui président à ces
assemblées font-ils tout ce qui dépend d'eux pour lui
en fournir. Dans cette vue, ils s'emparent des biens
des riches, qu'ils partagent avec le peuple, gardant
toujours pour eux la meilleure part. — C'est là le fond
des distributions qu'on lui fait. — Cependant les riches,
se voyant dépouillés de leurs biens, sont obligés de

se défendre; ils portent leurs plaintes au peuple, et emploient tous les moyens pour mettre leurs biens à l'abri des ravisseurs. — Sans doute. — Les autres, de leur côté, les accusent, tout innocents qu'ils sont, de vouloir mettre le trouble dans l'état, de conspirer contre la liberté du peuple, et d'être oligarchiques. — Ils n'y manquent pas.

— Mais lorsque les accusés s'aperçoivent que le peuple, moins par mauvaise volonté que par ignorance, et séduit par les artifices de leurs calomniateurs, se range du parti de ces derniers, alors, qu'ils le veuillent ou non, ils deviennent en effet oligarchiques. Ce n'est point à eux qu'il faut s'en prendre, mais aux frelons qui les piquent de leurs aiguillons et les poussent à cette extrémité. — Sans contredit. — Ensuite viennent les dénonciations, les procès et les luttes réciproques. — Cela est vrai. — N'est-il pas ordinaire au peuple d'avoir quelqu'un à qui il confie spécialement ses intérêts, qu'il travaille à agrandir et à rendre puissant? — Oui. — Il est donc évident que c'est de la tige de ces protecteurs du peuple que naît le tyran, et non d'ailleurs. — La chose est manifeste.

— Mais par où le protecteur du peuple commence-t-il à en devenir le tyran? N'est-ce pas évidemment lorsqu'il commence à faire quelque chose de semblable à ce qui se passe, dit-on, en Arcadie, dans le temple de Jupiter-Lycéen? — Que dit-on qu'il s'y passe? — On dit que celui qui a goûté des entrailles humaines, mêlées à celles des autres victimes, est changé en loup. Ne l'as-tu jamais entendu dire? —

Oui. — De même lorsque le protecteur du peuple, trouvant en lui une soumission parfaite à ses volontés, trempe ses mains dans le sang de ses concitoyens : quand, sur des accusations calomnieuses, et qui ne sont que trop ordinaires, il traîne ses adversaires devant les tribunaux, et les fait expirer dans les supplices, que lui-même abreuve sa langue et sa bouche impie du sang de ses proches et de ses amis, qu'il décime l'état par le fer ou par l'exil, qu'il propose l'abolition des dettes, un nouveau partage des terres : n'est-ce pas pour lui une nécessité de périr de la main de ses ennemis ou de devenir le tyran de l'état, et d'être changé en loup? — Il n'y a pas de milieu. — Le voilà donc en guerre ouverte avec ceux qui possèdent de grands biens? — Oui. — Et si, après avoir été chassé, il revient malgré ses ennemis, ne revient-il pas tyran achevé? — Sans doute.

— Mais si les riches ne peuvent venir à bout de le chasser ni de le faire condamner à mort, en l'accusant devant le peuple, alors ils conspirent sourdement contre sa vie. — Cela ne manque guère d'arriver. — Ce qui donne occasion à la requête que présente au peuple tout ambitieux qui en est venu à ces extrémités. Il lui demande des gardes, afin de mettre en sûreté le protecteur du peuple. — Oui, vraiment. — Le peuple les lui accorde, craignant tout pour son défenseur et ne craignant rien pour lui-même. — Sans doute. — Quand les choses en sont à ce point, tout homme qui possède de grandes richesses, et qui, par cette raison, passe pour ennemi du peuple, prend

pour lui l'oracle adressé à Crésus : *il fuit vers le fleuve*
Hermus, et ne craint pas les reproches de lâcheté qu'on
pourrait lui faire. — Il a raison ; on ne lui donnerait
pas l'occasion de craindre deux fois de pareils reproches. — En effet, s'il est pris dans sa fuite, il lui en
coûte la vie. — Il n'a pas d'autre sort à attendre.

— Quant au protecteur du peuple, ne crois pas
qu'il s'endorme dans sa puissance : il monte ouvertement sur le char de l'état, renverse à droite et à
gauche tous ceux dont il se défie, et se déclare ainsi tyran. — Qui pourrait l'en empêcher ? — Voyons à présent
quel est le bonheur de cet homme et de la société
qui le nourrit. — Je le veux bien. — D'abord, dans
les premiers jours de sa domination, ne sourit-il pas
gracieusement à tous ceux qu'il rencontre, ne va-t-il
pas jusqu'à leur dire qu'il ne pense à rien moins
qu'à être tyran ? Ne fait-il pas les plus belles promesses en public et en particulier, affranchissant tous
les débiteurs, partageant des terres entre le peuple
et ses favoris, traitant tout le monde avec une douceur et une tendresse de père ? — Il faut bien qu'il
commence de la sorte. — Quand il s'est délivré de ses
ennemis du dehors, en partie par des transactions,
en partie par des victoires, et qu'il est en repos de
ce côté-là, il a toujours soin d'entretenir quelques se-
mences de guerre afin que le peuple sente le besoin
qu'il a d'un chef. — Cela doit être. — Et surtout afin
qu'appauvris par les impôts que nécessite la guerre,
les citoyens ne songent qu'à leurs besoins de chaque
jour, et soient hors d'état de conspirer contre lui. —

Sans contredit. — C'est encore afin d'avoir une voie
non suspecte de se défaire de ceux qu'il sait avoir le
cœur trop haut pour plier sous ses volontés, en les
exposant aux coups de l'ennemi. Par toutes ces raisons, il faut qu'un tyran ait toujours quelque guerre
sur les bras. — J'en conviens.

— Mais une pareille conduite ne doit-elle pas le
rendre odieux à ses sujets?   Très odieux. — Et
quelques uns de ceux qui ont contribué à son élévation, et qui ont après lui le plus d'autorité, ne parle-
ront-ils pas entre eux avec beaucoup de liberté sur
ce qui se passe, et les plus hardis n'iront-ils pas
jusqu'à s'en plaindre à lui-même? — Il y a grande
apparence. — Il faut donc que le tyran s'en défasse,
s'il veut régner en paix, et que sans distinction d'ami
ni d'ennemi, il perde tous les gens de quelque mérite.
— Cela est évident. — Il doit avoir l'œil bien clairvoyant pour discerner ceux qui ont du courage, de
la grandeur d'ame, de la prudence, des richesses : et
tel est son bonheur, qu'il est réduit, bon gré malgré
à leur faire la guerre à tous, à leur tendre des piéges
sans relâche, jusqu'à ce qu'il en ait purgé l'état. —
L'étrange manière de le purger ! — Il fait le contraire
des médecins, qui purgent le corps en ôtant ce qu'il
y a de mauvais, et en laissant ce qu'il y a de bon. —
Il faut apparemment qu'il en vienne là, ou qu'il re-
nonce à la tyrannie. — En vérité, n'est-ce pas pour
lui une heureuse alternative que celle de périr, ou de
vivre avec des gens méprisables, dont encore il ne
peut éviter d'être haï? — Telle est sa situation.

— N'est-il pas vrai que plus il se rendra odieux à ses citoyens par ses cruautés, plus il aura besoin d'une garde nombreuse et fidèle? — Sans doute. — Mais où trouvera-t-il des gens fidèles? d'où les fera-t-il venir? —S'il les paie bien, ils accourront en foule à lui de toutes parts. — Je crois l'entendre. Il lui viendra par essaims des frelons de tous les pays. — Tu as parfaitement compris ma pensée. — Pourquoi ne confierait-il point la garde de sa personne à des gens du pays? — Comment cela? — En composant sa garde d'esclaves qu'il affranchirait après avoir fait mourir leurs maîtres. —Fort bien, car ces esclaves lui seraient entièrement dévoués. — Encore un coup, la condition du tyran est bien digne d'envie, si elle l'oblige à perdre les meilleurs citoyens, et à faire de leurs esclaves ses amis et ses confidents.—Il ne saurait en avoir d'autres.—Ces nouveaux citoyens sont pleins d'admiration pour sa personne; ils sont admis dans sa plus intime familiarité, tandis que les gens de bien le haïssent et le fuient. — Cela doit être.

— On a donc bien raison de vanter la tragédie comme une école de sagesse, et Euripide particulièrement. — A quel propos dis-tu cela? — C'est qu'Euripide a prononcé quelque part cette maxime d'un sens profond: *Les tyrans deviennent habiles par le commerce des gens habiles.* Sans doute il a voulu dire que ceux qui composent leur société sont des gens habiles.—Il est vrai qu'Euripide et les autres poëtes qualifient la tyrannie de divine en plusieurs endroits de leurs ouvrages. — Aussi ces poëtes tragiques ont-ils l'esprit trop bien fait,

pour trouver mauvais que dans notre état, et dans
tous ceux qui sont gouvernés suivant les principes
analogues, on refuse de les recevoir à cause des éloges
qu'ils font de la tyrannie.—Autant que je puis croire,
les plus raisonnables d'entre eux ne s'offenseront point
de ce refus. — Mais ils peuvent parcourir à leur gré
les autres états. Là, rassemblant le peuple et prenant
à leurs gages les voix les plus belles, les plus fortes
et les plus insinuantes, ils inspireront à la multitude
le goût de la tyrannie et de la démocratie. — Sans
doute. — Il leur en reviendra de l'argent et des honneurs, en premier lieu, de la part des tyrans, comme
cela doit être ; en second lieu, de la part des démo-
craties. Mais à mesure qu'ils prendront leur essor
vers des gouvernements plus parfaits, leur renommée
se lassera, perdra haleine et ne pourra les suivre. —
Tu as raison.

—Mais laissons cette digression. Revenons au tyran,
et voyons comment il pourra pourvoir à l'entretien de
cette garde belle, nombreuse et renouvelée à tous
moments. — Il est évident qu'il commencera par dépouiller les temples, et tant que la vente des choses
sacrées lui produira des fonds suffisants, il ne demandera pas au peuple de trop fortes contributions.
— Fort bien : mais quand ce fonds viendra à lui manquer, que fera-t-il ? — Alors il vivra du bien de son
père, lui, ses convives, ses favoris et ses maîtresses. —
J'entends : c'est-à-dire que le peuple, qui a donné
naissance au tyran, le nourrira lui et les siens. — Il le
faudra bien. — Mais quoi ! si le peuple se fâchait à la

fin, et lui disait qu'il n'est pas juste qu'un fils déjà grand et fort soit à la charge de son père; qu'au contraire, c'est à lui de pourvoir à l'entretien de son père; qu'il n'a pas prétendu, en le formant et en l'élevant, se le donner pour maître, aussitôt qu'il serait grand, ni devenir l'esclave de ses esclaves, et le nourrir lui et 'ce ramas d'étrangers qu'il traîne à sa suite; qu'il a voulu seulement s'affranchir par son moyen du joug des riches, et de ceux qu'on appelle dans la société les honnêtes gens; qu'ainsi il lui ordonne de se retirer avec ses amis, par la même autorité qu'un père chasse de sa maison son fils avec ses compagnons de débauche? — Le peuple verra alors quel enfant il a nourri et élevé dans son sein, et que ceux qu'il prétend chasser sont plus forts que lui. — Que dis-tu? Quoi! le tyran oserait faire violence à son père, et même le frapper, s'il ne cédait pas? — Qui doute qu'il en vînt jusque-là, après l'avoir désarmé? — Le tyran est donc un fils dénaturé, un parricide? C'est là ce qu'on appelle la tyrannie proprement dite. Le peuple, en voulant, comme on dit, éviter la fumée de l'esclavage des hommes libres, tombe dans le feu du despotisme des esclaves, et voit succéder la servitude la plus dure et la plus amère à une liberté excessive et désordonnée. — C'est le châtiment qu'il ne manque guère d'éprouver. — Eh bien! pouvons-nous nous flatter d'avoir expliqué d'une manière satisfaisante le passage de la démocratie à la tyrannie, et les mœurs de ce gouvernement? — Oui, nous pouvons nous en flatter avec raison.

LIVRE NEUVIÈME.

Ce livre est la suite du précédent. Platon y trace le portrait du tyran, il veut connaître ses passions les plus secrètes, savoir s'il est heureux ou malheureux. Dans ce but, il rassemble tous les traits divers qui caractérisent un parfait scélérat ; ce scélérat, il le remplit d'ivresse, de libertinage et de fureur : aucune débauche ne l'effraie, aucun meurtre ne l'arrête, il peut satisfaire tous ses goûts, assouvir toutes ses passions : au lieu de l'abaisser, ses crimes l'élèvent. Le voilà puissant, il commande, il est roi. C'est là, au sommet de la fortune, que Platon le saisit, et que, le dépouillant de son appareil de théâtre, il montre à nu les plaies qui le dévorent. Pour en donner une plus vive image, il compare la condition du tyran en proie à ses passions, à celle d'une ville en proie aux fureurs d'une populace effrénée. Toutes les violences, toutes les bassesses, tous les crimes qui font gémir la cité, s'agitent dans cette ame douloureuse ; ils y enfantent les mêmes ravages, ils y soulèvent les mêmes tempêtes, ils y excitent les mêmes désespoirs ; ainsi, comme l'état opprimé par un tyran est le plus malheureux des états, l'homme tyrannisé par ses passions est le plus infortuné des hommes : il y a parité. Platon termine en représentant l'injustice et les mauvaises passions sous la forme d'un monstre à plusieurs têtes et d'un lion affamé que le méchant renferme dans son sein. Là ces animaux se font une guerre horrible, et grandissent en le dévorant. Dire que la pratique de l'injustice est utile à l'homme, c'est dire qu'il lui est utile de se livrer tout vivant à la fureur de ces monstres, de les nourrir de sa propre substance, de se faire à la fois leur esclave et leur victime. Le symbole est frappant, la vérité est lumineuse, et cependant après vingt-deux siècles d'espérances, la vérité n'est point encore acquise au genre humain.

LIVRE NEUVIÈME.

—

« Il nous reste à voir comment l'homme tyrannique
se forme du démocratique, quelles sont ses mœurs,
et si son sort est heureux ou malheureux. — C'est la
seule chose qui nous reste à considérer. — Sais-tu ce
qui me manque encore? — Quoi? — Nous n'avons pas,
ce me semble, assez nettement exposé la nature et les
différentes espèces de desirs. Tandis qu'il manquera
quelque chose à ce point, la découverte de ce que
nous cherchons sera toujours mêlée de quelque obscurité. — Il est encore temps d'y revenir. — Sans doute.
Voici surtout ce que je serais bien aise de connaître
d'une manière plus claire. Parmi les desirs et les plaisirs
superflus, j'en trouve d'illégitimes. Ces desirs naissent
dans l'ame de tous les hommes : mais chez quelques
uns ils sont réprimés par les lois et par d'autres desirs
meilleurs ; de sorte qu'ils s'en vont entièrement, grace
à la raison, ou que ceux qui restent sont faibles et en
petit nombre. Dans d'autres hommes, au contraire,
ces desirs sont en plus grand nombre et en même
temps les plus forts. — De quels desirs parles-tu ? —
Je parle de ceux qui se réveillent durant le sommeil,
lorsque cette partie de l'ame qui est raisonnable,
pacifique et faite pour commander, est comme en-

dormie ; et que la partie animale et féroce, excitée
par le vin et la bonne chère, se révolte, et, repoussant
le sommeil, cherche à s'échapper et à satisfaire ses
appétits. Tu sais que dans ces moments cette partie
de l'ame ose tout, comme si elle était délivrée et
affranchie des lois de la sagesse et de la pudeur ; elle
ne recule pas devant un inceste ; elle ne distingue rien,
ni dieu, ni homme, ni bête : aucun meurtre, aucun
aliment ne lui fait horreur ; en un mot, il n'est point
d'action, quelque extravagante, quelque infâme qu'elle
soit, à laquelle elle ne se porte. — Tu dis vrai.

— Mais lorsqu'un homme mène une vie sobre et
réglée ; lorsque, avant de se livrer au sommeil, il
ranime le flambeau de sa raison, le nourrit de réflexions salutaires, et s'entretient avec lui-même,
que, sans rassasier la partie animale, il lui accorde ce
qu'il ne peut lui refuser, afin qu'elle repose et ne
vienne pas troubler de sa joie ou de sa tristesse la
partie intelligente de l'ame, mais qu'elle la laisse seule,
dégagée des sens, poursuivre de ses regards curieux
ce qu'elle ignore du passé, du présent, de l'avenir ;
lorsque cet homme a aussi apaisé la partie où réside
la colère, qu'il se couche sans avoir le cœur plein de
ressentiment et de trouble contre qui que ce soit ;
enfin, lorsque tout dort en lui, hormis sa raison qu'il
tient éveillée, alors l'esprit voit de plus près la vérité ;
il s'unit à elle d'une façon plus intime, et n'est point
traversé par des fantômes impurs et des songes criminels. — J'en suis persuadé. — Peut-être me suis-je
un peu trop étendu. Ce qu'il importe seulement de

savoir, c'est qu'il y a en chacun de nous, même dans ceux qui paraissent le plus maîtres de leurs passions, une espèce de desirs cruels, brutaux, sans frein, sans lois, et c'est ce que prouvent les songes. Examine si ce que je dis est vrai, ou non. — J'en tombe d'accord.

— Rappelle-toi maintenant le portrait que nous avons fait de l'homme démocratique. Nous disions que dans sa jeunesse il avait été élevé par un père avare, qui n'estimait que les desirs intéressés, et se mettait peu en peine de satisfaire les desirs superflus, qui n'ont d'autre but que le luxe et les plaisirs : n'est-ce pas? — Oui. — Que se trouvant ensuite dans la compagnie de gens frivoles et livrés à ces desirs superflus, dont je viens de parler, il avait bientôt pris en aversion les leçons de son père, et s'était abandonné à la débauche et au libertinage : que cependant, comme il était doué d'un meilleur naturel que ses corrupteurs, se voyant tiré de deux côtés opposés, il avait pris un milieu entre leur système et celui de son père, et s'était proposé d'user de l'un et de l'autre avec modération, et de mener une vie également éloignée, à ce qu'il pensait, de la contrainte servile et du désordre qui ne connaît point de loi ; qu'ainsi d'oligarchique il était devenu démocratique. — Cela est vrai. Telle est bien l'idée que nous nous en sommes faite.

— Donne à présent à cet homme devenu vieux un fils élevé dans les mêmes maximes. — Fort bien. — Imagine ensuite qu'il lui arrive la même chose qu'à son père; je veux dire, qu'il se trouve engagé dans une vie licencieuse, appelée vie libre par ceux qui le

séduisent ; que , d'une part, son père et ses proches
prêtent main-forte à la faction des desirs modérés,
tandis que, de l'autre, ces enchanteurs habiles, qui
possèdent le secret de faire des tyrans , secondent de
tout leur pouvoir la faction contraire ; et quand ils
désespéreront de tout autre moyen de retenir ce jeune
homme dans leur parti, ils feront naître en son cœur,
par leurs artifices , l'amour qui préside aux desirs
oisifs et prodigues, et qui n'est autre , à mon sens,
qu'un grand frelon ailé. Crois-tu qu'un pareil amour
soit autre chose ? — Je ne le crois pas. — Mais lorsque les autres desirs , couronnés de fleurs , parfumés
d'onguents , enivrés de vins et accompagnés des plaisirs effrénés , viennent bourdonner autour de ce frelon, le nourrissent, l'élèvent et l'arment enfin de
l'aiguillon de l'ambition, alors ce tyran de l'ame ne
garde plus de mesures : escorté de la démence, il ex-
termine ou chasse loin de lui tous les sentiments honnêtes et tous les desirs vertueux ; jusqu'à ce qu'après
avoir effacé dans l'ame tout vestige de sagesse et de
tempérance, il l'ait remplie d'une fureur qu'elle ne
connaissait point auparavant. — On ne peut faire une
plus vive peinture de la manière dont se forme l'homme
tyrannique. — N'est-ce pas pour cette raison qu'on a
donné, il y a longtemps, à l'amour le nom de tyran ?
— Il y a toute apparence. — Tout homme dans
l'ivresse n'a-t-il pas des idées et des sentiments tyranniques ? — Oui. — De même un homme tombé en
démence ne s'imagine-t-il pas qu'il peut commander
aux hommes, et même aux dieux ? — Sans doute. —

Or, mon cher ami, qu'est-ce que l'homme tyrannique proprement dit, sinon l'homme que la nature, l'éducation, ou l'une et l'autre ensemble, ont rendu ivre, amoureux et fou? — Cela est vrai.

— Tu viens de voir comme se forme l'homme tyrannique. Mais comment vit-il? — Je te répondrai comme on fait en plaisantant : ce sera toi qui me le diras. — Soit. Ce ne seront sans doute que fêtes, jeux, festins, débauches et plaisirs de toute espèce, où le poussera l'amour tyrannique qu'il a laissé pénétrer dans son ame, et qui en gouverne toutes les facultés. — Nécessairement. — Jour et nuit, ne sentira-t-il pas naître au dedans de lui-même une foule de desirs indomptés et insatiables? — Oui. — Ainsi, ses revenus, s'il en a, seront bientôt épuisés à les satisfaire. — Sans doute. — Après cela viendront les emprunts, suivis de la dissipation de sa fortune. — Il le faudra bien. — Et lorsqu'il n'aura plus rien, ne sera-t-il pas importuné par les cris tumultueux de cette foule de desirs qui s'agitent dans son ame comme dans leur nid? Pressé de leurs aiguillons, et surtout de celui de l'amour, à qui les autres desirs servent, pour ainsi dire, d'escorte, ne courra-t-il pas çà et là comme un forcené, cherchant de tous côtés quelque proie qu'il puisse surprendre par artifice, ou ravir par force? — Oui certes. — Ainsi, ce sera pour lui une nécessité d'emporter tout ce qui se trouvera sous sa main, ou d'être déchiré par les plus cruelles douleurs. — Il n'y a pas de milieu. — Et de même que les nouvelles passions survenues dans son cœur ont supplanté les an-

ciennes et se sont enrichies de leurs dépouilles ; ainsi,
quoique plus jeune, ne voudra-t-il pas avoir plus de
biens que son père et sa mère, et s'emparer de ce qui
leur reste de patrimoine, après avoir dissipé sa part ?
— Oui. — Et si ses parents refusent de se prêter à ses
desirs, n'essaiera-t-il pas d'abord contre eux le larcin
et la fraude ? — Sans contredit. — Si cette voie ne
lui réussit pas, n'aura-t-il pas recours à la rapine et
à la force ouverte ? — Je le pense. — S'ils s'opposent
à sa violence, s'ils résistent, respectera-t-il leur vieillesse, pourra-t-il s'empêcher de leur faire quelque
traitement tyrannique ? — J'ai grand sujet de craindre
pour les parents de ce jeune homme.

— Ainsi, pour une nouvelle maîtresse qu'il aime
par caprice et sans raison ; pour quelque jeune homme
qu'il aime de la veille et par caprice, tu crois, mon
cher Adimante, qu'il irait jusqu'à porter la main sur
son père ou sur sa mère, sans égard pour leur grand
âge, ni pour les droits anciens et naturels qu'ils ont
sur son cœur, et jusqu'à vouloir les asservir à l'objet
de ses amours ? — Je n'en doute nullement. — C'est
donc un grand bonheur pour des parents d'avoir
donné le jour à un fils de ce caractère ? — Il s'en faut
de beaucoup. — Mais quoi ! lorsqu'il aura consumé
tout le bien de son père et de sa mère, et que l'essaim
des passions se sera multiplié et fortifié dans son
cœur, ne sera-t-il pas réduit à forcer les maisons, à
dépouiller de nuit les passants, à piller les temples ?
Les sentiments d'honneur et de probité, qu'on lui
avait inspirés dans son enfance, disparaîtront. Ses

passions, affranchies et ayant l'amour à leur tête, se rendront maîtresses de son ame ; ces mêmes passions, qui, lorsqu'il était soumis à l'autorité des lois et à la volonté de son père, osaient à peine s'émanciper la nuit dans ses rêves, aujourd'hui que l'amour est devenu son maître et son tyran, le porteront cent fois le jour aux mêmes actions, auxquelles jadis elles le portaient rarement pendant son sommeil. Aucun meurtre, aucun horrible festin, aucun crime ne l'arrêtera ; l'amour tyrannique régnant seul dans son ame y introduira la licence, le mépris des lois ; et regardant cette ame comme un état dont il est maître absolu, il la contraindra de tout faire et de tout oser, pour trouver de quoi l'entretenir, lui et cette foule de passions tumultueuses qu'il traîne à sa suite, les unes venues de dehors par les mauvaises compagnies, les autres nées au dedans, et auxquelles il a lâché la bride ou qui se sont affranchies elles-mêmes. N'est-ce pas là la vie que mènera ce jeune homme ? — Oui.

— Si dans un état il se trouve peu de citoyens de ce caractère, et que le reste soit sage et réglé dans ses mœurs, ils en sortiront pour aller se mettre au service de quelque tyran étranger ; s'il y a guerre quelque part, ils vendront leurs services ; ou s'ils vivent dans l'état au sein de la paix et de la tranquillité, ils y commettront un grand nombre de petits maux. — Quels maux ? — Par exemple, ils voleront, forceront les maisons, couperont les bourses, dépouilleront les passants, commettront des sacriléges et des rapts. S'ils ont quelque éloquence, ils feront le métier d'accusateurs, porteront de faux témoignages et se vendront au plus offrant. — Voilà donc ce que tu appelles de petits maux, et ce que ces hommes feront, s'ils sont en petit nombre. — Oui ; les petites choses, tu le sais, ne sont telles que par comparaison avec les grandes, et tous ces maux mis à côté de ceux que souffre un état opprimé par un tyran, ne sont qu'une bagatelle. Mais lorsqu'il y a dans un état beaucoup de citoyens de ce caractère, et que leur parti venant à se grossir chaque jour, ils sentent qu'ils ont la majorité, ce sont eux qui, secondés par une populace insensée, donnent à l'état pour tyran celui d'entre eux dont le cœur est tyrannisé par les passions les plus fortes et les plus impérieuses. — Ce choix tombe bien : un tel homme doit s'entendre parfaitement au métier de tyran.

— Le meilleur parti que l'état puisse prendre alors, c'est de n'opposer aucune résistance ; sinon, au moindre mouvement qui se fera, il se portera contre sa patrie aux mêmes violences dont il a usé envers son père et sa mère : il la maltraitera, la livrera au pouvoir des jeunes débauchés qui le suivent, et tiendra dans le plus dur esclavage cette patrie, cette mère, pour me servir de l'expression des Crétois [1]. C'est là qu'aboutiront les désirs du tyran. — Tu as raison. — Au reste, il n'est pas nécessaire qu'il soit arrivé au pouvoir pour se faire connaître tel qu'il est ; il montre son caractère, tandis qu'il n'est encore que dans une condition privée ; voici comment : ou bien il est en-

---

[1] Le texte porte : Cette matrie.

vironné d'une foule de flatteurs, prêts à lui obéir en
tout; ou, rampant lui-même devant les autres, quand
il a besoin d'eux, il n'est point de choses qu'il ne fasse
pour les persuader de son entier dévouement; mais
à peine ont-ils obtenu ce qu'ils souhaitent, qu'il leur
tourne le dos. — Rien n'est plus ordinaire. — Ainsi
ils passent leur vie sans être amis de personne, maîtres ou esclaves des volontés d'autrui; la marque du
caractère tyrannique est de ne connaître ni la vraie
liberté, ni la véritable amitié. — Cela est vrai. — Ne
peut-on pas dire de ces sortes de gens, qu'ils sont sans
foi? — Oui. — Et de plus, qu'ils sont injustes à l'excès, si ce que nous avons dit plus haut au sujet de la
justice est véritable? — On ne peut douter qu'il ne
le soit.

— Rassemblons donc les divers traits qui constituent le parfait scélérat : s'il existe, ce doit être
l'homme que nous venons de dépeindre. — Sans
doute. — Ainsi ce doit être celui qui, avec le caractère le plus tyrannique qu'on puisse avoir, sera en
outre revêtu de l'autorité tyrannique; et plus il aura
vécu de temps dans l'exercice de la tyrannie, plus il
sera méchant. — C'est une conséquence nécessaire,
s'écria Glaucon. — Mais s'il est le plus méchant des
hommes, n'est-il pas aussi le plus malheureux? et
ne le sera-t-il pas d'autant plus qu'il aura exercé la
tyrannie plus longtemps et d'une manière plus absolue? Je parle ici selon l'exacte vérité, et non selon
l'opinion du vulgaire. — La chose ne saurait être autrement. — La condition de l'homme tyrannisé par

34

ses passions est donc la même que celle d'un état opprimé par un tyran ; par la même raison, la condition
de l'homme démocratique ressemble à celle d'un état
démocratique, et ainsi des autres. — Sans contredit.
— Et ce qu'un état est par rapport à un autre état,
soit pour la vertu, soit pour le bonheur, un homme
l'est par rapport à un autre homme. — Tu as raison.
— Mais quel est le rapport d'un état gouverné par un
tyran à l'état gouverné par un roi [1], tel que nous
l'avons décrit en premier lieu? — Ces deux gouvernements sont entièrement opposés ; l'un est le meilleur,
l'autre est le pire. — Je ne te demanderai pas lequel
des deux est le meilleur ou le pire : cela est évident ;
mais je te demande si tu juges que celui qui est le
meilleur est aussi le plus heureux, et celui qui est le
pire le plus malheureux. N'allons pas, au reste, nous
laisser éblouir, en ne considérant que le tyran seul,
ou le petit nombre de favoris qui l'environnent. Entrons dans l'état, examinons-le tout entier, pénétrons
partout, et prononçons ensuite sur ce que nous aurons vu. — Tu ne demandes rien que de juste. Il est
évident, pour tout homme, qu'il n'est point d'état
plus malheureux que celui qui obéit à un tyran,
ni de plus heureux que celui qui est gouverné par
un roi.

— Aurai-je tort d'exiger qu'on apporte les mêmes
précautions, quand il s'agira de porter son jugement

---

[1] Platon n'a parlé que du gouvernement aristocratique. Il est
donc évident qu'il assimile à cette forme de gouvernement la
royauté.

sur le bonheur des individus, et de vouloir qu'on ne
s'en rapporte qu'à la décision de celui qui peut
pénétrer par la pensée jusque dans l'intérieur de
l'homme, qui ne se laisse pas prendre comme un
enfant aux apparences, et à ces dehors fastueux dont
le pouvoir tyrannique se revêt pour imposer à la multitude, mais qui pénètre au fond des choses. Si donc
Je prétendais que nous ne devons écouter, dans la
question présente, d'autre juge que celui qui, aux
lumières de l'esprit, joint celle de l'expérience, qui a
vécu avec les tyrans, qui les a vus dans le domestique,
dépouillés de leur appareil et de leur pompe de théâtre qui les suit en public ; qui sait quelle impression
font sur eux les crises politiques : si j'engageais cet
homme à prononcer sur le bonheur ou le malheur de
la condition du tyran, comparée à celle des autres ?...
— Tu ne pourrais choisir un meilleur juge. — Veux-
tu que nous supposions pour un moment que nous
sommes nous-mêmes en état de juger, et que nous
avons vécu avec les tyrans[1], afin que nous ayons
quelqu'un qui puisse répondre à nos interrogations ?
— Je le veux bien.

— Suis-moi donc ; et te rappelant la ressemblance
qui existe entre l'état et l'individu, considère-les l'un
après l'autre, et dis-moi quelle doit être leur situation

[1] Platon avait plus de droit qu'aucun autre de prononcer sur la
condition des tyrans. On sait qu'il passa quelque temps à la cour
des deux Denis, qu'il fut même admis dans leur intimité, et que si
ses conseils eussent été suivis, le palais du tyran eût été changé en
une école de philosophie.

à tous deux. — Je te suis. — Pour commencer par
l'état, diras-tu d'un état soumis à un tyran, qu'il est
libre ou esclave? — Je dis qu'il est esclave autant
qu'on peut l'être. — Tu vois cependant, dans cet
état, des gens maîtres de quelque chose et libres de
leurs actions? — J'en vois, mais en très petit nombre;
et, à dire vrai, la plus grande et la plus saine partie
des citoyens est réduite à un dur et honteux esclavage.
— Si donc il en est de l'individu comme de l'état,
n'est-ce pas une nécessité qu'il se passe en lui les
mêmes choses, que son ame gémisse dans une servitude basse et honteuse, que la plus excellente partie
de cette ame soit soumise aux volontés de la partie la
plus méprisable, la plus méchante et la plus furieuse?
— Cela doit être ainsi. — Que diras-tu d'une ame en
cet état, qu'elle est libre ou esclave? — Je dis qu'elle
est esclave. — Mais un état esclave, et dominé par un
tyran, ne fait point ce qu'il veut? — Non certes. —
Ainsi, à dire vrai, une ame tyrannisée ne fait pas non
plus ce qu'elle veut; mais sans cesse entraînée par la
violence de ses passions, elle sera pleine de trouble
et de repentir. — Sans doute. — L'état où règne un
tyran est-il riche ou pauvre? — Il est pauvre. — Une
ame tyrannisée est donc aussi toujours pauvre et
insatiable? — Oui. — N'est-ce pas encore une nécessité, que cet état et cet individu soient dans une
crainte et une frayeur continuelles? — Assurément.
— Crois-tu qu'on puisse trouver dans quelque autre
état plus de plaintes, plus de sanglots, plus de gémissements et de douleurs amères? — Non. — Ou dans

quelque autre homme, plus que dans l'homme tyrannique, que l'amour et les autres passions rendent furieux? — Je ne le crois pas.

— Or, c'est en jetant les yeux sur tous ces maux,
et sur mille autres encore, que tu as jugé que cet
état était le plus malheureux de tous les états. — N'ai-
je point eu raison? — Sans doute; mais en te plaçant
au même point de vue, que dis-tu de l'homme tyrannique? — Je dis que c'est le plus malheureux de tous
les hommes. — Tu te trompes. — Pourquoi? — Il
n'est pas encore aussi malheureux qu'on peut l'être.
— Qui le sera donc? — Celui que je vais dire te paraîtra peut-être plus malheureux. — Quel est-il? —
C'est celui qui, étant déjà tyrannisé par ses passions,
ne passe point sa vie dans une condition privée, et à
qui sa mauvaise fortune présente l'occasion de devenir tyran d'un état. — Sur ce que nous avons dit, je
conjecture que tu as raison. — Cela peut être; mais,
dans une matière de cette importance, où il ne s'agit
de rien moins que d'examiner d'où dépend le bonheur
et le malheur de la vie, il ne faut pas s'arrêter à des
conjectures; mais porter, s'il se peut, la chose jusqu'à
l'entière conviction. — Cela est bien dit.

Vois si je raisonne juste. Pour bien juger de la
condition du tyran, voici, ce me semble, comment il
faut la considérer. — Comment? — Il en est du tyran
comme de ces riches particuliers qui ont beaucoup
d'esclaves; car ils ont cela de commun avec lui, qu'ils
commandent à beaucoup de monde : la différence n'est
que dans le nombre. — Cela est vrai. — Tu sais que

ces particuliers vivent tranquilles, et ne craignent
rien de la part de leurs esclaves. — Qu'en auraient-ils
à craindre? — Rien; mais en vois-tu la raison? —
Oui. C'est que tout l'état veille à la sûreté de chaque
citoyen. — Fort bien. Mais si quelque dieu, enlevant
du sein de la cité un de ces hommes qui ont à leur
service cinquante esclaves et davantage, avec sa femme
et ses enfants, le transportait, ainsi que son bien et
toute sa maison, dans un désert où il n'aurait de secours à attendre d'aucun homme libre, ne serait-il
pas dans une appréhension continuelle de périr de la
main de ses esclaves, lui, sa femme et ses enfants?
— Je n'ai pas de peine à le croire. — Il serait donc
réduit à faire sa cour à quelques uns d'entre eux, à
les gagner à force de promesses, à les affranchir, sans
qu'ils l'eussent mérité; en un mot, à devenir le flatteur de ses esclaves? — Il faudrait bien qu'il en passât par là, ou qu'il consentît à périr? — Que serait-
ce donc, si ce même dieu plaçait autour de la demeure
de ce riche un grand nombre de gens déterminés à ne
pas souffrir qu'un homme exerce aucun empire sur
ses semblables, et à punir du dernier supplice celui
qu'ils surprendraient formant une pareille entreprise?
— Environné de toutes parts de tant d'ennemis, il
aurait encore un plus grand sujet de craindre pour
ses jours.

— N'est-ce pas dans une semblable prison qu'est
enchaîné le tyran? Du caractère dont nous l'avons
dépeint, il doit être dévoré sans cesse de craintes et
de desirs de toute espèce. Mais, quelque avide que

soit sa curiosité, il ne peut voyager comme les autres
citoyens, ni aller voir mille choses qui attirent leurs
regards. Enfermé dans l'enceinte de son palais, comme
une femme, il porte envie au bonheur de ses sujets,
lorsqu'il apprend qu'ils font quelque voyage et qu'ils
vont voir des choses dignes d'exciter leur attention.
—Cela est vrai. — Tels sont les maux qui viennent
accroître les souffrances de l'homme qui est tyrannisé
par ses passions, et que tu as jugé le plus malheureux
des hommes ; telles sont les nouvelles tortures qui
viennent l'assaillir, lorsque le sort l'oblige de renoncer à la vie privée, et l'élève à la condition de tyran :
incapable de se conduire lui-même, il lui faudra conduire les autres. Sa condition ressemble à celle d'un
malade, qui n'ayant pas assez de forces pour lui-
même, au lieu de ne songer qu'à sa santé, se verrait
contraint de passer toute sa vie dans des combats
d'athlètes. — Cette comparaison, Socrate, est très
exacte et très vraie. — Une telle situation, mon cher
Glaucon, n'est-elle pas la plus triste qu'on puisse
imaginer, et la condition de tyran n'ajoute-t-elle pas
un surcroît de malheur à celui qui, selon toi, était
déjà le plus malheureux des hommes ? — J'en conviens.

— Ainsi, en réalité, et quelle que soit l'apparence,
le tyran n'est qu'un esclave, un esclave assujetti à la
plus dure et à la plus basse servitude, et le flatteur
des hommes les plus méchants. Jamais il ne peut assouvir ses passions : ce qui lui manque va bien au
delà de ce qu'il possède ; quiconque saura voir dans

le fond de son ame, trouvera qu'elle est vraiment
pauvre, toujours saisie de frayeur, toujours en proie
aux douleurs et aux angoisses; telle est sa situation,
s'il est vrai qu'elle ressemble à celle de l'état dont il
est le maître; or, elle y ressemble; qu'en penses-tu?
— Oui. — Ajoutons à tant de misères ce que nous
avons déja dit, que de jour en jour il devient nécessairement, à raison du rang qu'il occupe, plus en-
vieux, plus perfide, plus injuste, plus impie, plus disposé à loger et à nourrir dans son cœur tous les vices :
d'où il suit qu'il est le plus malheureux des hommes,
et qu'il communique son mal à ceux qui l'approchent.
— Nul homme de bon sens ne te contredira en ce
point.

— Fais donc à présent l'office de juge, et décide
quels sont de ces cinq caractères, le royal, le timocratique, l'oligarchique, le démocratique, le tyrannique,
ceux qui sont le plus heureux et ceux qui le sont le
moins. — Le jugement est aisé à faire. Je leur donne
à chacun plus ou moins de vertu, plus ou moins de
bonheur, selon le rang auquel ils se sont présentés à
nous. — Veux-tu que nous fassions venir un héraut,
ou que je publie moi-même à haute voix que le fils
d'Ariston a déclaré que le plus heureux des hommes,
c'est le plus juste et le plus vertueux, c'est-à-dire
celui qui règne sur lui-même, et qui se gouverne selon
les principes de l'état monarchique; et que le plus
malheureux, c'est le plus injuste et le plus méchant,
c'est-à-dire celui qui, étant du caractère le plus
tyrannique, exerce sur lui-même et sur les autres la

tyrannie la plus absolue ? — Je te permets de le publier. — Ajouterai-je que, selon toi, l'un et l'autre
sont tels, quand bien même les dieux et les hommes
n'auraient aucune connaissance de la justice du premier et de l'injustice du second? — Ajoute.

— Ainsi, nous voilà parvenus à la découverte de ce
que nous cherchions. Je vais, si tu veux, te donner
une seconde démonstration de la même vérité. —
Quelle est-elle ? — Si, de même que l'état est partagé
en trois corps, l'ame de chacun de nous est aussi di-
visée en trois parties, il y a lieu, ce me semble, à tirer
de là une nouvelle démonstration? — Dis-la-moi —
La voici : à ces trois parties de l'ame répondent trois
espèces de plaisirs, propres à chacune d'elles; elles
ont aussi chacune leurs desirs et leurs dominations à
part. — Explique-toi. — L'une de ces parties est la
raison, instrument des connaissances de l'homme ; la
seconde est l'appétit irascible ; la troisième a trop de
formes différentes pour pouvoir être comprise sous
un nom particulier; mais on la désigne ordinairement
par ce qu'il y a de remarquable et de prédominant
en elle. Nous l'avons nommée appétit concupiscible,
à cause de la violence des desirs qui nous portent
vers le manger, le boire, l'amour et les autres plaisirs des sens; nous l'avons aussi appelée esprit d'intérêt, parceque l'argent est le moyen le plus efficace
de satisfaire ces sortes de desirs. — Nous avons eu
raison. — Si nous disions que le plaisir propre à cette
faculté, c'est le plaisir du gain, ne serait-ce pas là en
fixer la notion, et nous en donner une idée claire?

35

Quel autre nom, en effet, lui convient mieux que celui d'amour du gain? — Je n'en vois point d'autre. — L'appétit irascible ne nous porte-t-il point à dominer, à l'emporter sur les autres, et à acquérir de la gloire? — Oui. — Nous pouvons donc à juste titre l'appeler esprit de brigue et d'ambition? — Ce nom lui convient parfaitement. — Quant à la faculté qui connaît, il est évident qu'elle tend sans cesse et tout entière à connaître la vérité partout où elle est, et qu'elle se met peu en peine des richesses et de la gloire. — Cela est certain. — Ainsi, nous n'aurons pas tort de l'appeler esprit philosophique et amour de l'instruction? — Non.

— N'est-il pas encore vrai que, selon la différence des caractères, les uns se laissent dominer par cet esprit, les autres par l'un des deux autres? — Oui. — C'est pour cela que nous disons qu'il y a trois principaux caractères d'hommes, le philosophe, l'ambitieux, l'intéressé. — Fort bien. — Et trois espèces de plaisirs analogues à chacun de ces caractères. — Sans doute. — Si tu demandais à chacun de ces hommes en particulier quelle est la vie la plus heureuse, tu n'ignores pas que chacun d'eux te dirait que c'est la sienne; que l'intéressé mettrait le plaisir du gain au-dessus des autres plaisirs, qu'il mépriserait la science et les honneurs, à moins que ce ne fût un moyen d'amasser de l'argent. — Cela est vrai. — De son côté, que dira l'ambitieux? Ne traitera-t-il pas de bassesse le plaisir que l'on goûte à accumuler des trésors, et de vaine fumée celui qui revient de l'étude des sciences, à l'ex-

ception de celles qui peuvent le conduire aux honneurs et à la gloire? — La chose est ainsi. — Quant
au philosophe, disons hardiment qu'il ne fait aucun
cas de tout le reste, en comparaison du plaisir que
procure la connaissance du vrai; et que par son application continuelle à cette étude, il tend à s'en procurer de plus en plus la jouissance; à l'égard des
autres plaisirs, s'il les appelle des nécessités, c'est
qu'il ne s'y prêterait nullement si le besoin de la nature ne l'exigeait. — J'en suis très persuadé.

— Maintenant, puisqu'il est question de décider
laquelle de ces trois espèces de plaisirs et de
conditions est, je ne dis pas la plus honnête et la
meilleure en soi, mais la plus agréable et la plus
douce; comment, entre ces prétentions opposées,
pourrons-nous savoir de quel côté se trouve la vérité?
— Je ne saurais le dire. — Voyons la chose de cette
manière. Quelles sont les qualités requises pour bien
juger? N'est-ce pas l'expérience, la réflexion, et le
raisonnement? Peut-on suivre de meilleurs guides,
quand il s'agit de porter un jugement? — Non. — Or,
lequel de nos trois hommes a le plus d'expérience des
trois sortes de plaisirs dont nous venons de parler?
Crois-tu que l'homme intéressé, s'il s'appliquait à la
connaissance du vrai, fût plus capable de juger par le
sentiment intérieur de la nature du plaisir qui accompagne la science, que le philosophe n'est en état
de juger du plaisir que cause le gain? — Il s'en faut de
beaucoup, parceque le philosophe s'est trouvé dès
l'enfance dans la nécessité de goûter le plaisir du gain;

au lieu qu'il n'y a aucune nécessité pour l'homme
intéressé d'éprouver combien est doux le plaisir de
connaître la nature des choses, et que ce plaisir étant
au dessus de sa portée, il ferait de vains efforts pour
y atteindre. — Ainsi le philosophe est plus expérimenté
que l'homme intéressé dans l'un et l'autre de ces
plaisirs. — Sans comparaison. — Ne connaît-il pas aussi
par expérience le plaisir attaché aux honneurs, mieux
que l'ambitieux ne connaît le plaisir qui suit la sagesse? — Sans doute, puisque chacun de ces trois
hommes est sûr d'être honoré, s'il parvient au but
qu'il se propose. Car les richesses ont leurs admirateurs, comme le courage et la sagesse. Ainsi, à l'égard
du plaisir qu'il y a d'être honoré, tous trois ont une
égale expérience. Mais il est impossible qu'aucun
autre que le philosophe goûte le plaisir attaché à la
contemplation de l'essence des choses. — Par conséquent, à ne consulter que l'expérience, il est plus en
état de juger que les deux autres. — Sans contredit.
  — Il est donc le seul qui aux lumières de l'expérience joigne celles de la réflexion. — Cela est incontestable. — Quant à l'instrument qui est la troisième
condition pour bien juger, il n'appartient en propre ni
à l'intéressé ni à l'ambitieux, mais au seul philosophe.
— Quel est donc cet instrument? — N'avons-nous pas
dit qu'il faut employer le raisonnement dans les jugements? — Oui. — Or, le raisonnement est, à proprement
parler, l'instrument du philosophe. — Cela est vrai.
— Si la richesse et le gain étaient la plus juste règle
pour bien juger de chaque chose, ce que l'homme in-

téressé estime ou méprise serait en effet ce qu'il y a
de plus digne d'estime ou de mépris. — J'en conviens.
— Si c'était les honneurs, le courage et les victoires, ne
faudrait-il pas s'en rapporter à la décision de l'homme
intrigant et ambitieux? — Cela est évident. — Mais
puisque c'est à la prudence, à l'expérience, au raisonnement qu'il appartient de prononcer..... — On ne
peut s'empêcher de reconnaître que ce qui mérite
l'estime du philosophe, de l'ami de la raison, est véritablement estimable. — Donc, des trois plaisirs dont
il s'agit, le plus doux est celui que goûte cette partie
de l'ame qui est l'instrument de nos connaissances;
et l'homme qui donne à cette partie tout empire sur
lui-même, mène la vie la plus heureuse. — J'en demeure d'accord; et quand le sage vante le bonheur
de son état, c'est qu'il a le droit de le faire. — Quelle
vie et quel plaisir mettra-t-il au second rang? — Il est
clair que ce sera le plaisir du guerrier et de l'ambitieux, qui approche beaucoup plus du sien, que celui
de l'homme intéressé. — Selon toute apparence, c'est
à ce dernier qu'il assignera la dernière place. — Sans
doute.

— Ainsi, voilà deux victoires consécutives que le
juste remporte sur l'injuste. Il en va remporter une
troisième dont il rendra graces à Jupiter Conservateur
et Olympien, comme on fait aux jeux olympiques.
Et cette troisième victoire, la voici : tout autre plaisir
que celui du sage n'est point un plaisir réel, un plaisir
pur; au contraire, ce n'est qu'une ombre, un fantôme
de plaisir, selon ce que j'ai ouï dire à un sage. Or,

35.

si cela est, la défaite de l'injuste est pleine et entière.
— Assurément, mais comment le prouves-tu? Réponds-moi seulement. Nous allons examiner ensemble
la question. — Interroge. — La douleur n'est-elle pas
le contraire du plaisir? — Oui. — N'y a-t-il pas aussi
un état où l'ame n'éprouve ni plaisir ni douleur? —
Je le pense. — Cet état qui tient le milieu entre ces
deux sentiments contraires, ne consiste-t-il pas dans
un certain repos où l'ame se trouve à l'égard de l'un
et de l'autre? N'est-ce pas là ta pensée? — Oui. — Te
rappelles-tu les discours que tiennent d'ordinaire les
malades, dans les accès de leur mal? — Quels sont
ces discours? — Qu'il n'est pas de plus grand bien que
la santé; mais qu'ils n'en connaissaient pas tout le
prix avant d'être malades. — Je me les rappelle. —
N'entends-tu pas dire à tous ceux qui souffrent qu'il
n'est rien de plus doux que de ne plus souffrir? —
Cela est vrai. — Et tu verras que dans tous les événements fâcheux de la vie les hommes tiennent le
même langage. Sont-ils tristes? être exempt de tristesse est pour eux le bien le plus desirable. Ce n'est
pas la joie qu'ils regardent comme ce qu'il y a de plus
délicieux, mais la cessation de la tristesse et le repos.
— C'est que cette situation serait douce pour eux, en
comparaison de celle où ils se trouvent. — Par la même
raison, la cessation du plaisir doit être une douleur
pour celui qui était auparavant dans la joie. — Cela
doit être. — Ainsi ce calme de l'ame que nous disions
tout à l'heure tenir le milieu entre le plaisir et la douleur, nous paraît être à présent l'un et l'autre. — Oui.

—Mais est-il possible que ce qui n'est ni l'un ni l'autre soit tout ensemble l'un et l'autre? — Je ne le pense pas. — Le plaisir et la douleur ne sont-ils pas l'un et l'autre un mouvement de l'ame? — Oui. — Mais ne venons-nous pas de dire que cet état où l'on ne sent ni plaisir ni douleur est un repos de l'ame, et quelque chose d'intermédiaire entre ces deux sentiments? — Il est vrai. — Comment donc peut-on croire raisonnablement que la négation de la douleur soit un plaisir, et la négation du plaisir, une douleur? — On ne le peut pas. — Par conséquent, cet état n'est en lui-même ni agréable ni fâcheux; mais on le juge agréable par opposition avec la douleur, et fâcheux par opposition avec le plaisir. Dans tous ces fantômes il n'est pas de plaisir réel, tout cela n'est qu'un prestige. — Du moins la raison le démontre.

—Afin qu'il ne te reste aucun motif pour croire que le plaisir n'est ici-bas que la cessation de la douleur, et la douleur, que la cessation du plaisir, considère les plaisirs qui ne viennent à la suite d'aucune douleur. — Où sont-ils, et quelle est leur nature? — Ils sont en grand nombre et de différentes espèces; fais attention, par exemple, aux plaisirs de l'odorat. La vive sensation qu'ils excitent dans l'ame n'est précédée d'aucune douleur; et lorsqu'elle vient à cesser, elle ne laisse aucune douleur après elle. — Cela est très vrai. — Ne nous laissons donc pas persuader que le plaisir pur ne soit qu'une simple cessation de douleur, et la douleur, une simple cessation de plaisir. — Non. — Et pourtant ces plaisirs qui passent dans l'ame par

le canal des sens, c'est-à-dire les plus nombreux et
les plus vifs, sont de cette nature ; ce sont de véritables
cessations de douleur. — J'en conviens. — N'en est-il
pas de même à l'égard des pressentiments de joie et
de douleur causés par l'attente de quelque sensation
agréable ou fâcheuse ? — Oui. — Sais-tu ce qu'on doit
penser de ces plaisirs, et à quoi on peut les comparer ?
— A quoi ? — Tu n'ignores pas qu'il y a dans les choses
un haut, un milieu et un bas ? — Non. — Quelqu'un qui passe d'une région inférieure à une région
moyenne ne s'imagine-t-il pas monter à la plus haute ?
Et lorsque étant arrivé au milieu il vient à jeter les
yeux sur le terme d'où il est parti, quelle autre
pensée peut-il avoir, sinon qu'il est en haut, parcequ'il ne connaît pas encore la région véritablement
haute ? — Je ne crois pas qu'il pût s'imaginer autre
chose. — S'il retombait de là dans la basse région,
il croirait descendre, et sans doute il ne se tromperait pas. — Non. — A quoi peut-on attribuer son erreur,
sinon à l'ignorance où il est de la région vraiment
haute, vraiment moyenne ou vraiment basse ? — Il
est évident que son erreur ne vient que de là. — Est-il
donc surprenant que des hommes qui ne connaissent
pas la vérité se forment des idées fausses de mille
choses, entre autres du plaisir, de la douleur, et de ce
qui tient le milieu entre l'un et l'autre ; de sorte que
lorsqu'ils passent à la douleur, ils croient souffrir,
et souffrent en effet ; mais lorsque de la douleur ils
passent à l'état intermédiaire, ils se persuadent qu'ils
sont arrivés à la pleine jouissance du plaisir ? Est-il

surprenant que des gens qui n'ont jamais ressenti le
vrai plaisir, et qui ne considèrent la douleur que par
opposition avec la cessation de la douleur, soient
trompés dans leur jugement, à peu près comme si,
ne connaissant pas la couleur blanche, ils prenaient
du gris pour du blanc, en le comparant avec du
noir? — Il n'y a rien de surprenant en cela. Au contraire, je serais bien plus surpris que la chose fût
autrement.

— Fais à présent réflexion sur ce que je vais dire.
La faim, la soif et les autres besoins naturels ne for-
ment-ils pas des espèces de vides dans le corps? — Oui.
— Pareillement, l'ignorance et la déraison ne sont-
elles pas un vide dans l'ame? — Sans doute. — Ne
remplit-on pas la première sorte de vide en prenant
de la nourriture, et la seconde, en acquérant de l'intelligence? — Oui. — Quelle est la plénitude la plus
réelle, celle qui provient de choses qui ont plus de
réalité, ou celle qui provient de choses qui en ont
moins? — Il est évident que c'est la première. — Or,
le pain, la boisson, les viandes, en général tout ce
qui nourrit le corps, a-t-il plus de réalité, participe-t-il
davantage à la véritable essence, que les opinions
vraies, la science, l'intelligence, en un mot, toutes
les vertus? Voici comment il faut en juger. Ce qui
provient de l'être vrai, immortel, immuable; ce qui
présente en soi les mêmes caractères, et se produit
en un sujet semblable, n'a-t-il pas plus de réalité
que ce qui vient de la nature sujette au changement
et à la corruption, et se produit dans une substance

pareillement mortelle et changeante ? — Ce qui tient
de l'être immuable a infiniment plus de réalité. — La
science est-elle moins essentielle à l'être immuable
que l'existence? — Non. — Et la vérité? — Non plus.
— Si cet être perdait de la vérité, ne perdrait-il pas
de son existence? — Sans doute. — Donc, en général, tout ce qui sert à l'entretien du corps participe
moins de la vérité et de l'existence, que ce qui sert à
l'entretien de l'ame? — J'en demeure d'accord. — Le
corps lui-même n'a-t-il pas moins de réalité que l'ame?
— Oui. — Donc la plénitude de l'ame est plus réelle
que celle du corps, à proportion que l'ame elle-même
a plus de réalité que le corps, et que ce qui sert à la
remplir en a aussi davantage. — Sans contredit.

— Par conséquent, si le plaisir consiste à se remplir
de choses conformes à sa nature, ce qui peut se remplir véritablement de choses qui ont plus de réalité
doit goûter un plaisir plus réel et plus solide; et ce
qui participe de choses moins réelles doit être rempli
d'une manière moins vraie et moins solide et ne goûter qu'un plaisir moins sûr et moins vrai. — C'est une
conséquence nécessaire. — Ainsi, ceux qui ne connaissent ni la sagesse ni la vertu, qui sont toujours
dans les festins et dans les autres plaisirs sensuels,
passent sans cesse de la basse région à la moyenne et
de la moyenne à la basse. Ils sont toute leur vie er-
rants entre ces deux termes, sans pouvoir jamais les
franchir. Jamais ils ne se sont élevés jusqu'à la haute
région, ils n'ont pas même porté leurs regards jusque-là ; ils n'ont point été véritablement remplis par

la possession de ce qui est, jamais ils n'ont goûté une
joie pure et solide. Mais toujours penchés vers la terre,
comme des animaux, et les yeux toujours fixés sur
leur pâture, ils se livrent brutalement à la bonne chère
et à l'amour; et, se disputant la jouissance de ces plaisirs, ils tournent leurs armes les uns contre les autres et finissent par s'entre-tuer avec leurs sabots et
leurs cornes de fer, dans la fureur de leurs appétits
insatiables, parcequ'ils ne songent point à remplir
d'objets réels cette partie d'eux-mêmes qui tient de
l'être, et qui est seule capable d'une vraie plénitude.
— Socrate, tu viens de peindre au naturel la vie de
la plupart des hommes. — C'est donc une nécessité
qu'ils ne goûtent que des plaisirs mêlés de douleurs,
des fantômes du plaisir véritable, qui n'ont de couleur et d'éclat que quand on les rapproche l'un de
l'autre, et dont la vue excite dans le cœur des insensés un amour si vif, des transports si violents, qu'ils
se battent pour les posséder, comme les Troyens se
battirent, selon Stésichore, pour le fantôme d'Hélène[1], faute d'avoir vu l'Hélène véritable. — Il est
impossible que cela soit autrement.

— Mais quoi! la même chose n'arrive-t-elle pas à

[1] Selon Hérodote, livre II, Pâris et Hélène, en venant de Sparte
à Troie, furent jetés par la tempête sur les côtes de l'Égypte;
Protée, qui y régnait alors, renvoya Pâris et garda Hélène, qu'il
rendit à Ménélas, lorsqu'à son retour de Troie la tempête l'eût
aussi obligé de relâcher en Égypte. Stésichore et le Scholiaste de
Lycophron (*Alexandra*, v. 115) ajoutent que le fantôme d'Hélène
suivit Pâris à Troie. Euripide adopte cette version dans sa tragédie
d'*Hélène*.

l'égard de cette partie de l'ame où réside le courage,
lorsque l'ambition, secondée par la jalousie, l'esprit
de querelle par la violence, et l'humeur farouche par
la colère, font courir l'homme sans réflexion et sans
discernement après une fausse plénitude d'honneur
et de victoire, et après l'assouvissement de son ressentiment? — La même chose doit nécessairement arriver. — Ainsi nous pouvons dire avec confiance que,
quand les desirs qui appartiennent à ces deux parties
de l'ame, l'intéressée et l'ambitieuse, se laissent conduire par la science et la raison, et que, sous leurs
auspices, elles ne poursuivent d'autres plaisirs que
ceux qui leur sont marqués par la sagesse, elles ressentent alors les plaisirs les plus vrais et les plus conformes à leur nature qu'il leur soit possible de goûter;
parceque, d'une part, la vérité les guide dans leurs
poursuites, et que, de l'autre, ce qui est le plus
avantageux à chaque chose est aussi ce qui a le plus
de conformité avec sa nature. — Rien de plus vrai.
— Lors donc que toute l'ame marche à la suite de la
raison, et qu'il ne s'élève en elle aucune sédition,
outre que chacune de ses parties se tient dans les
bornes du devoir et de la justice, elle a encore la
jouissance des plaisirs qui lui sont propres, des plaisirs les plus purs et les plus vrais dont elle puisse
jouir. — Sans contredit. — Au lieu que, quand une
des deux autres parties usurpe l'autorité, il arrive
de là, en premier lieu, qu'elle ne peut se procurer les
plaisirs qui lui conviennent; en second lieu, qu'elle
oblige les autres parties à poursuivre des plaisirs faux

et qui leur sont étrangers. — J'en conviens. — Mais
ce qui s'éloigne davantage de la philosophie et de la
raison est aussi plus capable de produire ces funestes
effets. — Sans doute. — Mais ce qui s'écarte davantage de l'ordre et de la loi ne s'écarte-t-il pas de la
raison dans la même proportion ? — Cela est évident.
— N'avons-nous pas dit que rien ne s'en éloignait
davantage que les desirs tyranniques et amoureux ?
— Oui. — Et que rien ne s'en écartait moins que les
desirs modérés et monarchiques ? — Oui. — Par conséquent, le tyran sera le plus éloigné du plaisir véritable et propre de l'homme ; au lieu que le roi en
approchera d'aussi près qu'il est possible. — Sans
contredit. — La condition du tyran sera donc la moins
heureuse, et celle du roi la plus heureuse qu'on puisse
imaginer ? — Cela est incontestable. — Sais-tu de
combien la condition du tyran est moins heureuse que
celle du roi ? — Je le saurai, si tu me le dis. — Il y a
trois espèces de plaisirs, une de vrais, deux de faux ;
or, le tyran, ennemi de la loi et de la raison, et toujours assiégé d'une escorte de desirs esclaves et ram-
pants, est placé à l'extrémité des plaisirs faux.
Maintenant, de combien est-il inférieur à l'autre en
bonheur, c'est ce qu'il n'est point aisé de déterminer,
si ce n'est peut-être de cette manière. — De quelle
manière ?

— Le tyran est le troisième, à partir de l'homme
oligarchique, car, entre eux deux, se trouve l'homme
démocratique. — Oui. — Par conséquent, si ce que
nous avons dit plus haut est vrai, le fantôme de plaisir

36

dont jouit le tyran est trois fois plus éloigné de la vérité que celui dont jouit l'homme oligarchique. —
Cela est ainsi. — Mais si nous comptons pour un seul
l'homme royal et l'homme aristocratique, l'oligarchique est aussi le troisième après lui. — Il l'est en
effet. — Le tyran est donc éloigné du vrai plaisir le
triple du triple. — Oui, ce me semble. — Par conséquent, le fantôme de plaisir du tyran, à le considérer
selon sa longueur, peut être exprimé par un nombre
plan. — Oui. — Or, en multipliant cette longueur par
elle-même, et en l'élevant à la troisième puissance, il
est aisé de voir combien le plaisir du tyran est éloigné
de la vérité. — Rien de plus aisé pour un calculateur.
— Maintenant, si l'on renverse cette progression, et
qu'on cherche de combien le plaisir du roi est plus
vrai que celui du tyran, on trouvera, le calcul fait, que
le roi est sept cent vingt-neuf [1] fois plus heureux que

---

[1] Comme on pourrait trouver quelque obscurité dans cette manière de calculer le plaisir et la douleur, je vais en donner l'explication qui me paraît la plus approchante du texte. Le bonheur du
tyran a trois fois moins de réalité que celui de l'oligarchique : celui de l'oligarchique en a trois fois moins que celui du roi : le bonheur du tyran a donc neuf fois moins de réalité que celui du roi.
Le nombre neuf est un nombre plan, puisque c'est le carré de
trois. Ensuite Platon considérant ces deux bonheurs, l'un réel,
l'autre apparent, comme deux solides, dont toutes les dimensions
sont proportionnelles, et leurs distances de la réalité, un et neuf,
comme une de leurs dimensions, leur longueur, par exemple, multiplie chacun de ces nombres deux fois par lui-même, pour avoir
le rapport de ces deux solides, qui par là se trouve être celui de
un à sept cent vingt-neuf ; c'est-à-dire que le bonheur du tyran
est sept cent vingt-neuf fois moindre que celui du roi. Ce calcul
est fondé sur ce théorème de géométrie : « Les solides dont toutes

le tyran , et que celui-ci est plus malheureux dans la
même proportion. — Tu viens de trouver par un calcul tout à fait surprenant l'intervalle qui sépare le
plaisir du juste de celui de l'injuste. — Ce nombre ex-
prime exactement la différence de leur condition , si
tout s'accorde de part et d'autre , les jours , les nuits,
les mois et les années. — Tout s'accorde d'une et
d'autre part. — Mais si la condition de l'homme juste
et vertueux surpasse si fort en plaisir celle du méchant
et de l'injuste , combien plus la surpassera-t-elle en
décence , en beauté et en mérite ? — Elle l'emportera
infiniment sur l'autre.

—Maintenant puisque nous en sommes venus ici, reprenons ce qui a été dit plus haut , et qui a donné
occasion à cet entretien [1]. On disait , ce me semble ,
que l'injustice était avantageuse au parfait scélérat ,
pourvu qu'il passât pour honnête homme. N'est-ce
pas ainsi qu'on s'est exprimé ? — Oui. — Examinons
si cette maxime est vraie , à présent que nous sommes convenus des effets que produisent dans l'ame les
actions justes et injustes. — Comment nous y prendrons-nous? — Pour montrer à celui qui en est l'auteur qu'il s'est trompé , formons , par la pensée , une
image de l'ame. — Quelle sorte d'image? — Une
image faite sur le modèle de la Chimère , de Scylla ,
de Cerbère et des autres monstres que la tradition

les dimensions sont proportionnelles, sont entre eux en raison tri-
plée, ou comme les cubes d'une de leurs dimensions. »

(*Note de Grou.*)

[1] *Thrasym.*, au liv. I.

nous représente formés de l'assemblage de plusieurs
natures différentes. — Fort bien. — Compose d'abord
un monstre à plusieurs têtes, les unes des animaux
paisibles, les autres de bêtes féroces; donne-lui aussi
le pouvoir de produire toutes ces têtes et de les changer à son gré. — Un ouvrage de cette nature demande
un artiste habile; mais comme il est plus aisé de travailler sur l'imagination que sur la cire, ou sur toute
autre matière semblable, je me le figure tel que tu
le dépeins. — Fais ensuite l'image d'un lion et celle
d'un homme; mais il faut que la première de ces trois
images soit plus grande que les deux autres, et la seconde plus grande que la dernière. — Ceci est plus
aisé, et la chose est déjà faite. — Joins ensemble ces
trois images, de sorte qu'elles se tiennent et ne fassent qu'un tout. — Je les ai jointes. — Enfin, enveloppe ce composé de l'extérieur d'un homme, de
manière que celui qui ne pourrait voir jusque dans
l'intérieur le prendrait pour un homme, à ne juger
que sur l'apparence. — C'est fait.

— Réponds maintenant à celui qui soutient que
l'injustice est avantageuse à l'homme ainsi fait, et
qu'il ne lui sert à rien d'être juste : disons que c'est
comme si l'on prétendait qu'il lui est avantageux de
nourrir avec soin et de fortifier le monstre et le lion,
et d'affaiblir l'homme en le laissant mourir de faim;
de sorte qu'il soit à la merci des deux autres, qui le
traîneront partout où ils voudront : n'est-ce pas affir-
mer, ajouterons-nous, qu'au lieu de les accoutumer à
vivre ensemble dans un parfait accord, il lui vaut mieux

les laisser se battre, se mordre et se dévorer les uns les autres? — Celui qui vante l'injustice ne dit en effet rien autre chose. — Mais, d'autre part, dire qu'il est utile d'être juste, c'est dire que l'homme doit, par ses discours et ses actions, travailler à donner sur lui-même la plus grande autorité à l'homme intérieur; en sorte qu'il en use avec ce monstre à plusieurs têtes comme un sage laboureur; que dans ce dessein, s'aidant de la force du lion, il empêche les têtes d'animaux féroces de croître; qu'il nourrisse et élève celles des animaux pacifiques; qu'il partage ses soins entre ces différents êtres, et les maintienne en parfaite intelligence entre elles et avec lui-même. — Voilà précisément ce que dit le partisan de la justice. — Par conséquent, la vérité se rencontre dans les paroles de celui qui fait l'éloge de la justice, et le mensonge dans la bouche de celui qui loue l'injustice. En effet, qu'on ait égard au plaisir, ou à la gloire et à l'utilité, la vérité est tout entière du côté du partisan de la justice. Il n'y a rien de solide dans les discours de celui qui la blâme; il n'a même aucune idée de la chose qu'il blâme. — Aucune, à ce qu'il me semble.

— Comme son erreur n'est pas volontaire, tâchons doucement de le détromper. Mon cher ami, lui demanderons-nous, sur quel fondement repose la distinction établie entre l'honnête et le déshonnête? N'est-ce point parceque l'un soumet la partie animale de notre nature à la partie humaine ou plutôt divine, et que l'autre assujettit à la partie brutale et féroce celle qui est douce et apprivoisée? N'en conviendra-t-il pas?

—Oui, s'il veut m'en croire. — Cela posé, peut-il être utile à quelqu'un de prendre de l'or injustement, s'il ne peut le prendre sans assujettir la meilleure partie de lui-même à la plus méprisable? Quoi! si pour recevoir cet or il lui fallait sacrifier la liberté de son fils ou de sa fille, et les laisser passer entre les mains de maîtres féroces et cruels, il croirait y perdre, et refuserait d'acquérir par là les plus grandes richesses? Et lorsque ce qu'il y a en lui de plus divin devient l'esclave de ce qu'il y a de plus scélérat et de plus ennemi des dieux, n'est-ce pas pour lui le comble du malheur, et l'or qu'il reçoit à ce prix ne lui coûtet-il pas plus cher que ne coûta à Ériphile le collier fatal pour lequel elle sacrifia la vie de son époux[1]? — Je réponds pour lui qu'il n'y a point de comparaison à faire. — Pour quelle raison, je te prie, a-t-on condamné de tout temps une vie licencieuse, si ce n'est parceque le libertinage lâche la bride à ce monstre énorme, cruel et à plusieurs têtes? — Il est clair que c'est pour cette raison. — Pourquoi blâme-t-on l'insolence et l'humeur irritable, sinon parcequ'elles développent dans l'homme le naturel du lion et du serpent? — Sans doute. — Si l'on condamne la vie molle et voluptueuse, n'est-ce point parcequ'elle énerve et fait dégénérer ce même naturel en lâcheté? — Oui. — Pourquoi encore blâme-t-on la flatterie et la bas-

[1] Ériphile, épouse du devin Amphiaraüs, séduite par le présent d'un collier d'or, fit connaître l'endroit où s'était caché son mari pour n'être point obligé d'aller à la guerre de Thèbes, où il avait prédit qu'il périrait et où il périt en effet. *Odyssée*, XI, 525.

sesse, sinon parcequ'elle asservit la colère et le courage à ce monstre turbulent, et que la soif inextinguible des richesses, l'avilissant dès sa jeunesse, lui fait échanger sa fierté contre le caractère rampant du singe? — Cela est vrai. — D'où vient enfin l'espèce d'ignominie attachée aux arts mécaniques et aux professions serviles? N'est-ce point de ce que ces professions supposent dans ceux qui les exercent une raison, si faible, que, ne pouvant prendre aucun empire sur les passions, elle est réduite à les servir, et n'a d'industrie que pour inventer de nouveaux moyens de les satisfaire? — Il y a toute apparence.

— Si donc, pour donner à de pareils hommes un maître semblable à celui qui gouverne l'homme vertueux, nous exigions qu'ils obéissent en tout à cet homme qui, lui-même, est gouverné immédiatement par la divinité, nous ne prétendrions pas que cette obéissance dût tourner à son préjudice, comme Thrasymaque prétendait qu'elle tourne au préjudice des sujets en général; nous croyons, au contraire, qu'il n'est rien de plus avantageux pour tout homme que de se laisser conduire par un guide sage et divin, soit qu'il l'ait au dedans de lui-même et qu'il en dispose comme de son bien, ce qui vaudrait mieux, soit qu'à son défaut il se soumette à un guide étranger : car notre dessein est d'établir entre les hommes cette conformité de mœurs qui est la source de l'amitié, en les soumettant tous au même régime. — On ne peut qu'approuver un pareil dessein. — Il n'est pas moins évident que la loi se propose le même but,

lorsqu'elle prête également son secours à tous les
membres de l'état. La dépendance où l'on tient les
enfants est aussi fondée sur le même principe. Nous
ne souffrons pas qu'ils disposent d'eux-mêmes, jusqu'à ce que nous ayons établi dans leur ame, comme
dans un état, une forme stable de gouvernement, et
que leur raison, cultivée par la nôtre, puisse, comme
celle-ci fait à notre égard, veiller sur eux et régler
leur conduite ; alors nous les abandonnons à leurs
propres lumières. — Le dessein de la loi est manifeste
en ce point.

— En quoi donc, et par quelle raison, mon cher
Glaucon, dirons-nous qu'il soit avantageux de commettre quelque action injuste, contraire aux bonnes
mœurs et à l'honnêteté, dût-on même, en devenant
plus méchant, devenir plus riche et plus puissant?
— Cela ne peut être avantageux en aucune manière.
— A quoi servirait-il que l'injustice demeurât cachée
et impunie? L'impunité ne rend-elle pas le méchant
plus méchant encore? Au lieu que le crime venant
à être découvert et puni, la partie animale s'apaise et
s'adoucit ; la raison rentre dans tous ses droits, l'ame
entière rendue au régime du principe meilleur s'élève,
par l'acquisition de la tempérance, de la justice et de
la prudence, à un état d'autant supérieur à celui du
corps, qui acquerrait la force, la beauté et la santé,
que l'ame est elle-même au-dessus du corps. — Cela
est certain. — Par conséquent, tout homme sensé
dirigera toutes ses actions vers ce but. D'abord il esti-
mera par-dessus tout et cultivera les sciences propres

a perfectionner son ame ; méprisant toutes celles qui ne produiraient pas le même effet. — Sans contredit. — Ensuite , dans un régime corporel , il ne recherchera nullement la jouissance des plaisirs brutaux et déraisonnables , ni de passer sa vie dans l'intempérance ; il ne recherchera la santé, la force et la beauté, qu'autant que tous ces avantages seront pour lui des moyens d'être plus tempérant : en un mot , il n'entretiendra une parfaite harmonie entre les parties de son corps qu'autant qu'elle pourra servir à maintenir l'accord qui doit régner dans son ame. — Il ne se proposera point d'autre but, s'il veut être vraiment musicien.

—En conséquence, il cherchera la même harmonie, à l'égard des richesses , et il ne se laissera point éblouir par l'idée que la multitude se fait du bonheur ; ou bien augmentera t-il ses richesses à l'infini pour accroître ses maux dans la même proportion ? — Je ne le pense pas. — Mais ayant toujours les yeux sur le gouvernement de son ame , attentif à empêcher que l'opulence d'une part , de l'autre l'indigence n'en dérangent les ressorts , il s'étudiera à conserver toujours le même plan de conduite dans les acquisitions et les dépenses qu'il pourra faire. — Sans doute. — Se dirigeant , d'après les mêmes principes, dans la poursuite des honneurs , il ambitionnera , goûtera même avec plaisir ceux qu'il croira pouvoir le rendre meilleur, et fuira, soit dans sa vie privée, soit dans sa vie publique, ceux qui pourraient troubler l'ordre qui règne dans son ame. — Mais alors il refusera donc de se mêler de

l'administration des affaires? — Au contraire, dans
son état, il se chargera volontiers du gouvernement ;
mais je doute qu'il se charge aussi volontiers de celui
de sa patrie, à moins de quelque coup du ciel. — Je
t'entends. Tu parles de cet état dont nous avons tracé
le plan, et qui n'existe que dans notre pensée ; car je
ne crois pas qu'il y en ait un pareil sur la terre.
— Du moins peut-être en est-il au ciel un modèle
pour quiconque veut le consulter, et régler sur lui la
conduite de son ame. Au reste, peu importe que cet
état existe ou doive exister un jour. Ce qui est certain, c'est que le sage ne consentira jamais à en gouverner d'autre que celui-là. — Cela est vraisemblable. »

LIVRE DIXIÈME.

Platon revient en détail sur le bannissement d'Homère.
A son insistance, aux soins qu'il prend de se justifier, on le
croirait tourmenté par le remords; et sans doute ses nouveaux
arguments le rassurent peu sur la justice de sa cause, puisque, après avoir accusé le poëte de n'être ni philosophe, ni
théologien, ni législateur, il n'ose prononcer son exil, et lui
accorde le droit de venir lui-même se défendre devant la
république. Reprenant ensuite son sujet où il l'avait laissé
dans le livre précédent, il veut savoir quelles sont les récompenses de la vertu? si elles sont toutes de la terre, et s'il n'y a
rien au delà? C'est ainsi qu'il arrive à l'immortalité de l'ame.
Cette croyance n'était encore qu'un dogme obscur du poly-
théisme, il en fait une vérité lumineuse de la philosophie. Il
élargit l'ame humaine en lui soumettant une question d'é-
ternité, et il lui prouve sa grandeur par la grandeur même
de cette question. Voici son raisonnement : le mal de l'ame,
c'est l'injustice et l'impiété; le mal du corps, c'est le fer, le feu,
la corruption et la maladie. Or, une substance ne saurait périr
par le mal d'une autre substance ; donc le fer, le feu, la maladie qui tuent le corps, ne sauraient tuer l'ame; donc l'ame
est immortelle. Après avoir développé cet argument qui tire
toute sa force de la nature spirituelle de l'ame, mais qui
tombe devant les assertions du matérialiste, Platon raconte
les visions de Her l'Arménien, dans le monde des esprits, les
récompenses et les punitions de l'autre vie. C'est l'Élysée et
l'Enfer de cette époque philosophique. Virgile lui doit quelque chose, et l'imagination d'Homère est surpassée. C'est
ainsi qu'après avoir institué l'éducation d'un peuple, défini
la justice, et développé les véritables principes de la morale,
en proclamant le bonheur du juste et le malheur du méchant,
Platon termine son œuvre, la plus belle des temps antiques,
par la révélation de notre immortalité.

LIVRE DIXIÈME.

« Entre toutes les raisons qui me déterminent à croire que le plan de notre état est aussi parfait qu'il puisse être, celle qui me frappe le plus est notre règlement sur la poésie. — Quel règlement? — Celui de ne point admettre cette partie de la poésie qui est purement imitative. A présent que nous avons nettement établi la distinction qui existe entre les parties de l'ame, ce règlement me paraît, plus que jamais, d'une incontestable nécessité. — Comment cela? — Je veux bien vous le dire; car je ne crains pas que vous m'alliez accuser auprès des poëtes tragiques et des autres poëtes imitateurs. Rien n'est plus capable que ce genre de poésie de corrompre l'esprit de ceux qui l'écoutent, lorsqu'ils n'ont pas l'antidote, qui consiste à savoir apprécier ce genre tel qu'il est. — Quelle raison t'engage à parler de la sorte? — Je vais la dire; cependant je sens que ma langue est arrêtée par une certaine tendresse et un certain respect que j'ai depuis l'enfance pour Homère; car Homère est le maître et le chef de tous ces beaux poëtes tragiques; mais comme les égards que je dois à un homme sont moindres que ceux qui sont dus à la vérité, j'expliquerai ma pensée. — Fort bien.

— Écoute donc, ou plutôt réponds-moi. — Interroge. — Pourrais-tu me dire ce que c'est en général
que l'imitation? Pour moi, je t'avoue que j'ai peine
à bien comprendre quelle est sa nature. — Crois-tu
que je puisse le comprendre mieux que toi? — Il n'y
aurait en cela rien d'étonnant. Souvent ceux qui ont
la vue faible aperçoivent les objets avant ceux qui ont
les yeux beaucoup plus perçants. — Cela peut être.
Mais je n'oserai jamais dire en ta présence mon sentiment sur quoi que ce soit. Vois, je te prie, toi-même.
— Veux-tu que nous procédions, dans cette recherche,
selon notre méthode ordinaire? Elle consiste, comme
tu sais, à embrasser, sous une idée générale, cette
multitude d'êtres existants chacun à part, et que
l'on comprend tous sous le même nom. N'entends-tu
pas? — J'entends. — Prenons celle que tu voudras de
ces espèces d'êtres. Par exemple, il y a une multitude
de lits et de tables. — Sans doute. — Mais ces deux
espèces de meubles sont comprises, l'une sous l'idée
du lit, l'autre sous celle de la table. — Oui. — Nous
avons aussi coutume de dire que l'ouvrier qui fabrique l'une ou l'autre de ces deux sortes de meubles
ne fait le lit ou la table qui est à notre usage que
d'après l'idée qu'il en a. Car ce n'est pas l'idée même
que l'ouvrier façonne. Cela ne peut être. — Non, assurément.

— Vois, à présent, quel nom il convient de donner
à l'ouvrier que je vais dire. — A qui? — A celui qui
fait seul tout ce que les autres ouvriers font chacun
séparément. — Tu parles là d'un homme bien habile

et bien extraordinaire. — Attends. Tu vas l'admirer
encore bien davantage. Ce même ouvrier n'a pas seulement le talent de faire tous les ouvrages d'art, il fait
encore tous les ouvrages de la nature, les plantes,
les animaux, toutes les autres choses; et lui-même
enfin. Ce n'est pas tout. Il fait la terre, le ciel, les
dieux, tout ce qu'il y a au ciel, et sous la terre, dans
les enfers. — Voilà un artiste tout à fait admirable.
— Tu sembles douter de ce que je dis. Mais réponds-
moi; crois-tu qu'il n'y ait absolument aucun ouvrier
semblable, ou seulement qu'on puisse faire tout cela
dans un certain sens, et que, dans un autre sens, on
ne le puisse pas? Ne vois-tu pas que tu pourrais toi-
même en venir à bout d'une certaine manière? — De
quelle manière, s'il te plaît? — La chose n'est pas
difficile. On l'exécute souvent, et en très peu de temps.
Veux-tu en faire l'épreuve à l'instant? Prends un
miroir; présente-le de tous côtés: en moins de rien
tu feras le soleil, et tous les astres du ciel, la terre,
toi-même, les autres animaux, les plantes, les ouvrages d'art, et tout ce que nous avons dit. — Oui, je
ferai tout cela en apparence; mais il n'y aura rien de
réel et d'existant. — Fort bien. Tu entres parfaitement dans ma pensée. Le peintre est un ouvrier de
cette espèce, n'est-ce pas? — Sans doute. — Tu me
diras peut-être qu'il n'y a rien de réel en tout ce qu'il
fait. Cependant le peintre fait aussi un lit en quelque
façon. — Oui, un lit apparent. — Et le menuisier, que
fait-il? Ne viens-tu pas de dire qu'il ne fait pas l'idée
même que nous appelons l'essence du lit, mais un

tel lit en particulier? — Je l'ai dit, il est vrai. — Si donc il ne fait pas l'essence même du lit, il ne fait rien de réel, mais seulement quelque chose qui représente ce qui est véritablement? Et si quelqu'un soutenait que l'ouvrage du menuisier ou de quelque autre ouvrier a une existence réelle, il est très vraisemblable qu'il se tromperait. — C'est du moins le sentiment de ceux qui sont versés dans ces matières. — Ainsi ne soyons pas surpris que, comparés à la vérité, ces ouvrages soient bien peu de chose. — Nous ne devons pas l'être.

— Veux-tu que, sur ce que nous venons de dire, nous examinions quelle idée on doit se former de l'imitateur de ces sortes d'ouvrages? — J'y consens, si tu le trouves bon. — Il y a donc trois espèces de lits : l'un qui est dans la nature, et dont nous pouvons dire, ce me semble, que Dieu est l'auteur. A quel autre, en effet, pourrait-on l'attribuer? — A nul autre. — Le second est celui que fait le menuisier. — Oui. — Et le troisième, celui qui est de la façon du peintre, n'est-ce pas? — A la bonne heure. — Ainsi le peintre, le menuisier, Dieu, sont les trois artistes qui président chacun à un de ces trois lits. — Sans doute. — A l'égard de Dieu, qu'il l'ait ainsi voulu, ou que ç'ait été une nécessité pour lui de ne faire qu'un seul lit essentiel, il n'en a fait qu'un, qui est le lit proprement dit. Il n'en a jamais produit ni deux, ni plusieurs, et jamais il n'en produira. — Pour quelle raison? — C'est que, s'il en faisait seulement deux, il y en aurait nécessairement un troisième, dont l'idée serait commune aux deux autres [1]; et celui-là serait le vrai lit, et non pas les deux autres. — Cela est vrai. — Dieu sachant cela, et voulant être vraiment auteur, non de tel lit en particulier, ce qui l'aurait confondu avec le menuisier, mais du lit véritablement existant, a produit le lit qui est un de sa nature. — La chose a dû être ainsi. — Donnerons-nous à Dieu le titre de *Producteur* du lit, ou quelque autre semblable? qu'en penses-tu? — Ce titre lui appartient, d'autant plus qu'il a fait de lui-même et l'essence du lit et celle de toutes les autres choses. — Et le menuisier, comment l'appellerons-nous? L'*ouvrier* du lit, sans doute? — Oui. — A l'égard du peintre, dirons-nous qu'il en est l'*ouvrier* ou le *producteur?* — Nullement. — Qu'est-il donc par rapport au lit? — Le seul nom qu'on puisse raisonnablement lui donner est celui d'*imitateur* de la chose dont ceux-là sont ouvriers. — Fort bien. Tu appelles donc imitateur l'auteur d'une œuvre éloignée de la nature de trois degrés? — Justement. — Ainsi le faiseur de tragédies, en qualité d'imitateur, est éloigné de trois degrés du roi [2] et de la vérité. Il en est de même de tous les autres imitateurs. — Il y a apparence.

[1] S'il y avait deux essences d'une même chose, elles auraient nécessairement quelque chose de commun : autrement elles ne seraient plus les essences d'une même chose, mais de deux choses entièrement différentes. Or, ce qu'elles auraient de commun constituerait une troisième essence, qui serait proprement, et à l'exclusion des deux autres, l'essence de cette chose.

[2] C'est-à-dire du juste, du philosophe, de celui qui contemple la vérité en elle-même et dans l'essence des choses.

— Puisque nous sommes d'accord sur l'idée qu'on
doit se former de l'imitateur, réponds, je te prie, à la
question suivante : le peintre se propose-t-il pour
objet d'imitation ce qui, dans la nature, est essentiellement un, ou plutôt ne travaille-t-il pas d'après
les ouvrages de l'art? — Il travaille d'après les ouvrages de l'art. — Tels qu'ils sont ou tels qu'ils paraissent? Explique-moi encore ce point. — Que veux-
tu dire? — Ceci : un lit n'est-il pas toujours le même
lit, soit qu'on le regarde directement ou de profil?
mais quoiqu'il soit le même en soi, ne paraît-il pas
différent? — J'en dis autant de toute autre chose. —
L'apparence est différente, quoique l'objet soit le
même. — Pense maintenant à ce que je vais dire.
Quel est le but de la peinture? Est-ce de représenter
ce qui est tel qu'il est, ou ce qui paraît tel qu'il paraît? Est-elle l'imitation de l'apparence ou de la réalité? — De l'apparence. — L'art d'imiter est donc
bien éloigné du vrai; et la raison pour laquelle il fait
tant de choses est qu'il ne prend que la plus petite
partie de chacune; encore ce qu'il en prend n'est-il
qu'un fantôme. Le peintre, par exemple, nous repré-
sentera un cordonnier, un charpentier, ou tout autre
artisan, sans avoir aucune connaissance de leur métier. Malgré cela, s'il est excellent peintre, il fera illusion aux enfants et au vulgaire ignorant, en leur
montrant de loin un charpentier qu'il aura peint, de
sorte qu'ils prendront l'imitation pour la vérité. —
Assurément. — Ainsi, mon cher ami, lorsque quelqu'un viendra nous dire qu'il a trouvé un homme qui

sait tous les métiers, qui réunit en lui seul dans un
degré éminent toutes les connaissances partagées entre
les autres hommes, il faudra lui répondre qu'il est
dupe, qu'il s'est laissé tromper par un magicien, par
un imitateur, qu'il a pris pour un habile homme,
faute de pouvoir distinguer la vraie science de l'ignorance qui sait la contrefaire. — Cela est très vrai, —
Il nous reste maintenant à considérer la tragédie et
Homère, qui en est le père. Comme nous entendons
dire tous les jours à certaines gens que les poëtes tragiques sont très versés dans tous les arts, dans toutes
les sciences humaines qui ont pour objet le vice et la
vertu, et même dans tout ce qui concerne les dieux ;
qu'il est nécessaire à un bon poëte d'être parfaitement instruit des sujets qu'il traite, s'il veut les traiter avec succès ; qu'autrement il lui est impossible de
réussir : c'est à nous de voir si ceux qui parlent de
la sorte ne se sont pas laissé tromper par cette espèce
d'imitateurs ; si leur erreur ne vient pas de ce qu'en
voyant les productions de ces poëtes, ils ont oublié de
remarquer qu'ils sont éloignés de trois degrés de la
réalité, et que, sans connaître la vérité, il est aisé de
réussir dans ces sortes d'ouvrages, qui, après tout, ne
sont que des fantômes, où il n'y a rien de réel ; ou
s'il y a quelque chose de vrai dans ce que ces personnes disent, et si en effet les bons poëtes entendent les matières sur lesquelles le commun des hommes juge qu'ils ont bien écrit. — C'est ce qu'il nous
faut examiner avec soin.

— Crois-tu que, si quelqu'un était également capable de faire la représentation d'une chose, ou la chose même représentée, il préférât consacrer ses talents et sa vie à ne faire que des images vaines, comme s'il ne pouvait employer son temps à rien de mieux? — Je ne le crois pas. — Mais s'il était réellement versé dans la connaissance de ce qu'il imite, je pense qu'il aimerait mieux s'appliquer à produire de lui-même qu'à imiter ce que fait autrui; qu'il essaierait de se signaler en laissant après lui, comme autant de monuments, un grand nombre de travaux et de beaux ouvrages; en un mot, qu'il préférerait de mériter les éloges des autres, que de leur en donner. — Je le pense aussi, car il y aurait pour lui plus de gloire et plus d'avantage à prendre ce parti. — N'exigeons pas d'Homère, ni des autres poëtes, qu'ils nous rendent raison de mille choses dont ils ont parlé. Ne leur demandons pas s'ils étaient médecins, ou s'ils savaient uniquement contrefaire le langage des médecins; si quelque poëte ancien ou moderne a guéri des malades comme Esculape, ou s'il a laissé après lui des disciples savants dans la médecine, comme ce même Esculape a fait de ses enfants. Faisons-leur grâce aussi sur les autres arts, et ne leur en parlons point. Mais puisque Homère a entrepris de parler sur les matières les plus importantes et les plus belles, telles que la guerre, la conduite des armées, l'administration des états, l'éducation de l'homme, il est peut-être juste de l'interroger et de lui dire : Cher Homère, s'il n'est pas vrai que tu sois un artiste éloigné de trois degrés de la vérité, incapable de faire autre chose que des

fantômes de vertu (car telle est la définition que
nous avons donnée de l'imitateur); si tu es un artiste du second degré ; si tu as pu connaître ce qui peut
rendre meilleurs ou pires les états et les particuliers ;
dis-nous quel état te doit la réforme de son gouvernement, comme Lacédémone en est redevable à Lycurgue, et plusieurs états grands et petits à beaucoup
d'autres ? Quel pays parle de toi comme d'un sage législateur, et se glorifie d'avoir tiré avantage de tes
lois ? L'Italie et la Sicile ont eu Charondas ; nous autres Athéniens, nous avons eu Solon ; mais toi, quel
est le peuple qui te reconnaît pour son législateur ?
— Je ne crois pas qu'il y en ait un seul. Du moins, les
partisans d'Homère n'en disent rien. — Fait-on mention de quelque guerre heureusement conduite par
Homère lui-même ou par ses conseils ? — Nullement.
— S'est-il signalé par des inventions utiles dans les
arts, ou dans les autres métiers dont il semble parler
savamment, comme on le dit de Thalès le Milésien,
et du Scythe Anacharsis ? — On ne raconte de lui rien
de semblable. — Si Homère n'a rendu aucun service à
la société, en a-t-il du moins rendu aux particuliers ?
Dit-on qu'il ait présidé pendant sa vie à l'éducation de
quelques jeunes gens qui se soient attachés à lui et
qui aient transmis à la postérité un plan de vie ho-
mérique, comme on le rapporte de Pythagore, qui,
pendant sa vie, fut recherché dans ce but, et qui a
laissé des sectateurs que l'on distingue encore aujour-
d'hui entre tous les autres hommes par le genre de
vie qu'ils appellent eux-mêmes pythagorique ? — Non,

Socrate ; on ne dit rien de semblable d'Homère. Créophyle [1], son compagnon, a dû être encore plus ridicule pour ses mœurs, que pour le nom qu'il portait ;
si ce qu'on rapporte d'Homère est vrai, que, durant
sa vie même, il fut singulièrement négligé par ce personnage. — On le rapporte en effet. Mais penses-tu,
Glaucon, que, si Homère eût été en état d'instruire
les hommes et de les rendre meilleurs, s'il eût eu une
parfaite connaissance des choses qu'il savait seulement imiter ; penses-tu, dis-je, qu'il ne se serait pas
attaché un grand nombre de personnes, qui l'auraient
honoré et chéri ? Quoi ! Protagoras d'Abdère, Prodi-
cus de Cie, et tant d'autres, ont assez de crédit sur
l'esprit de leurs contemporains pour leur persuader,
dans des entretiens particuliers, que jamais ils ne seront capables de gouverner ni leur patrie ni leur famille, s'ils ne se font leurs disciples ; on les chérit et
on les révère pour leur sagesse, au point de les
porter, pour ainsi dire, en triomphe partout où ils passent ; et ceux qui vivaient du temps d'Homère et d'Hésiode les auraient laissés aller seuls réciter leurs vers
de ville en ville, s'ils en avaient pu tirer des leçons
salutaires de vertu ? Ils ne se seraient point attachés
à eux plus fortement qu'on ne s'attache à l'or ? ils n'auraient pas fait tous leurs efforts pour les retenir auprès d'eux, ou, s'ils n'avaient pu y réussir, ils ne les
auraient pas suivis en tous lieux comme de fidèles

---

[1] Le nom de Créophyle se compose de deux mots grecs qui si-
gnifient l'un *race* et l'autre *viande*. Voy. Fabricius, *Biblioth. gr.*,
t. 4.

disciples, jusqu'à ce que leur éducation eût été achevée? — Ce que tu dis, Socrate, me paraît tout à fait
vrai.

—Disons donc de tous les poëtes, à commencer par
Homère, que, soit que dans leurs vers ils traitent de
la vertu ou de quelque autre matière, ce ne sont que
des imitateurs de fantômes, qu'ils n'atteignent jamais
à la réalité, et que, comme nous disions tout à l'heure
à l'égard du peintre, qu'il fera un portrait de cordonnier si ressemblant, quoique lui-même n'ait aucune
connaissance de ce métier, que les ignorants, trompés par le dessin et par la couleur, croiront voir un
cordonnier véritable. — Sans contredit. — De même
le poëte, sans avoir d'autre talent que celui d'imiter,
sait si bien, par une couche de mots et d'expressions
figurées, donner à chaque art les couleurs qui lui
conviennent, que soit qu'il parle de cordonnerie, soit
qu'il traite de la guerre, ou de tout autre sujet, son
discours, soutenu de la mesure, du nombre et de
l'harmonie, persuade à ceux qui l'entendent, et qui
ne jugent que sur les vers, qu'il est parfaitement instruit des choses dont il parle; tant est puissant le
prestige de la poésie! car tu sais, je pense, quelle figure ont les vers, lorsqu'on leur ôte leur coloris mu-
sical, et tu l'as sans doute remarqué. — Oui. — Ne
ressemblent-ils pas à ces visages qui, n'ayant d'autre
beauté qu'une certaine fleur de jeunesse, viennent à
la perdre? — Cette comparaison est juste.

—Allons plus loin. Le faiseur de fantômes, c'est-à-
dire l'imitateur, ne connaît que l'apparence des ob-

jets, et nullement ce qu'ils ont de réel ; n'est-il pas vrai ? — Oui. — Ne nous contentons pas d'effleurer cette matière. Examinons-la à fond. — J'y consens.— Le peintre, disons-nous, peindra une bride et un mors. — Oui.— Le sellier et le forgeron les fabriqueront. — Fort bien. — Mais quant à la forme qu'il faut donner à la bride et au mors, le peintre, et même le sellier et le forgeron, y entendent-ils rien ? et celui qui sait s'en servir, c'est-à-dire l'écuyer, n'est-il pas le seul qui s'y connaisse?—Cela est vrai. — N'en est-il pas ainsi à l'égard de toutes les autres choses? —Comment cela ? — Je veux dire qu'il y a trois arts qui répondent à chaque chose : l'art qui s'en sert, celui qui la fait et celui qui l'imite. —Il est vrai. — Mais à quoi tendent les propriétés, la beauté, la perfection d'un meuble, d'un animal, d'une action quelconque, sinon à l'usage auquel chaque chose est destinée par sa nature, ou par l'intention des hommes? — A nulle autre chose.— C'est donc une nécessité que celui qui se sert d'une chose, en connaisse les propriétés mieux que personne, et qu'il dirige l'ouvrier dans son travail, en lui apprenant ce que son ouvrage a de bon ou de mauvais par rapport à l'usage qu'il en fait lui-même. Le joueur de flûte, par exemple, apprendra à celui qui fabrique cet instrument quelles sont les flûtes dont il se sert avec le plus d'avantage ; il lui prescrira la manière dont il doit les faire, et celui-ci lui obéira. —Sans doute.—Ainsi le premier parle en homme instruit de ce qui rend une flûte bonne ou mauvaise ; et le second travaille sur la foi du premier.— Oui.—

La connaissance que tout ouvrier a de la bonté et des défauts de son ouvrage n'est donc, à proprement parler, qu'une simple foi, puisée dans les entretiens qu'il a eus avec celui qui s'en sert, et aux lumières duquel il est obligé de s'en rapporter; au lieu que celui-ci a une connaissance essentielle des qualités et des défauts de l'instrument. — Cela est ainsi.

— Quant à l'imitateur, est-ce par l'usage de la chose qu'il imite, qu'il apprend à juger si elle est belle et bien faite, ou non? En acquiert-il du moins une opinion juste, par la nécessité où il se trouve de converser avec celui qui s'y connaît, et qui lui prescrit ce qu'il doit imiter? — Ni l'un ni l'autre. — L'imitateur n'a donc ni principes sûrs, ni même une opinion juste, touchant ce qu'il y a de bien ou de mal fait dans tout ce qu'il imite. — Il n'y a pas d'apparence. — Cela étant, l'imitateur doit être sans doute bien versé dans la connaissance des choses qu'il imite. — Pas beaucoup. — Cependant il n'en imitera pas moins, sans savoir ce qu'il y a de bon et de mauvais dans chaque chose, et il se proposera pour objet d'imitation ce qui paraît beau à une multitude ignorante. — Quel autre objet pourrait-il se proposer? — Ainsi nous avons suffisamment démontré deux choses; la première, que tout imitateur n'a qu'une connaissance très superficielle de ce qu'il imite, que son art n'a rien de sérieux, et n'est qu'un badinage d'enfants : la seconde, que tous ceux qui s'appliquent à la poésie dramatique, soit qu'ils composent en vers ïambes, ou en vers héroïques, sont imitateurs autant qu'on peut

58

l'être. — Sans doute. — Mais quoi! cette imitation
n'est-elle pas éloignée de la vérité de trois degrés?—
Oui.

— D'un autre côté, sur quelle faculté de l'homme
exerce-t-elle le pouvoir qu'elle a? — De quoi veux-tu
parler? — Tu vas le savoir. N'est-il pas vrai que la
même grandeur, regardée de près ou de loin, ne paraît pas égale? — Oui. — Que ce qui paraît droit ou
brisé, convexe ou concave vu hors de l'eau, ne paraît
plus le même lorsqu'on le voit dans l'eau, à cause de
l'illusion que les couleurs font aux sens? Il est évident
aussi que cette illusion jette une grande perturbation
dans l'ame. Or c'est à cette disposition de notre nature que l'art du dessin, l'art des charlatans et autres
semblables dressent des piéges, ne négligeant aucun
artifice pour la séduire. — Tu as raison. — A-t-on
trouvé un préservatif plus sûr contre cette illusion,
que la mesure, le nombre et le poids, pour empêcher
que le rapport des sens touchant ce qui est plus ou
moins grand, nombreux, pesant, ne prévalût sur le
jugement de la partie de l'ame qui calcule, qui pèse,
qui mesure? — Non. — Toutes ces opérations ne
sont-elles pas du ressort de la raison? — Oui.— Mais
quand un homme a bien mesuré une chose, et qu'il
a reconnu qu'elle est ou plus grande, ou plus petite,
ou égale, il se trouve alors en nous deux jugements
opposés touchant les mêmes choses? — Oui. — Mais
n'avons-nous pas dit qu'il était impossible que la
même faculté de l'ame portât en même temps sur la
même chose deux jugements contraires? — Oui, et

nous avons eu raison de le dire. — Par conséquent ce qui juge en nous, sans égard à la mesure, est différent de ce qui juge conformément à la mesure. — Sans doute. — Mais la faculté qui s'en rapporte à la mesure et au calcul est ce qu'il y a de meilleur dans l'ame. — Sans contredit. — Donc la faculté opposée est quelque chose d'inférieur en nous. — Il faut bien que cela soit.

— C'était à cet aveu que je voulais vous conduire, lorsque je disais que, d'une part, la peinture, et en général tout art qui consiste dans l'imitation, est bien éloigné de la vérité dans tout ce qu'il exécute, et que de l'autre cette partie de nous-mêmes, avec laquelle il est en relation, est elle-même très éloignée de la sagesse, et n'inspire rien de vrai ni de solide. — J'en demeure d'accord. — L'imitation étant donc mauvaise en soi, et se joignant à ce qu'il y a de mauvais en nous, ne peut produire que des effets mauvais. —Cela doit être. — Mais ceci n'est-il vrai qu'à l'égard de l'imitation qui frappe la vue? et n'en peut-on pas dire autant de celle qui est faite pour l'ouïe, et que nous appelons poésie? — Il me semble qu'on en peut dire autant de celle-ci. — Ne nous arrêtons pas aux vraisemblances fondées sur l'analogie qui se trouve entre la peinture et la poésie. Pénétrons jusqu'à cette partie de l'ame avec laquelle la poésie a un commerce intime, et voyons si cette partie est bonne ou mauvaise? — Je le veux bien.

— Considérons la chose de cette manière. La poésie imitative représente, dirons-nous, les hommes dans

des actions forcées ou volontaires, en conséquence
desquelles ils se croient heureux ou malheureux, et
s'abandonnent à la joie ou à la tristesse; y a-t-il rien
de plus dans ce qu'elle fait?—Rien.—Or, dans toutes
ces situations, l'homme est-il bien d'accord avec lui-
même? Au contraire, n'éprouve-t-il pas, en ce qui regarde sa conduite, les mêmes divisions et les mêmes
combats qu'il éprouvait tout à l'heure, à l'occasion de
la vue, lorsqu'il portait tout à la fois sur le même objet deux jugements contraires? Mais je me rappelle
qu'il est inutile de disputer sur ce point, parceque
nous sommes demeurés d'accord plus haut que notre
ame était pleine d'une infinité de contradictions qui y
règnent en même temps. — Nous avons eu raison.—
Sans doute. Mais il me semble nécessaire d'examiner à
présent ce que nous avons omis pour lors.—De quoi
s'agit-il? — Nous disions [1] alors qu'un homme, d'un
caractère modéré, à qui il sera arrivé quelque disgrace, comme la perte d'un fils ou de quelque autre
chose extrêmement chère, portera cette perte plus
patiemment que ne ferait tout autre. — Assurément.
— Voyons maintenant s'il sera tout à fait insensible à
cette perte, ou si, une telle insensibilité étant une chimère, il mettra du moins des bornes à sa douleur.—
A dire vrai, il me semble qu'il prendra plutôt ce der-

---

[1] Grou nous apprend que Racine le père a traduit tout le reste
de ce morceau sur la poésie. Nous n'avons pu découvrir ce frag-
ment de notre grand poëte; nous sommes donc forcés d'approuver sur parole les emprunts que Grou déclare avoir faits à cette
traduction.

nier parti. — Dis-moi encore : dans quel temps se fera-t-il plus de violence pour surmonter sa douleur?
sera-ce lorsqu'il se trouvera devant ses semblables,
ou lorsqu'il sera seul vis-à-vis de lui-même? — Il
prendra bien plus sur lui-même lorsqu'il sera devant
le monde. Mais se voyant sans témoins, il laissera
sans doute échapper bien des plaintes, qu'il aurait
honte que l'on entendît. Il fera mille choses dans lesquelles il ne voudrait pas être surpris. — Il est vrai.

— Ce qui lui ordonne de se raidir contre la douleur, c'est la loi et la raison : au contraire, ce qui le
porte à s'y abandonner, c'est la passion. — J'en conviens. — Or lorsque l'homme éprouve ainsi deux mouvements contraires, par rapport au même objet, c'est
une preuve, disons-nous, qu'il y a en lui deux parties opposées. — Sans doute. — L'une, qui est prête
à obéir à la loi en tout ce qu'elle prescrit.—Comment
cela? — Par exemple, la loi dit qu'il est beau d'être
ferme dans les malheurs, et de ne pas se laisser emporter au désespoir; et la raison qu'elle en donne, c'est
qu'on ignore si ces accidents sont des biens ou des
maux; qu'on ne gagne rien à s'en affliger; que les
événements de la vie ne méritent pas que nous y pre-
nions un si grand intérêt, et surtout que l'affliction
est un obstacle à ce qu'il y aurait de mieux à faire en
ces rencontres. — Que faudrait-il donc faire alors?—
Prendre conseil de la raison sur ce qui vient d'arriver;
réparer l'effet de la mauvaise fortune, comme on ré-
pare un mauvais coup de dés, c'est-à-dire par les
moyens que la raison aura démontrés les meilleurs, et

ne pas faire comme les enfants, qui, lorsqu'ils sont tombés, portent la main à la partie blessée, et perdent le temps à crier; mais plutôt accoutumer son ame à appliquer promptement le remède à la blessure, et à relever ce qui est tombé, sans s'amuser à des pleurs inutiles. — C'est ce que nous pouvons faire de mieux dans les malheurs qui nous arrivent.—Et c'est la plus saine partie de nous-mêmes qui sait prendre ainsi conseil de la raison. — Cela est évident. — Et cette autre partie qui nous rappelle sans cesse le souvenir de nos disgraces, qui nous porte aux lamentations, et qui ne peut s'en rassasier, craindrons-nous de dire que c'est quelque chose de déraisonnable, de lâche et de timide? — Nous le dirons sans balancer.

— Or, rien ne prête davantage à une imitation variée, que la douleur et le désespoir; au lieu qu'un caractère sage, tranquille, toujours semblable à lui-même, est très difficile à imiter, et que la peinture qu'on en ferait serait peu propre à frapper cette multitude confuse qui s'assemble d'ordinaire dans les théâtres. Car ce serait lui offrir l'image d'une disposition qui lui est tout à fait étrangère. — Sans contredit. Il est évident, d'ailleurs, que le génie du poëte imitateur ne le porte nullement à représenter cette partie de l'ame, et que le soin qu'il a de plaire à la multitude tend à l'en détourner; qu'ainsi, il s'attachera plutôt à exprimer les caractères passionnés que leur variété rend plus faciles à saisir. — La chose est évidente. — Nous avons donc une juste raison de le condamner, et de le mettre dans la même classe que le peintre

Il a cela de commun avec lui, de ne composer que des ouvrages sans valeur, si on les rapproche de la vérité; il lui ressemble encore en ce qu'il travaille dans la vue de plaire à la partie frivole de l'ame, et non à ce qu'il y a de meilleur en elle. Ainsi nous sommes bien fondés à lui refuser l'entrée d'un état qui doit être gouverné par de sages lois, puisqu'il réveille et remue la mauvaise partie de l'ame, et qu'en la fortifiant, il détruit l'empire de la raison. Et nous pouvons assurer que ce qui arriverait dans un état où on rendrait les méchants les plus forts, en leur donnant toute l'autorité, et en faisant périr tous les bons citoyens, est l'image du désordre que le poëte imitateur introduit dans le gouvernement intérieur de chaque homme, par l'excessive complaisance qu'il a pour cette partie insensée de notre ame, qui ne sait pas distinguer ce qui est plus grand de ce qui est plus petit, qui se forme du même objet tantôt de trop grandes, tantôt de trop petites idées, produit des fantômes, et est toujours à une distance infinie du vrai. — Cela est certain.

— Nous n'avons cependant rien dit encore du plus grand mal que cause la poésie. N'est-ce pas, en effet, quelque chose de bien triste, de voir qu'à l'exception d'un très petit nombre, elle est capable de corrompre l'esprit des gens sages? — Ce serait quelque chose de bien triste, sans doute, si elle produisait un pareil effet. — Ecoute, et tu jugeras. Tu sais que tous tant que nous sommes, je dis même les plus raisonnables, lorsque nous entendons réciter les endroits d'Homère

ou de quelque autre poëte tragique, où l'on représente un héros dans l'affliction, déplorant son sort
dans un long discours, poussant des cris et se frappant la poitrine ; tu sais, dis-je, que nous ressentons
alors un plaisir secret auquel nous nous laissons aller
insensiblement, et qu'à la compassion pour le héros
qui nous intéresse, se joint l'admiration pour le talent du poëte qui a si bien su nous émouvoir?— Je le
sais, et comment pourrais-je l'ignorer?— Cependant,
tu as pu remarquer que, dans les disgraces qui nous
arrivent à nous-mêmes, nous croyons qu'il est de
notre honneur de prendre le parti contraire, je veux
dire d'être fermes et tranquilles, persuadés que ce
parti convient à un homme, et qu'il faut laisser aux
femmes ces mêmes plaintes que nous venons d'ap-
plaudir. — Je l'ai remarqué. — Mais où est le bon
sens, je ne dis pas de voir sans indignation, mais d'approuver avec transport dans un autre une situation
où nous rougirions de nous trouver, et que nous con-
damnerions en nous comme une indigne faiblesse?—
En vérité, cela n'est guère raisonnable. — Non, sans
doute, surtout si nous regardons la chose du côté
qu'il la faut regarder. — De quel côté?— Si nous
considérons que cette partie de notre ame contre laquelle nous nous raidissons dans nos propres malheurs, qui est altérée de pleurs et de lamentations,
qui voudrait s'en rassasier, et qui de sa nature est
portée à les rechercher, est la même que les poëtes
flattent et s'étudient à satisfaire : que dans ces occasions cette autre partie de nous-mêmes, qui est la

meilleure, n'étant pas encore assez fortifiée par la raison et par l'habitude, néglige de tenir en bride la partie pleureuse, s'excusant sur ce qu'elle n'est que spectatrice des malheurs d'autrui, et qu'il n'est pas honteux pour elle de donner des marques d'approbation et de pitié aux larmes qu'un autre, qui se dit homme de bien, verse mal à propos ; de sorte qu'elle compte pour un gain le plaisir qu'elle goûte alors, et ne consentirait pas à s'en priver, en condamnant absolument ces sortes de poëmes. Cela vient de ce que peu de gens font réflexion que les sentiments d'autrui deviennent infailliblement les nôtres, et qu'après avoir entretenu et fortifié notre sensibilité par la vue des maux d'autrui, il est bien difficile de la modérer dans les nôtres. — Cela est certain. — N'en dirons-nous pas autant du ridicule? Quelque aversion que tu aies pour le personnage de bouffon, si tu prends un plaisir excessif à entendre des bouffonneries, soit au théâtre, soit dans les conversations, il t'arrivera la même chose que pour les émotions pathétiques, c'est-à-dire de faire ce que tu approuves dans les autres. Tu donnes alors une libre carrière à ce désir de faire rire, que la raison réprimait auparavant en toi, dans la crainte où tu étais de passer pour bouffon ; et après avoir nourri ce désir à la comédie, tu ne tarderas pas à laisser échapper dans tes relations avec les autres, même sans y penser, des traits qui ne peuvent convenir qu'à un farceur. — Tu as raison. — La poésie imitative produit en nous le même effet pour l'amour, la colère et toutes les passions de

l'ame qui ont pour objet le plaisir et la douleur, et
qui nous obsèdent sans cesse. Au lieu de les dessécher
peu à peu, elle les nourrit et les arrose. Elle nous
rend vicieux et malheureux par l'empire qu'elle donne
à ces passions sur notre ame, au lieu de les tenir dans
une entière dépendance qui assurerait notre vertu et
notre bonheur. — Je ne puis m'empêcher d'en convenir.

— Ainsi, mon cher Glaucon, lorsque tu entendras
dire aux admirateurs d'Homère, que ce poëte a formé
la Grèce ; qu'en le lisant, on apprend à gouverner et à
bien conduire les affaires humaines, et qu'on ne peut
faire rien de mieux que de se régler sur ses préceptes,
il faudra avoir toutes sortes d'égards et de considé-
rations pour ceux qui tiennent ce langage, comme ayant
tout le mérite possible, et leur accorder qu'Homère
est le plus grand des poëtes, et le premier des poëtes
tragiques ; mais, en même temps, souviens-toi qu'il
ne faut admettre dans notre état d'autres ouvrages de
poésie, que les hymnes à l'honneur des dieux, et les
éloges des grands hommes. Mais, du moment que tu
y recevras la muse voluptueuse, soit épique, soit ly-
rique, le plaisir et la douleur y régneront à la place
des lois et de cette raison, dont tous les hommes ont
reconnu l'excellence dans tous les temps. — Rien n'est
plus vrai.

— Puisque l'occasion s'est présentée une seconde
fois de parler de la poésie, voilà ce que j'avais à dire
pour nous justifier de l'avoir bannie de notre état : la
raison nous obligeait à cela. Au reste, de peur que

la poésie elle-même ne nous accuse en cela de dureté
et de rusticité, il est bon de lui dire que ce n'est pas
d'aujourd'hui qu'elle est brouillée avec la philosophie.
Témoin ces traits : *Cette chienne hargneuse qui aboie
contre sa maîtresse..... Ce grand homme qui brille dans
un cercle de fous..... La troupe des sages qui veut s'élever au dessus de Jupiter..... Ces contemplatifs subtils à
qui la pauvreté aiguise l'esprit.....* ; et mille autres qui
sont des preuves de leur vieille querelle. Malgré cela,
protestons hautement que si la poésie imitative, et
qui a pour but le plaisir, peut nous prouver par de
bonnes raisons qu'on ne doit pas l'exclure d'un état
bien policé, nous la recevrons à bras ouverts, parceque
nous ne pouvons nous dissimuler à nous-mêmes la
force et la douceur de ses charmes ; mais il n'est pas
permis de trahir ce qu'on regarde comme la vérité.
Et, en effet, toi-même, mon cher ami, n'es-tu pas de
ceux que la poésie enchante, surtout lorsqu'elle se
présente à toi dans Homère ? — Oui, assurément. —
Il est donc juste de lui laisser le droit de venir défendre sa cause devant nous, soit dans une ode, soit dans
toute autre espèce de poëme qu'elle jugera à propos
de choisir ? — Sans doute.

— Quant à ses défenseurs officieux, qui, sans faire
eux-mêmes des vers, sont amateurs de la poésie, nous
leur permettrons aussi de nous montrer, en prose,
qu'elle n'est pas seulement agréable, mais qu'elle est
encore utile aux états et aux particuliers, dans la
conduite de la vie ; nous les écouterons volontiers ;
car nous y gagnerons, si l'on nous fait voir qu'elle

joint l'utile à l'agréable. — Vraiment, sans doute,
nous y gagnerons. — Mais s'ils ne peuvent venir à
bout de nous le prouver, n'imiterons-nous pas la
conduite des amants, qui se font violence pour s'ar-
racher à leur passion, après qu'ils en ont reconnu le
danger ? Par un effet de l'amour que nous avons conçu
pour elle dès l'enfance, et qu'on nous a inspiré dans
ces belles républiques où nous avons été élevés, nous
souhaiterons qu'elle puisse nous paraître très bonne et
très amie de la vérité ; mais tandis qu'elle n'aura rien
de solide à alléguer pour sa défense, nous l'écouterons en nous prémunissant contre ses enchantements,
par les raisons que je viens d'exposer, et nous prendrons garde de retomber dans la passion que nous
avons ressentie pour elle étant jeunes, et dont le commun des hommes n'est pas guéri. Nous demeurerons
donc persuadés qu'on ne doit pas regarder cette sorte
de poëme comme quelque chose de sérieux, ni qui
atteigne à la vérité ; que tout homme qui craint pour
le gouvernement intérieur de son ame, doit être en
garde contre elle, et ne l'écouter qu'avec précaution ;
enfin, croire que tout ce que nous en avons dit est
vrai. — J'y consens de tout mon cœur.

— Car c'est un grand combat, mon cher Glaucon,
et plus grand qu'on ne pense, que celui où il s'agit
d'être vertueux ou méchant. Ni la gloire, ni les richesses, ni les dignités, ni enfin la poésie, ne méritent
que nous négligions pour elles la justice et les autres
vertus.—Je ne puis en disconvenir après ce que nous
avons dit, et je ne crois pas qu'on puisse penser au-

trement. — Cependant nous n'avons pas encore parlé des plus grandes récompenses proposées à la vertu. — Il faut qu'elles soient d'un prix infini, si elles surpassent celles que nous venons d'exposer. — Peut-on appeler grand ce qui se passe en un petit espace de temps ? En effet, l'intervalle qui sépare notre enfance de la vieillesse, est bien peu de chose en comparaison de l'éternité. — Ce n'est même rien. — Mais quoi ! penses-tu qu'un être immortel doive borner ses soins et ses vues à un temps si court, au lieu de les étendre à l'éternité ? — Je ne le pense pas. Mais à quoi tend ce discours ?

— Ne sais-tu donc pas que notre ame est immortelle, et qu'elle ne meurt jamais?...» — A ces mots, Glaucon me regardant avec un air de surprise : « Je n'en sais rien, me dit-il ; et toi, pourrais-tu me le prouver? — Oui, repartis-je, si je ne me trompe ; je crois même que tu en pourrais faire autant, car la chose n'est pas difficile. — Elle l'est pour moi ; et tu me feras plaisir de me démontrer ce point que tu juges si facile. — Écoute. — Parle. — Reconnais-tu qu'il y a du bien et du mal? — Oui. — As-tu de l'un et de l'autre la même idée que moi?—Quelle idée?—Que le mal est tout principe de corruption et de dissolution ; le bien, tout principe de conservation et d'amélioration. — Oui. — Chaque chose n'a-t elle pas son mal et son bien?L'ophthalmie, par exemple, est le mal des yeux ; la maladie, celui de tout le corps. La nielle est le mal du blé, la pourriture celui du bois, la rouille celui du fer et de l'airain : en un mot, il n'est

rien dans la nature qui n'ait son mal et sa maladie
particulière ; ne l'admets-tu pas comme moi ?— Oui.
—Ce mal ne nuit-il point à la chose à laquelle il s'attache ? Ne finit-il point par la dissoudre et la ruiner
totalement ?— Sans doute. —Ainsi, chaque chose est
détruite par le mal et par le principe de corruption
qu'elle porte en elle ; de sorte que si ce mal n'a pas
la force de la détruire, il n'est rien qui soit capable de
le faire. Car le bien ne peut produire cet effet à l'é-
gard de quoi que ce soit, non plus que ce qui n'est
ni un bien ni un mal. — Comment cela pourrait-il
être ?

—Si donc nous trouvons dans la nature une chose
que son mal rend à la vérité mauvaise , mais qu'il
ne saurait dissoudre ni détruire ; dès ce moment, ne
pourrons-nous pas assurer de cette chose, qu'elle ne
peut périr ?—Il y a toute apparence. —Mais quoi !
n'est-il rien qui rende l'ame mauvaise ? —Oui certes,
et ce sont les vices dont nous avons fait mention,
l'injustice, l'intempérance, la lâcheté , l'ignorance. —
Y a-t-il un seul de ces vices qui puisse l'altérer et la
dissoudre ? Prends garde que nous ne tombions dans
l'erreur , en nous imaginant que , quand l'homme injuste et insensé est condamné à mort pour son injustice, sa mort soit l'effet de l'injustice qui est le mal
de son ame. Voici plutôt de quelle manière il faut envisager la chose. De même que la maladie, qui est
le principe dissolvant du corps, le mine peu à peu,
le détruit et le réduit au point qu'il n'a plus la forme
de corps ; de même encore que toutes les autres choses

dont nous avons parlé, ont leur mal propre, qui s'attache à elles, les corrompt par le séjour qu'il y fait,
et les amène au point de n'être plus ce qu'elles étaient :
cela n'est-il pas vrai? — Oui. — De même, pour faire
l'application de ceci à l'ame, il faut voir si l'injustice
et les autres vices, venant à se loger chez elle et à s'y
fixer, la corrompent, la ruinent, jusqu'à ce qu'ils la
conduisent à la mort, et la séparent d'avec le corps. —
Cette application n'est pas vraie à l'égard de l'ame. —
D'un autre côté, il serait contre toute raison de dire
qu'un mal étranger détruisît une substance que son
propre mal ne peut détruire. — Sans doute.

— Fais en effet réflexion, mon cher Glaucon, qu'à
l'égard même du corps, nous ne croyons pas que sa
destruction doive être l'effet immédiat de la mauvaise
qualité des viandes, soit qu'elles aient été gardées trop
longtemps, soit qu'elles se soient corrompues, soit
pour quelque autre raison. Mais si la mauvaise nourriture engendre quelque corruption dans le corps, le
mal qui lui est propre, nous dirons qu'à l'occasion
de la nourriture le corps a été ruiné par la maladie,
qui est proprement son mal; et jamais nous ne pré-
tendrons que les aliments, qui sont d'une nature différente de celle du corps, aient, par leur mauvaise
qualité, la vertu de le détruire, à moins que ce mal
étranger ne fasse naître en lui le mal qui lui est
propre. — Très bien. — Par la même raison, à moins
que la maladie du corps n'engendre celle de l'ame, ne
disons jamais que l'ame, qui n'a rien de commun
avec le mal du corps, puisse périr par un mal étran-

ger, sans l'intervention du mal qui lui est propre. —
Rien n'est plus raisonnable.

— Ainsi renversons ces preuves, ou, tant qu'elles
conserveront toute leur force, gardons-nous bien de
dire que ni la fièvre, ni aucune autre espèce de maladie, ni le fer, ni quoi que ce soit, le corps en dût-il
être haché par morceaux, puisse donner la mort à
l'ame ; à moins qu'on ne nous fasse voir que l'effet de
ces accidents du corps est de rendre l'ame plus injuste et plus impie. Et ne souffrons pas qu'on dise
que ni l'ame, ni quelque autre substance que ce soit,
périt par le mal qui survient à une substance de nature différente, si le mal qui lui est propre ne vient
à s'y joindre. — Or, jamais personne ne nous mon-
trera que les ames de ceux qui meurent deviennent
plus injustes par la seule raison qu'ils meurent. — Si
quelqu'un néanmoins était assez hardi pour combattre
notre sentiment, et pour soutenir que la mort rend
l'homme plus méchant et plus injuste, afin de n'être
pas obligé de reconnaître l'immortalité de l'ame, nous
le forcerons de convenir que, si ce qu'il dit est vrai,
il suit de là que l'injustice conduit naturellement à
la mort comme la maladie, qu'elle tue par une force
qui est en elle, et que ceux qui lui donnent entrée
dans leur ame, meurent plus ou moins promptement
selon qu'ils sont plus ou moins méchants, ce qui est
contraire à l'expérience de tous les jours, qui nous
montre que la cause ordinaire de la mort des méchants est le supplice auquel on les condamne, et non
la justice. — Certainement si l'injustice était un mal

capable en soi de donner la mort aux méchants, on aurait tort de la regarder comme une chose si terrible, puisque ceux qui lui donneraient accès dans leur ame seraient affranchis par son moyen de tous les maux. Je pense au contraire qu'elle tue les autres, autant qu'il est en elle, tandis qu'elle conserve plein de vie, et de plus bien éveillé, celui en qui elle fait sa demeure : tant elle est éloignée de lui donner la mort!

—Tu dis bien : car si la corruption de l'ame, si son propre mal ne peut la tuer et la détruire, comment un mal, destiné par sa nature à la destruction d'une autre substance, pourrait-il faire périr l'ame, ou toute autre chose que celle sur qui il doit produire naturellement cet effet? — Il me semble que cela est impossible. — Mais il est évident qu'une chose qui ne peut périr ni par son propre mal, ni par un mal étranger, doit nécessairement exister toujours, et que, si elle existe toujours, elle est immortelle. — Oui. — Posons donc cela comme un principe incontestable. Or, s'il en est ainsi, il est aisé de concevoir que ces mêmes ames doivent toujours exister. Car puisque aucune d'elles ne périt, leur nombre ne saurait diminuer. Il ne peut pas non plus augmenter. Tu comprends en effet que si le nombre des êtres immortels devenait plus grand, ces nouveaux êtres se formeraient de ce qui était mortel, et que toutes choses finiraient ainsi par être immortelles. — Tu dis vrai. — Or, c'est ce que la raison ne nous permet pas de croire, non plus que de penser que notre ame, considérée dans le fond même

39.

de son être, soit d'une nature composée, pleine de
dissemblance et de diversité. —Comment dis-tu?

— Il est difficile que ce qui résulte de l'assemblage
de plusieurs parties soit éternel, à moins que la
composition n'en soit aussi parfaite que vient de
nous paraître celle de l'ame. — En effet, cela n'est pas
vraisemblable. — Les raisons que nous venons d'alléguer, et bien d'autres, démontrent donc invincible-
ment l'immortalité de l'ame. Mais pour bien connaître
sa véritable nature, on ne doit pas la considérer,
comme nous faisons, dans l'état de dégradation où la
mettent son union avec le corps, et tous les maux qui
sont la suite de cette union ; il faut la contempler at-
tentivement des yeux de l'esprit, telle qu'elle est en
elle-même, dégagée de tout ce qui lui est étranger.
Alors on verra qu'elle est infiniment plus belle : on
connaîtra plus distinctement la nature de la justice,
de l'injustice, et des autres choses dont nous avons
parlé. Tout ce que nous avons dit de l'ame est vrai
par rapport à son état présent. Mais de même que
ceux qui verraient maintenant Glaucus le Marin,
auraient peine à reconnaître sa première forme parceque les anciennes parties de son corps ont été les unes
brisées, les autres usées, et totalement déformées par
les flots, et qu'il s'en est formé de nouvelles de coquillages, d'herbes marines et de cailloux ; de sorte qu'il
ressemble plutôt à un monstre qu'à un homme tel
qu'il était auparavant : ainsi l'ame se présente à nous
défigurée par mille maux. Mais voici, mon cher Glaucon, ce qu'il faut envisager en elle. — Quoi? — Son

amour pour la vérité. Il faut faire réflexion aux choses
vers lesquelles elle se porte, aux objets dont elle recherche le commerce, à cette liaison étroite qu'elle
a naturellement avec tout ce qui est divin, immortel,
impérissable, et à ce qu'elle doit devenir, lorsque,
se livrant tout entière à cette sublime poursuite,
elle s'élève, par un noble effort, du fond de cette mer
où elle est plongée, et se débarrasse des cailloux et
des coquillages qui s'attachent à elle par la nécessité
où elle est de se nourrir de choses terrestres : nécessité dont tant de gens s'applaudissent comme d'un
bonheur. C'est alors que tu verras clairement quelle
est la nature de l'ame, si elle est simple ou composée;
en un mot, quelle est son essence et sa manière d'être.
Quant à présent, nous avons, ce me semble, assez bien
expliqué les passions et les inclinations auxquelles
elle est sujette sur cette terre. — Très bien.

— N'avons-nous pas dans cette recherche dépouillé
la justice de tout ce qui lui est accessoire, et mis à
part les honneurs et les récompenses que tu lui as
attribués sur la foi d'Homère et d'Hésiode? N'avons-
nous pas démontré que la justice est par elle-même
le plus grand bien de l'ame, que celle-ci doit accomplir ce qui est juste, soit qu'elle possède ou non l'anneau de Gygès, et si l'on veut encore, outre cela, le
casque de Pluton [1]? — Tu dis très vrai. — On ne peut

[1] Homère parle de ce casque au liv. v de l'*Iliade*, vers 845; il
dit que « Pallas prit le casque de Pluton, afin que Mars ne la
vit pas. » Ce casque rendait donc ceux qui le portaient invisibles
aux dieux, comme l'anneau de Gygès les rendait invisibles
aux hommes.

donc pas trouver mauvais, mon cher Glaucon, de
nous voir maintenant restituer à la justice, et aux
autres vertus, outre ces avantages qui leur sont propres, les récompenses que les hommes et les dieux y
ont attachées, et que l'homme juste reçoit pendant
la vie et après la mort. — On ne saurait y trouver à
redire. — Me rendras-tu à ton tour ce que je t'ai
prêté au commencement de cet entretien[1]? — Quoi
donc? — J'ai bien voulu t'accorder que l'homme
juste peut passer pour méchant et le méchant pour
juste, parceque tu as cru que, fût-il même impossible de tromper en cela les hommes et les dieux,
il fallait néanmoins le supposer, dans l'intérêt de ta
recherche, pour qu'on pût apprécier pleinement la
justice et l'injustice, prises l'une et l'autre en elles-
mêmes. Ne t'en souviens-tu pas? — J'aurais tort de
ne pas m'en souvenir.

— Maintenant que nous les avons appréciées, je
te somme, au nom de la justice, de lui restituer
les honneurs qu'elle reçoit des hommes et des dieux,
et d'aider toi-même à la rétablir dans ses droits :
après t'avoir fait convenir des avantages qu'il y a
à être juste, et que la justice ne trompe point les
espérances de ceux qui la pratiquent, je veux que
tu conviennes encore qu'elle l'emporte infiniment
sur l'injustice, dans les biens que la réputation
d'homme vertueux attire après soi. — Tu ne demandes rien que de juste. — Tu m'accorderas donc, en

[1] Liv. II, *Discours d'Agathon.*

premier lieu, que l'homme vertueux et le méchant
sont connus des dieux pour ce qu'ils sont. — Nous
te l'accordons. — Et que si la chose est ainsi, l'un
est chéri, l'autre haï des dieux, comme nous en sommes convenus dès le commencement. — Cela est vrai.
— Ne m'accorderas-tu pas aussi que l'homme chéri
des dieux n'a que des biens à attendre de leur part,
et que s'il en reçoit quelquefois des maux, c'est en
expiation des fautes de sa vie passée? — Sans contredit. — Il faut donc reconnaître, à l'égard de l'homme
juste que, soit qu'il se trouve indigent, ou malade,
ou dans quelque autre situation, regardée comme
malheureuse, ces maux prétendus tourneront à son
avantage durant sa vie ou après sa mort : parceque
la providence des dieux est nécessairement attentive
aux intérêts de celui qui travaille à devenir juste, et
à parvenir, par la pratique de la vertu, à la plus parfaite ressemblance que l'homme puisse avoir avec la
divinité. — Il n'est pas naturel qu'un homme de ce
caractère soit négligé de celui auquel il s'efforce de
ressembler. — Ne faut-il pas penser tout le contraire
du méchant? — Sans doute. — Ainsi, du côté des
dieux, les fruits de la victoire demeurent au juste.
— Du moins c'est mon sentiment.

— Et de la part des hommes, n'est-ce pas ainsi que
les choses se passent, puisqu'enfin il faut dire la vérité? N'arrive-t-il pas aux fourbes et aux scélérats la
même chose qu'à ces athlètes qui courent fort bien en
partant de la barrière, mais qui ne courent plus de
même, lorsqu'il faut y revenir ? Ils s'élancent d'abord

avec rapidité ; mais sur la fin de la course on se moque
d'eux lorsqu'on les voit , les oreilles entre les épaules,
se retirer précipitamment sans être couronnés , au lieu
que les véritables coureurs arrivent au but , remportent le prix et reçoivent la couronne. Les justes n'ont-
ils pas d'ordinaire le même sort , je veux dire , qu'au
terme de chacune de leurs entreprises , et qu'à la fin
de leur conduite et de leur vie les hommes leur paient
le tribut de gloire et de récompense qui leur est dû ?
— Tu as raison. — Tu souffriras donc que j'applique
aux justes ce que toi-même tu as dit des méchants[1].
Je prétends que les justes, lorsqu'ils sont dans l'âge
mûr, parviennent dans l'état où ils vivent à toutes les
dignités auxquelles ils aspirent ; qu'ils font à leur
choix des alliances pour eux et pour leurs enfants :
en un mot, tout ce que tu as dit de ceux-là, je le dis
de ceux-ci. Quant aux méchants , je soutiens que ,
quand même ils auraient d'abord réussi à cacher ce
qu'ils sont, la plupart d'entre eux se trahissent à la
fin de leur carrière, que lorsqu'ils sont devenus vieux,
on les couvre de ridicule et d'opprobre, qu'ils sont
le jouet des étrangers et de leurs concitoyens ; et, pour
me servir des expressions que tu regardais comme
trop fortes à l'égard du juste , mais qui sont vraies à
l'égard du méchant, je dis qu'ils seront frappés à coups
de fouet, mis à la torture, brûlés avec des fers
chauds : en un mot , imagine-toi entendre de ma

[1] Liv. II.

bouche tous les genres de supplices dont tu faisais
mention alors. C'est à toi de voir si tu veux m'accorder
qu'ils auront à souffrir tout cela. — Oui, d'autant plus
que tu ne dis rien que de raisonnable.

— Tels sont donc les avantages, le salaire et les
récompenses que le juste reçoit pendant la vie de la
part des hommes et des dieux, outre les biens qu'il
trouve dans la pratique même de la justice. — Ces
avantages sont également glorieux et solides. — Mais
ils ne sont rien ni pour le nombre ni pour la grandeur, en comparaison des biens et des maux réservés
dans l'autre vie à la vertu et au vice. Il nous faut en
faire le récit, afin de rendre au juste et au méchant
ce qu'ils ont droit d'attendre de nous dans cet entretien. — Il est peu de choses que je sois aussi curieux
d'entendre. Ainsi, parle.

— Ce n'est point le récit d'Alcinoüs¹ que je vais
vous faire, mais celui d'un homme de cœur, de Her
l'Arménien, originaire de Pamphylie. Après qu'il eut
été tué dans une bataille, comme on vint, dix jours
après, pour enlever les cadavres qui étaient déjà pu-
tréfiés, le sien fut trouvé sain et entier; on le porta
chez lui, et le douzième jour, lorsqu'il était sur le
bûcher, il ressuscita et raconta aux assistants ce qu'il
avait vu dans l'autre monde. « Aussitôt, dit-il, que
mon âme fut sortie de mon corps, j'arrivai avec une
foule d'autres âmes dans un lieu tout à fait merveil-

¹ C'est-à-dire un récit menteur, tel que celui d'Ulysse à Alci-
noüs chez les Phéaciens.

leux, où se voyaient dans la terre deux ouvertures
voisines l'une de l'autre, et deux autres au ciel qui
répondaient à celles-là. Entre ces deux régions étaient
assis des juges : dès qu'ils avaient prononcé leur sen-
tence, ils ordonnaient aux justes de prendre leur route
à droite par une des ouvertures du ciel, après leur
avoir attaché par devant un écriteau qui contenait le
jugement rendu en leur faveur ; et aux méchants de
prendre leur route à gauche par une des ouvertures
de la terre, portant derrière le dos un semblable
écriteau où étaient marquées toutes leurs actions.
Après que je me fus présenté, les juges décidèrent
qu'il fallait que je portasse aux hommes la nouvelle
de ce qui se passait dans l'autre monde, et m'ordon-
nèrent d'écouter et de remarquer en ce lieu toutes
les choses dont j'allais être témoin.

« Je vis donc d'abord les ames de ceux qu'on avait
jugés, celles-ci monter au ciel, celles-là descendre
sous terre, par les deux ouvertures qui se répondaient ; tandis que par l'autre ouverture de la terre,
je vis sortir des ames couvertes d'ordures et de poussière, en même temps que par l'autre ouverture du
ciel descendaient d'autres ames pures et sans tache :
elles paraissaient toutes venir d'un long voyage, et
s'arrêter avec plaisir dans la prairie, comme dans un
lieu d'assemblée. Celles qui se connaissaient se de-
mandaient les unes aux autres, en se saluant, des nouvelles de ce qui se passait soit au ciel, soit sous la terre.
Les unes racontaient leurs aventures avec des gémissements et des pleurs que leur arrachait le souvenir

des maux qu'elles avaient soufferts ou vu souffrir aux autres pendant leur voyage sous terre, dont la durée était de mille ans. Les autres qui revenaient du ciel faisaient le récit des plaisirs délicieux qu'elles avaient goûtés et des choses merveilleuses qu'elles avaient vues. »

Il serait trop long, mon cher Glaucon, de te rapporter en entier le discours de Her à ce sujet. Il se réduisait à dire que les ames étaient punies dix fois par chacune des injustices qu'elles avaient commises dans la vie; que la durée de chaque punition était de cent ans, durée naturelle de la vie humaine, afin que le châtiment fût toujours décuple pour chaque crime. Ainsi, ceux qui se sont souillés de plusieurs meurtres, qui ont trahi des états et des armées, les ont réduits en esclavage, ou qui se sont rendus coupables de quelque autre crime semblable, étaient tourmentés au décuple pour chacun de ces crimes. Ceux, au contraire, qui ont fait du bien aux hommes, qui ont été saints et vertueux, recevaient dans la même proportion la récompense de leurs bonnes actions. A l'égard des enfants morts peu de temps après leur naissance, Her donnait d'autres détails qu'il est superflu de rapporter. Il y avait encore, selon son récit, des récompenses plus grandes pour ceux qui avaient honoré les dieux et respecté leurs parents, et des supplices extraordinaires pour les impies et les parricides.

« J'étais présent, ajoutait-il, lorsqu'une ame demanda à une autre où était le grand Ardiée. Cet Ar-

diée avait été tyran d'une ville de Pamphylie, mille
ans auparavant; il avait tué son père, qui était dans
un âge avancé, son frère aîné, et commis, à ce qu'on
disait, plusieurs autres crimes énormes. Il ne vient
point, répondit l'ame, et il ne viendra jamais ici. Nous
avons toutes été témoins à son occasion du spectacle
le plus effrayant. Lorsque nous étions sur le point de
sortir de l'abîme souterrain, après avoir accompli nos
peines, nous vîmes Ardiée et un grand nombre d'autres, dont la plupart étaient des tyrans comme lui;
il y avait aussi quelques particuliers qui, dans une
condition privée, avaient été de grands scélérats. Au
moment qu'ils s'attendaient à sortir, l'ouverture leur
refusa le passage; et toutes les fois qu'un de ces misérables, dont les crimes étaient sans remède, ou
n'avaient pas été suffisamment expiés, se présentait
pour sortir, elle poussait un mugissement. A ce bruit,
des personnages hideux et qui paraissaient tout de feu,
accoururent. Ils emmenèrent d'abord de vive force
un certain nombre de ces criminels, puis ils se saisi-
rent d'Ardiée et des autres, leur lièrent les pieds, les
mains, la tête, et, après les avoir jetés à terre et écor-
chés à force de coups, ils les traînèrent hors de la
route à travers des ronces sanglantes, disant aux ombres qu'ils rencontraient la raison pour laquelle ils
traitaient de la sorte ces criminels, et qu'ils allaient
les précipiter dans le tartare. Cette ame ajoutait que,
parmi les diverses frayeurs dont elles avaient été agi-
tées pendant la route, aucune n'égalait la crainte que
le mugissement ne se fît entendre de nouveau, et que

ç'avait été pour elles un plaisir inexprimable de ne pas l'avoir entendu en sortant.

« Voilà ce qui se passa à l'égard des jugements, des supplices et des récompenses. Après que chacune de ces ames eut passé sept jours dans cette prairie, elles en partirent le huitième, et se rendirent en quatre jours de marche dans un lieu marqué, d'où l'on voyait une lumière traversant le ciel et la terre, droite comme une colonne, et semblable à l'arc-en-ciel, mais plus éclatante et plus pure. Elles arrivèrent à cette lumière après un autre jour de marche. Là, elles virent que les extrémités du ciel aboutissaient au milieu de cette lumière, qui leur servait d'attache et qui embrassait toute la circonférence du ciel, à peu près comme ces pièces de bois qui ceignent les flancs des galères et qui en soutiennent la charpente. A ces extrémités était suspendu le fuseau de la Nécessité, lequel donnait le branle à toutes les révolutions célestes. La tige du fuseau et le crochet étaient d'acier, et le peson, un mélange d'acier et d'autres matières.

« Ce peson ressemblait, pour la forme, aux pesons d'ici-bas. Mais, pour en avoir une juste idée, il faut se représenter un grand peson creusé en dedans, dans lequel était enchâssé un autre peson plus petit, comme des vases qui entrent l'un dans l'autre ; dans le second, il y en avait un troisième ; dans celui-ci, un quatrième, et ainsi de suite jusqu'au nombre de huit, disposés entre eux de la même façon que des cercles concentriques. On voyait le bord supérieur de chacun, et tous ne présentaient à l'extérieur que la surface

continue d'un seul peson à l'entour du fuseau, dont
la tige passait par le centre du huitième. Les bords cir-
culaires du peson extérieur étaient les plus larges ;
puis ceux du sixième, du quatrième, du huitième,
du septième, du cinquième, du troisième et du second, allaient diminuant de largeur selon cet ordre.
Le cercle formé par les bords du plus grand peson était
de différentes couleurs. Celui du septième était d'une
couleur très éclatante ; celui du huitième empruntait
du septième sa couleur et son éclat. La couleur des
cercles du second et du cinquième était presque la
même, et tirait davantage sur le jaune. Le troisième
était le plus blanc de tous ; le quatrième était un peu
rouge. Enfin, le second surpassait en blancheur le
sixième. Le fuseau tout entier roulait sur lui-même
d'un mouvement uniforme, tandis que, dans l'intérieur, les sept pesons concentriques se mouvaient len-
tement dans une direction contraire. Le mouvement
du huitième était le plus rapide. Ceux du septième,
du sixième et du cinquième étaient moindres, et
égaux entre eux. Le quatrième était le troisième pour
la vitesse ; le troisième était le quatrième, et le mouvement du second était le plus lent de tous. Le fuseau
lui-même tournait sur les genoux de la Nécessité. Sur
chacun de ces cercles était portée une sirène, qui tournait avec lui, chantant une seule note de sa voix,
toujours sur le même ton ; de sorte que, de ces huit
notes différentes, résultait un accord parfait [1].

---

[1] Cet emblème est facile à expliquer. Les huit pesons enchâssés
les uns dans les autres sont les huit cieux, celui des étoiles fixes,

« Autour du fuseau, et à des distances égales, sié-
geaient sur des trônes les trois Parques, filles de
la Nécessité, Lachésis, Clotho et Atropos, vêtues de
blanc et la tête couronnée d'une bandelette. Elles
accompagnaient de leur chant celui des sirènes; Lachésis chantait le passé, Clotho, le présent, Atropos,
l'avenir. Clotho, touchant par intervalles le fuseau
de la main droite, lui faisait faire la révolution extérieure. Atropos, de la main gauche, imprimait le
mouvement à chacun des pesons intérieurs, et Lachésis, de l'une et de l'autre main, touchait tantôt
le fuseau, tantôt les pesons intérieurs. Aussitôt que
les ames furent arrivées, il leur fallut se présenter devant Lachésis. Et d'abord un hiérophante leur assigna
à chacune leur rang; ensuite, ayant pris sur les genoux de Lachésis les sorts et les différentes conditions
humaines, il monta sur une estrade élevée, et parla
ainsi : « Voici ce que dit la vierge Lachésis, fille de la
« Nécessité : « Ames passagères, vous allez commen-

et ceux des sept planètes : les cercles formés par les bords de
chaque peson, sont les orbites qui décrivent les astres. Cette sirène, portée sur chacun de ces cercles, c'est l'astre même. On sait
ce que Pythagore a dit de l'harmonie des corps célestes. Ce serait
lui faire injustice que d'entendre ce qu'il en a dit autrement que
dans un sens métaphorique. C'est dans le même sens qu'il faut
prendre ces paroles de l'Ecriture : *Quis concentum cœli dormire
faciet?* Job, 58. Le reste de l'emblème regarde la vitesse respec-
tive des planètes, leur grosseur ou leur diamètre mesuré par la
largeur des bords de chaque peson, leur couleur représentée par
le cercle des cercles.   (*Note de Grou.*)

(*Voir*, pour de plus amples détails, dus aux travaux mieux diri-
ges de la critique moderne, les savantes observations de Schleiermacher dans sa traduction allemande de Platon.)

40.

« cer une nouvelle carrière et rentrer dans un corps
« mortel. Le génie ne vous choisira point : vous choi-
« sirez chacune le vôtre. La première que le sort dé-
« signera choisira la première, et son choix sera irré-
« vocable. La vertu n'a point de maître ; elle s'attache
« à celui qui l'honore, et fuit celui qui la méprise.
« La faute du choix tombera sur vous. Dieu en est
« innocent. »

« A ces mots, l'hiérophante ayant jeté les sorts,
chaque ame ramassa celui qui tomba devant elle, excepté moi, à qui on ne le permit pas. Chacune connut
alors dans quel rang elle devait choisir. Ensuite le
même hiérophante mit à terre devant elles des genres
de vie de toute espèce, dont le nombre était beaucoup
plus grand que celui des ames qui devaient choisir.
Car toutes les conditions, tant des hommes que des
animaux, s'y trouvaient rassemblées. Il y avait des
tyrannies, les unes devant durer jusqu'à la mort, les
autres devant être brusquement interrompues, et
finir par la pauvreté, l'exil, la mendicité. On y voyait
aussi des conditions d'hommes célèbres, ceux-ci
pour la beauté, pour la force, pour la réputation
dans les combats ; ceux-là pour leur noblesse et les
grandes qualités de leurs ancêtres ; on voyait aussi
des conditions obscures sous tous ces rapports. Il y
avait pareillement des destinées de femmes de la même
variété. Mais il n'y avait rien de réglé sur le rang des
ames, parceque chacune devait nécessairement changer de nature selon son choix. Du reste, les richesses,
la pauvreté, la santé, les maladies, se rencontraient

dans toutes les conditions; ici sans aucun mélange,
là dans un juste tempérament de biens et de maux. »
Or, voilà évidemment, mon cher Glaucon, l'épreuve
redoutable pour l'humanité. Aussi chacun de nous,
négligeant toutes les autres sciences, doit s'appliquer
à acquérir celle - là seule qui lui fera découvrir
l'homme dont les leçons le mettront en état de discerner les conditions heureuses et malheureuses, et de
choisir toujours la meilleure; et il y parviendra en
repassant dans son esprit tout ce qui a été dit ci dessus, et en jugeant de ce qui peut contribuer davantage au bonheur de la vie, par l'examen que nous
avons fait des différentes conditions considérées ensemble ou séparément. C'est ainsi qu'il apprendra,
par exemple, quel degré de beauté mêlé avec une certaine mesure de richesse ou de pauvreté, et une certaine disposition de l'ame, rend l'homme méchant ou
vertueux; quel effet doivent produire la naissance
illustre et la naissance obscure, la vie privée et les
dignités, la force du corps et la faiblesse, le plus ou
le moins d'aptitude aux sciences; en un mot, les différentes qualités naturelles ou acquises, assorties les
unes avec les autres; en sorte qu'après avoir réfléchi
sur tout cela, sans perdre de vue la nature de l'ame,
il pourra distinguer le genre de vie qui lui est avantageux, de celui qui lui serait funeste; et qu'il appellera funeste celui qui aboutirait à rendre l'ame plus
injuste; et avantageux, celui qui la rendrait plus vertueuse, sans avoir aucun égard à tout le reste. Car
nous avons vu que c'est le meilleur parti qu'on puisse

prendre, soit pour cette vie, soit pour l'autre. Il faut
donc conserver jusqu'à la mort son ame ferme et
inébranlable dans ce sentiment, afin qu'elle ne se
laisse éblouir là-bas, ni par les richesses, ni par les
autres maux de cette nature; qu'elle ne s'expose point,
en se jetant avec avidité sur la condition de tyran,
ou sur quelque autre semblable, à commettre un
grand nombre de maux sans remède, et à en souffrir
encore de plus grands; mais plutôt qu'elle sache se
fixer pour toujours à un état médiocre, et éviter également les deux extrémités, autant qu'il dépendra
d'elle, soit dans la vie présente, soit dans toutes les
autres par où elle passera. C'est à cela qu'est attaché
le bonheur de l'homme. Aussi, selon le rapport de
l'Arménien, l'hiérophante avait-il ajouté : « Celui qui
« choisira le dernier, pourvu qu'il le fasse avec discer-
« nement, et qu'ensuite il soit conséquent dans sa
« conduite, peut se promettre une vie heureuse et
« exempte de maux. Ainsi donc, que celui qui doit
« choisir le premier se garde de trop de confiance, et
« que le dernier ne désespère point. » Après que
l'hiérophante eut parlé de la sorte, celui à qui le premier sort était échu s'avança avec empressement, et
prit sans examen la plus considérable tyrannie qu'il
trouva, emporté par son avidité et son imprudence;
mais quand il eut tout considéré, qu'il eut vu que
sa destinée était de manger ses propres enfants, et de
commettre d'autres crimes énormes, il se lamenta,
et oubliant les avertissements de l'hiérophante, accusant de son sort la fortune, les dieux, tout enfin, ex-

cepté lui-même. Cette ame était du nombre de celles qui venaient du ciel ; elle avait vécu précédemment dans un état bien gouverné, et avait été redevable de sa vertu à la bonté de son naturel et à la force de l'habitude, plutôt qu'à la philosophie. Voilà pourquoi les ames venues du ciel n'étaient pas les moins nombreuses à se tromper dans leur choix, faute d'avoir l'expérience des maux de la vie. Au contraire, la plupart de celles qui avaient séjourné dans la région souterraine, et qui à l'expérience de leurs propres souffrances joignaient la connaissance des maux d'autrui, ne choisissaient pas ainsi à la légère. Cette expérience, d'une part, et cette inexpérience, de l'autre, indépendamment du hasard qui décidait du rang dans lequel on devait être appelé pour choisir, faisaient que la plupart des ames échangeaient une bonne condition contre une mauvaise, et une mauvaise contre une bonne. Aussi un homme qui, à chaque retour à la vie d'ici-bas, s'appliquerait constamment à la saine philosophie, pourvu que son tour de choisir ne vînt point après tous les autres, il y a grande apparence, d'après ce récit, non-seulement qu'il serait heureux sur la terre, mais encore que, dans son voyage d'ici là-bas, et dans le retour, il marcherait par la route unie du ciel, et non par le sentier souterrain et pénible. »

Her disait encore que c'était un spectacle curieux de voir de quelle manière chaque ame faisait son choix ; rien n'était plus étrange, ni plus digne tout à la fois de compassion et de risée ; la plupart, dans

leur choix, étaient guidées par les habitudes de la vie
précédente. Il avait vu l'ame d'Orphée choisir la condition de cygne, en haine des femmes qui lui avaient
donné la mort autrefois, ne voulant devoir sa naissance à aucune d'elles; et l'ame de Thamyris choisir
la condition de rossignol; il avait vu pareillement un
cygne adopter la condition humaine, ainsi que quelques autres oiseaux musiciens. Une autre ame avait
choisi la condition d'un lion : c'était celle d'Ajax,
fils de Télamon, qui, se rappelant le souvenir de l'af-
front qu'elle avait reçu dans le jugement rendu touchant les armes d'Achille, refusa de reprendre un
corps humain. Après celle-là vint l'ame d'Agamemnon, qui, ayant aussi en aversion le genre humain à
cause de ses malheurs passés, choisit la condition
d'aigle. L'ame d'Atalante, ayant fait réflexion aux
grands honneurs rendus aux athlètes, n'avait pu résister à l'envie de devenir athlète elle-même. L'ame *
d'Épée, fils de Panope, préféra la condition d'une
femme habile aux ouvrages de main; l'ame du bouffon
Thersite, qui se présenta des dernières, revêtit le
corps d'un singe. L'ame d'Ulysse, à qui le dernier sort
était tombé, vint aussi pour choisir; mais, se rappelant ses infortunes passées, et désormais exempte
d'ambition, elle chercha longtemps et découvrit enfin
dans un coin, à l'écart, la condition paisible d'un
simple particulier que toutes les autres ames avaient

---

* Épée est celui qui construisit le cheval de bois dont les Grecs
se servirent pour prendre Troie. *Doli fabricator Epeus.* Æneid. II.

laissée, et elle s'écria, en la voyant, que, quand elle aurait été la première à choisir, elle n'aurait pas fait un autre choix. Il y avait, ajoutait l'Arménien, des ames d'animaux qui échangeaient leur condition contre la nôtre, et des ames humaines qui passaient dans des corps d'animaux. Les ames passaient indifféremment des corps des animaux dans ceux des hommes, et de ceux-ci dans ceux-là; celles des méchants dans les espèces féroces; celles des bons dans les espèces apprivoisées: ce qui donnait lieu à des mélanges de toute sorte.

« Après que toutes les ames eurent choisi leur genre de vie, selon le rang marqué par le sort, elles s'approchèrent dans le même ordre de Lachésis, qui donna à chacune le génie qu'elle avait préféré, afin qu'il lui servît de gardien durant le cours de sa vie mortelle, et qu'il lui aidât à remplir sa destinée. Ce génie la conduisait d'abord à Clotho, pour que, de sa main et d'un tour de fuseau, elle confirmât la destinée choisie. Après que l'ame avait touché le fuseau, le génie la menait de là vers Atropos, qui roulait le fil entre ses doigts, pour rendre irrévocable ce qui avait déja été filé par Clotho. Ensuite, sans qu'il fût désormais possible de retourner en arrière, on s'avançait vers le trône de la Nécessité, sous lequel l'ame et son démon passaient ensemble. Aussitôt que toutes eurent passé, elles se rendirent dans la plaine du Léthé [1], où elles essuyèrent une chaleur insupportable, parcequ'il

[1] Oubli.

n'y avait dans cette plaine ni arbre, ni plante. Le soir
étant venu, elles passèrent la nuit auprès du fleuve
Amélès[1], dont l'eau ne peut être contenue par aucun
vase. Il faut que chaque ame boive de cette eau en certaine quantité. Celles qui ne sont pas retenues par la
prudence en boivent bien au delà de la mesure
prescrite, et perdent absolument tout souvenir. On
s'endormit après; mais vers le milieu de la nuit le
tonnerre éclata, accompagné d'un tremblement de
terre; et aussitôt les ames, s'étant réveillées en sursaut, furent dispersées çà et là, comme des étoiles
filantes vers les différents lieux où elles devaient re-
naître. Quant à lui, disait Her, on l'avait empêché de
boire de l'eau du fleuve; cependant il ne savait par où
ni comment son ame s'était rejointe à son corps; mais
ayant tout à coup ouvert les yeux le matin, il s'était
aperçu qu'il était étendu sur le bûcher. »

« Cette tradition, mon cher Glaucon, s'est conservée
jusqu'à nous, et si nous y ajoutons foi, elle est très
propre à nous sauver nous-mêmes; nous passerons
heureusement le fleuve Léthé, et nous préserverons
notre ame de toute souillure. Si donc tu veux
m'en croire, convaincus que notre ame est immortelle, et qu'elle est capable par sa nature de tous les
biens comme de tous les maux, nous marcherons toujours par la route céleste, et nous nous attacherons
de toutes nos forces à la pratique de la justice et de
la sagesse. Par là, nous serons en paix avec nous-

[1] Absence de soucis.

mêmes et avec les dieux ; et , après avoir remporté sur
la terre le prix destiné à la vertu , semblables à des
athlètes victorieux qu'on mène en triomphe , nous
serons encore couronnés là-bas , et le bonheur nous
accompagnera durant ce voyage de mille ans dont
nous avons parlé. »

FIN.

TABLE SOMMAIRE.

—

LIVRE PREMIER.

LIVRE DEUXIÈME.

LIVRE CINQUIÈME.

LIVRE SIXIÈME.

LIVRE SEPTIÈME.

LIVRE HUITIÈME.

LIVRE NEUVIÈME.

LIVRE DIXIÈME.

www.ingramcontent.com/pod-product-compliance
Lightning Source LLC
Chambersburg PA
CBHW050543270326
41926CB00012B/1896